播音主持入门训练丛书

诵读艺术

技巧与训练（第2版）

李秀然／编著

中国传媒大学出版社
·北京·

前　言

中外经典诗文是世界艺术宝库中璀璨的明珠，是人类宝贵的精神食粮，其间不仅蕴含着崇高的人格美和深刻的知性美，更沉淀着世界各民族不灭的精魂。它内蕴丰厚、明理启智，在诵读中可以使人们受到心灵的熏陶和潜移默化的感染，培养审美情趣，提高人文修养；它知识丰富、意存高远，通过长期一贯的吟诵、赏析、重复记忆，能使读者得到领悟、顿悟，增加文化底蕴，积淀与传承世界文化，全面提高自身素质。

2008 年 3 月，中央文明办、教育部、文化部、民政部联合在全国发起了"中华经典诵读"活动，活动围绕清明、端午、中秋、春节四个中华传统节日展开，旨在倡导全民含英咀华，不仅"诵读千古美文，传承中华文明"，具有文化传承的战略意义，而且更与新时期价值观的建立、社会文明的提升密切相关。"与经典同在，与圣贤同行"，作为政府大力倡导的"国家文化工程"，其蕴含的不是单纯的"诵读艺术"的推广，而是"阅读引领"的作用，是希望全民在诵读经典中潜移默化地接受真善美的熏陶，由个体的文明儒雅走向全社会的昌明和谐。

"中华诵"活动推出后，得到全社会的积极响应。国家语言文字工作委员会组织编写的《中华经典诗文诵读读本》小学篇、中学篇、大学篇等各种版本一时"洛阳纸贵"；教育部门拨专款为一些试点单位建立"国学"教室，一些社区成立了业余诵读团队，并定期举办各种类型的诵读活动；不少企事业单位把诗文诵读列入培养员工综合素养的内容；许多学校将诗文诵读作为校园文化建设的重要内容，组织人员编写了以弘扬中华文化传统、爱国励志等内容为主的校本教材，不仅积极组织师生参加"中华诵"全国大赛，还将"经典诵读"列入日常的教学和晨读活动中，让琅琅的读书声萦绕在校园，让圣贤的思想浸润青少年的心灵。"腹有诗书气自华"，学生的审美能力、学生的外形气质在诵读中悄然提升、蜕变，文明儒雅之风在经典诗文的诵读中逐渐养成。

2008年7月,上海语言文字工作者协会研发的“朗诵水平等级考试”项目得到国家文化部批准,一些试点省份成立了朗诵艺术活动专家咨询委员会,制定了科学的艺术考评体系,遴选了古今中外各类体裁的文学佳作100篇,编辑了《朗诵水平等级考试纲要》,聘请语言文字和朗诵艺术方面的专家,加强对各地朗诵活动的指导和骨干教师的培训,使朗诵艺术在走向社会大众的过程中更加规范有序,便于推广普及。考级者有艺术专业的学生,有朗诵艺术的爱好者,也有窗口行业的员工。他们意识到朗诵是对作品理解的融会和升华,从字斟句酌到联想感悟,朗诵带来的是一般文学阅读所达不到的境界。完美的朗诵以准确生动的表达、规范精致的语音、自然悦耳的音色为追求,是对语言的“美容”,长此以往,必将提高全社会的口语表达质量,提升从业人员的整体素质。

从“中华诵”到“国学热”,从“朗诵水平等级考试”到“孔子学院”,传承中华文明,普及大众文化活动,塑造优良品质,培养健全人格,是我们国家的一贯追求和价值体现。

诵读艺术的蓬勃发展带来了相关教学和培训资料的需求,爱好者多了,开展的活动多了,相关的困惑也多了。经常在百度上看到“跪求一篇爱国的诗篇……”“某某作品的背景音乐是什么?”也经常看到小学低年级的孩子在一些课外“播音主持班”学着与他们年龄和阅历不符的文学作品,张嘴“愿把这牢底坐穿”,闭嘴“寒冬腊月,地主……”“爱你……”

因此,对于诵读爱好者来说,解决诵材是首要的问题。首先,本书参照《中华经典诗文诵读读本》、国学诵读的一些读本,结合笔者多年积累的中外经典名篇,为大中专以上学历层次的诵读爱好者精选了中外经典的诗歌和散文名作,并及时关注报刊新闻和各种诵读书籍、诵读活动,将群众喜爱的作品纳入视野,如袁隆平的《稻子熟了,妈妈我想您了》和“秋酿醇酒”的诗作《大漠敦煌》等,同时加以分析,指导诵读。

其次,本书列举了大量的诵读作品,对于诵读的技巧、诵读活动的组织进行分析指导,以起到启蒙引路的作用。比如,对轮诵、对诵,上场、走位,台风、配乐,节奏、语势,服装、手势等一系列问题,都逐一进行了深入浅出的讲述。

第三,对于中华古典诗文的解读一直是诵读者的一大难题,经常看到一些知名人士由于缺少相关知识在公开场所误读误诵,如王维的诗《鹿柴》中的“柴”通“寨”,指有篱落的乡村别墅。“鹿柴”是位于陕西蓝田县西南辋川一带的风景之一。因此,这里的“鹿柴”应读作 lùzhài。屈原的名篇《渔父》题目中的“父”通“甫”,是古代对老年男子的尊称,故应读作 fǔ。类似的问题有很多,本书对难解的古诗文部分除原有的“诵读指导”内容外,增加了“正音辨义”“译文”,以帮助诵读者理解把握。

现当代诗歌同样也面临着解读的困惑:一些诗作借鉴了西方现代派的艺术表现手法,意象叠加、含蓄隐晦;一些诗作句式多变,倒装句、连动句、存现句等变化使用;修辞手法多样,隐喻、排比、顶真、回环、反复等交错出现。现代自由诗语句多变,不像传统的诗歌一行一个节奏点,而是会跨行甚至跨节构成一个语意节点,对作品内涵、风格、体裁理解不到位就会出现误读误诵，尤其是在公开的大型朗诵会上更不应有这样的遗憾，特别是一些知名度高的人士。本书对流传较广泛的作品进行了解析，希望得到诵读爱好者和同仁的指点和帮助，以繁荣我国的诵读艺术。

本书理论阐述定位于“朗诵”，但选文指导定位于“诵读”，意在降低学习者的畏难情绪，普及相关知识，实为朗诵的基础阶段，即“读诵”阶段。以“读诵”的方式练好基本功，同时熟练运用诵读的技巧，积极从事诵读实践活动，长期坚持，定会有长足的进步。

本书在编写过程中参阅了专家学者的论著，由于体例问题不能一一注明，在此表示衷心的感谢。一些选文，特别是中国古典诗文和外国诗文由于版本和翻译的原因会有一些差异，笔者参阅文献进行了编修。本书第二版根据教学实际需要调整了章节目录和行文结构，完善了诠释理论和实训体验的例文部分，增加了部分传统节日和红色经典诵读会的策划文案，使之更符合诵读理论的阐述和诵读技巧的说明；此外，还删除了浅易例文的译文部分，增加了“小说故事文本的诵读指导”和“剧本台词文本的诵读指导”两节内容，使得全书更具有实践的指导意义。由于时间和能力局限，不足之处望同仁斧正。

编者

2017.10.1

目　录

上篇　诵读理论指导

下篇 诵读文本指导

上篇

诵读理论指导

- 第一章　诵读的艺术魅力
- 第二章　诵读的前期准备技巧
- 第三章　诵读的语音发声技巧
- 第四章　诵读的节律处理技巧
- 第五章　诵读的态势语言技巧
- 第六章　诵读会的组织策划技巧

第一章 诵读的艺术魅力

现代生活已经把人际交流的重要性推到了相当的高度,动听的发声、悦耳的语音、理想的口才已成为各行各业口才爱好者的迫切需要和自觉追求,语言的“美容”成为时尚。提高口语表达质量的途径有很多,朗诵是最有效的一种形式。与说话相比,诵读是口语和体态语的艺术化提升,代表着有声语言的一定水准。完美的诵读以准确生动的表达、规范纯正的语音、自然悦耳的音色为追求,起点高,实践性强,从语感基础打造到有声技能完善,人们随着诵读水平的提升,自然而然地带动日常话语品质,语音条件得到改善,工作和生活质量得到提高。近年来,从“中华经典诵读”活动到“朗诵水平等级考试”,社会各级机构都把诵读作为文化传承、道德教化和群众活动的良好形式大力推广,了解诵读、掌握技巧、提高口语表达能力成为广泛而迫切的社会需求,但诵读需要系统的学习、规范的训练和正确的引领。下面让我们一起走进诵读,体悟她的魅力。

第一节　诵读的含义

近年来诵读活动广泛开展,但诵读的含义始终众说纷纭:有人认为“诵读”就是背诵和阅读;有人顾名思义,说“诵读”就是朗诵和朗读,脱稿背诵的叫朗诵,未脱稿念读的叫朗读,半脱稿的叫诵读。中学语文教学法把声情并茂的朗读叫做“美读”,陆澄在《诗歌朗诵艺术》中把持稿而诵称为“读诵”,以区别背诵和朗诵。那么,什么是“朗诵”,什么是“诵读”呢?

一、古代的诵、吟、咏

古代诗文的口语表达有三种形式:诵、吟、咏。

“诵”指背诵,凭记忆读出,熟读成诵。例如《汉书·贾谊传》:“以能诵诗书属文(写文章)称于郡中。”

“吟”指声调抑扬地念诵吟咏。例如《史记·屈原传》:“屈原至于江滨,被(披)发行吟泽畔。”

“咏”指声调抑扬地念诵歌唱。例如《晋书·谢安传》:“安本能为洛下(洛阳)书生咏,有鼻疾,故其音浊。”

二、现代的朗读、朗诵、诵读

在现代汉语中,“诵”是用有高低抑扬的腔调念,“读”是依着文字去念,“朗”指声音清晰、响亮。

(一)朗读

朗读是用清晰、响亮的声音把书面语言转化为有声语言的口语表达方式。

朗读训练的第一步是训练发音的准确度、清晰度、流畅度。朗读的基本要求是发音准确,吐字清晰;语调自然,语句流畅;语速快慢适中。朗读的高层次要求是恰切的思想感情与尽可能完美的语言技巧的统一,体裁风格与声音形式的统一,准确、生动地传达出作品的精神实质。

(二)朗诵

朗诵是一门艺术。它是用清晰、响亮的声音,结合各种有声语言的表达技巧,辅以体态、手势、表情、动作等手段,完善地表达作品思想感情的语言艺术形式。

朗诵不同于朗读,也不同于演戏。

朗诵不同于朗读,朗读是用清晰、响亮的声音把文章的书面语言读出来,以准确规范的有声语言传达文章的思想内容;朗诵则是用清晰、响亮的声音声情并茂、抑扬顿挫地把文章背出来,以生动传神地传达文章的思想内容。可见朗诵的要求比朗读高,它要求面对观众不看作品,除运用声音技巧外,还要借助眼神、手势等体态语帮助表达作品感情,引起听众共鸣。朗诵常常伴随有手势、姿态等体态语,但朗诵时的姿态或手势不能过多、过火,毕竟朗诵不同于演戏。演戏时演员不直接和观众交流,他扮演剧中人物,模仿剧中人物的语言、动作,只和同台的演员进行交流;而朗诵者直接交流的对象是听众,主要是通过声音把感情传达给听众,引起听众共鸣,手势、姿态等只不过是帮助表达感情的辅助性工具,不宜过多、过火。

(三)诵读

诵读就是经过抑扬顿挫、声情并茂的艺术加工,把文学作品诉诸人们视觉的书面文字转化为诉诸听觉的有声语言的再创作活动,具有很强的艺术感染力。

“诵读”又可以称为“美读”和“读诵”,与“朗诵”的最大区别在于持稿和缺乏体态语言等辅助手段。但是“诵读”的口语表达方式更亲民,与“朗诵”相比标准低,更易为大众接受,便于推广普及;其与“朗读”相比更具艺术性和审美性,表现力、感染力更强;它是一切口语训练必备的基本功。

对于篇幅较长、难度较大的古典诗文,采用诵读的方式更为恰当,但应尽量在熟读的基础上进行,并最大限度地减少看稿的时间,否则不仅缺少与听众的交流、不利于感情抒发,而且易流于无思维的念经式朗读形式。另外,抑扬顿挫的音乐美、声情并茂的情感美是诵读区别于朗读和背诵的一大特色,要准确把握,及时体现。

诵读需要交流,需要一个表演、展示的平台,诵读会提供了这样一个机会。诵读会的准备需要健康高雅而切合主题的诵材,需要对诵材深入而细致的研读及反复的背诵练习,需要精心设计的态势语言,需要配乐、舞美、服饰、道具的烘云托月。麦克风的扩音让细微疏漏显露无遗,大型诵读会需要良好的心理素质和舞台经验,这些都让诵读变得不同凡响,也使日常诵读显得"捉襟见肘",不够大气。因此,要以舞台诵读作为学习目标,以日常诵读作为训练模式,把诵读看做学习和练声的基础起步阶段,高标准、严要求,全面提高综合素质。

三、诵读与朗诵的把握

"诵"是诵读和朗诵的共同点,因此,语音纯正规范,声音响亮、清晰,表达声情并茂、抑扬顿挫,是诵读和朗诵共同具备的特色,训练中要重点把握。

诵读与朗诵的不同点在于脱稿背诵。负责"朗诵水平等级考试"大纲编订的陆澄认为:现场朗诵原则上应该脱稿背诵。背诵的效果至少有三:一是有利于表情的交流,它可以解放眼睛,用以传情;二是便于态势动作的发挥,手持诗稿的诵读至多是一位"独臂将军",手势动作受到掣肘;三是便于现场的把控,在脱稿的状态下,现场反馈尽收眼底,有经验的朗诵者可以随机应变,捕捉现场信息,及时作出反应,即兴发挥。总之,脱稿朗诵具有主动性和融合性,使朗诵者与作品、观众形成一个统一的整体。在"向往崇高"的主题朗诵会上,著名艺术家孙道临年过八旬还脱稿朗诵了白居易的叙事长诗《琵琶行》,为我们做出了表率。正规的大型朗诵会不提倡持稿,除非时间紧、任务重的特殊情况,以及"手中有稿、心中不慌"的初学者。艺术造诣深的朗诵者手中无稿会更洒脱自如,有益于发挥创造,现场效果更好。

诵读毛泽东1935年12月27日的著作《论反对日本帝国主义的策略》节选部分内容,体会诵读与朗诵的区别。配乐建议:《红旗颂》。

长征的意义

毛泽东

讲到长征,请问有什么意义呢?我们说,长征是历史记录上的第一次,长征是宣言书,长征是宣传队,长征是播种机。自从盘古开天地,三皇五帝到于今,历史上曾经有过我们这样的长征么?十二月光阴中间,天上每日几十架飞机侦察轰炸,地下几十万大军围追堵截,路上遇着了说不尽的艰难险阻,我们却开动了每人的两只脚,长驱二万余里,纵横十一省。请问历史上曾有过我们这样的长征么?没有,从来没有的。

长征又是宣言书。它向全世界宣告,红军是英雄好汉,帝国主义者和他们的走狗蒋介石等辈则是完全无用的。长征宣告了帝国主义和蒋介石围追堵截的破产。

长征又是宣传队。它向十一省大约两万万人民宣布,只有红军的道路,才是解放他们的道路。不因此一举,那么广大的民众怎么会如此迅速地知道世界上还有红军这样一篇大道理呢?

长征又是播种机。它撒播了许多种子在十一个省内,发芽、长叶、开花、结果,将来是会有收获的。

总而言之,长征是以我们胜利、敌人失败的结果而告结束。谁使长征胜利的呢?是共产党。没有共产党,这样的长征是不可能设想的。中国共产党,它的领导机关,它的干部,它的党员，是不怕任何艰难困苦的。谁怀疑我们领导革命战争的能力，谁就会陷进机会主义的泥坑里去。长征一完结，新局面就开始。直罗镇一仗，中央红军同西北红军兄弟般的团结，粉碎了卖国贼蒋介石向着陕甘边区的“围剿”，给党中央把全国革命大本营放在西北的任务，举行了一个奠基礼。

第二节　诵读的特征

一、有声语言的表情性

表达感情、声情并茂是诵读的基本要求。诵读是有声语言的表演艺术，要求嗓音圆润明亮，表达生动感人、声情并茂。以声传情的表情性是诵读的突出特点，也是“诵”区别于“读”和“背”的一大特征。要防止两种不正确的诵读方式：一是“唱读”，总是固定一个腔调，有口无心，声不表意，声不传情，如同和尚念经；二是“硬读”，即照字出声，无轻、重之分，无词、字之分，“字化”，生硬、刻板。

二、有声语言的规范性

规范性主要表现在诵读所选择的文字作品和使用的语言两方面。首先表现在诵读语言的规范性上，诵读是口耳相传、用有声语言架设在文学作品和听众之间的桥梁，要用普通话语音规范表达。另外表现在诵读作品的规范性和凭借性上，一方面，诵读作品从内容到形式都是作者精心创作、反复推敲而成，因此诵读者的表达要规范；另一方面，诵读作为有文字凭借的艺术，要依原作的内容和情感进行再创作，是“带着镣铐跳舞”，不能随意更改和发挥。但规范性不是僵化的处理，诵读者要理解作品，对诵读形式进行主动创造，把握基调、调动情感，忌“照字念书，有口无心”的无思维状态。

三、有声语言的独创性

诵读是有声语言对书面语言的再创作，要求诵读者深入理解作品、调动生活积累，用自己的真情实感再现文学作品的思想内涵，运用各种诵读技巧，使书面文字形象生动地“立”在听众面前。由于诵读者对作品理解和音色的个体差异，使诵读具备了有声语言的独创性和不可复制性。

四、有声语言的共鸣性

共鸣性也就是感染力。“感人心者，莫先乎情”，无论在任何场所表演，诵读者都是以自我身份出现在听众面前，直接把诵读内容传达给听众，诵读者与听众的交流是直接而明朗的。这就要求诵读者通过有声语言、眼神、表情栩栩如生地再现作品所描述的环境、场面、人物命运，给人身临其境的艺术感受，以情感人，引起听众的情感共鸣。此外，以有声语言表达体现作品内在的逻辑力量，以理服人，与听众达成共识，从而传播思想道德，进行人文教化，也是诵读的魅力所在。

请以美国诗人惠特曼的诗《哦,船长,我的船长!》为例,体会诵读的特点。配乐建议:卡洛儿吟唱的《写给海洋》。

哦,船长,我的船长!

(美)惠特曼

哦,船长,我的船长!我们险恶的航程已经告终,
我们的船安渡过惊涛骇浪,我们寻求的奖赏已赢得手中。
港口已经不远,钟声我已听见,万千人众在欢呼呐喊,
目迎着我们的船从容返航,我们的船威严而且勇敢。
可是,心啊!心啊!心啊!
哦,殷(yān)红的血滴流泻,
在甲板上,那里躺着我的船长,
他已倒下,已死去,已冷却。

哦,船长,我的船长!起来吧,请听听这钟声,
起来,——旌(jīng)旗,为你招展;——号角,为你长鸣。
为你,岸上挤满了人群——为你,无数花束(shù)、彩带、花环。
为你,熙攘的群众在呼唤,转动着多少殷切的脸。
这里,船长!亲爱的父亲!
你头颅下边是我的手臂!
这是甲板上的一场梦啊,
你已倒下,已死去,已冷却。

我们的船长不作回答,他的双唇惨白、寂静,
我的父亲不能感觉我的手臂,他已没有脉搏、没有生命,
我们的船已安全抛锚碇(dìng)泊,航行已完成,已告终,
胜利的船从险恶的旅途归来,我们寻求的已赢得手中。
欢呼,哦,海岸!轰鸣,哦,洪钟!
可是,我却轻移悲伤的步履,
在甲板上,那里躺着我的船长,
他已倒下,已死去,已冷却。

第三节 诵读的功用

诵读是一门用声音进行再创作的艺术,它融入了诵读者的思想、情感和想象。加强诵读可以培养语感,提高对语言的感受力和理解力。谢榛在《四溟诗话》中提出自己的观点:“诗有可解、不可解、不必解,若水月镜花,勿泥其迹可也。”诵读在诗歌学习中有着不可替代的作

用，以往对诗歌条分缕析的解读、分割式的探究破坏了诗歌的美感，是不可取的。朱自清也认为："新诗不要唱，不要吟，它的生命在诵读，它得生活在诵读里。"诵读能让我们体悟到诗歌语言的丰富内涵，体会到诗歌那韵外之致、言外之意的美感。诵诗、读诗，才能真正欣赏到诗歌之美。

一、传承中外文化

（一）与古人对话

经典诗文都是经过时间的磨砺传承下来的文质兼美的优秀作品，其中渗透着先贤思想的精髓，记载着历史的演变。诵读经典作品能让我们穿越时空，与作者感同身受，触摸时代的脉搏和律动。《诗经》中最早的作品诞生于公元前十一世纪，最晚的也在公元前六世纪，《诗经》三百余篇内容涉及政治、经济、伦理、天文、地理、外交、风俗、文艺各个方面，是古代社会的百科全书。诵读《诗经》，不仅能让我们了解当时的社会生活、时代变迁，还能走近古人的心灵，了解他们的思想感情。比如爱情诗的开山之作《关雎》，从"辗转反侧"的主人公身上能感受到年轻人受爱情煎熬的真挚情感；诵读抒情诗《黍离》，眼前似乎呈现出东周大夫面对旧都"尽为禾黍"的宗庙宫室遗址，"行迈靡靡，中心摇摇"，伤痛煎怀、极度痛楚的情状。"烽火照西京，心中自不平……宁为百夫长，胜作一书生。"诵读着"初唐四杰"之一杨炯的边塞诗《从军行》，可以油然生出弃文从军、浴血疆场的豪情壮志。诵读着杜甫的怀人佳作《梦李白》，不仅可以从"故人来入梦，明我长相忆"和"三夜频梦君，情亲见君意"的诗句中感悟到李杜之间的深厚友谊，在"千秋万岁名，寂寞身后事"的诗句中，感受到杜甫对李白获罪流放的诚挚劝慰以及对其艺术才华的肯定，还能够通过杜甫的描绘，跃然呈现出李白生动的形象来："出门搔白首，若负平生志。冠盖满京华，斯人独憔悴！"如临其境，如见其人。诵读能让我们走进历史，与古人对话，触摸伟大的灵魂，浸润自己的人生，焕发出生命的光彩。

（二）与未来对接

有继承才会有发展，有传承才会有创新。时代在飞速发展，新思想新观念不断产生，社会的迅速转型伴随着文化观念的碰撞、对接，使现代人常常陷入迷惘和困惑中。在物质相对丰富的今天，我们需要回眸历史文化，在凝聚着人类智慧的先贤文章中寻找心灵的居所，打造精神的家园。而对真、善、美的执著追求，对和平、民主、自由、文明、繁荣的向往是全世界人民的共同愿望。"我生本无乡，心安是归处。"在新世纪价值多元化的时代，倡导诵读经典、传承中外文化，有助于摈弃物质的诱惑，建立全新的价值观，提高个人素质，提高全社会的文明程度。

"雅言传承文明，经典浸润人生。"诵读经典也是一个文化寻根的过程，反复深入地研读经典，不仅能让我们走进两千多年前先贤的心灵，还可以在中西方文化思想的对比中，寻找适于我们发扬的思想精髓，有效地避免在对外开放、文化对接中出现的"水土不服"现象，有助于中华民族以全新的姿态走向世界、走向未来。

二、增加文化底蕴

诵读能扩大阅读量,加深对作品的理解,增加文化底蕴。与阅读不同,诵读要将书面语言转化为有声语言,所以对文学作品的研读更深入,体验更深刻,并融入了诵读者自己的所思所感,在诵读练习中不断强化对作品的理解。当文学作品诉诸声音形象之后,所表现出来的思想比书面文字更生动直观,传达给听众的感受更深刻,更真切。诵读引导着诵读者和听众更全面地领会文学作品的深刻意蕴,具有一般阅读所不具备的积淀文化底蕴的优势。

(一)感悟文学,加深理解

文学是以语言文字为工具,形象化地反映社会生活的艺术。诗歌、散文、小说、戏剧都是文学重要的表现形式,大部分文学作品都可以通过朗诵的艺术形式进行再创作,这种再创作的过程必然会加深人们对文学作品的感悟和理解。朗诵艺术家陈醇深有感触地说:"在我45年的播音生涯中,朗读过多少篇巴金的著作已难以说清……而我每次播读都被他的作品所吸引,都是一次品味人生的艺术享受。"

文学是语言的艺术,作家用语言来创造形象、典型和性格,用语言来反映事件、自然景象和思维过程,离开了语言就不可能有文学作品的产生和存在。但作家所依赖的语言,只是被抽象化的文字符号,诵读艺术把它转化为形象化的有声语言,这个转化过程体现出对文学作品的深刻理解和表现,甚至会取得语言文字所达不到的艺术效果,所以我们称它为语言艺术再创作。美学家朱光潜先生曾说:"写在纸上的诗只是一种符号,要懂得这种符号,只是识字还不够,要在字里,见出意象来,听出音乐来,领略出情味来。诵诗时就要把这种意象、音乐和情趣在声调中传出。这种功夫实在是创造的。"诵读不是简单地还原社会生活中的客观现象,而是直接表现诵读者内心体验到的感情,是通过有声语言艺术来表现生活、反映现实、抒发情感。

(二)丰富想象,体悟情境

"思接千载,视通万里"不仅指文学创作,诵读作为一种语言艺术创作同样需要具备丰富的内心视像和感情依据。清代王国维说:"文学之事,其内足以摅己,外足以感人者,意与境二者而已。"诵读者只有把作品所描述的意境内化为自己的真切感受,才能激发出丰富的想象,感染听众。王国维进一步解释:"境非独谓景物也。喜怒哀乐,亦人心中之一境界。"因此,对作品深入体味,走进作者的内心深处,成为诵读艺术合理运用想象的依据,从而为准确生动地表现作品,呈现其深刻鲜明的思想性和艺术性奠定坚实的基础。

丰富的想象力能使诵读者体悟作品呈现的情境、与作者感同身受,有助于诵读者把对作品的理解感受形之于声,表达给听众,使其产生如临其境的感受。诵读者随着对文学作品的深入理解和切身体验,品读着作品中词语概念的准确、语法修辞的生动、构思布局的巧妙、情景描写的感人、逻辑序列的严谨、韵律配置的优美,丰富着自己的想象,尽可能地用有声语言表现出文学作品的精妙之处,达到诵读者的再创作和写作者的首创作浑然一体,听说读写相辅相成,写作、阅读和诵读表达能力同步提高,这是诵读的魅力,是从不涉及诵读领域的人难以体验到的。

三、培养审美情趣

诵读不仅可以提高阅读能力、增加文化底蕴，还可以增强审美艺术趣味、陶冶性情、拓宽胸襟，使人在诵读中感受和体验作品的意境和形象，得到精神陶冶和审美愉悦。

(一)获得美感，培养情趣

激情澎湃的诵读沁人心脾、感人至深，是高级的精神享受。张颂教授认为"朗诵美学"有四个范畴：民族美、风格美、意境美和韵律美。

民族美：每个民族都有自己的文化传统，中华民族也有自己的独特体系。第一，中国的美学意识更强调"美"与"善"的统一，把审美价值等同于伦理价值，强调文艺的教化作用和社会功能。比如孔子谈到《诗经》的社会教化作用时认为，《诗》可以"兴""观""群""怨"，就是要使社会与个体在审美中达到和谐统一。第二，在艺术表现和再现的关系上，中国美学更侧重于表现、抒情、言志，"诗言志"的传统美学意识影响深远，诵读艺术中凝聚着民族的审美理想和趣味。

风格美：风格是独特的艺术个性，是成熟稳定的艺术特色。张颂教授认为："必须大力提倡风格的文化积淀性、艺术功利性、长期凝聚性、社会传承性、内部变动性、外部吸纳性。只有如此，才能使风格的理论和实践在正确的轨道上继续前行，使艺术风格呈现百花齐放的局面。"[①]成熟的诵读者必须根据自身特点，认真揣摩、反复探索，正确处理文学作品和有声语言的辩证关系，形成自己稳定成熟的风格特色。

意境美：优秀的文学作品都有着深邃独特的意境美，诵读能让诵读者和听众深刻体悟意境的独特，获得审美的愉悦。"形在江海之上，心存魏阙之下"，"意境"是一种情与境合、神与物合、神与形合的时空氛围，诵读者通过有声语言艺术创作，融入自己的生命体验，再现情境蕴含的审美意蕴，给听众心驰神往、流连忘返、引人入胜的艺术感受。

韵律美：汉语是世界上最美的语言之一，阴阳上去四个富有音乐美的声调和句调、语调和谐有序形成韵律美，清浊、平仄、四呼、共鸣、双声、叠韵、语流音变、轻声儿化等表达方式的合理运用能产生抑扬顿挫的音乐美，特别是诗歌诵读，更体现了语言的韵律美，善于表达的话，能将诵读的艺术价值发挥到极致，使听众获得审美的愉悦。朱光潜认为："诗缘于歌，歌与乐相伴，所以保留有音乐的节奏；诗是语言的艺术，所以含有诗的节奏。就音节而论……自然之中有人为，束缚之中有自由，整齐之中有变化，沿袭之中有创新，'从心所欲'而却能'不逾矩'。"诗歌诵读音乐般的抑扬之美、参差之美赏心悦耳、让人陶醉。

(二)陶冶性情，拓宽胸襟

文道统一，优秀的文学作品能潜移默化地影响人们的心灵，具有美育和德育的作用。诵读古今中外"文质兼美"的优秀作品，能陶冶人的情操、浸润人的心灵，其对思想的启发教育作用，比单纯的说教更有效。诵读能把浅易文字蕴藏的深刻内涵挖掘出来，使人体悟到其中

---

① 张颂：《朗诵美学》，中国传媒大学出版社 2010 年版。

“只能意会,难以言传”的内容。

文品即人品。王国维认为:“无高尚伟大之人格,而有高尚伟大之文章者,殆未之有也。”优秀的文学作品是作者人格的写照,经过诵读者的艺术加工后更具备感人的艺术魅力。无论自己诵读还是听别人诵读,都会感染我们,在潜移默化中净化着灵魂,提升着人生境界。“明月松间照,清泉石上流。”“行到水穷处,坐看云起时。”诵读王维、孟浩然的山水田园诗,让我们陶醉在大自然的秀美风光中,荡涤着物欲熏染的灵魂,超越现实的人生境遇,获得身心的宁静和谐。“生当作人杰,死亦为鬼雄。”“壮志饥餐胡虏肉,笑谈渴饮匈奴血。”诵读着李清照、辛弃疾、岳飞的诗词名作,能让我们热血沸腾,油然升起慷慨救国的豪情壮志。诵读着苏轼的《赤壁赋》《定风波》,了解到他艺术上的多才多艺、政治上的失意坎坷、人格上的旷达一世,能扩宽自己的胸襟和气度,不再因些许烦恼、挫折不能自拔。同时,诵读不仅能加深文学修养、获得审美愉悦,还从人格、情操到高雅的气质、风度,多层次地陶冶性情、扩宽胸襟、净化心灵。

四、锻炼口语表达

(一)纯洁语言,规范发音

诵读是语言的艺术,也是面向大众的文化艺术,必须使用全国通用的普通话。普通话是以北京语音为标准音,以北方话为基础方言,以典范的现代白话文著作为语法规范的现代汉民族共同语。诵读是推广普通话、提高普通话水平的有效途径。古今中外的文学作品适合诵读的有很多,但都需要把书面语言转化为口头语言,遵循普通话规范要求,不仅声韵调准确,而且要处理好轻声、词语的轻重格式、儿化及上声、“一”“不”“啊”的音变,符合语法、修辞规范。要特别注意文言转白话的过程中,一些名家的诗文名作也像“裹过小脚又放大脚”的一样,词汇、语法不太规范,诵读时要注意适当留意、妥善处理,比如鲁迅的小说《故乡》中用“伊”代指“她”。此外,一些作家的写作带有方言和地域特点,诵读时要留意。福建作家舒婷的散文《回老街走走》中有这样的语句:“幸亏游子们再健忘,可能走错楼栋,进错梯道,也绝不会叫错爹妈。”这里的“楼栋”“梯道”分别指“楼”和“单元”,而后文的“屋后一窝鸡两丘韭”中,量词“丘”是“畦”的意思。诵读是诉之于听觉的艺术,在不破坏文意的情况下,为了准确传达内容,可以对方言、文言色彩浓的内容进行改编。外国文学作品由于翻译的差异会出现不同的版本,要根据原创和普通话的规范要求,并考虑流传程度和大众的接受习惯,优选最佳表达。

(二)锻炼表达,规范体态

诵读是口头艺术,经常训练能快速提高口语表达能力,美化语音。诵读又是面向大众的文化艺术形式,登台表演不仅能锻炼口语表达,还有助于练就落落大方的体态语言,能美化形体、培养气质、训练礼仪。在诵读训练中,潜移默化地掌握了用气发声、吐字归音的技巧,熟练地运用停连、轻重、语势、节奏等技巧,恰当地融入体态语言的辅助手段,能使口语表达流畅自如,礼仪举止大方得体,气质高雅、风度翩翩,自信而富有朝气,恃才而不傲物,阳光而不张扬,含蓄内敛、进退有度。

诵读还能锻炼组织协调和文案策划的能力。诵读会需要多人合作，并对作品进行艺术处理，对活动进行组织策划，这就极大地锻炼了活动参与者的组织和策划能力，对就业和从事其他工作也很有帮助。

请深刻理解"以梦为马"的内涵，配乐诵读海子的诗歌《祖国》。配乐建议：《天空之城》或《雪的梦幻》。

祖　国

（或以梦为马）

海　子

我要做远方的忠诚的儿子
和物质的短暂情人
和所有以梦为马的诗人一样
我不得不和烈士和小丑走在同一道路上

万人都要将火熄灭　我一人独将此火高高举起
此火为大　开花落英于神圣的祖国
和所有以梦为马的诗人一样
我借此火得度一生的茫茫黑夜

此火为大　祖国的语言和乱石投筑的梁山城寨
以梦为上的敦煌——那七月也会寒冷的骨骼
如雪白的柴和坚硬的条条白雪　横放在众神之山
和所有以梦为马的诗人一样
我投入此火　这三者是囚禁我的灯盏　吐出光辉

万人都要从我刀口走过　去建筑祖国的语言
我甘愿一切从头开始
和所有以梦为马的诗人一样
我也愿将牢底坐穿

众神创造物中只有我最易朽　带着不可抗拒的　死亡的速度
只有粮食是我珍爱　我将她紧紧抱住　抱住她　在故乡生儿育女
和所有以梦为马的诗人一样
我也愿将自己埋葬在四周高高的山上　守望平静的家园

面对大河我无限惭愧
我年华虚度　空有一身疲倦
和所有以梦为马的诗人一样

岁月易逝　一滴不剩　水滴中有一匹马儿一命归天

千年后如若我再生于祖国的河岸
千年后我再次拥有中国的稻田
和周天子的雪山　天马踢踏
和所有以梦为马的诗人一样
我选择永恒的事业

我的事业　就是要成为太阳的一生
他从古至今——“日”——他无比辉煌无比光明
和所有以梦为马的诗人一样
最后我被黄昏的众神抬入不朽的太阳

太阳是我的名字
太阳是我的一生
太阳的山顶埋葬　诗歌的尸体——千年王国和我
骑着五千年凤凰和名字叫“马”的龙——我必将失败
但诗歌本身以太阳必将胜利

第四节　诵读的习得

自从20世纪初“废文言兴白话”之后,中华文化在向世界先进文化学习中得到长足的进步,白话文在我们的生活中日益规范、成熟。但另一方面,我们遗憾地发现许多年轻人与承载着中华上下五千年文化的文言诗文距离越来越远。传承中华文化要深入浅出,学习古诗文应从培养兴趣入手,诵读就是一条重要而有效的途径。宋代著名学者朱熹在《朱子童蒙须知》中提到:“凡读书……须要读得字字响亮,不可误一字,不可少一字,不可多一字,不可倒一字,不可牵强暗记,只是要多诵数遍,自然上口,久远不忘。古人曰:读书千遍,其义自见。谓读熟则不解说自晓其义也。”不仅强调了诵读的必要性,而且指明了诵读的基本方法。

一、正音辨误,理解文意

古典诗文诵读中正音辨义是首要的问题。这里涉及两个方面的原因:一是古典诗文多文言内容,音、意与白话差异大,二是古典诗文通假字、异读字、多音字与白话差异大。比如《饮马长城窟行》和《和子由渑池怀旧》两首诗题目的第一个字都应读作去声,李白的《将进酒》中“将”是“愿”“请”的意思,读做“qiāng”而不是“jiāng”。

现当代诗文诵读要注意语流音变和词语的轻重格式,这样才会自然流畅、悦耳动听。比如诵读散文诗《桂林山水》,对文中句尾出现的几个“啊”就要注意音变,在“漓江的水真静啊,漓江的水真清啊，漓江的水真绿啊”，“桂林的山真奇啊，桂林的山真秀啊，桂林的山真险啊”这些句子中，“静”“清”后面的“啊”读“nga”，“绿”“奇”后面的“啊”读“ya”，“秀”后面的“啊”读“wa”，“险”后面的“啊”读“na”。诵读余光中的《乡愁四韵》同样如此。诵读舒婷的《这也是一切》要注意“一”和“不”的音变，在去声字前读阳平，在非去声字前读去声。诵读林徽因的《你是人间的四月天》要注意“人间”“四月”等词语应读重中格式。

诵读余光中的《乡愁四韵》，注意“啊”的音变。配乐建议：《故乡的原风景》。

乡愁四韵

（中国·台湾）余光中

给我一瓢长江水啊长江水
酒一样的长江水
醉酒的滋味
是乡愁的滋味
给我一瓢长江水啊长江水

给我一张海棠红啊海棠红
血一样的海棠红
沸血的烧痛
是乡愁的烧痛
给我一张海棠红啊海棠红

给我一片雪花白啊雪花白
信一样的雪花白
家信的等待
是乡愁的等待
给我一片雪花白啊雪花白

给我一朵腊梅香啊腊梅香
母亲一样的腊梅香
母亲的芬芳
是乡土的芬芳
给我一朵腊梅香啊腊梅香

二、把握节奏，抑扬顿挫

诗文诵读中，把握节奏是读懂原文的重要体现。注意停顿，不肢解语意并准确地读出原文的思想感情是诵读最基本的要求。古典诗文诵读中，句式整齐的诗歌停顿比较容易掌握，比如五言格律诗多为“二、三”拍，七言格律诗多为“四、三”拍；而句式参差的古体诗停顿不易把握，如“何时眼前/突兀/见此屋，吾庐独破/受冻/死亦足。”（《茅屋为秋风所破歌》）对现当代诗歌停顿的把握更能体现诵读者的文学素养，比如《你是人间的四月天》中许多语句是倒装句，有些分行的句子却语义连接紧密，不能停顿，需要细细品读才能把握准确。

诵读《将进酒》要善于通过语调、语速的变化表达作品的思想感情，开头几句要读出气势，声调昂扬，顿挫有力，将诗人感叹生命无常的悲愤表达出来；接着由“悲”转“乐”、借酒抒怀时，可以读得轻快些、平缓些；在劝“岑夫子”“丹丘生”进酒时，又转向高昂、狂欢，节奏铿锵；继而借古喻今，又可稍平缓、略低沉些；最后“借酒浇愁”，再度昂奋、高扬，有“言尽意犹”“余音绕梁”之感。

将(qiāng)进酒

(唐)李白

君不见,黄河之水天上来,奔流到海不复回?
君不见,高堂明镜悲白发,朝如青丝暮成雪。
人生得意须尽欢,莫使金樽(zūn)空对月。
天生我材必有用,千金散尽还复来。
烹羊宰牛且为乐,会须一饮三百杯。
岑(cén)夫子,丹丘生,将进酒,杯莫停。
与君歌一曲,请君为我倾耳听:
钟鼓馔(zhuàn)玉不足贵,但愿长醉不复醒。
古来圣贤皆寂寞,惟有饮者留其名。
陈王昔时宴平乐(lè),斗(dǒu)酒十千恣欢谑。
主人何为言少钱,径须沽取对君酌(zhuó)。
五花马,千金裘,
呼儿将出换美酒,与尔同销万古愁。

诵读古代散文要在遇到以下几种情况时注意停顿:

其一,文言中是两个单音词,而现代汉语中恰巧是一个复音词,且词义已变化的,中间要加以停顿,例如"鼎足之形/成矣"。

其二,句首的语气词或领起全段的虚词处要加以停顿,例如"夫/庸知其年之先后生于吾乎!"

其三,一些特殊句式的诵读要注意停顿。譬如倒装句,可在颠倒了语序的成分之间适当停顿,如"蚓无爪牙/之利";又如固定格式的句子,在两个相关的词之间插入的成分相对多一些,也可以作适当的停顿,如"独畏/廉将军哉"。

诗文诵读要注意揣摩作者的意图,体察作者的感情,通过抑扬顿挫的变化来表情达意,表现出作品的魅力。抑扬顿挫,主要体现在语调的高低、强弱和语速的快慢等起伏变化上,语调、语速不同,所表达的思想感情也会不同。

三、熟读成诵,声情并茂

古今中外"文质兼美"的文章不仅要熟读,更要牢记在胸,化为自己的知识和学养。记诵诗文最惬意的是晨昏闲暇时不经意间涵咏玩味、熟读成诵,但并不是所有的诗文都能让人在第一时间理解它、喜爱它,强制记诵和快速记忆在诗文诵读中也很重要。培养快速记诵诗文的能力不仅是积学储宝的需要,也能在大型诗文诵读会中派上用场。可以采用以下几种记忆法:

其一,替换记忆法。许多诗文采用复沓的写作手法,句式、词语重复较多,找出其规律,对不同处重点记忆就可事半功倍。《诗经·蒹葭》采用重章叠句的写作手法,全诗三节仅五组十五个词语不同,分别是:"苍苍、萋萋、采采","为霜、未晞、未已","一方、之湄、之涘","且长、且跻、且右","中央、中坻、中沚",只需记住第一节的内容和其余十个词语,诵读二、三节内容时将不同词语替换进去即可。梁启超的《少年中国说》中的排比句也可以采用这种方法记忆。

蒹葭(jiān jiā)

蒹葭苍苍，白露为霜。所谓伊人，在水一方。
溯洄从之，道阻且长。溯游从之，宛在水中央。

蒹葭萋萋，白露未晞(xī)。所谓伊人，在水之湄。
溯洄从之，道阻且跻(jī)。溯游从之，宛在水中坻(chí)。

蒹葭采采，白露未已(yǐ)。所谓伊人，在水之涘(sì)。
溯洄从之，道阻且右。溯游从之，宛在水中沚(zhǐ)。

其二，辅助记忆法。利用那些起提示作用的语言标志，如课文线索、领头字句等帮助记诵诗文。例如杜甫的《茅屋为秋风所破歌》就可以根据“秋风怒号图”“群童抱茅图”“娇儿恶卧图”“遥望广厦图”这一线索来辅助记忆，然后找出领头字句记诵。

茅屋为秋风所破歌

(唐)杜甫

八月秋高风怒号(háo)，卷我屋上三重(chóng)茅。
茅飞渡江洒江郊，高者挂罥(juàn)长林梢，下者飘转沉塘坳(ào)。
南村群童欺我老无力，忍能对面为盗贼。
公然抱茅入竹去，唇焦口燥呼不得，归来倚杖自叹息。
俄顷风定云墨色，秋天漠漠向昏黑(hè)。
布衾(qīn)多年冷似铁，娇儿恶(wù)卧踏里裂。
床头屋漏无干(gān)处，雨脚如麻未断绝。
自经丧(sāng)乱少睡眠，长夜沾湿何由彻！
安得广厦(shà)千万间，大庇(bì)天下寒士俱欢颜，风雨不动安如山！
呜呼！何时眼前突兀(wù)见(xiàn)此屋，吾庐独破受冻死亦足！

其三，整分记忆法。根据内容把篇幅较长的作品分成几段，再把每段文字分成几层，分层记诵，最后再汇成整体记诵。这种“化整为零”的方法既能从整体上把握全文的脉络，加深记忆的理解性，又分散了难点，便于各个击破。拿《师说》的第一段来说，可分为四层记诵：第一层两句，第二层两句，这两层的两句间有一个共同点就是“顶针”(即前一句的最后一个字是后一句的第一个字)，体现在“师”和“惑”字上；第三层两句句式相同，一是“生乎吾前”，一是“生乎吾后”；第四层是最后两句，一为疑问句，一为陈述句。如上“分而背之”，不仅记诵轻松有效，而且能加深对作品的理解，提高鉴赏力。

师说(节选)

(唐)韩愈

古之学者必有师。师者，所以传道受业解惑也。人非生而知之者，孰能无惑？惑而不从师，其为惑也终不解矣。生乎吾前，其闻道也固先乎吾，吾从而师之；生乎吾后，其闻道也亦先乎吾,吾从而师之。吾师道也,夫庸知其年之先后生于吾乎?是故无贵无贱,无长无少,道之所存,师之所存也。

“声情并茂”是指诗文诵读中感情的再现,只有深入地体会了原文的思想、作者写作的情绪,产生共鸣,受到感染,并运用一定的诵读技巧,才能将其表达出来。因此说,诗文诵读也是创造性的艺术活动,需要训练才能养成。

下面大家可以尝试声情并茂地诵读南朝吴均的佳作《与朱元思书》。

与朱元思书

(南朝)吴均

风烟俱净,天山共色。从流飘荡,任意东西。自富阳至桐庐,一百许里,奇山异水,天下独绝。

水皆缥(piǎo)碧,千丈见底。游鱼细石,直视无碍。急湍(tuān)甚箭,猛浪若奔。

夹岸高山,皆生寒树,负势竞上,互相轩邈(miǎo);争高直指,千百成峰。泉水激石,泠泠(líng)作响;好鸟相鸣,嘤嘤成韵。蝉则千转不穷,猿则百叫无绝。鸢(yuān)飞戾(lì)天者,望峰息心;经纶世务者,窥(kuī)谷忘反。横柯(kē)上蔽,在昼犹昏;疏条交映,有时见(xiàn)日。

诵读是一个学习的过程,也是一个积累的过程,更是一个不断摸索、不断提高的过程。学无定法,有心人在诵读中会不断思考、不断调整,探索出适合自身特点的积累和训练方法。只有勤奋学习、讲究方法,才会收获多、进步快,综合素质得到提升。

第二章 诵读的前期准备技巧

第一节　诵读的要求

作为口语传播的艺术形式，诵读不仅承载着推广普通话的责任，还能准确、鲜明、生动地传播各类信息，这就要求诵读者的语言表达富有感染力和表现力，具备纯正规范的语音、圆润明亮的嗓音和生动感人的语言表达能力，这是诵读者应具备的基本条件和素质。

一、语音纯正规范

我国是多民族的国家，56 个民族有 80 多种互不相同的语言，诵读作为一种传播的方式应该使用民族共同语，用普通话的纯正语音宣传思想、启迪智慧。

（一）普通话发音规范

普通话是“以北京语音为标准音，以北方话为基础方言，以典范的现代白话文著作为语法规范”的现代汉民族共同语。文学诵读语言面向社会大众，应该运用最准确规范、清晰纯正的语言表达，符合普通话的语音、词汇和语法规范要求。要从声母、韵母、声调三个角度考核一个音节的正确发音，纠正方言偏误，克服平翘舌不分、前后鼻音不分、边鼻音不分等系统性发音缺陷，注意轻声、儿化及上声、“一”“不”“啊”的语流音变，读准词语的重中格式，保持发音的规范纯正。此外，多音字要根据语境审义定音，通假字读所通文字的读音。

请审义定音，准确诵读汉乐府名篇《上邪》。

上　邪

上邪（yé），我欲与君相知，长命无绝衰（cuī）。
山无陵（líng ），江水为竭，冬雷震震，夏雨（yù）雪，
天地合，乃敢与君绝！

(二)古诗词古音今读

诵读面向大众、影响广泛,它一方面可以向全社会推广普通话,另一方面也不断丰富着普通话的词汇内容,古诗词古音今读就值得重视。古代的名篇佳作产生于语言未得到规范统一的年代,按现代汉语规范读音诵读古诗词无法准确表现出平仄、韵律,也就无法体现古诗词的艺术风格。是否要拘泥古音读法,一直是个有争议的问题。比如唐代诗人杜牧的《山行》中"斜"的读音:

山行

(唐)杜牧

远上寒山石径斜(xié),白云生处有人家(jiā)。
停车坐爱枫林晚,霜叶红于二月花(huā)。

"斜"(xié)和"家"(jiā)、"花"(huā)不是同韵字,但在唐代"斜"读 siá(s 读浊音),同现代上海方言中"斜"的读音一样,因此,《山行》的韵律在唐代是和谐的。今天我们诵读古诗,不必拘泥古音读法,但应了解这个现象,并尽可能保留古代格律的特点。

二、嗓音圆润明亮

诵读的任务是为了准确、鲜明、生动地传达并表现文学作品的内容,好的嗓音条件是提高语言表达能力和塑造美好听觉形象的基础。诵读艺术语言对声音总的要求包括"准确规范,清晰流畅;圆润集中,朴实明朗;刚柔相济,虚实结合;色彩丰富,变化自如"四个方面。要想改善自己的声音条件,主要取决于气息、发声和共鸣的生理条件,既需长期不懈地坚持用气发声的基本功训练,也应遵循用气发声的规律,才能取得理想的效果。

(一)气贯丹田

"气乃音之帅",发声的呼吸状态决定了声音的优劣。我国民族声乐中的"丹田呼吸法"近似于现代医学分析的"胸腹联合呼吸法",可以有效地扩大吸气量,保障各种发声状态下用气的需要。所不同的是,"丹田气"强调的"收小腹"是指对横隔肌的控制能力,是用膈控制呼吸发出的声音。这种呼吸方法可以保持稳健的呼吸状态,不仅有利于控制,还容易产生坚实、响亮的音色。

请试用"丹田呼吸法"诵读唐代诗人陈子昂的《登幽州台歌》。

登幽州台歌

(唐)陈子昂

前不见古人,后不见来者。
念天地之悠悠,独怆(chuàng)然而涕(tì)下。

（二）控制喉肌

艺术语言的发声主要靠对喉部肌肉的控制，这需要掌握两个要点：一是保持喉头稳定；二是喉肌松紧适度，声带调节灵活。控制喉头上下位移幅度，保持发声时喉头的相对稳定，是获得变化自然、和谐通畅、润泽丰满的声音的有效方法之一。长期坚持练声会产生理想的效果，根据语图仪的测试分析：一般人的音高运动幅度只有七个半音左右，经过发声训练的专业人员可以达到十五个半音，发声能力提高了一倍。

请控制喉肌，试诵读“戊戌六君子”之一谭嗣同的绝笔诗《狱中题壁》。

狱中题壁

谭嗣同

望门投止思张俭，忍死须臾待杜根。
我自横刀向天笑，去留肝胆两昆仑。

（三）美化音色

语言共鸣的主要作用在于美化音色。艺术语言对音色总的要求是朴实大方、圆润集中。朴实大方的音色主要是以胸腔共鸣为基础，圆润集中的音色表现为以口腔共鸣为主的声音效果。所谓“打开口腔”“唇舌力量集中”“声挂前额”以及吐字归音的“叼住弹出”“拉开立起”“到位弱收”“音节形成枣核形”等，都是口腔共鸣的控制方法。口腔共鸣使声音明亮结实，字音圆润清晰，因此也称为“中音共鸣”或“中部共鸣”。

请试用“中音共鸣”法，诵读近代诗人秋瑾的《对酒》。

对　酒

秋　瑾

不惜千金买宝刀，貂裘换酒也堪豪。
一腔热血勤珍重，洒去犹能化碧涛。

三、表达生动感人

诵读语言的表达能力主要体现在“以情感人，以理服人”的话语魅力上，语言表达的感染力和说服力、情趣和理趣是其核心内容。在与听众的双向交流中，让受众与诵读者产生情感共鸣、达成观点共识是语言表达成功的标志。

（一）注重情趣，以情感人

情感对诵读语言的三个作用是：联系想象、调动情绪、感染受众。诵读语言要想充分表现并传达原作的感情色彩，先要感动诵读者自己，才能感动他人。调动感情要发挥自己的想象力，一般应遵循三个步骤：

1. 理清头绪

根据原作语言、文字的描述,在头脑中形成相应的形象,并梳理出情景的来龙去脉、主次轻重,在形象思维中描绘现实生活的生动场景。

2. 设身处地

通过想象激发自身的生活体验,产生如临其境、如见其人的感觉。诵读内容所涉及的情景未必都是诵读者亲历的,只能根据自己的理解和想象加以描摹,阅历丰厚、观察深入、知识广泛、体验深刻,想象力就越丰富,现场感的描摹就越生动、细腻。

3. 触景生情

触景生情是情景再现的核心和诵读语言的目标。丰富的想象触发情感的反应,情感的充盈又推动想象的进一步展开,循环推进,进入情景交融的境界。

最后,要有感而发。在诵读创作的情境中,诵读者应始终保持身临其境的感觉,以想象来再现此情此景的内容,以情动人,感染受众。

请调动生活积累,试用"情景再现"法,诵读现代诗人戴望舒的诗歌《在天晴了的时候》,感受到雨后扑面而来、清爽无比的乡土气息,用有声语言绘出雨后放晴的一幅乡村画卷。配乐建议:海顿小夜曲/*Always With Me*。

在天晴了的时候

戴望舒

在天晴了的时候,
该到小径中去走走:
给雨润过的泥路,
一定是凉爽又温柔;
炫耀着新绿的小草,
已一下子洗净了尘垢;
不再胆怯的小白菊,
慢慢地抬起它们的头,
试试寒,试试暖,
然后一瓣瓣地绽透!
抖去水珠的凤蝶儿
在木叶间自在闲游,
把它的饰彩的智慧书页
曝(pù)着阳光一开一收。

到小径中去走走吧,
在天晴了的时候:
赤着脚,携着手,
踏着新泥,涉过溪流。

新阳推开了阴霾了,
溪水在温风中晕皱,
看山间移动的暗绿——
云的脚迹——它也在闲游。

(二)了解背景,知人论世

孟子曰:"颂其诗,读其书,不知其人,可乎?是以论其世也。"(《孟子·万章上》)文学作品的诵读要达到生动感人的艺术效果,必须了解作者的经历和创作背景,对激发作者创作冲动的情感缘由了然于胸,方能走进作品所展示的时代,走进作者心灵的深处,感同身受,获得启发,才能诵出作品情的厚度、意的深度、韵的浓度。

比如徐志摩的名作《再别康桥》写于1928年，康桥即剑桥大学，徐志摩1920年10月至1922年8月曾游学于此。不了解徐志摩的留英经历和对康桥特殊的情愫，诵读表达就很难达到真切感人的艺术效果。

在《猛虎集》序文中徐志摩提到，24岁以前，自己对诗的兴味远不如对于相对论或民约论的兴味。他初到英国学的是政治经济学，后来在林徽因家认识了仰慕已久的剑桥大学皇家学院著名学者狄更生，狄更生从徐志摩的谈吐、修养、气质中看出其诗人的内蕴，介绍他进入剑桥大学文学院学习。自此，徐志摩走上了诗歌创作的道路，并很快取得了卓越的成就。正是康河的水，开启了他的性灵，唤醒了蛰伏在他心中诗人的天命。在《吸烟与文化》中，他满怀深情地说："我的眼是康桥叫我睁的，我的求知欲是康桥给我拨动的，我的自我意识是康桥给我胚胎的。"在他心中，康桥几乎和生命同等重要。1928年徐志摩故地重游后，11月6日在归途的南中国海上吟成了这首传世之作。全诗七节，每节四行，每行2～3个音步，不拘一格又法度严谨，韵式上严守二、四押韵，抑扬顿挫、朗朗上口，情感处理深沉热烈而内敛，语调生动溢美而不纵。诵读时若仅表现出对康桥自然景物美的赞颂或过度渲染低婉缠绵、哀伤离别都是不恰当的，这反映了对作品背景的解读不够。

其他文学作品的解读也如此。比如林徽因的《你是人间的四月天》，许多人解读为爱情诗，认为是写给徐志摩的。但了解了创作时代和背景后我们得知，诗歌发表于1934年，是写给儿子梁从诫的。（梁从诫在《倏忽人间四月天》中说："父亲曾告诉我，《你是人间的四月天》是母亲在我出生后的喜悦中为我而作的。"）当时，年轻的母亲林徽因惊叹于面如朗月的幼子带给她全新的生命体验，如同充满希冀和新奇的春天，副题"一句爱的赞颂"饱含着对自然万物生灵的欣喜和感喟。诗篇意境优美、内容纯净，意象温馨美好、洋溢生机，而且诗歌的内在情感节奏轻灵欢快，我们可以感受到作者内心的欢欣与喜悦。因此，诵读表达宜用慈母对幼子柔声细语、女性对自然美赞叹的语态，不宜用深沉、强烈、热情、奔放的表白语调。

《一棵开花的树》是席慕蓉于1980年10月4日创作的一首抒情诗，是作者写给自然界的一首情诗。作者在生命现场遇见了一棵开花的树，在替它发声，通过对一棵开花的树的描写来表达作者对于自然的感悟：生命是不断的经过、经过、经过，她写的东西都是在生命现场里所得到的触动。此诗常被误读，有些人把作品解读成"女孩子站在那里等男孩子看她"的情诗，作者对此表示"有点犹疑"。但她同时声明，诗人的解读只是其中的一种，因为读者的解释也有权威性。请查阅资料，了解作家生平及创作背景，在准确解读作品的基础上有感情地诵读。配乐建议：《尊敬》。

一棵开花的树

席慕蓉

如何让你遇见我
在我最美丽的时刻
为这
我已在佛前求了五百年
求它让我们结一段尘缘

佛于是把我化作一棵树
长在你必经的路旁
阳光下慎重地开满了花
朵朵都是我前世的盼望

当你走近
请你细听
那颤抖的叶
是我等待的热情

而你终于无视地走过
在你身后落了一地的
朋友啊 那不是花瓣
是我凋零的心

(三)注重理趣,文约意丰

语言是心灵的窗口,是思想交流最重要的工具。诵读艺术面向大众,对语言的要求更高,但切忌从形式上单纯地模仿,应该从内容出发,细心揣摩、触发真情,方能由己达人,诉出真情,晓以真理,以理服人。

艺术表达要注重理趣,从文约意丰的诵读作品中挖掘出意蕴深刻的思想内涵,用有声语言形象生动地传达给受众,使之得到感悟、受到启发、达成共识。诵读艺术不要停留在对生活直观印象的表达上,而要透过作品呈现的生活现象引发人们做出更深层次的思考,达到"言有尽而意无穷"的艺术效果。

高尔基的名作《海燕》不是普通地描绘大海风景的文字,而是为俄国无产阶级革命呐喊的激情檄文。迫于沙皇政府的暴政,作者没有锋芒毕露地发出战斗的号角,而是通篇运用了象征手法,加深了作品的意蕴,扩大了语言的张力,这就对诵读的理解和表达提出了更高的要求。《海燕》分析的重点和难点就在群鸟的形象和海天气象变幻的象征意义上。一般的理解应当是:天低、云暗、风吼、雷鸣,是社会环境和政治环境的象征;海燕,是俄国无产阶级革命者的形象;海鸥、海鸭、企鹅,是1905年革命前夜俄国资产阶级自由派的写照。通过这样的解析,我们撩开了作品中象征艺术的面纱,作者笔下的形象还原了它本真的面貌,作品的思想脉络随之彰显,诵读处理有的放矢,作者的褒贬爱憎,尽可以借助有声语言得到淋漓尽致的体现。

清代文论家梁廷在《曲话·卷二》中说:"情在意中,意在言外,含蓄不尽,斯为妙谛。"含蓄常给人文约意丰、余味无穷的美感,如果在艺术表现中达到了情景交融的境界,自然就产生了神韵,体现了气质。许多著名朗诵艺术家创作的作品,让我们真切地感受到那种神韵与气质,如夏青朗诵的《早发白帝城》,并不仅仅是"绘景",而是把诗人李白从流放到遇赦那种欢快、振奋、归心似箭的复杂心境表现了出来,注重理趣,寓情于景,体现了诗篇的意境美。

请诵读高尔基的名作《海燕》,准确把握不同意象的象征意蕴。配乐建议:德彪西交响乐《大海》第三乐章"风与海的对话"。

海 燕

(俄)高尔基

在苍茫的大海上,狂风卷集着乌云。在乌云和大海之间,海燕像黑色的闪电,在高傲地飞翔。

一会儿翅膀碰着波浪,一会儿箭一般地直冲向乌云,它叫喊着,——就在这鸟儿勇敢的叫喊声里,乌云听出了欢乐。

在这叫喊声里——充满着对暴风雨的渴望!在这叫喊声里,乌云听出了愤怒的力量、热情的火焰和胜利的信心。

海鸥在暴风雨来临之前呻吟着，——呻吟着，它们在大海上飞窜(cuàn)，想把自己对暴风雨的恐惧，掩藏到大海深处。

海鸭也在呻吟着，——它们这些海鸭啊，享受不了生活的战斗的欢乐：轰隆隆的雷声就把它们吓坏了。

蠢笨的企鹅，胆怯(qiè)地把肥胖的身体躲藏到悬崖底下……只有那高傲的海燕，勇敢地，自由自在地，在泛起白沫的大海上飞翔！

乌云越来越暗，越来越低，向海面直压下来，而波浪一边歌唱，一边冲向高空，去迎接那雷声。

雷声轰响。波浪在愤怒的飞沫中呼叫，跟狂风争鸣。看吧，狂风紧紧抱起一层层巨浪，恶狠狠地把它们甩到悬崖上，把这些大块的翡翠摔成尘雾和碎末。

海燕叫喊着，飞翔着，像黑色的闪电，箭一般地穿过乌云，翅膀掠起波浪的飞沫。

看吧，它飞舞着，像个精灵，——高傲的、黑色的暴风雨的精灵，——它在大笑，它又在号叫……它笑那些乌云，它因为欢乐而号(háo)叫！

这个敏感的精灵，——它从雷声的震怒里，早就听出了困乏，它深信，乌云遮(zhē)不住太阳，——是的，遮不住的！

狂风吼叫……雷声轰响……

一堆堆乌云，像青色的火焰，在无底的大海上燃烧。大海抓住闪电的箭光，把它们熄灭在自己的深渊里。这些闪电的影子，活像一条条火蛇，在大海里蜿蜒(wānyán)游动，一晃就消失了。

——暴风雨！暴风雨就要来啦！

这是勇敢的海燕，在怒吼的大海上，在闪电中间，高傲地飞翔；这是胜利的预言家在叫喊：

——让暴风雨来得更猛烈些吧！

第二节　诵读者的素养

诵读是一门综合艺术，需要诵读者具备广泛的艺术修养，主要包括语言修养、文学修养、礼仪修养、艺术修养四方面。

一、文学修养

(一)理解作品，把握内涵

诵读中对诗文作品内涵的把握至关重要，对作品主题思想、感情基调的准确理解体现了诵读者的文学修养。此外，“汝果欲学诗，功夫在诗外”，品读经典，诵读美文，更应重视“知人论世”。重庆谈判时，蒋介石首次看到发表在《新华日报》副刊上的《沁园春·雪》，读到“惜秦皇汉武……”时，由衷地感喟：“毛泽东，有王者之气啊！”何为王者之气？《世说新语·容止

第十四》记载了一个有关魏武帝曹操的有趣故事,或许可以从中找到答案:

魏武将见匈奴使,自以形陋,不足雄远国,使崔季珪(guī)代。帝自捉刀立床头。既毕,使间谍问曰:"魏王何如?"匈奴使答曰:"魏王雅望非常,然床头捉刀人此乃英雄也。"魏王闻之,追杀此使。

王者的气度、气韵甚至气场都与众不同,难以遮掩其光芒。这些都说明由于胸襟、气度、经历的不同,王者之作会异于常人,诵读时要准确把握,尽量再现作品内涵。

司马迁的《史记·孔子世家》也记载了这样一段内容:

孔子学鼓琴师襄子,十日不进,师襄子曰:"可以益矣。"孔子曰:"丘已习其曲矣,未得其数也。"有闲(jiān,时间),曰:"已习其数,可以益矣。"孔子曰:"丘未得其志也。"有闲(jiān,时间),曰:"已习其志,可以益矣。"孔子曰:"丘未得其为人也。"有闲(jiān,时间),有所穆(mò)然深思焉,有所怡然高望而远志焉。曰:"丘得其为人,黯然而黑,几(qí,颀)然而长,眼如望羊(yáng,洋),如王(wàng)四国,非文王其谁能为此也。"师襄子避席再拜,曰:"师盖云文王操也。"

我们钦佩孔子求学的精益求精,也为艺术作品内在的神韵感喟不已。"文章本天成,妙手偶得之。""文王操"的神韵为执着的孔子顿悟到,曲作者文王的形貌、仪态、情感出现在孔子的视像中,孔子已走进了文王的心灵。孔子学琴悟道的探究态度,对我们在诵读中捕捉作者的情感、文气很有启发。

诵读下列政治家的诗作,根据其经历体悟不同的思想情感与胸怀抱负。配乐建议:《汉宫秋月》。

大风歌

(汉)刘邦

大风起兮云飞扬,
威加海内兮归故乡,
安得猛士兮守四方!

秋风辞

(汉)刘彻

秋风起兮白云飞,草木黄落兮雁南归。
兰有秀兮菊有芳,怀佳人兮不能忘。
泛楼船兮济(jǐ)汾(fén)河,横中流兮扬素波。
箫鼓鸣兮发棹(zhào)歌,欢乐极兮哀情多。
少壮几时兮奈老何!

短歌行

（汉）曹操

对酒当歌，人生几何？譬（pì）如朝露，去日苦多。
慨当以慷，忧思难忘。何以解忧？惟有杜康。

青青子衿（jīn），悠悠我心。但为君故，沉吟至今。
呦呦（yōu）鹿鸣，食野之苹。我有嘉宾，鼓瑟吹笙。

明明如月，何时可掇（duó）？忧从中来，不可断绝。
越陌度阡，枉用相存。契（qì）阔谈宴，心念旧恩。

月明星稀，乌鹊南飞，绕树三匝（zā），何枝可依？
山不厌高，海不厌深。周公吐哺（bǔ），天下归心。

燕歌行

（魏）曹丕

秋风萧瑟天气凉，草木摇落露为霜，群燕辞归鹄（hú）南翔。
念君客游多思肠，慊慊（qiàn）思归恋故乡，君何淹留寄他方？
贱妾茕茕（qióng）守空房，忧来思君不敢忘，不觉泪下沾衣裳（cháng）。
援琴鸣弦发清商，短歌微吟不能长。
明月皎皎照我床，星汉西流夜未央。
牵牛织女遥相望，尔独何辜限河梁。

贺新郎·别友

毛泽东

挥手从兹去。更那堪凄然相向，苦情重（chóng）诉。眼角眉梢都似恨，热泪欲零还（hái）住。知误会前番书语。过眼滔滔云共雾，算人间知己吾和汝。人有病，天知否？

今朝（zhāo）霜重东门路，照横塘半天残月，凄清如许。汽笛一声肠已断，从此天涯孤旅。凭割断愁丝恨缕。要似昆仑崩绝壁，又恰像台风扫寰宇。重（chóng）比翼，和（hè）云翥（zhù）。

（二）确定基调，理顺线索

诵读者的文学修养还体现在对作品基调的把握上。基调是指诵材的基本情调，即作品所包含的各种态度分寸、感情色彩混合后的总的趋向。文学作品的基调要视每篇作品的独特风格而定。每篇作品的基调是一种整体感，是部分、层次、段落、语句中具体思想感情的综合表达，即具体感的总和。诵读者必须事先深入、细致、认真地去理解、研究和体会作品中蕴含的情调及其整体的精神倾向，把握基调即是把握作品整体的精神倾向。作品中体现出来的态度感情可能是纷繁的，作为诵读者就必须分清作品内容各项情节的主次、轻重，不可被一些次要的枝节或局部的情节所惑，致使整个作品的思想感情轻重不分、主次不明，这样就会歪曲了原作。例如鲁迅的《一件小事》中对所谓“国家大事”“子曰诗云”的憎恶、愤激，都是对总体感情色彩的反衬,它的基调是深沉的。诵读者要把文字作品变成有声语言,即是把文字中流露出来的态度感情转化为有声的态度感情,这个转化过程可以说是诵读者的一种再创作过程。如果没有深入体会,无法把握作品基调,诵读也就不会有出色的表现。

同一作家不同作品的感情基调不同,比如朱自清的《春》和《荷塘月色》感情基调不同,前者清新明快,后者含蓄舒缓;同一题材不同作家的作品感情基调也会有不同,如陆游和毛泽东的《卜算子·咏梅》感情基调就不同,前者孤寂清高,后者乐观坚韧。

卜(bǔ)算子·咏梅

(宋)陆游

驿外断桥边,寂寞开无主。已是黄昏独自愁,更著(zhuó)风和雨。
无意苦争春,一任群芳妒。零落成泥碾(niǎn)作尘,只有香如故。

卜算子·咏梅

毛泽东

风雨送春归,飞雪迎春到。已是悬崖百丈冰,犹有花枝俏。
俏也不争春,只把春来报。待到山花烂漫时,她在丛中笑。

诗文诵读还要注意理顺作品的情感线索,便于记诵和重音、节奏的处理。比如南宋词人蒋捷的《虞美人》从“听雨”的独特视角入手,表现了少年、壮年、晚年三个人生阶段的不同境遇、不同况味,三幅“听雨”画面依次呈现,一生的悲欢际遇融汇其中,一个时代的变迁尽在不言中。少年欢乐、壮年漂泊、晚年国破家亡,南宋的灭亡给百姓带来难以名状的痛楚。

下面请诵读蒋捷的《虞美人》,注意“少年”“壮年”“而今”及“听雨”要重读。

虞美人

(宋)蒋捷

少年听雨歌楼上,红烛昏罗帐。壮年听雨客舟中,江阔云低断雁叫西风。
而今听雨僧庐下,鬓已星星也。悲欢离合总无情,一任阶前点滴到天明。

二、语言修养

(一)语音规范,吐字清晰

诵读是运用有声语言传情达意的,语音的规范、纯正至关重要,要自觉以普通话语音为标准,克服方言发音错误和语音缺陷,这是诵读的基础,也是关键所在。尤其大型诵读会面对着麦克风,扩音器会把平时不明显的语音缺陷夸大几倍,如果不重视发音规范性训练,就会影响表达的整体效果。同时,诵读要面对听众传播思想、启迪智慧,吐字发声一定要清晰悦耳,不能出现吃字、丢字及含混不清的现象。

诵读19世纪英国浪漫派诗人威廉·布莱克的哲理小诗《天真的预示》,注意平翘舌音及前后鼻音韵尾的区分。

天真的预示

（英）布莱克

一颗沙里看出一个世界，
一朵野花里一座天堂，
把无限放在你的手掌上，
永恒在一刹那里收藏。

（二）声音圆润，优美动听

诵读不仅能使语音更规范、纯正，还有美化语音、提升表达能力的功效。正确的发声方法、恰当的吐字归音技巧、圆润优美的嗓音、动听的语调都是诵读者应具备的语言修养。“珠圆玉润”讲的是声音的美感，“掷地有声”谈的是声音的力度，“响遏流云”夸大了音高的声效，“余音绕梁”体现了音韵的魅力。声音的世界有着无穷无尽的艺术魅力，只有具备一定的语言修养才能把握到、体悟到，并且丰富自己的精神生活，给自己和他人带来快乐。

20世纪60年代黑人民权运动领袖马丁·路德·金的《我有一个梦想》就曾受休斯关于“梦想”的诗歌的影响。下面请声情并茂地诵读美国黑人文学家兰斯顿·休斯的诗歌《梦》，努力诵出情感和韵味。

梦

（美）兰斯顿·休斯

梦，必须被紧紧地抓住，
因为它一旦消亡，
生活就如断翅的鸟儿，
永远不能飞翔。

梦，必须被紧紧地抓住，
因为它一旦远走他方，
生活就会像荒芜的土地，
冻结成霜野冰床。

三、礼仪修养

“衣食足而后知礼仪”，礼仪修养在诵读中占有重要的地位。研究表明，诵读者登台表演，他所传递出的信息量只有7%的言语内容，另有38%的语调呈现和55%的体态语言。按常规理解，诵读是有声语言表达，诵读内容应构成听众接收的主要信息量，然而作为辅助手段的无声语言，体态语（又叫态势语）在日常交流和演讲、诵读中举足轻重、不容忽视，西方有专门研究体态语的书籍，诵读者登台表演一定要具备一定的礼仪修养。

(一)服饰得体,姿态优雅

首先,服饰要得体。作为一种舞台形象,诵读者的服饰一定要落落大方,重要的场合要庄重典雅,适宜着正装。专题诵读要与主题吻合,如五四诵读会可以着民国时的学生装,歌颂党、缅怀先烈的诵读会可以着江姐一样的长旗袍、红毛衣,讴歌新时代的诵读会,着装要体现出时代特色。此外,举止要大方,姿势要文雅,符合身份、符合主题、符合内容。

(二)台风稳健,手势自然

诵读需要通过舞台展示来锤炼技巧,登台表演展示的不仅是有声语言,还有态势语言。如何上下场?保持怎样的站姿、表情?如何运用目光语和手势语?这些都值得研究和探讨。总体来说,步履轻盈、台风稳健、表情端庄、眼神自然、手势大方,听众的接受度大,诵读效果好。这些都需要后天的观摩和训练才能做得更好,前提还是对作品的理解。

德国诗人海涅的《颂歌》以"剑"与"火焰"自喻,表现了诗人要为理想奋斗不息的精神。诗作音节铿锵、气势豪迈悲壮,诵读时应注意表现出深沉的内在力量,切勿声嘶力竭地空喊,第四节语气低沉、语速缓慢,第五节恢复激昂、高亢的语调。

颂 歌

(德)海涅

我是剑,我是火焰。

黑暗里我照耀着你们,
战斗开始时,
我奋勇当先
走在队伍的最前列。

我周围倒着
我的战友的尸体,
可是我们得到了胜利。

我们得到了胜利,
可是周围倒着
我的战友的尸体。
在欢呼胜利的凯歌里
响着追悼会严肃的歌声。

但我们没有时间欢乐,
也没有时间哀悼。
喇叭重新吹起,
又开始新的战斗。

我是剑,我是火焰。

四、艺术修养

(一)配乐和谐,乐诗合一

作为艺术表达形式,诵读有音乐的配合会锦上添花,能够渲染气氛,增加感染力,加深作品的艺术表现力。但一些诵读者缺乏音乐修养,对配乐的选择、剪辑,诵读中乐诗节奏的相和研究不够，随意地让二者配合，显得粗糙、不协调，比如古典作品配了西洋音乐，风趣的内容配了低沉的乐曲，等等。高水平的配乐要达到乐诗合一、浑然天成，需要诵读者平时培养音乐素养，对乐曲风格、器乐有一定的了解，可谓“艺多不压身”。

（二）布景贴切，烘云托月

“好马配好鞍”，诵读表演设计好布景，使其吻合活动主题或诵读作品的内容，能起到烘云托月的作用。这需要组织者具备一定的舞美策划能力和组织协调能力，这些方面的经验和理论都值得学习和借鉴。

总之，诵读是一门综合艺术，整个过程考量着诵读者的人文素养和综合技能，只有虚怀若谷、潜心学习，才能厚积薄发、取得成功。

第三节　诵读的感受

一、诵读的状态

诵读的状态指诵读者在诵读过程中表现出来的形态，包括心理状态与生理状态两大方面，其中心理状态是主导方面。诵读状态正确与否是诵读成败的关键，直接影响着诵读者对作品的理解、感受、构思、设计等全部准备工作能否付诸实现，应该引起我们足够的重视。张颂教授把诵读状态分为六类：

（一）信心百倍，积极主动

诵读者要由衷地感受到作品的深刻、丰富，引发出比较强烈的诵读愿望，尽力展现作品的面貌和魅力，诉诸有声语言，以事省人，以理服人，以情感人，从中获得美感享受。“信心百倍，精神十足”，一方面体现了诵读者对内容十分熟悉，并且已经内化为自己的理解和感受；另一方面表现出诵读者对诵读进程的驾驭，能声声入耳、字字含情、一鼓作气、善始善终。

诵读者出现缺乏信心、不够主动的状态，一是过分紧张，导致思想出现空白，看字念音不知所云，情感不到位，声音喑哑苍白，只想草草了事；二是过于懈怠，心不在焉，传达不出内在感情，不积极主动，敷衍应付，吐字松软，声音干瘪，“睁眼懒看字，念字懒张嘴”。克服诵读中紧张或懈怠的不良状态，要“战略上藐视，战术上重视”，在诵读中做到“目中有人，心中无人”，要认识到诵读并不神秘，人人都可学，有口皆能诵，通过反复训练、细心体会，就能提高自己的水平。

（二）全神贯注，进入作品

“全神贯注”指在诵读中注意力集中，排除干扰，全力以赴，把全部精力都倾注在诵读上，倾注在诵读的作品上。“进入作品”指把作品内容、语言化为自己的理解、感受，化为自己的思维过程、心理活动。诵读者要去主动揭示语言本质及逻辑链条，要设身处地、寓情于景，加强形象感受，要尽力引发思想感情的运动状态，紧紧抓住与听众的对象交流，要在整体运筹之中具体加以把握。

在“进入”诵读内容时,要有足够的、适度的控纵能力,既不游离于外,也不陷入其中,真正掌握和行使诵读的主动权、自主权。注意避免出现三种情况:一是诵读者以主观随意性强加于诵读内容和作品形式;二是忽进忽出,全无主动性;三是强迫自己进入而不得,是为了进入而进入,丧失了内在的依据性。

(三)动脑动心,有感而发

诵读是一次再创作的过程,需要动脑动心,有感而发。在诵读的准备过程中,诵读者获得了对诵读内容的深刻理解和具体感觉,但这并不能保证在诵读过程中也有相同范围、相同程度的思想感情和运动状态形之于声。这时“第二次唤起”是关键环节,如果在诵读时不能把那深刻的理解、具体的感受再一次唤起,不能在形之于声时既动脑又动心,不能句句情动于衷,有感而发,那么任何最充分的准备与钻研、体味与酝酿,也只能是功败垂成。

“第二次唤起”是诵读状态中最重要的组成部分,是正确的诵读状态的标志,是进入诵读内容的必备条件。“第二次唤起”以全部准备工作为根基,取决于诵读者的语言造诣、语言功力。在诵读时应做到“见文生情”,既看到文字,又看到内涵;既再现场景,又引动感情;既产生表象,又把握本质……几乎同时涌现出来,在脑际萦回,有脑中激荡,在声音中流露。“第二次唤起”需要长期培养和训练,各人有各自的具体途径和方法。

(四)速看慢诵,由己达人

诵读过程中,当我们看到作品的字词,就反映到大脑里,而后就字出声。每当读出看过的字词时,我们的眼光又会落到下一组字词,在边看边读、边读边看的过程中存在着纵横交错、表里合一的复杂情况。正确的诵读状态,要求诵读者必须按照作品的文字序列,紧紧抓住“看、想、读”这个过程,正确处理这三者的关系,提高诵读质量,既不颠倒它们的顺序,也不应忽略、省略某一个环节。

“速记慢诵”是指由于听者是从声音上感受作品的,所以要求看和想非常迅捷,而读就要从容。“速看”包含着“速想”,并通过“想”把看和读化为有机的整体。速看,因人而异,因内容不同,没有绝对标准,但过细,“字斟句酌”会影响诵读的顺畅;过粗,“一目十行”则会影响诵读的深度。我们反对看的速度均等、缺少变化,脱离思想感情,忽视了“看是为想”“想中去读”的重要性,混淆诵读的“看”同阅读的“看”,实际上阅读速度要快得多。“慢诵”,才能“由己达人”,“滚瓜烂熟”缺乏与听者的交流,缺乏体味的过程。为了让听者听清、感受、共鸣,“读”一定要比“看”慢,一般五百字可以读三分钟左右。诵读的速度主要由作品的内容和形式来定,又受诵读者水平的影响,不要太快,也不要太慢,太快嘟噜含糊,太慢散乱黏糊,使听者生厌。

(五)全身松弛,用声自如

“全身松弛”的诵读状态指能松能紧,需要松时即松,需要紧时即紧,而不是自始至终地全紧,或自始至终地全松,犹如排球场上的运动员,根据来球情况,可以马上跳起拦网、扣球,也能立即伏地抢接、救球。“用声自如”并不是完全像生活中说话那样用声,但也不是完全脱离自己说话时的用声,而是选取自如声区,选取最佳音域、最佳音量。

“全身松弛,用声自如”,目的是使诵读者在诵读过程中保持一种弹性状态,以自身最大的优势，表情达意，言志传神。弹性状态使诵读者保有一种潜在的能力，一旦具体思想感情产生某种需要，它可以立即供应适当的气息、贴切的声音形式，而不觉吃力，也不致发生供不应求的现象。在正确的诵读状态下，诵读者将控纵自如、心口相应地完成表达。

（六）克服固定腔调

诵读中，固定腔调是指使用固定不变的声音形式，把词语纳入一种单一的格式，以不变的声音形式应对万变的诵读材料。缺乏变化的诵读状态是造成固定腔调的直接原因。

一是念书腔：就是照字念音，或有字无词，或有词无句，词或词组没有轻重格式的正确区分，更没有具体感受的充实，听不出完整的句、段，毫无思想感情的流露。念书腔还保留着识字的明显痕迹，这在小学一、二年级中更为普遍，值得重视。

二是唱书调：唱书调节拍一律，连休止符、符点都极少见；音程变化不大，只是那几个音简单重复，在"唱"的过程中，表情达意的作用便被大大削弱了。唱书调的最大弊端是声与义隔，只闻声而不解意、不传情。

三是念经式：这是指那种用小而快的声音读书的方式，它可能是从"默读"、"虚声读"沿袭而来的，而且属于单纯为了背书的读法。

要打破固定腔调，使语流符合诵读规律，必须增强语感、注意状态，改变言不由衷、消极被动的诵读状态，加强思想感情的运动，切实把握语气的色彩和分量，注意气息、声音的变化，使有声语言充满活力。

请调整状态诵读《丰碑》，注意将军的情感变化。配乐建议：德彪西交响乐《大海》第三乐章"风与海的对话"或德沃夏克《新大陆》交响乐第四乐章。

丰　碑

李本深

红军队伍在冰天雪地里艰难地前进。严寒把云中山冻成了一个大冰坨。狂风呼啸，大雪纷飞，似乎要吞掉这支装备很差的队伍。

将军早把他的马让给了重伤员。他率领战士们向前挺进，在冰雪中为后续部队开辟一条通路。等待他们的是恶劣的环境和残酷的战斗，可能吃不上饭，可能睡雪窝，可能一天要走一百几十里路，可能遭到敌人的突然袭击。这支队伍能不能经受住这样严峻的考验呢？将军思索着。

队伍忽然放慢了速度，前面有许多人围在一起，不知在干什么。将军边走边喊："不要停下来，快速前进！"将军的警卫员回来告诉他："前面有一个人被冻死了。"

将军愣了愣，什么话也没说，朝那边走去。风雪太大了。他步履有些踉跄，眼睛有点迷离。

一个冻僵的老战士，倚靠一棵光秃秃的树干坐着，一动也不动，好似一尊塑像。他浑身都落满了雪，可以看出镇定、自然的神情，却一时无法辨认面目，半截带纸卷的旱烟还夹在右手的中指和食指间，烟火已被风雪打熄。他微微向前伸出手来，好像要向战友借火，单薄破旧的衣服紧紧地贴在他的身上。

将军的脸上顿时阴云密布，嘴角边的肌肉明显地抽动了一下，蓦然转过头向身边的人吼道:"叫军需处长来,为什么不给他发棉衣?"一阵风雪吞没了他的话。他红着眼睛,像一头发怒的豹子,样子十分可怕。

没有人回答他,也没有人走开……

"听见没有?警卫员!快叫军需处长跑步过来!"将军两腮的肌肉大幅度地抖动着,不知是由于冷,还是由于愤怒。

这时候,有人小声告诉将军:"他就是军需处长……"

将军就要发火的手势突然停住了。他怔怔地伫立了足有一分钟。雪花无声地落在他的脸上,融化成闪烁的泪珠……他深深地呼出了一口气,缓缓地举起了右手,举至齐眉处,向那位与云中山化为一体的军需处长敬了一个庄严的军礼……

雪更大了,风更狂了。大雪很快覆盖了军需处长的身体,他变成了一座晶莹的丰碑。

将军什么话也没说,大步地钻进了弥天的风雪之中,他听见无数沉重而又坚定的脚步声,那声音似乎在告诉人们:如果胜利不属于这样的队伍,还会属于谁呢?

二、诵读的感受

任何表达方法都是受诵读者心理状态支配的,诵读训练不仅要强调停连、轻重、快慢、抑扬等"外部表达技巧",还要重视形象感受、逻辑感受、内在语、语气等"内部心理状态"。

诵读的感受是指在诵读中通过词句的概念及运动的刺激引起我们对客观事物的感知体会的过程,它包括眼、耳、鼻、喉、舌以及时间、空间、运动的知觉,是一个感之于外、受之于心的过程。诵读的感受又分为形象感受和逻辑感受。

(一)形象感受

诵读过程中,诵读者对作品的感受首先取决于形象感受,因此要学会在作品形象性词语的刺激下,感触到客观世界的种种事物,以及事物的发展、运动状态,使表现情、景、物、人、事、理的文字符号在诵读者内心跳动起来。

1. 形象感受的类别

形象感受分为视觉感受、听觉感受、嗅觉感受、味觉感受、触觉感受、时间觉和空间觉感受、运动觉感受。

(1)视觉感受

诵读时,诵读者会有一种非直观的视觉想象浮现于脑海,感到"思接千载,视通万里",这就是视觉感受。朱自清的美文《春》中的一句话"瞧去,园子里,田野里,一大片一大片满是的。山,朗润起来了,水,涨起来了,太阳的脸,红起来了"是视觉感受,要读得让听众有如临其境的感觉。

(2)听觉感受

诵读时从语言文字的形象描述中仿佛听到某些声音,展开听觉想象,使受众感受到听的意境,获得听觉感受。比如朱自清的散文《春》里有一句话"花下成千成百的蜜蜂嗡嗡地闹着",象声词"嗡嗡"让人如闻其声,获得听觉感受。

下面请诵读《红岩》的片段,体悟听觉感受,注意体现出由"哗哗"的声音引起的一系列听觉判断：从揣测“暴雨”到“冰雹”再到“雷声么”，最后判断出“听，炮声，解放军的炮声！”读出听辨感受，读出揣测心理感受，读出激动和狂喜。

一阵狂风卷过，寒风阵阵袭来，伫立在门边的余新江浑身发冷，禁不住颤抖了一下，屋顶上响起了哗哗的声音，敲打在人的心上。是暴雨？这声音比暴雨更响，更加嘈杂，更加猛烈。“冰雹！”余新江听见有人悄声喊着，他也侧耳倾听那屋瓦上的响声，在沉静的寒气里，在劈打屋顶的冰雹急响中，忽然听出一种隆隆的轰鸣。这声音夹杂在冰雹中时大时小，余新江渐渐想起，刚才在冰雹之前的狂风呼啸中，似乎也曾听到过这种响声，只是不如现在这般嘈杂，这般猛烈，因为接近，因为他专注地观察敌人，所以未曾引起注意，这隆隆的轰鸣，是风雪中的雷声么？余新江暗自猜想着，在这隆冬时节，不该出现雷声呀？难道是敌人在爆破工厂，毁灭山城么？忽然，余新江冰冷的脸上露出狂喜，他的手心激动得冒出了汗水，他忽然一转身，面对着全室的人，眼里不可抑制地涌出滚烫的泪水，“听，炮声，解放军的炮声！”

(3)嗅觉感受

调动生活积累，通过想象，对诵读作品中关于嗅觉的文字描写内容加以感悟，就是嗅觉感受。嗅觉感受是多种多样的，我们要善于在想象中辨别，比如花的香味有很多种：荷花的淡雅、梨花的清新、槐花的幽香、丁香花的浓郁，春天的田野却是“风里带来些新翻的泥土的气息”或“混着青草味儿”，这些都有助于形象、传神地表达内容，进行诵读艺术再创作。

(4)味觉感受

诵读中调动生活积累，展开味觉想象，通过想象，对诵读作品中关于味觉的文字描写内容加以感悟，获得味觉感受。“望梅止渴”是一则有关曹操的故事：长途行军，军士疲惫不堪，口干舌燥，曹操一看这种状态就激励大家说：“前面有一大片梅林，大家往前走，不久我们就到达梅林了。”这时，由于生理反射，军士们口腔泛酸，口不渴了，行军也有精神了。

(5)触觉感受

由文字语言引发的触觉感受在诵读中很重要，这种触觉感受会通过诵读者的有声语言流露出来，诵读中冷、热、软、硬、平、滑、刺、痛等感觉，就是由这类文字引起的神经末梢的触觉感受。比如《红岩》中的一句话“一阵狂风卷过，寒风阵阵袭来，伫立在门边的余新江浑身发冷，禁不住颤抖了一下”，会引发我们对寒冬腊月冷风刺骨的触觉感受，在口语表达中体现出来。而朱自清的《春》“‘吹面不寒杨柳风’，不错的，像母亲的手抚摸着你”，“母亲的手”让我们联想到母亲的温暖、慈爱，“抚摸”是轻柔、亲切的感受，每个人都能体会到，在诵读过程中一定要把它表达出来。

(6)时间觉和空间觉感受

时间觉感受让我们体悟到“思接千载”，空间觉感受让我们认识到“视通万里”。苏轼的《念奴娇·赤壁怀古》中“千古风流人物”“三国周郎赤壁”“一时多少豪杰”等语句中都体现出悠远阔大的时空感，特别是下阕的领字“遥想”，引领我们亲临赤壁大战的战火硝烟中，目睹周瑜的儒将风姿，感喟其出色的军事才华。诵读这类语句要体现出时空感，“思接千载，视通万里”，声音是虚幻的，语言是拖长的，有助于体现特别遥远、特别悠长的感觉。赵忠祥解说的《动物世界》具有独特的艺术魅力，他对时空觉的把握和处理很独特。比如他把“在”拐着弯读，在汉语普通话里，“在”是四声，读得音短、干脆，但赵忠祥的声音是虚幻、悠长的：“在很久很久以前,在西伯利亚的草原上……”一个“在”字的独特处理,就有了时间觉和空间觉,声音是虚幻的,仿佛把我们带入遥远的国度和悠长的岁月。

运用虚实结合的语音诵读戴望舒的《雨巷》,体悟雨巷“悠长”的时空感和“寂寥”的听觉感受。配乐建议:*Kiss the Rain* 或《此生不再》。

雨　巷

戴望舒

撑着油纸伞,独自
彷徨在悠长、悠长
又寂寥的雨巷,
我希望逢着
一个丁香一样的
结着愁怨的姑娘。

她是有
丁香一样的颜色,
丁香一样的芬芳,
丁香一样的忧愁,
在雨中哀怨,
哀怨又彷徨;

她彷徨在这寂寥的雨巷,
撑着油纸伞
像我一样,
像我一样地,
默默彳亍(chìchù)着,
冷漠,凄清,又惆怅。

她静默地走近
走近,又投出
太息一般的眼光,
她飘过
像梦一般地,
像梦一般地凄婉迷茫。

像梦中飘过
一枝丁香地,
我身旁飘过这女郎。
她静默地远了,远了,
到了颓圮(pǐ)的篱墙,
走尽这雨巷。

在雨的哀曲里,
消了她的颜色,
散了她的芬芳,
消散了,甚至她的
太息般的眼光,
丁香般的惆怅。

撑着油纸伞,独自
彷徨在悠长、悠长
又寂寥的雨巷,
我希望飘过
一个丁香一样的
结着愁怨的姑娘。

(7)运动觉感受

运动觉指客观事物在一定的时间里进行有机的活动,运动觉感受是通过运动想象感受文本的,对诵读者的刺激更深。比如说“孩子落水了,马老师毫不犹豫地跳入水中使尽了全部力气把孩子往岸上猛地一推,孩子得救了,而我们的马老师却再也没有上来”,这里“猛地一推”的有声语言表达必须富有动作感才会传神,才能给人如临其境的感受。

20世纪80年代我国第一位广播体育解说员张之就在上海虹口体育场现场利用运动觉

生动传神地解说了朱建华打破跳高纪录的过程。他说:“虹口体育场上万人的座位已经坐满了,所有人都屏住了呼吸,全场一片安静,鸦雀无声。这时候,横杆已经伸到了 2.3 米的高度,朱建华吸了一口气,开始向新的纪录冲击……只见朱建华深吸一口气助跑,起——跳——过了!”“起”“跳”“过了”这三个动作在解说中有一个“起”的动作感,使听众好像在随着朱建华用力弹跳、腾跃起、过竿,现场感十足,当时张之的嗓子都破音了,但听众浑然不觉,反而觉得特带劲儿,这段解说就充分运用了语言的运动觉。

2. 形象感受的运用

诵读者的形象感受来源于作品中的词语概念对其内心刺激而引起的对客观事物的感知、体会、思考,是“感之于外,受之于心”而形成的。

诵读者要善于抓住那些表达事物形象的“实词”,透过文字,“目击其物”,好像“看到、听到、嗅到、尝到、伸手即可得到”一样,使作品中的情、景、物、人、事、理在诵读者内心“活”起来,形成“内心视像”。

诵读者自身的经历、经验和知识积蓄,是形成“内心视像”的重要条件,要善于发挥记忆联想和再造想象的能力,以增强有声语言表达的感染力。

下面我们分析一下不同文体诵读作品形象感受的运用方法。

(1)散文诵读

杨朔的《荔枝蜜》有这样一段文字:“……热心肠同志送给我两瓶。一开瓶子塞儿,就是那么一股甜香;调上半杯一喝,甜香里带着股清气,很有点鲜荔枝的味儿。”这是嗅觉想象和味觉想象给予诵读者的感受。当诵读者读到“一开瓶子塞儿”时,由于生活经验的作用,会情不自禁地抽一下鼻子,深吸一口气,“觉得”一股甜香味儿扑鼻而来。当然,实际上我们什么也没闻到,只有白纸上几个黑字给我们的刺激、感受罢了。

(2)童话诵读

丹麦著名童话作家安徒生的《卖火柴的小女孩》的第一段:“天冷极了,下着雪,又快黑了。”这些实词刺激着诵读者的视觉、触觉等感官,因此,诵读者不应仅仅把它们看成白纸黑字,而应透过这些表达形象的字词产生视觉想象,“看到”雪花、天黑,从而“感到”冷极了。

(3)议论文诵读

议论文同样需要形象感受,荀子的《劝学》运用了一连串具体形象的比喻,论述了“学不可以已”的道理:“……不积跬步,无以至千里;不积小流,无以成江海。骐骥一跃,不能十步;驽马十驾,功在不舍。锲而舍之,朽木不折;锲而不舍,金石可镂。”这里的跬步、千里、小流、江海、骐骥、驽马、朽木、金石等,都能通过诵读者的内心视像活动起来,是极为生动的。

(二)逻辑感受

诵读时,作品中的概念、判断、推理、论证,以及全篇的思想发展脉络、层次、语句之间的内在联系,在诵读者头脑中形成的感受,就是逻辑感受。诵读者要学会将作品中的主次、并列、转折、递进、对比、总括等“文路”在逻辑感受过程中转化为自己的思路,进而形成内心的“语流”,以增强有声语言表达的征服力。

1. 逻辑感受的类别

逻辑感受主要是指作品中的逻辑关系,体现在各个层次、各个段落以及各个语句的内在联系中,包括主次感、并列感、递进感、总括感、转折感、对比感六种。

诵读过程中,要注重逻辑感受,语言链条要清晰准确,要明白前因后果,复句"因为……所以……""之所以……是因为……""不但……而且……"等的主次感、并列感、递进感、总括感、转折感和对比感都不能够含糊,需要多看书,多研究。逻辑感受在诵读过程中很重要,需要细心体会,仔细分析,要把关联词读得清晰准确,不能模棱两可、含糊其辞。

2. 逻辑感受的运用

诵读中的逻辑感受主要体现在两个方面:

第一,语言的目的要明确,不能似是而非。

语言的目的必须抓住语句、篇章的真正意义,挖掘实质。这一点,语句重音、篇章目的最能说明问题。

第二,语言脉络要清晰,不能模棱两可。

语言脉络指的是上下衔接、前呼后应。这里贯通文气、连接层次和语句、起着"鹊桥"作用的"虚词",是获得逻辑感受的重要途径。诵读议论性文章时,抓住这些虚词,并理清它们的关系,会收到事半功倍的效果。例如毛泽东《论鲁迅》中的一段话:

……我们纪念他,不仅因为他的文章写得好,是一位伟大的文学家,而且因为他是一个民族解放的急先锋,给革命以很大的助力。他并不是共产党组织中的一人,然而他的思想行动、著作,都是马克思主义的……

这段文字中,"为什么要纪念鲁迅"是论点,而贯通文气、给予诵读者强烈感受的是"不仅""而且""然而"几个虚词。"不仅……而且……"组成一个递进复句,指出纪念鲁迅的原因,接着又用"(虽然)……然而……"组成一个转换复句,把纪念鲁迅的伟大意义透彻地表达出来。因此,诵读议论性作品时,绝不能忽视在组成语言链条中起着重要作用的虚词。

诵读汪国真的散文,体会作品蕴含的哲理,表达出语言的逻辑力量。配乐:《高山流水》。

友情是相知

汪国真

友情是相知。当你需要的时候,我还没有讲,友人已默默来到你的身边。他的眼睛和心都能读懂你,更会用手挽起你单薄的臂弯。因为有友情,在这个世界上你不会感到孤单。

当然,一个人也可以傲视苦难,在天地间挺立卓然。但是我们不得不承认,面对艰险与艰难,一个人的意志可以很坚强,但办法有限,力量也会有限。于是,友情像阳光,拂照你如拂照乍暖还寒时风中的花瓣。

友情常在顺境中结成,在逆境中经受考验,在岁月之河中流淌伸延。

有的朋友只能交一时,有的朋友可以交永远。交一时的朋友可能是一场误会,对曾有过的误会不必埋怨,只需说声再见。交永远的朋友用不着发什么誓言,当穿过光阴的隧道之后,那一份真挚与执著,已足以感天动地。

挚友不必太多，人生得一知己足矣，何况有不止一个心灵上的伙伴。朋友可以很多，只要我们有一个共同的追求与心愿。

友情不受限制，它可以在长幼之间、同性之间、异性之间，甚至是异域之间。山隔不断，水隔不断，不是缠绵也浪漫。

只是相思情太浓，仅用相识意太淡，友情是相知，味甘境又远。

诵读的感受是一种内部心理状态，不仅体现为形象感受和逻辑感受，还有内在语和语气的不同运用。

内在语是为诵读目的服务的，给有声语言带来生命和光彩。诵读中要学会运用“内在语”的力量，赋予语言一定的思想、态度和感情色彩。内在语的运用要把握两点：一是诵读时，内在语要像一股巨大的潜流，在诵读者的语言底下不断滚动着，赋予有声语言以根据和生命。内在语的潜流越厚，诵读越有深度，越有“味儿”。二是作品中的某些词语和句子有时并不服从其直接含义或表面意思，比如用“恳求”的语气来命令，用“命令”的语气来劝告，“你真坏”也可以表达“你真好”。

语气，从字面上理解，“语”是通过声音表现出来的“话语”，“气”是支撑声音表现出来的话语的“气息状态”。诵读中，语气包含两个方面的内容：一是内在的思想感情的色彩和分量（也称“神”），二是外在的快慢、高低、强弱、虚实的声音形式（又称“形”）。所以说，语气就是诵读中“话语”的“神”与“形”的结合体。比如闻一多的《最后一次演讲》中的一段话：“……今天，这里有没有特务？你站出来！是好汉的站出来！你出来讲……”这是闻一多在极大的愤怒中说的，诵读时，感情应是憎恨的，气息是充沛的，声音是强硬的。

总之，感受是感之于外、受之于心的过程。清代叶燮认为：“遇于目，感于心，传之于手而为象。”感受可以把文字变为视像，领悟作者的情感定位，激发诵读创作的欲望。

第四节　诵材的处理

一、选定诵材，规范读音

（一）诵读作品的选择

用于诵读的作品有两种：一种是专为诵读而创作的，如朗诵诗专指为诗歌朗诵活动写作的新诗文体，满足听众当下的社会心理需求是其主要创作目标，而群众性听觉艺术接受需要的空间形式，决定了其大众化与民族化语言表演形式的鲜明特征。另一种是在已发表的文学作品中选择适合诵读的内容，作为公众人文活动的形式和政治宣传的工具。

陆澄在《诗歌朗诵艺术》中谈到朗诵诗的选择要遵循四项原则：上口、入耳、合情、生趣。作为口头传播的艺术，诵读内容应使诵读者易上口、聆听者易入耳、与听众有情感共鸣、有理趣和情趣。诵读作品的选择是眼力，也是品味，选择的基本标准有以下四点：

1. 格调高雅，内容健康

诵读前注意揣摩甄别，选择主题鲜明、内容健康、格调高雅、适合诵读的作品。情感真挚、文采华茂方能具备生命力,方能在口耳相传中吸引、打动听众。比如表现爱国题材的诵读作品有舒婷的《祖国啊,我亲爱的祖国》、王怀让的《我骄傲,我是中国人》、艾青的《我爱这土地》等,都是文质兼美、具有感染性和鼓动性的优秀诗篇。

2. 通俗易懂,朗朗上口

诵读作用于人的听觉,转瞬即逝,要在短暂的过程中唤起听众的情感共鸣和思想共识,就应选择浅显明白、通俗易懂的作品。意境深邃、文辞优美的作品朗朗上口,便于感染听众移情入境,在审美的愉悦中得到启发。比如鲁迅的《〈野草〉题辞》深奥隐晦、含蓄隽永,除专题诵读活动外,不适合一般的诵读。

3. 主题鲜明,符合要求

有特定主题和情景要求的诵读活动,选择作品要符合主题要求,不能离题;有时间、体裁等规定性的诵读活动,更要注意。如端午诗会,要切合纪念屈原这个主题;"中华诵"比赛就不能选外国作品,因为主题是弘扬中华文化。

4. 贴近听众,量身打造

诵读作品要贴近听众,选听众喜爱的作品,投其所好;选适合自身特点的作品,量体裁衣,便于发挥优势。男性适合诵读语势变化大、情感激越、音域宽厚雄浑、格调豪迈奔放的作品;女性应选用语势变化小、情感平缓、平和亲切的作品。如高尔基的《海燕》适合有爆发力、语音浑厚的男声诵读;何其芳的《我为少男少女们歌唱》适合成年人诵读,因为"轻轻地从我琴弦上失掉了成年的忧伤,我重新变得年轻了……"

总之,诵读作品要选择具备诵读创作的优势、适合诵读者自身条件、符合诵读的主题和语境、切合听众心理期待的文学作品,综合考虑各种因素,走出成功的第一步。

(二)诵读读音的规范

要使自己的声音优美动听,必须使用标准的普通话进行诵读,只有这样才能更好地、更准确地表达作品的思想内容。同时,普通话是汉民族共同语,用普通话诵读,便于不同方言区的人理解、接受。因而,在诵读之前,首先要咬准字音,掌握语流音变等普通话知识。

1. 读准字音,据义定音

我国文字一字多音、一字多义,诵读时把字音读错了,轻则破坏作品的"美感",严重的会把作品的思想内容弄歪曲了。普通话读音有全国统一的审音标准,一般以《新华字典》《现代汉语词典》作为根据,但是上述两部字、词典都在不断修订,我们要注意依据最新版本。此外,《普通话异读词审音表》(1985年)也有重要的参考价值。诵读时,对于人名地名的读音、古音、外来语译音等也需加以注意。

请读准字音,诵读电视散文《生命列车》。配乐建议:钢琴曲《一个人的时光》。

生命列车

亦 铭

人生一世,就好比是一次搭车旅行。要经历无数次上车、下车,时常有事故发生。有时是意外惊喜,有时却是刻骨铭心的悲伤……

降生人世,我们就坐上了生命的列车。我们以为,我们最先见到的两个人——我们的父母,会在人生的旅途中一直陪伴着我们。很遗憾,事实并非如此。他们会在某个车站下车。留下我们,孤独无助。他们的爱,他们的情,他们不可替代的陪伴,再也无从寻找……

尽管如此,还会有其他人上车,他们当中的一些人,将对我们有着特殊的意义。他们之中有我们的兄弟姐妹,有我们的亲朋好友。我们还将会体验,千古不朽的爱情故事。

坐同一班车的人当中,有的轻松旅行,有的却带着深深的悲哀……还有的,在列车上四处奔忙,随时准备帮助有需要的人……很多人下车后,其他旅客对他们的回忆历久弥新……但是,也有一些人,当他们离开座位时,却没有人察觉。

有时候,对你来说情深义重的旅伴,却坐到了另一节车厢。你只得远离他,继续你的旅程。当然,在旅途中,你也可以摇摇晃晃地穿过自己的车厢,到别的车厢去找他……可惜,你再也无法坐到他身旁。因为这个位置,已经让别人给占了……

没关系,旅途中充满挑战、梦想、希望、离别……就是不能回头。因此,尽量使旅途愉快吧!善待旅途上遇见的所有旅客,找出人们身上的闪光点。

永远记住:在某一段旅程中,有人会犹豫彷徨,因为我们自己,也会犹豫彷徨;我们要理解他人,因为我们也需要他人的理解。

生命之谜就是:我们在什么地方下车?坐在身旁的伴侣,在什么地方下车?我们的朋友,在什么地方下车?我们无从知晓……我时常这样想:到我该下车的时候,我会留恋吗?我想我还是会的。和我的朋友分离,我会痛苦。让我的孩子孤独地前行,我会悲伤。我执着地希望,在我们大家都要到达的那个终点站,我们还会相聚……

我的孩子上车时候,没有什么行李。如果我能在他们的行囊中,留下美好的回忆,我会感到幸福。

我下车后,和我同行的旅客,都还能记得我、想念我,我将感到快慰。

献给你,我生命列车上的同行者:祝你,旅途愉快!

2. 分析修辞,把握平仄

一般诵材,都有一定的文学价值,要仔细分析它的一字一句和文学表现技巧,诵读时才能巨细无遗地表达出来。如"两个黄鹂鸣翠柳,一行白鹭上青天"这句诗包含四种事物,即鹂、柳、鹭、天;有四种颜色,即黄、翠、白、青。这句诗是工整的对偶,两个、一行是数量词对,黄鹂、翠柳与白鹭、青天是形容词修饰名词对,鸣、上是动词对,这些词语都要重读,且注意感情色彩。如果兼论平仄,第一句是"仄仄平平平仄仄",第二句是"仄平仄仄仄平平",基本上是符合平仄规定的。

3. 区分关联词,语气得当

诵读复句时,如果能够对分句间的关联词的作用加以分析,也是有助于准确进行语气表达的,如"一边……一边……"是并列关系,"不但……而且……"是递进关系,"与其……不如……"是联合关系,"虽然……可是……"是转折关系,"如果……就是……"是条件关系,"因为……所以……"是因果关系。诵读要体现出这些词语在表达中的逻辑力量,语气上要加以强调。

请参照央视《诗会中国》2014 端午诗会,自选诵材组织端午诗会。

《诗会中国》2014 端午诗会

(视频录自江南常熟虞山尚湖,于 2014 年 6 月 2 日在央视 10 频道播出)

旁白:季小军、任志宏

篇章	作品	作者	诵读者	诵读方式
第一篇章 江南端午	乙卯重五诗	陆 游	任志宏	独 诵
	漂给屈原	余光中	董 浩	独 诵
	小饭午的端午	蓝蓝	胡 蝶	独 诵
	野草题辞	鲁迅	季小军	独 诵
	向生活致敬	潘洗尘	佟 悦	独 诵
第二篇章 小城故事	题破山寺后禅院	常 建	严晓频	独 诵
	春暮游虞山	彭孙道	严晓频	独 诵
	剑阁	雷抒雁	赵 普	独 诵
	抚琴之城	雷抒雁	赵普、李蜜	对 诵
	在江南小城,我确实感到了遥远	文 康	喻恩泰、丁曦	对 诵
	江南有座桥	乌 青	喻恩泰	独 诵
	水巷	郑愁子	丁曦	独 诵
	下雨天,雷阵雨	袁 玮	喻恩泰、丁曦	对 诵
	雨后	宇 向	石琼璘	独 诵
	神秘园	宋方金	赵晓苏	独 诵
	盆中的蒲花	王统照	梦 桐	独 诵
第三篇章 季节梦想	竞渡诗	卢 肇	刘家祯	独 诵
	往春天的深处去	故事马	张念桦、张琳	对 诵
	感激	于梵梅	韩 佳	独 诵
	爱	韩 东	吕 行	独 诵
	再别康桥	徐志摩	赵 擎	独 诵
	夕阳之歌	胡 风	黄海冰	独 诵
	春水(节选)	冰 心	海 霞	独 诵

二、理解诵材，把握主旨

（一）了解背景，理解诵材

诵读首先要了解创作背景，掌握作品的基本内容。诵读的基本要求，是能够清楚地表达诵材的内容，所以必须对所诵读的作品深入细致地分析和研究，理解及掌握作者的思想感情，才能正确地表达作者的意思，把听众带到作者所描绘的境界中去。诵读者对作者的时代背景、生平事略、思想以及写作动机、意图等，都应该进行深入的了解、领会，对文章的内容愈了解，便愈能运用声音、表情、语调和动作去感染听众。要弄清文章到底是以写人为主，以写事为主，还是以写意见、感受为主，写人是写什么人，写事是写什么事，写意见、感受是写什么意见、感受。也可以结合文体特征分析，如果是故事、小说，要掌握人物性格，分清哪是主要人物，哪是次要人物，人物之间的关系如何，作者的态度如何；弄清所叙述事件的来龙去脉，注意怎样开头，怎样结尾，使文章中所叙述的形象、细节在自己的脑海中产生清晰而完整的概念。如果是说明文，应留意分析它的层次、结构，怎样把知识、概念传达出来。如果是议论文，便看它的主要论点是什么，怎样通过引论、论证、论据、结论把主张展示出来。

请结合背景把握主旨，在准确理解基础上有感情地诵读《珍贵的教科书》。配乐建议：钢琴曲《远方的寂静》。

珍贵的教科书

林阿绵

1947年春天，我们延安小学转移到一个小山村里。在那炮火连天的战争环境中，我们仍然坚持学习。没有桌椅，就坐在地上，把小板凳当桌子；没有黑板，就用锅烟灰在墙上刷一块；没有粉笔，就拿黄土块代替。最困难的是没有书，我们只能抄一课学一课。我们多么渴望每人都能有一本教科书啊！

一天下午，老师张指导员兴高采烈地对我们说："告诉大家一个好消息，咱们有书啦！"真是个振奋人心的消息，我们都高兴得跳起来。

指导员接着说："同学们知道书是怎么来的吗？是在毛主席的关怀下印出来的！印书用的纸，是党中央从印文件用的纸里节省出来的！"

在同学们的欢呼声中，我亮开嗓门喊起来："快把书发给我们吧！"

"书还在印刷所呢！"指导员微笑着说，"因为情况紧急，印刷所准备转移，所以今天必须有一个人和我一块儿把书取回来。"

"我去！""我去！"同学们争先恐后地喊。最后决定让我跟指导员去印刷所取书。

书领到了。我和指导员每人背上一捆，高兴地跨着大步往回走，恨不得一步赶回村子，把书发给同学们。

正在这个时候，三架敌机从东北方向飞来，在村子上空盘旋着，嘶叫着。突然一架敌机呼啸着向我们这边飞来，一个俯冲，投下了一颗炸弹。

"快卧倒……"指导员刚喊出口，轰隆一声，炸弹在我们身边爆炸了。我两耳一阵轰鸣，就什么也不知道了……等我醒来，才发觉自己头部受了伤。指导员趴在离我不远的地方，一动也不动。那捆书完整无缺地压在他的身子下面,被鲜血染红了。

我扑到指导员身上大声喊:"指导员,指导员……"喊了好半天,指导员才微微睁开眼睛,嘴里叨念着:"书……书……"我扶他坐起来,激动地说:"指导员,书都在这儿。走,我背你回村。"他轻轻地摇了摇头,两眼望着那捆书,用微弱的声音说:"你们要……好好学习……将来……"

多少年来,那捆生命换来的教科书和指导员没有说完的话,一直激励着我前进。

(二)理解主题,把握基调

把握基调、概括文章的中心思想是诵读必做功课。中心思想是作者通过作品表现出来的主要看法、主张、感情或倾向。研究写作的背景,通常可以帮助我们加深对作品的理解。诵读者首先必须深入阅读作品,从层次、段落的分析入手,先找出段意,然后通篇考虑,分清主次,加以综合。论说文的中心论点就是中心思想,往往表达直截了当,易于把握。有些复杂的记叙文,特别是散文、小说、诗歌等文学作品,观点比较隐蔽,感情比较含蓄,如不细加揣摩,实在不容易领会。有些作品,标题与内容并不一致,需要细心分析才能把握它的中心;有些作品,文字浅显,而含义隐晦;有些则字词艰涩,而主题明确,阅读时不可一概而论。假若诵材备有前人的注释或近人的评论,则应该博采参考,以帮助理解。节录的诵材,除非独立成篇,否则必须结合原文,以了解它的上文下理,避免断章取义之弊。

(三)分析段落、篇章结构

诵读要抓中心句,概括作品段意、层意,梳理出主次轻重和脉络线索。不同的文体,诵读的要求便有所分别,如抒情文注重表现情感的流畅抒发,议论文注重表现辞气的承接转折,突出其议论精密的一面。所以首先要了解作品的体裁,然后再细致地分析段落。作品每个自然段总有一个相对独立的意思,只要抓住中心句,便能找出段落大意。段落可以由一正一反两层意思组成,可以由总结和分说的关系组成,可以由因果关系组成,也可以由层递关系、并列关系组成,必须理清脉络,区分主次。研究了段与段之间的内在关系后,便能掌握篇章的结构,理清全篇的脉络,这样诵读时便能步步推进,使听众也容易投入其中。

三、内化诵材,领会感受

(一)调动积累,内化诵材

诵读者要调动生活积累,充分地内化诵读材料,吃透、领悟、把握准确。在一些诵读场合,细致地感受有些人的表达,粗听起来也有抑扬顿挫的语调,可就是打动不了听众。究其原因,如果不是作品本身有缺陷,那就是诵读者对作品的感受还太肤浅,没有真正走进作品,而是在那里"挤"情、"造"性。听众是敏锐的,他们不会被虚情所动,诵读者要唤起听众的感情,使听众与自己同喜同悲同呼吸,必须仔细体味作品,进入角色,进入情境。

(二)丰富想象,领会感受

感受是指诵读者由文字对于视觉的刺激所产生的反应,它是一种对外界事物的感知、体会的过程，它包括眼、耳、鼻、舌、身方面的感觉和时间、空间、运动方面的知觉，这是形象感受，还有要求语言链条清晰、不能模棱两可的逻辑感受，表达中应体现出主次感、并列感、递近感、总括感、转折感、对比感。当然，感受的作用在于把诵读者的思维引向情感，它只是情感的诱发因素。

我们看到"天冷极了，下着雪，又快黑了"这样一些文字，仿佛看到了雪花片片、夜幕低垂，而且有寒意侵人的感觉，这便是视觉和触觉方面的感受。我们诵读一篇作品之前，必须重视文字刺激带给人的感受。

（三）揣摩态度，体悟情感

语言文字是思想交流的工具，但它的生命力却在于蕴含着态度感情。诵读时，态度感情是它的根基。诵读者经过对作品的分析、感受，必须作出评价和反应，他要揣摩原作者的态度和感情色彩，然后才能恰如其分地表达出来，以达到感染听众的目的。例如刘邦的《大风歌》既表现了他统一天下、成就霸业后衣锦还乡的自豪和气度，从另一个角度也隐约流露出对巩固政权的忧虑和求贤纳士的迫切心情，情感复杂，但气势恢宏。感悟作者的思想感情，方能准确表达。

请准确解读作品内涵，诵读诗歌《你不懂我，我不怪你》。配乐建议：《雨碎江南》。

你不懂我，我不怪你

余秋雨

每个人都有一个死角，
自己走不出来，别人也闯不进去。
我把最深沉的秘密放在那里。
你不懂我，我不怪你。

每个人都有一道伤口，
或深或浅，盖上布，以为不存在。
我把最殷(yān)红的鲜血涂在那里。
你不懂我，我不怪你。

每个人都有一场爱恋，
用心、用情、用力，感动也感伤。
我把最炙(zhì)热的心情藏在那里。
你不懂我，我不怪你。

每个人都有一行眼泪，
喝下的冰冷的水，酝酿(niàng)成的热泪。
我把最心酸的委屈汇在那里。
你不懂我，我不怪你。

每个人都有一段告白，
忐忑(tǎntè)、不安，却饱含真心和勇气。
我把最抒情的语言用在那里。
你不懂我，我不怪你。

你永远也看不见我最爱你的时候，
因为我只有在看不见你的时候，才最爱你。
同样，
你永远也看不见我最寂寞的时候，
因为我只有在你看不见我的时候，我才最寂寞。

也许，我太会隐藏自己的悲伤。
也许，我太会安慰自己的伤痕。
也许，你眼中的我，太会照顾自己，
所以，你从不考虑我的感受。

你以为，我可以很迅速地恢复过来，有些自私地以为。
从阴雨走到艳阳,我路过泥泞(nìng)、路过风。
一路走来,你不曾懂我,我亦不曾怪你。
我不是为了显示自己的大度,
也不是为了体现自己的大方。
只想让你知道,感情不在,责备也不存在。

四、试练诵材,案头处理

(一)想象丰富,视像逼真

在理解、感受作品的同时,往往伴随着丰富的想象,这样才能使作品的内容在自己的心中、眼前活动起来,就好像亲眼看到、亲身经历一样。以陈然《我的自白书》为例,在对作品进行综合分析的同时,可以设想自己就是陈然(重庆《挺进报》的特支书记),当时正处在这样的情境中:我被国民党逮捕,在狱中饱受折磨,但信仰毫不动摇,最后,敌人把一张白纸放在我面前,让我写自白书,我满怀对敌人的愤恨和藐视,满怀革命必胜的坚定信念,自豪地写下了"怒斥敌酋"式的《我的自白书》。这样通过深入的理解、真挚的感受和丰富的想象,使己动情,从而也使人动性。

(二)艺术处理,案头加工

艺术处理指从局部或整体对原作品加以内容或形式的设计。例如,柯岩的诗作《周总理,你在哪里》运用了呼唤式语体,通过人与自然环境的呼唤——应答,表达出了"万众放声、天地同悲"的感人情景。这首诗以往多以独诵的形式出现,在一次诵读会上被设计成集体诵读的形式,"我们对着高山喊""我们对着大地喊""我们对着大海喊"等领起句由单人领诵,"周总理"的深情呼唤,以及"高山""大地""森林""大海""广场"的回应,则由群诵担任,并且每一声呼唤和回音都作由强而弱的处理,模拟成自然的声音回响效果。这一艺术处理,把书面的"声音"还原成了逼真的听觉形象,让诗作的艺术魅力得到了完美的体现,从而营造出强烈的语言震撼力。

案头加工除了诵读的形式设计、诵读的角色分配外,还有停连、轻重、快慢、语调及喷口、缓托等诵读技巧的标注处理,经过反复的试诵、调整,找到最佳的训练方案。

请按照诵读的步骤诵读《游子吟》等五篇作品,这些作品来自不同国家、不同时代,但都是歌颂母爱的佳作,要区分把握其风格、基调。配乐建议:古筝《忆故人》、老枫《摇篮曲》。

游子吟

(唐)孟郊

慈母手中线,游子身上衣。
临行密密缝,意恐迟迟归。
谁言寸草心,报得三春晖。

纸　船
——寄母亲
冰　心

我从不肯放弃了一张纸，
总是留着——留着，
叠成一只一只很小的船只，
从舟上抛下在海里！

有的被天风吹卷到舟中的窗里，
有的被海浪打湿，沾在船头上。

我仍是不灰心地每天叠着，
总希望有一只能流到我要它到的地方去。

母亲，倘若你梦中看见一只很小的白船儿，
不要惊讶它无端入梦；
这是至爱的女儿含着泪叠的，
万水千山，求它载着她的爱和悲哀归去。

母　亲
（印度）泰戈尔

我不记得我的母亲
只是在游戏中间
有时仿佛有一段歌调
在我玩具上回旋
是她在晃动我的摇篮
所哼的那些歌调

我不记得我的母亲
但是在初秋的早晨
合欢花香在空气中浮动
庙殿里晨祷的馨香
仿佛向我吹来母亲的气息

我不记得我的母亲
只是当我从卧室的窗里
外望悠远的蓝天
我仿佛觉得
母亲凝注我的目光
布满了整个天空

啊，母亲
舒　婷

你苍白的指尖理着我的双鬓
我禁不住像儿时一样
紧紧拉住你的衣襟
啊，母亲
为了留住你渐渐隐去的身影
虽然晨曦已把梦剪成烟缕
我还是久久不敢睁开眼睛

我依旧珍藏着那鲜红的围巾
生怕浣（huàn）洗会使它
失去你特有的温馨（xīn）
啊，母亲
岁月的流水不也同样无情
生怕记忆也一样褪色啊
我怎敢轻易打开它的画屏

为了一根刺我曾向你哭喊
如今带着荆（jīng ）冠，我不敢

一声也不敢呻吟
啊,母亲
我常悲哀地仰望你的照片
纵然呼唤能够穿透黄土
我怎敢惊动你的安眠

我还不敢这样陈列爱的祭品
虽然我写了许多支歌
给花、给海、给黎明
啊,母亲
我的甜柔深谧(mì)的怀念
不是激流,不是瀑布
是花木掩映中唱不出歌声的枯井

慈母泪

(日本)福岛元

汇集起
天下母亲的泪,
注入海洋,
海洋定将化出
美丽的樱贝(樱花粉白色蛤 gé)。

汇集起
天下母亲的泪,
抛向天空,
天空定将撒满
明亮的星辉。

汇集起
天下母亲的泪,
洒向大地,
大地定将绽开
鲜艳的花蕾(lěi)。

让天下的慈母泪啊,
都倾入赤子的心扉,
孩子们——
定将个个满怀挚爱
心地聪睿(ruì)。

孟郊的古体诗《游子吟》是家喻户晓的作品,也是我国古代少有的歌颂母爱深情的佳作。它用清新质朴的语言写母子情深,曾拨动了万千游子的心弦,引起广泛的共鸣。诗作通过描写线与衣表现母子关系,点出母子相依为命的骨肉之情;通过慈母的缝纫动作意态,表现母对子的深笃之情和拳拳爱心;最后以通俗形象的比喻寄托赤子炽热的情怀,对于春日般的母爱,小草似的儿女,怎能报答于万一呢?冰心的《纸船》托物寓情,借纸船表达了留学赴美途中对母亲绵长的思念之情。泰戈尔的《母亲》深情而极具时空感,让人在追忆中感怀岁月的久远,那些童年时记忆的碎片伴随着母亲的哼唱、身体的气息、关注的目光永存在时光的隧道中。舒婷的诗《啊,母亲》是怀念母亲的佳作,诗人借梦幻,通过慈母泪、珍藏的红围巾、童年幼稚的哭喊、成年后的不敢呻吟等,表达失去母爱的孤苦无依。诗人以“古井”形容“怀念”,起到了无声胜有声的作用,读后让人感到情浓、意切,难以忘怀。日本诗人福岛元的诗《慈母泪》从“泪”这一独特视角,谱写天下慈母深沉博大的爱心及其蕴含的巨大能量、价值和对孩子人格塑造的重要影响。

第三章
诵读的语音发声技巧

掌握诵读的表达技巧能提高有声语言的表现力，训练语音的可塑性、适应性。学习语音发声技巧有助于表现诗文的音韵美，掌握诵读的节律技巧能使有声语言具备抑扬顿挫的节奏美，学习特殊语言技巧能再现诗文的情境美，强化态势语言技巧能展现诵读者的体态美，其中，语音发声是诵读良好表达的基础。

诵读是诉之于听觉的语言艺术，良好的嗓音条件能更准确、鲜明、生动地再现文学作品的内容，塑造美好的听觉形象。嗓音具有先天性，但声音也具有可塑性和多样性，后天的用气发声训练可以美化与纯化声音，改善声音条件，发出清晰悦耳的语音，诵出诗文的音韵美。

徐恒在《播音发声学》中提到诵读对声音的要求包括以下四个方面："准确规范，清晰流畅；圆润集中，朴实明朗；刚柔相济，虚实结合；色彩丰富，变化自如。"要达到这一要求，必须遵循一定的用气发声规律，从气息控制、共鸣运用、吐字归音和情声气和谐四个方面苦练基本功，还要掌握一些气息类和声腔类的特殊语言技巧。

第一节　呼吸技巧

气息和声音的关系非常密切，"气动则声发"，说明每个人开口说话都离不开气息的运用。有的人说话底气十足、声音洪亮，有的人说话有气无力、气喘吁吁，有的人声如洪钟，有的人气短声虚。学会自如地控制自己的呼吸非常重要，因为这样发出来的音坚实有力，音质优美，而且传送得较远。

一、呼吸方式

最常见的呼吸方式有三种：胸式呼吸、腹式呼吸、胸腹联合式呼吸。

(一)胸式呼吸

胸式呼吸是一种浅呼吸，又叫锁骨式呼吸，多见于女性。呼吸时主要是胸廓放大、缩小改变容积,由肋间肌及斜角肌的运动而产生。由于胸式呼吸时胸部向前上方挺起,可明显看到锁骨及两肩的耸动,所以又叫锁骨式呼吸。有的人在诵读时呼吸显得急促,甚至上气不接下气,这是因为他使用的是胸式呼吸,不能自如地控制自己的呼吸。胸式呼吸呼入呼出的气量少、弱,声音尖细、轻飘、僵持、没有底气,而且由于声带一直处于比较紧张的状态,在需要提高音量或持久发言时常力不从心。

(二)腹式呼吸

主要由横膈肌的上升与下降改变胸腔的上下径来实现控制的一种深呼吸,多见于成年男性和孩子。外部特征主要是随呼吸运动,腹部明显凸起收回,胸部没有变化。腹式呼吸吸入气流多、深,呼气发声时呼出气流强度及流量有一定幅度的变化,气息较深,位置较低,声音往往显得低沉,缺少弹性变化,日常交谈显得从容、沉稳,演讲、诵读进入高潮部分需要高音时就无能为力了。

(三)胸腹联合式呼吸

又叫胸膈呼吸法。它的特点是胸腔、腹腔都配合着呼吸进行收缩或扩张,尤其要注意横膈肌的运动,不仅兼有胸式呼吸和腹式呼吸的优点,还有二者无法比拟的独特之处:首先能使胸、腹所有的呼吸器官都参与合作,呼吸更稳健,更有利于控制;其次,不但扩大了胸腔的周围径,而且扩大了胸腔的上下径,吸入的气量更多、容积更大;第三,有助于音色的美化。由于肋间肌的作用,控制膈肌升降的能力增强,呼出气流的强度变化明显,声音的弹性变化得以实现,音色不但坚实稳定而且响亮干净,在公众场所语言表达能够最大限度地保证声音的理想效果。

"气乃音之帅",诵读需要充沛的气息保证良好的发声品质,所以大多采用胸腹联合式呼吸。早在唐代段安节的《乐府杂录》中就记载"善歌者,必先调其气,氤氲自脐间出,至喉乃噫其词,即分抗坠之音,既得其术,即可致遏云响谷之妙也"。这里所说的"脐间出"就是指民间唱法中的"丹田呼吸法",近似于现代医学意义上的胸腹联合式呼吸,可以有效地扩大吸气量,保证各种发声状态下用气的需要,不仅呼吸稳健、有利于控制,而且容易产生坚实响亮的音色。诵读发声需要运用胸腹联合式呼吸来保证持久、稳定、充沛的气息,并能在相当大幅度内对呼出的气息做细致的调整、控制,使表达运用自如。否则,"气太少、太短,只凭着脖子喊,喊出来的声音不会好听,时间也不能长久"。

胸腹联合式呼吸的具体方法是:吸气后两肋扩大,横膈膜下降,小腹微收,呼气时平稳、均匀、持久。气息控制和运用是根据内容及情感的表达而决定的,要做到"吸气一大片,呼气一条线;气断情不断,声断意不断",把气息的运用作为情感表达的手段。

下面用胸腹联合式呼吸方法诵读《青春中国》,注意情感变化,力求声情并茂。

青春中国

用茫茫的夜色作墨
用疮痍的土地作纸
在鸦片战争的硝烟之后
是谁?
写下的两个字——中国
让人读得昏暗读得疲惫

更让人读得心痛读得悲愤
那萎缩在清末史书里的
消瘦的中国啊
那跪倒在《南京条约》里的
软弱的中国啊

那一天,无数的青年
走上了街头
面对淋漓的鲜血
面对惨淡的人生
他们的呐喊如同一阵阵惊雷
激荡着这昏睡的土地
他们就像一束束火焰
在曲折的道路中蔓延
盛开成五月绚丽的花朵
此后,他们加入到共产党人的行列中
他们义无反顾地选择了
用铁锤砸碎黑暗
用镰刀收割光明
他们走过漫道
他们越过雄关
他们驰骋疆场
他们英勇杀敌
他们要以枪杆做笔
写下一个崭新的中国
他们要以热血为色
描绘一个青春的中国

许多年后的今天
当我的目光穿越历史的峰峦
我依然可以感受到他们的呼吸
我又看见了
一群又一群的青年
那挂满汗水的面孔
我又听见了
他们嘹亮的歌声
在荒芜的土地上回荡
他们用无怨无悔的青春
在悠悠岁月中
写着一首爱的诗篇

是的,岁月悠悠、人生漫漫
那是一首激情澎湃的诗篇
那是一片开满鲜花的风景
那是一曲气势磅礴的交响
那是一座壮志凌云的丰碑

哦,中国,我要为你写一首诗
用太阳金色的语言
用心海浩瀚的蔚蓝
哦,中国,我要为你画一幅画
用春天百花的色彩
用五星红旗的光芒

今天,一个大写的中国
让人读得光明、读得酣畅
今天,一个腾飞的中国
更让人读得生动、读得自豪
这就是在世界的东方喷薄而出的
希望的中国
这就是在中国共产党领导下的
辉煌的中国
这就是我们的
青春中国!

二、用气技巧

气息是声音的原动力,诵读过程中气息的灵活运用至关重要。戏剧家黄佐临说:“话剧所珍贵的,就在于这口‘气’,这口‘气’怎么用,用得好,这里面有着很大的学问,有着很高的艺术。”波兰戏剧家格鲁托夫斯基说:“每逢我首次接触一个演员,第一个问题要注意的是他的呼吸怎么样?”诵读艺术中的呼吸与生活中的日常表达有很大区别,它要求做到呼吸“深沉、通畅、饱满、自如”,否则会影响到音量的大小、音质的优劣和思想感情的表达。

请声情并茂地诵读白居易的词《忆江南》三首,做到呼吸“深沉、通畅、饱满、自如”。

忆江南

(唐)白居易

江南好,风景旧曾谙。日出江花红胜火,春来江水绿如蓝。能不忆江南?
江南忆,最忆是杭州。山寺月中寻桂子,郡亭枕上看潮头。何日更重游?
江南忆,其次忆吴宫。吴酒一杯春竹叶,吴娃双舞醉芙蓉。早晚复相逢?

(一)偷气

诵读时,常常会遇到一些节奏较为紧凑、情绪比较连贯的语句,这时不容许有明显的停顿,也不适宜有明显的吸气动作,此时,运用偷气可以达到换气效果。方法是口鼻同时进行,口腔动作小,吸气少,没有声响和换气的痕迹。

(二)续气

诵读内容语句较长,感情连贯,节奏逐渐上升,语势不断加强,需要一气呵成但不需要急促换气,可以运用续气的方法,将积蓄的气流反取上来逐渐消耗、不断补充。

(三)叹气

叹气是诵读中由对作品内容的感喟和哀叹而形成的一种气息状态。方法是先深吸一口气,然后长长地呼出,配合全身松弛、舒缓。叹气多配合言语表示不满、焦虑、思考等情感。

(四)托气

托气指诵读中屏住呼吸,形成“音断声停气不动”或“声断意不断”的状态。运用托气,可以生动、细腻地刻画出人物的心理状态,渲染气氛,制造悬念,产生很好的艺术效果。

(五)抽气

俗称“倒吸一口凉气”,吸气时动作迅速,时间可长可短,一般伴随着齿缝动作发出“咝”的声音,表示突然、惊吓、意外等情感。

(六)揉气

诵读时吸气不太满,出气与字音糅合,利用气、声在口腔、咽腔、鼻腔等共鸣腔体中上下迂回运动,就像有某种力量在揉动,表示夸张的感情色彩。

(七)哼气

自然吸气,口腔闭合,气息从鼻腔哼出,可伴着“哼”声,还可结合轻度的嘲笑声和面部表情，表示对事物的鄙视、轻视和嘲弄态度。

(八)喘气

由于内心的冲击或形体的激烈运动而形成的急促呼吸方式，喘气一般呼吸量大，速度极快，俗称“上气不接下气”，表示慌乱、紧张、急促等感情色彩。

请用优美、舒缓的语调诵读散文诗《完美》，注意排比句用气呼吸的技巧，完美表现作品典雅、深邃的意境美。配乐：《初雪》。

完 美

(黎巴嫩)纪伯伦

兄弟，你问我：人，何时才能完美无缺？

请听我回答：

当人渐臻(zhēn)完美之时，会感到自己是浩无边垠的苍穹，是横无际涯的海洋，是盛燃不衰的烈火，是璀璨夺目的光焰，是间(jiàn)或狂作、间或静默的风暴，是时而电闪雷鸣、时而大雨滂(pāng)沱的乌云，是欢歌笑吟或悲泣哀号的流水，是春来繁花似锦、秋至枝叶凋零的万木，是耸入云霄的山峦，是深邃低沉的峡谷，是有时肥沃丰饶、有时荒芜贫瘠的大地。

当人感到这一切之时，也便到达了通往完美之路的中途。要想达到完美境界，那么他还应该在内省之时自感是依恋母亲的孩童，是责及后嗣的长者，是彷徨于愿望与爱情之间的青年，是奋战过去、苦挣未来的壮年，是独蹲禅房的隐士，是身陷囹(líng)圄的罪犯，是埋头书稿的学者，是不辨昼夜的愚夫，是缩身于信仰鲜花与孤独芒刺之间的修女，是挣扎在软弱獠牙与饥馑利爪(zhuǎ)之间的娼妓，是饱尝苦涩、逆来顺受的穷汉，是利欲熏心、谦恭下士的富翁，是漫游在晚霞烟雾和黎明曙光之中的诗人。

当人经历并且熟悉了这一切的时候，也便达到了完美境地，与上帝形影不离。

三、呼吸训练

运用胸腹联合式呼吸在吸气时要做到双肩放松、两肋张开、横膈膜下降、小腹内收，呼气时要稳健平实、均匀持久、变化轻松。

训练要领十五字诀：“活于腹、赖于腰、出于胸、蓄于口、立于颈。”五方面相互作用，腹肌是气息的支力点，气息靠腰围的力量保持稳定，胸肺稳定才能保证气息均匀，气顺咽壁提到口，均衡控气发出声，颈不立，则咽壁松弛，声音无力，因此各个部位都不能放松。

(一)慢呼慢吸训练

头正肩松，双目平视前方，深吸气，顿觉腰肺气满，气入丹田，保持几秒时间，然后轻缓地呼出，随着呼出的气进行相应的发声训练。

进行缓慢而均匀的呼吸训练，从中我们可以体会用腹肌控制呼吸的方法，注意心态平稳、精神饱满、长期坚持、持之以恒。

做嗅觉练习——如嗅丁香花，深呼吸，说：“真香啊！”吸气时，身体站直，双手自然下垂，头正、肩松。呼气时,伸出手臂,手心对准口腔,通过手心感觉呼气是否均匀。

数数字——一口气数“1、2、3、4、5、6、7、8、9、10”,循环往复,注意吐字清晰、气息平稳。

用上丹田气——呼气时均匀出声,练“啊”“嗯”,先低声,再高声。练习时小腹收缩,胸腰扩张,舌、下颚均放松。发声时两手轻按两肋,如出声时感到两肋发胀,就是用上丹田气了。诵读艾青《我爱这土地》中的一句:“为什么我的眼里常含泪水?因为我对这土地爱得深沉。”

(二)快吸慢呼训练

吸气深,呼气通畅。比如收到让人惊喜的礼物,你会迅速而短促地吸一口气,并保持气息,在喊一声“啊”以后,还保持着吸气的状态,这就是快呼慢吸,可以训练蓄气控气的能力。

吹蜡烛——模拟吹灭生日蜡烛,深吸一口气后均匀缓慢地吹,尽可能时间长一点,达到25—30秒为合格。

喊人名——延长时值喊人名:“李¯晓¯明——王¯自¯刚——胡¯军——”。

绕口令——一口气说完下面的绕口令,注意节省气息,吐清字音。

广场上,飘红旗,看你能数多少面旗,一面旗,二面旗,三面旗,四面旗……十面旗……三面旗,二面旗,一面旗。

出东门,过大桥,大桥前面一树枣。拿着杆子去打枣,青的多,红的少。一个枣,两个枣,三个枣,四个枣,五个枣,六个枣,七个枣,八个枣,九个枣,十个枣;十个枣,九个枣,八个枣,七个枣,六个枣,五个枣,四个枣,三个枣,两个枣,一个枣。上面是一则绕口令,一口气说完才算好。

(三)换气补气训练

练习长句子或播报人名单,体会感受换气和补气。

练习下面的绕口令,体会感受换气和补气(有“V”处换气,无“V”处的顿号、逗号只做声音停顿)。

望星空,满天星,V光闪闪,亮晶晶,V好像那,小银灯,V大大小小,密密麻麻,闪闪烁烁,数来数去,数也数不清。V仔细看,看分明,V原来那群星分了星座还起了名。V按亮度,分了等;V一等、二等、三等、V四等、五等、六等一共分六等。V谁最亮,是一等,谁最暗,是六等,V一等到六等,V总共不过6900多颗是恒星。V星空中,V还能看见那大行星,和卫星,V小行星,和彗星,V更有那无数无名点点繁星看不清。V要想看清它,V请你借助现代化的天文望远镜。

诵读《三字经》片段,掌握换气和补气技巧。

人之初,性本善。性相近,习相远。苟不教,性乃迁。教之道,贵以专。
昔孟母,择邻处。子不学,断机杼。窦燕山,有义方。教五子,名俱扬。
养不教,父之过。教不严,师之惰。子不学,非所宜。幼不学,老何为。

（四）弱控制训练

弱控制训练是一种吸气深、呼气匀、控制气息、扩展音域的训练。

卜算子

（宋）苏轼

缺月挂疏桐，漏断人初静。谁见幽人独往来，缥缈孤鸿影。
惊起却回头，有恨无人省。拣尽寒枝不肯栖，寂寞沙洲冷。

菩萨蛮

（唐）温庭筠

小山重迭金明灭，鬓云欲度香腮雪。懒起画蛾眉，弄妆梳洗迟。
照花前后镜，花面交相映，新帖绣罗襦，双双金鹧鸪。

（五）强控制训练

强控制训练要求吸气深并保持一定量，气不够喉咙会紧张，呼气均匀、通畅、灵活。

山坡羊·潼关怀古

（元）张养浩

峰峦如聚，波涛如怒，山河表里潼关路。望西都，意踌躇。伤心秦汉经行处，宫阙万间都做了土。兴，百姓苦；亡，百姓苦。

综合运用气息控制的技巧，诵读艾青的《我爱这土地》。

我爱这土地

艾青

假如我是一只鸟，　　（慢呼慢吸）
我也应该用嘶哑的喉咙歌唱：
这被暴风雨所打击着的土地，　　（快呼慢吸）
这永远汹涌着我们的悲愤的河流，
这无止息地吹刮着的激怒的风，
和那来自林间的无比温柔的黎明……

——然后我死了，　　（慢呼慢吸）
连羽毛也腐烂在土地里面。

为什么我的眼里常含泪水？　　（快呼慢吸）
因为我对这土地爱得深沉。

第二节 共鸣技巧

发音的关键是嗓子的运用。诵读者的嗓音应该是柔和、动听和富于表现力的。为此,首先要注意保护自己的嗓子,不要长期高声喊叫,也不要由于饮食高温或过于辛辣而刺激嗓子。其次要注意提高自己对嗓音的控制和调节能力。声音的高低是由声带的松紧决定的,音量的大小则由发音时振动用力的大小来决定,诵读时不要自始至终高声大叫。再者,还要注意调节共鸣,这是使音色柔和、响亮、动听的重要技巧。人们发声的时候,气流通过声门,振动声带发出声波,经过口腔或鼻腔的共鸣,形成不同的音色。改变口腔或鼻腔的条件,音色就会大不相同。例如舌位靠前,共鸣腔浅,可使声音清脆;舌位靠后,共鸣腔深,可使声音洪亮、刚强。

一、三腔共鸣

一般来说,声带发出的"喉原音"是单调乏力的,经过共鸣控制才会悦耳动听。声带所产生的音量是很小的,只占人们讲话时音量的5%左右,其他95%左右的音量需要通过共鸣腔放大得来。共鸣腔是决定音色的重要发音器官,直接引起语音共鸣的是声带上方的喉、咽、口、鼻四腔,此外,胸腔和头腔也有共鸣作用。

共鸣器以咽腔为主又可分为高、中、低三区共鸣。高音共鸣区,即头腔、鼻腔共鸣,音流通过该区共鸣,可以获得高亢响亮的声音;中音共鸣区就是咽腔、口腔共鸣,这里是语音的制造场,是人体中最灵活的共鸣区,音流在这里通过,可以获得丰满圆润的声音;低音共鸣区,主要是胸腔共鸣,音流通过该区共鸣,可以获得浑厚低沉的声音。

(一)鼻腔共鸣

鼻腔共鸣属于高音共鸣区,是通过软腭来实现的。当软腭放松,鼻腔通路打开,口腔的通道关闭,声音在鼻腔得到共鸣,就产生了标准的鼻辅音 m、n、ng 等。若鼻腔和口腔同时打开,产生的是鼻化元音,少量的鼻化元音可以增加音色的明亮度,但过多的鼻化会形成"齉鼻"音,是发声的大忌。鼻腔共鸣需要深呼吸,以保证发声时气息的强度和密度,同时稳住喉头,控制其上下频繁运动,通过自然舒适的呼吸状态保证喉头稳定。

下面诵读唐代诗人李商隐的两首分别以鼻音韵尾 n、ng 为韵脚的诗歌,体会鼻腔共鸣的技巧。

无题二首

(唐)李商隐

相见时难别亦难,东风无力百花残。
春蚕到死丝方尽,蜡炬成灰泪始干。
晓镜但愁云鬓改,夜吟应觉月光寒。
蓬山此去无多路,青鸟殷勤为探看。

昨夜星辰昨夜风，画楼西畔桂堂东。
身无彩凤双飞翼，心有灵犀一点通。
隔座送钩春酒暖，分曹射覆蜡灯红。
嗟余听鼓应官去，走马兰台类转蓬。

（二）口腔共鸣

口腔共鸣属于中音共鸣区，是声音的制造场。有声语言表达以口腔共鸣为主，应当充分发挥口腔共鸣的作用，以提高声音的质量。口腔共鸣注意四点：提颧肌→开牙关→挺软腭→松下巴，尽量扩大口腔容积。

提颧肌的作用是将上腭前部抬起，它对增强口腔前部的共鸣、提高声音的明亮度和字音的清晰度都有明显的作用。开牙关的作用是把下颌保持在一个固定的位置，使上槽牙与下颌保持较大的开度，牙关打开，以增大口腔中部的容积，改善共鸣的效果。挺软腭的作用是将软腭向上挺起，它可以扩大口腔后部空间，使共鸣得以改善，缩小鼻咽的入口，使流向鼻腔的气流减少，避免产生大量鼻音。松下巴的作用是把下巴肌肉放松，即下巴轻松灵活、不着力，因为下巴用力会使舌根紧张、咽管变窄、口腔变扁，把字咬“横”、咬“死”，所以一定要松弛。最后，发声时做到唇舌力量集中，语音才能清晰、悦耳、动听。

下面诵读龚自珍的两首以开口最大的元音 ɑ、ai 为韵脚的诗歌，体会口腔共鸣的技巧。

己(jǐ)亥杂诗二首

（清）龚自珍

浩荡离愁白日斜，吟鞭东指即天涯。
落红不是无情物，化作春泥更护花。

九州生气恃风雷，万马齐喑(yīn)究可哀。
我劝天公重抖擞，不拘一格降人才。

（三）胸腔共鸣

胸腔共鸣属于低音共鸣区，能量最大，发出的声音有深度和宽度，声音听起来深厚、宽广，会给听众以庄严、深沉、真实、可信感，是共鸣不可缺少的基础。胸腔是由肋骨支撑的胸廓，是不可调节的共鸣器，由于容积大对低频声波共鸣作用明显。胸腔共鸣不参与语音的制作，但可以扩大音量，增加低泛音，使声音听起来洪亮浑厚、结实有力。要想获得良好的胸腔共鸣，首先应该使声音在喉、咽、口、鼻各腔体得到很好的共鸣。由于发低音时声带是整体振动，且变长变厚，所以应尽量放松声带，在发音时感到声带在振动。发音时注意两肋打开、撑住，以保存胸廓的积极状态，产生较好的共鸣效果。

下面诵读杨慎的《临江仙》，体会胸腔共鸣技巧的运用(还可以听杨洪基低音演唱的电视剧《三国演义》的主题歌)。

临江仙

(明)杨慎

滚滚长江东逝水,浪花淘尽英雄。是非成败转头空,青山依旧在,几度夕阳红。
白发渔樵江渚上,惯看秋月春风。一壶浊酒喜相逢,古今多少事,都付笑谈中。

二、共鸣运用

诵读时应以口腔共鸣为主,以胸腔共鸣为基础,同时也略带上一点鼻腔共鸣,这样发出的声音深沉、厚重、清晰有力。若只有口腔和咽腔共鸣的话,声音单薄、干涩,既没有磁性,也没有穿透力,长时间讲话还会口干舌燥,声带疲损。

控制口腔共鸣主要有两种技巧:

(一)“通”

“通”就是通畅、不阻塞,指整个发音的声道必须畅通无阻。发音时应让背部和颈部自然伸直,胸部自然放松,喉头放松,口腔打开到适当的程度,让气流可以十分通畅地流出,从而自如地发出声音。如果说话时喉头肌肉紧张,会使得本来就不宽敞的气流通道变得更加狭窄,声音硬“挤”出嗓子眼,显得单薄、干涩,听了很不舒服。

下面请用共鸣技巧诵读《画菊》的韵脚“穷”和“中”。

画菊

(宋)郑思肖

花开不并百花丛,独立疏篱趣未穷。
宁可枝头抱香死,何曾吹落北风中。

(二)“挂”

“挂”就是不要让声音从声道里直直地跑出来,要充分控制气流,让它好像受到一股磁力的吸引,能挂在硬腭的前部,这样发出的声音响亮、清晰、饱满、厚重。比如《沁园春·雪》中“望长城内外……欲与天公试比高”的领字“望”“高”等,要用“挂”。

下面请用共鸣技巧诵读《虞美人》中的“何”“往”“月”“问”和韵脚“风”“中”“在”“愁”“流”等字。

虞美人

(五代)李煜

春花秋月何时了,往事知多少?小楼昨夜又东风,故国不堪回首月明中。
雕阑玉砌应犹在,只是朱颜改。问君能有几多愁,恰似一江春水向东流。

三、共鸣训练

诵读共鸣控制的主要作用是美化音色，要想使声音好听和持久，就要正确地运用共鸣器。运用共鸣器的关键在于处理好“通”与“挂”，也就是“畅”与“阻”的对立和统一关系，以便声音不“憋”不“挤”，形成一个声柱流畅地奔涌出来；并且不让声音直截了当地通过声道奔涌出来，让它通过共鸣器的加工、锤炼，变得洪亮、圆润、雄浑、优美、动听。

要处理好“畅”与“阻”的关系，必须进行共鸣训练，训练方法是：

第一，“哼”音唱歌。放松喉头，用“哼哼”音唱歌，把“哼”置于叹气的呼吸状态，哼唱时看嘴巴能否灵活动作，可以视为正确与否。

第二，学鸭叫声。挺软腭，口腔张开成一圆筒，边发 ga、ga 音，边仔细体会。共鸣运用得好的 ga、ga 音好听，共鸣运用得不好的 ga、ga 音枯燥、刺耳。

第三，学牛叫声。类似打电话的“嗯”(什么?)和“嗯”(明白了)。

第四，牙关大开合，同时发出“啊”音。

第五，模拟汽笛长鸣声。di 既可平行发音，也可由大到小或由小到大地变化发音。

第六，做扩胸运动，同时尽量发高亢或低沉的声音 。

第七，“气泡音”练习。闭嘴，用轻匀的气流冲击声带，使之发出细小的抖动声。

第八，音阶层练习。选一句话，在本人音域范围内，先用低调说，一级一级地升高，然后又一级一级地下降，再一句高一句低，高低交替，一句话由高到低，再由低到高。

第九，夸张四声练习。选择韵母因素较多的词语或成语，运用共鸣技巧做夸张四声的训练。如：“清——正——廉——洁——，英——勇——顽——强——。”

第十，大声呼唤练习。假设某人在离自己 100 米远处，大声呼唤：“张——师——傅——，　快——回——来——！　喂——，　那——里——危——险——，　快——离——开——！”

请男女合作，诵读长诗《我的中国梦》，体会共鸣技巧的运用。配乐：《大漠敦煌》。

我的中国梦

男：这是我的梦
女：这也是我的梦
大合：这是我们共同的中国梦

(一)

女：今夜/你入我梦来/带着女娲补天的彩石
男：今夜/你入我梦来/携着伏羲老祖的故事
女：你用最/轻柔的话语呼唤我
男：这一声却让我的整个身躯血液沸腾
女：于是，我聆听着清越的战国编钟走向你
男：我摩挲漫天黄沙的丝绸之路走向你
女：我感受着泰山一览众山小的巍峨/ 长城一去万里的雄浑

男:我领略了江南水乡的柔情,北国雪野的无垠

女:我看见了,看见了这令我心醉神迷的一切,你看见了么?

男:是的,我看见了,我看见了游侠泛着寒光的剑身/看见了大汉羽林军头盔耀眼的红缨

女:你听,那是什么声音?

男:这是铁木真驰骋草原战马的嘶鸣声/是郑和下西洋的船楫声/是戚继光横刀立马、誓斩倭寇的呐喊声

合:那是赤壁的惊涛拍岸/是长白山的松涛林海
是天之涯,海之角最动听的啼鸣/是涌入我们灵魂的五千年的光辉

(二)

男:今夜/你又一次入我梦来/我却分明听到你的啜泣

女:是列强瓜分的铁蹄践踏神圣的土地
是割地求和给万里河山留下伤害几许
是破碎的卢沟晓月、八年风霜、山河失色

合:中国,中国,屈辱的中国!

女:我的心同你一样啊/痛到了极致,无法割舍!

男:把痛苦深深地埋在心底/不屈的信念在磨炼中孕育
多灾多难的母亲啊!/我用泣血的心祈盼你苏生的一刻

(三)

合:中国人民喝着滚滚的长江水/体内奔流着黄河般沸腾的血液
换上了万里长城般坚强的脊梁/顶天立地的形象在世界的东方巍然屹立

男:雪灾/地震/让我们措手不及

女:旱情/洪水/让美丽的家园成了人间炼狱/我们会屈服吗?

男:不,永远不会/党政府是我们坚强的后盾
十三亿人民的爱心足以战胜任何困境

合:中国,中国,英雄的中国!

男:俱往矣,数风流人物,还看今朝

女:中国共产党的艰辛奋斗,让千年古国焕发了青春的容颜
中国共产党的不懈追求,让世界人民瞠目结舌

男:和平的信鸽飞遍九百六十万平方公里的每一寸土地
人们奔向小康之路的步伐迈得更加雄健有力

合:啊,中国,中国,不朽的中国!

女:我骄傲,我是炎黄子孙

男:我自豪,我是龙的传人

合:当雄鸡在那遥远的东方高唱的时候/中华民族腾飞的捷报一定会频频传扬
中国人民一定会用自己的智慧和汗水/写满今天的成绩/铸就明天的辉煌!

男:这是我的梦

女:这也是我的梦

合:这是我们的中国梦

第三节 吐字归音技巧

吐字归音是学习诵读必须训练的重要基本功,它原来是中国说唱艺术在咬字方面的一个术语,把一个音节的发音过程分为"出字、立字、归音"三个阶段。出字是指声母和韵头(介音)的发音过程,立字是指韵腹(主要元音)的发音过程,归音是指音节发音的收尾(韵尾)过程。三个阶段都有明确的要求,如果达到要求,吐出的字就会清晰、饱满、有弹性。

吐字归音的基本要领是:出字要准确有力,有叼住弹出之感;立字要拉开立起,明亮充实,圆润饱满;归音趋向要鲜明,迅速"到家",干净利索,不能有分解断接的痕迹。

一个音节的发音过程要求有头有尾,构成一个"枣核型"形式:声母、韵头为一端,韵尾为一端,韵腹为核心:字的中间发音动程大,时间长,字的两头发音动程小,关合所占时间也短。

一、吐字清晰

一个成分最完整的音节包括声母、韵头(又叫介音)、韵腹、韵尾和声调五个部分。习惯上我们把音节的五个部分分别叫做头、颈、腹、尾、神。

出字即吐字,指发声母(头)和韵头(颈)的阶段,要求发音部位一定要准确,并且弹发有力,主要体现在声母的发音上。吐字的技巧不仅关系到音节的清晰度,而且关系到声音的圆润、饱满。

一方面要熟练地掌握常用词语的标准音。诵读时,要熟悉每个音节的声母、韵母、声调,按照它们的标准音来发音。

另一方面要力求克服发音含糊、吐词不清的毛病,一是在声母的成阻阶段比较马虎,不注意发音器官的准确部位,二是在韵母阶段不注意口形和舌位,三是发音吐字速度太快,没有足够的时值。诵读跟平时说话不同,要使每个音节清晰悦耳,发音就要有一定力度和时值,每个音素都要到位,平时多练习绕口令就是为了打好吐字的基本功。

(一)口腔控制

清代徐大椿曾说:"欲改其声先改其形。形改而声无不改也。人之声亦然……所以欲辨其真音,先学口法。口法真则其字无不真实。"这句话道出了吐字发声的关键所在。

诵读时发音器官的总感觉是:"开口如半打哈欠,闭口如啃苹果"。

诵读时发音器官的准备步骤是:提颧肌→开牙关→挺软腭→松下巴→唇舌力量集中。

口腔控制应注意训练表达时口腔开合的自如、灵活,扩大容量。训练方法包括:

第一,提颧肌。颧肌用力向上提起,鼻孔略张大,面部略带微笑。

第二,开牙关。上下槽牙间保持一定的距离。

第三,挺软腭。半打哈欠时,可以体会到软腭挺起的状态。

第四,松下巴。发音时,下巴自然内收放松。

第五,唇舌力量集中。唇的力量集中到唇的中部;舌的力量集中是指舌体取收势,把力量集中到舌的前部中纵线上。

请运用口腔控制方法诵读下面四首诗歌:

早发白帝城

(唐)李白

朝辞白帝彩云间,千里江陵一日还。
两岸猿声啼不住,轻舟已过万重山。

夜泊秦淮

(唐)杜牧

烟笼寒水月笼沙,夜泊秦淮近酒家。
商女不知亡国恨,隔江犹唱后庭花。

江　雪

(唐)柳宗元

千山鸟飞绝,万径人踪灭。
孤舟蓑笠翁,独钓寒江雪。

惠崇《春江晚景》

(宋)苏轼

竹外桃花三两枝,春江水暖鸭先知。
蒌蒿满地芦芽短,正是河豚欲上时。

(二)唇舌训练

吐字的基本要求是:清晰、集中、饱满、自如、有弹性。

咬字的基本要求是:“叼字如叼虎”。

唇舌训练应注意练习表达时双唇和舌位的灵活性及力度。训练方法包括:

第一,喷崩法。咬字时吸足气流,双唇紧闭,然后爆破除阻,将字吐出。

运用喷崩法练习以下绕口令:

八百标兵奔北坡,炮兵并排向北跑;炮兵怕把标兵碰,标兵怕碰炮兵炮。

第二,弹舌法。弹舌就是利用舌头的弹力,将字音有力且富有弹性地弹吐出来。

运用弹舌法练习以下绕口令:

调到大岛打大盗,大盗太刁投短刀;推打叮当短刀掉,踏盗得刀盗打倒。

第三,开喉法。在吐字时,尽量使口腔后部打开,蓄足气流,吐送有力。

运用开喉法练习以下绕口令:

哥挎瓜筐过宽沟，过沟瓜筐滚宽沟；挎筐过沟瓜筐扣，瓜滚筐空哥怪狗。

诵读唐诗《白雪歌送武判官归京》，训练语音纯正、吐字清晰悦耳。

白雪歌送武判官归京

（唐）岑参

北风卷地白草折，胡天八月即飞雪。
忽如一夜春风来，千树万树梨花开。
散入珠帘湿罗幕，狐裘不暖锦衾薄。
将军角弓不得控，都护铁衣冷难着。
瀚海阑干百丈冰，愁云惨淡万里凝。
中军置酒饮归客，胡琴琵琶与羌笛。
纷纷暮雪下辕门，风掣红旗冻不翻。
轮台东门送君去，去时雪满天山路。
山回路转不见君，雪上空留马行处。

（三）口齿训练

吐字速度与清晰度要想协调一致，发音就要有一定的力度和时值，每个音素都要到位。口齿训练应注意克服方言障碍，纠正发音缺陷，训练发音力度与清晰度。

1. 正音练习

根据普通话的读音标准，校正自己的地方音和习惯音。正音练习包括很多内容，主要有：平舌音和翘舌音练习，鼻音和边音练习，送气音和不送气音练习，前鼻音和后鼻音练习等。如平翘舌音词语对比训练可以纠正方言错误：

自主—支柱　　栽花—摘花　　木材—木柴
推辞—推迟　　私人—诗人　　司机—实际

2. 绕口令训练

吐字时韵母发音要到位，有的人因图省事嘴巴没张到位，或者发音器官动作不够协调，于是就发生“吃字”“隐字”“丢音”等现象，如“政治家”念成“针织家”，“公安局”念成“官局”，发音不到位造成歧义，不能准确地表情达意。绕口令训练可以提高吐字清晰度和语速。试练习以下两则绕口令：

长虫围着砖堆转，转完了砖堆钻砖堆。
牛郎年年恋刘娘，刘娘连连念牛郎。

3. 诗歌诵读训练

诗歌诵读不仅可以锻炼语音的纯正性，还可以训练声音的音韵美、节奏美。如五代冯延巳的《长相思》、唐代杜秋娘的《金缕衣》不仅可以训练翘舌音，还有助于感悟诗歌的音韵、节律及思想内蕴。

长相思

(五代)冯延巳

红满枝，绿满枝，宿雨恹恹睡起迟。闲庭花影移。
忆归期，数归期，梦见虽多相见稀。相逢知几时？

金缕衣

(唐)杜秋娘

劝君莫惜金缕衣，劝君惜取少年时。
花开堪折直须折，莫待无花空折枝。

二、立字响亮

立字指吐字归音过程中对韵腹的处理。韵腹是一个音节中最响亮的部分，音节的音色主要是由韵腹决定的，发音时要求做到韵腹饱满、拉开、立起。韵腹是韵母中的主要元音，口腔开度最大，泛音共鸣最丰富，声音最响亮。因此，要求韵腹发音圆润饱满，出字后就应该把发音部位放松，同时口腔尽量打开，这样才能使音节“立得住”。如唐代边塞诗人王昌龄的《凉州词》，韵腹 ɑ 开口最大，发音要立起、拉开，音色才圆润、饱满。

凉州词

(唐)王昌龄

黄河远上白云间，一片孤城万仞山。
羌笛何须怨杨柳，春风不度玉门关。

(一)扩展音高训练

依照训练幅度大于使用幅度的原则，诵读人员的音高能力应保持在一个半八度以上。开扩音域的训练方法有两种，可由单音练起到语句练习，按音阶式循序渐进。

第一，螺旋式上绕、下绕训练。用 b 或 i 的音，从日常说话的自然音高开始（日常言语声，男声 110～145Hz，女声 220～295Hz），持续发音，逐渐“环行上绕”，向高音扩展，直到力所能及的高音区，再逐渐“环行下绕”，周而复始，循序渐进。

第二，阶梯式升高、降低训练。用单一元音或音节，从日常言语中的一个音开始，一次次地接连发音，一个音节一个音节地逐次升高或降低，要用说，避免发出唱声。

训练 1：请从高到低选择不同音域诵读诗篇，尝试通过对比分析诊改发声问题，寻找适合自身习惯和作品情感表达的音高。

春　雪

（唐）韩愈

新年都未有芳华，二月初惊见草芽。
白雪却嫌春色晚，故穿庭树作飞花。

春　日

（宋）朱熹

胜日寻芳泗水滨，无边光景一时新。
等闲识得东风面，万紫千红总是春。

春天的后面不是秋

郭小川

春天的后面不是秋，
何必为年龄发愁？
只要在秋霜里结好你的果子，
又何必在春花面前害羞？

有时候我也着急，
那是因为工作的不顺利，
有时候我也发愁，
那是因为我的祖国还很落后。
我曾踏遍人生的旅途，
最后才知道，
这是人生唯一正确的道路——
人民的事业与世长久，
谁的生命与它结合，
白发就上不了他的头。

我不再有什么别的希望，
只希望人民不再受苦难；
我不再有什么别的要求，
我的要求就在大家的要求里头。

啊，朋友，
春天的后面不是秋，
何必为年龄发愁！

训练 2：请诵读下面诗篇，利用句段的音高变化，形成高低起伏的生动语调，避免单调的表达。注意句段开头字词起始音高应有所不同，尤其是相同字词的句段。

这也是一切

舒　婷

不是一切大树，
　　都被暴风折断；
不是一切种子，
　　都找不到生根的土壤；
不是一切真情，
　　都流失在人心的沙漠里；
不是一切梦想，
　　都甘愿被折掉翅膀。
不，不是一切
　　都像你说的那样！

不是一切火焰，
　　都只燃烧自己
　　而不把别人照亮；

不是一切星星,
　　都仅指示黑暗
　　而不报告曙光;
不是一切歌声,
　　都掠过耳旁
　　而不留在心上。
不,不是一切
　　都像你说的那样!

不是一切呼吁都没有回响;
不是一切损失都无法补偿;
不是一切深渊都是灭亡;
不是一切灭亡都覆盖在弱者头上;
不是一切心灵
　　都可以踩在脚下,烂在泥里;
不是一切后果
　　都是眼泪血印,而不展现欢容。

一切的现在都孕育着未来,
　　未来的一切都生长于它的昨天。
　　希望,而且为它斗争,
　　请把这一切放在你的肩上。

(二)扩展音量变化范围训练

音量的变化范围要求在50dB上下,强调规则而细微的变化。扩展音量变化范围的方法是:设想不同的听众人数,设想不同的交流距离,采用不同的表达方式。诵读训练可从格律诗入手,再向其他文体过渡。

(三)声音的虚实变化训练

声音色彩的变化最主要的表现就是虚实变化。实声是声带闭拢时发出的声音,虚声是声带较为松弛、声门适度张开时发出的声音。诵读要遵循“以实为主,虚实结合”的音色变化规律,声带张弛适度,发出的声音结实又不过于明亮,柔和又不显虚空。

1. 体悟“以实为主,虚实结合”的音色

在音高、音量比较自然和“宽窄”适度的情况下,发出实声的ɑ或i的长音。在保持基本状态不变的情况下,只稍稍放松气力,在少许“回音”感的情况下,再次发音,便是“以实为主,虚实结合”的音色。

2. 对比训练

单元音对比:ɑ(实)—ɑ(虚)　　i(实)—i(虚)
　　　　　　ɑ(虚)—ɑ(实)　　i(虚)—i(实)
语词对比:　啊(实)—啊(虚)　　啊(虚)—啊(实)
　　　　　　大海(实)—大海(虚)　　大海(虚)—大海(实)
　　　　　　大海啊(实)—大海啊(虚)　　大海啊(虚)—大海啊(实)

3. 词语过渡训练

大(实)—海(虚)—啊(实)
大(虚)—海(实)—啊(虚)

4. 综合训练

训练1:结合作品情境训练虚实音色变化。

(偏实音色)为了不打扰熟睡的病人,我小声问坐在床边的老李:"(偏虚音色)她最近几天病情怎么样?是不是能吃些东西?如果能吃些有营养的东西,对身体的恢复肯定有好处!"(偏实音色)老李点点头,轻声说:"(偏虚音色)这几天已经能吃一些流食了,大夫说过几天就可以出院了。"

训练2:结合作品情感和意境训练虚实音色变化。

(偏虚音色)一阵风把蜡烛吹灭了,月光照进窗子来,茅屋里的一切好像披上了银纱,显得格外清幽。(偏实音色)贝多芬望了望站在他身边的穷兄妹俩,借着清幽的月光,按起琴键来。

(偏实音色)皮鞋匠静静地听着。(偏虚音色)他好像面对着大海,月亮正从水天相接的地平线上升起来。微波浩渺的海平面上,霎时间洒遍了银光。(偏实音色)月亮越升越高,穿过一缕一缕轻纱似的微云。(偏虚音色)忽然,海面上刮起了大风,卷起了巨浪,被月光照得雪亮的浪花,一个连一个朝着岸边涌过来。

(偏实音色)皮鞋匠看着他妹妹。月光正照在她那洁净的脸上,照着她睁得大大的眼睛。(偏虚音色)她仿佛也看到了,看到了她从来没有看到过的景象:在月光照耀下的波涛汹涌的大海。

训练3:尝试变化使用实声一虚实声一虚声三种音色,朗诵苏轼的《水调歌头》,体会虚实色彩变化。

水调歌头

(宋)苏轼

明月几时有?把酒问青天,不知天上宫阙,今夕是何年。我欲乘风归去,又恐琼楼玉宇,高处不胜寒。起舞弄清影,何似在人间?

转朱阁,低绮户,照无眠。不应有恨,何事长向别时圆。人有悲欢离合,月有阴晴圆缺,此事古难全。但愿人长久,千里共婵娟。

训练4:选择李白的《望庐山瀑布》这类思想感情运动幅度较大的文学作品,根据内容及思想感情表达需要,具体设计运用虚实音色的变化,在反复吟诵中习得技巧。

望庐山瀑布

(唐)李白

日照(实虚)香炉(虚)生(实)紫烟(虚),
遥看(虚实)瀑布(实)挂(虚)前川(实),
飞流(实虚)直下(虚)三(实)千尺(虚),
疑是(虚实)银河(实)落(虚)九天(实)。

训练 5:请以中音为主,用声虚实结合,在气息稳健饱满基础上,诵读散文名篇《岳阳楼记》,达到语音纯正、立字响亮悦耳、圆润动听标准。配乐:《岳阳三配》。

岳阳楼记

(宋)范仲淹

庆历四年春,滕子京谪守巴陵郡。越明年,政通人和,百废俱兴。乃重修岳阳楼,增其旧制,刻唐贤今人诗赋于其上。属予作文以记之。

予观夫巴陵胜状,在洞庭一湖。衔远山,吞长江,浩浩汤汤,横无际涯;朝晖夕阴,气象万千。此则岳阳楼之大观也。前人之述备矣。然则北通巫峡,南极潇湘,迁客骚人,多会于此,览物之情,得无异乎?

若夫霪雨霏霏,连月不开,阴风怒号,浊浪排空;日星隐耀,山岳潜形;商旅不行,樯倾楫(jí)摧;薄暮冥冥(míng),虎啸猿啼。登斯楼也,则有去国怀乡,忧谗畏讥,满目萧然,感极而悲者矣。

至若春和景明,波澜不惊,上下天光,一碧万顷;沙鸥翔集,锦鳞游泳;岸芷汀(tīng)兰,郁郁青青。而或长烟一空,皓月千里,浮光跃金,静影沉璧,渔歌互答,此乐何极!登斯楼也,则有心旷神怡,宠辱皆忘,把酒临风,其喜洋洋者矣。

嗟夫!予尝求古仁人之心,或异二者之为。何哉?不以物喜,不以己悲;居庙堂之高则忧其民;处江湖之远则忧其君。是进亦忧,退亦忧。然则何时而乐耶?其必曰先天下之忧而忧,后天下之乐而乐乎。噫!微斯人,吾谁与归?

时六年九月十五日。

三、归音到位

归音指音节后部收尾的过程,也就是发完韵腹向韵尾过渡的过程。充当韵尾的都是开口度最小的高元音,归音时应该干净利索,不拖沓,不含糊。基本要求是对字尾的处理弱收到位,趋向鲜明。到位指尾音应归到的位置,弱收指字尾的发音渐弱趋正的过程,要在趋正的过程中保持发音的完整,保持字音结束的趋向。

常见的毛病有两种,一是拖泥带水,二是火候不够,归音不到位。普通话中能够做韵尾的只有四个音素:i、u、n、ng(ao 的韵尾其实是一种误写,实际发音是 au),各自归音时要注意的问题是:

(一)展唇

凡 ai、ei、uai、uei 韵母的字归音时,应微展唇角,唇形扁平。(韵尾 i)

诵读郭小川的《祝酒歌》和两首唐诗,练习展唇归音技巧。

花香啊,沁满咱心肺;祖国情啊,春风一般往这儿吹;同志爱啊,河流一般往这儿汇。党是阳光,咱是向日葵。

晚 春

（唐）韩愈

草木知春不久归，百般红紫斗芳菲。
杨花榆荚无才思，惟解漫天作雪飞。

凉州词

（唐）王之涣

葡萄美酒夜光杯，欲饮琵琶马上催。
醉卧沙场君莫笑，古来征战几人回？

（二）聚唇

凡 ao、iao、ou、iou 韵母的字归音时，应聚唇。（韵尾 u）
诵读《军港之夜》和两首唐诗，习得聚唇归音技巧。

军港的夜啊静悄悄，海浪把战舰轻轻地摇，年轻的水兵头枕着波涛，睡梦中露出甜美的微笑。

早 春

（唐）韩愈

天街小雨润如酥，草色遥看近却无。
最是一年春好处，绝胜烟柳满皇都。

咏 柳

（唐）贺知章

碧玉妆成一树高，万条垂下绿丝绦。
不知细叶谁裁出，二月春风似剪刀。

（三）抵舌

凡是收前鼻音“n”的音节，字尾收音时要做一个明显的抵舌动作。（韵尾 n）
诵读《父老乡亲》和唐诗两首，体悟抵舌归音技巧。

我生在一个小山村，那里有我的父老乡亲。胡子里长满故事，憨笑中埋着乡音，一声声喊我乳名，一声声喊我乳名。多少亲昵，多少疼爱，多少开心！啊，父老乡亲，我勤劳善良的父老乡亲，树高千尺也忘不了根。

九月九日忆山东兄弟

（唐）王维

独在异乡为异客，每逢佳节倍思亲。
遥知兄弟登高处，遍插茱萸少一人。

渭城曲

(唐)王维

渭城朝雨浥轻尘,客舍青青柳色新。
劝君更尽一杯酒,西出阳关无故人。

(四)穿鼻

凡是收后鼻音"ng"的音节,归音时,气息要灌满鼻腔。(韵尾 ng)
诵读《小白杨》和唐诗两首,体会穿鼻归音技巧。

一棵小白杨,长在哨所旁,根儿深,干儿壮,守望着北疆。微风吹,吹得绿叶沙沙响,太阳照得树叶闪银光。小白杨,小白杨,它长我也长,同我一起守边防。

竹枝词

(唐)刘禹锡

杨柳青青江水平,闻郎江上唱歌声。
东边日出西边雨,道是无晴却有晴。

秋　思

(唐)张籍

洛阳城里见秋风,欲作家书意万重。
复恐匆匆说不尽,行人临发又开封。

四、情、声、气和谐

诵读是一门艺术,"感人心者,莫先乎情"。诵读中声音和气息都受到情感的制约,正如罗丹所说:"艺术就是情感,一切艺术都是创造出来的表现人类情感的知觉形式。"正确处理情、声、气的关系,是科学掌握诵读用气发声方法的前提。

(一)以情调气,气随情变

1. 以情调气

情感是气息的源泉。以情调气、气随情变是诵读用气发声的一般方法,情感是指"人对外界刺激肯定或否定引起的心理反应,如喜欢、愤怒、悲伤、恐惧、惊讶、爱慕、厌恶等"。诵读要保证气息的饱满和畅通,必须先调动情感。

喜——气满声高　　悲——气沉声缓
爱——气缓声柔　　憎——气足声硬
怒——气重声粗　　疑——气舒声缓
急——气短声促　　静——气舒声细
冷——气少声淡　　惧——气提声抖

2. 气随情变

一方面，情感是气息的源泉，另一方面，气息运用得当与否也影响情感的表达。艺术表演讲究“精气神”，气息运用得当，诵读的有声语言和态势语言才富有表现力，从而准确表现文学作品的内涵。比如表现惊讶要用沉气，气“沉于胸”；表现大吃一惊，要气“沉于脐”；表现恐惧，要气“沉于肾”。“气用到，眼有神，声有情”，气息是重要的表达手段，是情与声之间必经的桥梁。

请诵读陈然的《我的自白书》，体会“以情调气，气随情变”的发声技巧。

我的自白书

陈　然

任脚下响着沉重的铁镣，
任你把皮鞭举得高高，
我不需要什么“自白”，
哪怕胸口对着带血的刺刀！

人，不能低下高贵的头，
只有怕死鬼才乞求“自由”；
毒刑拷打算得了什么？
死亡也无法叫我开口！

对着死亡我放声大笑，
魔鬼的宫殿在笑声中动摇；
这就是我——一个共产党员的自白，
高唱凯歌埋葬蒋家王朝。

(二)以情带声，以声传情

1. 以情带声

气息是情感作用的结果。气息是声音的依托，饱满的气息使声音圆润，富有表现力和感染力。但气息也是情感作用的结果，是“以情带声，以声传情”，正如《礼记・乐记》中所说：“凡音之起，由人心生也。人心之动，物使之然也。”

2. 以声传情

声音是情感的流露。张颂教授在《浅谈播音中情、声、气的关系》一文中对“情、声、气”的关系曾有过精辟的论述，他认为：气者，音之帅也；情者，气之根也，“情、声、气的内在联系离不开心理与生理的相互感应。情是心理过程，声、气是生理现象。心理过程必然引起生理反应，‘心平气和’‘理直气壮’‘痛哭失声’‘语重心长’等。生理变化又可影响心理过程的兴奋或抑制。从因果关系说，是因情用气，以情带声；而从语言表达角度说，又是气托声、声传情。”

3. 气、声是手段，情是目的

气息、声音的运用是艺术表现的手段，情感表达是艺术的目的。托尔斯泰在《论艺术》中明确地说：“人们用语言互相传达思想，而人们用艺术互相传达感情。”诵读表达中，在唤起感情从积聚到迸发的状态之后，再用有声语言来传达这种感情，让别人也能体验到这种感情——这就有诵读表达的艺术性了。

以诗文诵读为例分析:表现“喜”的文学作品有杜甫的《闻官军收河南河北》、李白的《早发白帝城》等。前者表现了因“安史之乱”流落入川的诗人,闻听平叛结束,欣喜若狂,憧憬着返乡的旅程。后者表现了李白在流放夜郎途中遇赦,欣喜返程“千里江陵一日还”的愉悦。诵读时要气息充足,语速较快,声音较实,发音靠前,体现“兴奋感”。表现“爱”的作品有叶芝的《等你老了》、林徽因的《你是人间的四月天》、余光中的《等你,在雨中》;表现“憎”的作品有北岛的《回答》、谭嗣同的《狱中题壁》、叶挺的《囚歌》等;表现“怒”的有陆游的《书愤》、辛弃疾的《南乡子·登京口北固亭有怀》等;表现“悲”的有苏轼的《江城子》、柯岩的《周总理,你在哪里》等,各依情用声,以情带声,以声传情。

请诵读苏轼的两首词《江城子》,在对比中体会“以情带声,以声传情”的发声技巧。

江城子·乙卯正月二十日夜记梦

(宋)苏轼

十年生死两茫茫,不思量,自难忘。千里孤坟,无处话凄凉。纵使相逢应不识,尘满面,鬓如霜。

夜来幽梦忽还乡,小轩窗,正梳妆。相顾无言,惟有泪千行。料得年年肠断处,明月夜,短松冈。

江城子·密州出猎

(宋)苏轼

老夫聊发少年狂,左牵黄,右擎苍,锦帽貂裘,千骑卷平冈。为报倾城随太守,亲射虎,看孙郎。

酒酣胸胆尚开张,鬓微霜,又何妨!持节云中,何日遣冯唐?会挽雕弓如满月,西北望,射天狼。

(三)情、气、声统一

因为情感是气息的源泉,气息是声音的依托,声音是情感的流露,“感有万端之异,言有万态之殊”,所以,情、气、声要统一和谐。

1. 情、声、气的关系

一般来说,喜悦、激动、亢奋、紧迫等情感可以运用快速、重音、升调、停顿、短句、轻松的方式来表现;悲伤、思索、从容、深沉、庄严等情感可以运用轻读、降调、慢速、长句、沉稳等方式表达。具体表现为:

表 3—1 情、声、气的关系

情感	气息	声音	语速	发音特征	感受
喜	充足	甜润、略重	偏快	发音靠前,笑肌提起	兴奋感
怒	粗重	沉重	快捷	发音靠后,音量增大	震慑感
爱	柔缓	自如	中速	语速平和,轻重平稳	亲切感

续表

情感	气息	声音	语速	发音特征	感受
恨	粗厚	生硬	偏快	发音气猛，忍无可忍	挤压感
悲	沉重	缓慢	先快后慢	轻重交错，以气托声	阻滞感
急	短促	紧迫	快捷	停顿突然，吐字有力	催逼感
惧	上提	抖颤	不匀	出声不顺，轻重随便	衰竭感
疑	断连	延伸	先快后慢	停连变化，语调下降	踌躇感

诵读者要酝酿感情，运用情景展示法、音乐调动法、心理调节法调动情绪，准确表达作品内在的主题、情理、逻辑，充分展示诵读的艺术魅力。

2. 情、声、气与声音的对比变化

情、声、气和谐对语音面貌的影响主要体现为诵读者的声音对作品内在情感表达的适应能力，表现为声音的两极性变化，即声音的对比变化，可分为单一声音要素对比和复杂声音对比两种。

(1)单一声音对比是最常见的声音对比变化，主要包括声音的高与低、强与弱、实与虚、快与慢、吐字的松与紧等可对比的声音要素。

高与低：表现为音高变化。积极或消极情绪声音表现为高亢或低沉。

(高)对面是高耸入云的大海，(低)脚下是波涛汹涌的急流。

强与弱：表现为气流与发音强度的变化，即音量大小的变化。常以较强的音量表现紧张、有力或激昂的感情，而用较弱的音量表现软弱、无力或消沉等感情。

(弱)他暗自下定决心：(强)我决不能那样做！

实与虚：表现为音色的变化，主要由声门不同的开闭状态造成。实声响亮扎实，表达严肃、紧张、激动、兴奋等情感；虚声柔和，常伴有呼气声，表达亲切、轻松的感情，有时会模拟喊叫、回声或远方传来的声音。

(实)他爬上山顶大声呼喊："(虚)章一晓一莹，你在哪里？"

快与慢：体现为发音速度或发音长度的变化。语速快，表现匆忙、紧张；语速慢，表现放松、平和。

(快)他赶紧躲向路边，但飞驰而过的汽车还是溅起无数泥点打在他身上。(慢)他慢慢站起来，掸了掸身上的泥，缓缓朝村边走去。

(2)复杂声音对比变化常以多声音要素混合的复合对比形式出现，多用表示感情或气息状态的词语来描述其变化，如"深沉与明快""刚毅与柔和""放纵与收敛"等，适于表达复杂和细致的情感。常见的有"刚与柔""纵与收""厚与薄""明与暗"等对比形式。

刚与柔："刚"与实声、较强音量、有力的吐字有关；"柔"与虚声、低音、弱音量、略松散的吐字有关。"过刚则柔，过柔则靡"，"硬邦邦"和萎靡不振的声音都是不和谐的。《白杨礼赞》

选段中有刚柔对比变化以表现作者的情感脉络:

那是力争上游的一种树,笔直的干,笔直的枝。它的干,通常是丈把高,像加以人工似的,一丈以内,绝无旁枝;它所有的丫枝一律向上,而且紧紧靠拢,也像加以人工似的,成为一束,绝不旁逸斜出;它的宽大的叶子也是片片向上,几乎没有斜生的,更不用说倒垂了;它的皮光滑而有银色的晕圈,微微泛出淡青色。

纵与收:"纵"指声音的放纵,与高音、强音、实声、语速快、气息流畅有关,适于高兴、兴奋、愤怒、生气等情感抒发;"收"指声音的收束,与低音、弱音、虚声、速度偏慢、气息控制较强有关,常表达沉静、谨慎的情感。如裴多菲的《我愿意是急流》前四句激情澎湃,诵读时声音可放纵;后四句深沉庄严,诵读时声音可略收束:

我愿意是荒林,/在河流的两岸,/对一阵阵的狂风,/勇敢地作战……/只要我的爱人/是一只小鸟,/在我的稠密的/树枝间做窠、鸣叫。

厚与薄:不仅与声音高低有关,还与共鸣方式有关。"厚"指厚实饱满的音色,当气息吸得较深,喉部放松,胸腔共鸣增强时,会产生较厚实的声音;"薄"指轻巧细薄的音色,当气息吸得较浅,喉部闭合较紧,胸腔共鸣较少时,易形式较细薄的声音。厚实的声音音高较低、音量较强,常表现深沉、庄重、压抑的语气;细薄的声音音高较高、音量较小,常表现轻巧活泼、喜悦欢快的情绪。诵读童话片段,体会不同角色声音厚薄的对比变化:

水牛爷爷是森林世界公认的谦虚人,很受大家尊重。小白兔夸它:"水牛爷爷劲儿最大了!""唉,过奖了,犀牛、野牛劲儿都比我大。"小山羊夸它:"水牛爷爷的贡献最多了!"它却说:"哎,不能这样讲了,奶牛吃下的是草,挤出来的是奶。它的贡献比我多。"

明与暗:"明朗"的声音共鸣位置略靠前、声音偏高、喉部闭合略紧,表现开朗、欢快、赞颂的情绪;"暗淡"的声音共鸣位置略靠后、声音偏低、喉部闭合略松,适于表现深沉、感慨的情绪。诵读下面两段文字,练习通过明暗对比表现情感变化。

(暗)我们的英雄,我们的亲人回家了,公安部为这八位英烈举行降旗仪式,这是对英烈的深切哀悼,也表达了国人对英烈的崇高敬意。

(明)英雄虽然牺牲了,但中国维护世界和平安宁的决心和行动不会停止,坚守在维和一线的中国警察将踏着英烈足迹,继续未竟的事业。

英烈回家了,让我们化悲痛为力量,做好自己的本职工作。

请综合运用语言发声技巧,诵读诗歌《大漠敦煌》。配乐:《大漠敦煌》。

大漠敦煌

旁白:"敦煌",始见于《史记·大宛列传》,"始月氏居敦煌、祁连间"。《汉书·地理志》中注释"敦煌":"敦,大也。煌,盛也。"敦煌是国家级历史文化名城,有着悠久的历史、灿烂的文化,是著名的"丝绸之路"必经之地。原始社会末期,中原部落战败后被迁徙到河西的三苗人就在这里繁衍生息。战国和秦时,敦煌一带居住着月氏人、乌孙人和塞种人。前秦建元二年(公元366年),乐僔和尚在此首开石窟供佛,莫高窟从此诞生。1987年12月,敦煌莫高窟被列入《世界遗产名录》。

女：　我多想带上装满梦的行囊
　　　牵一只骆驼去那风沙弥漫的远方
男：　我多想沿着遥远又遥远的古道
　　　寻找我梦中的大漠敦煌
女：　穿过祁连山的六月飞雪
　　　走进炎风吹沙的大漠
　　　我寻一把先人遗留在那里的石斧
　　　看它是否还能劈出四千多年的火光
男：　追赶丝绸之路落下的夕阳
　　　跋涉在曾经鼓角争鸣的河西走廊
　　　我想找到三苗人留下的陶器
　　　让它盛(chéng)满历史的冷热和苍茫
　　　我想听到羌笛穿透千古的余音
　　　在荒原的夜空里哀怨悠扬

女：　借着大漠的冷月寒光
　　　我多想找回乌孙人失散的牛羊
　　　在漫漫狂野中赶路
　　　我多想举起月氏(zhī)人的宝刀将夜空划亮
男：　我望见浩瀚的沙海、如血(xiě)的残阳
　　　远处传来铁蹄铮铮、烈马奔腾的轰响
　　　一支剽(piāo)悍的胡骑(jì)消失在流沙的尽头
　　　远离了草原和毡房

女：　我望见张骞(qiān)出使西域归来的马队
　　　马踏飞燕的嘶鸣声扬四方
男：　我望见汉武的狼烟
　　　扬起旌(jīng)旗遮日的豪壮
　　　飘逝在风萧萧路漫漫的边关
女：　那鸣沙山千年不绝的鸣响
　　　每一声吟唱
　　　都是英雄泯血(mǐnxuè)长笑的悲壮
男：　那月牙泉甘洌清澈的水塘
　　　每一个眼神
　　　都曾凝视过扬鞭的牧人
　　　拓荒的农夫

女: 玉门关的残垣(yuán)断壁
望断多少远行的商队、往来的使者
男: 阳关三叠的千古绝唱
又有多少故人
更尽一杯酒从此不见回故乡

女: 我站在汉长城古烽燧(suì)遗址上
似乎还能听到
一腔长风万里的呼啸
男: 我站在魏晋隋唐的古墓旁
似乎还能看到
边塞诗人雪山长云
孤城遥望的豪情和惆怅

女: 几度春秋风与火
东来西往的驼队穿过大漠莽莽
男: 曾经几载云和月
边城要塞通向了海纳百川的大唐
女: 我的大漠,我的敦煌啊
男: 我的大漠,我的敦煌啊
女: 你已不是金戈(gē)铁马、厮杀遍野的战场
男女合: 你丝绸铺路
你名声远扬

男: 追踪远古消失的绿洲
注视大漠不朽的胡杨
我寻着崖壁上的佛光
看见风卷僧衣的乐僔(lèzǔn)和尚
在石壁上开凿了第一个洞窟
在穷荒中点燃了第一柱香火
一代代虔(qián)诚的僧侣随他而来
创造出佛洞悬空的圣堂

女: 天空移动的云彩
遮不住三危山的金黄
莫高窟这座千佛神奇的宝藏
在沙漠中沉睡了一千年岁月的寒暑
剥蚀了多少绚丽的画卷、珍贵的佛像

屈辱的年代劫持了多少无价之宝流落他乡

男女合：尽(jǐn)管大漠景象如此苍凉
尽管丝绸之路如此漫长

女：神秘的敦煌啊
你玄妙神奇的经书壁画令人心驰神往
你举世闻名的丝路花雨让人沉醉难忘

男：美丽的敦煌啊
流光溢彩的故事有你大漠落日的悲怆(chuàng)
灿烂辉煌的历史有你光辉夺目的一章

女：我多想借反弹琵琶的神韵止住千年黄沙

男：我多想用飞天飘逸的梦想擦去百年彷徨

女：我多想牵来一股溪流为你栽上一排胡杨

男：我多想乘春风度玉门让梦露宿在你的身旁

第四节　特殊语言技巧

诵读时不仅要掌握呼吸、共鸣、吐字归音等技巧以及情、声、气的关系，还要了解气息类和音腔类特殊用声技巧，以强化情感、渲染情绪，生动传神地表现主题思想，用美妙的有声语言给听众创设出如临其境的情境美。

一、气息类技巧

“气是声之本，万音气为尊。”诵读中可以运用气息技巧更充分地传情达意，表现主题。下面主要介绍“偷吸”“倒抽”“深叹”“喷口”“反取”“缓托”六种技巧。

(一)偷吸(N为偷吸符号)

偷吸指吸气时速度较快，而且轻巧，在人们还未察觉时已偷偷地吸好了气的换气方法。偷吸与停连有关，诵读中经常用到。一般在句子中碰到停顿较短、连贯性较强、不可能采用正常换气但又必须换气的情况时需用到偷吸，这是诵读者必须掌握的重要技巧。偷吸要求吸气必须轻快，口鼻并用，不露痕迹。如爱情诗《再没有更好的花朵》，诗人用不同的语句强调看见恋人、听到恋人声音的强烈感受，越说越兴奋，形成一气呵成的推进节奏，语意紧密，正常换气会造成节奏上的拖沓、舒缓，应表现得深沉热烈，要求换气迅速轻快，用偷吸最恰当。

当我把你看见和听见——/我浑身便激动起来了，/N我整个的心灵在发热，/N我整个的心灵在燃烧。

(二)倒抽(∧为倒抽符号)

倒抽指渲染言语中骤然紧张的气氛,表现紧张、吃惊、焦急、激动的心情时采用的一种吸气技巧。与偷吸相反,倒抽要求换气急促并把吸气声有意表现出来,类似“倒吸一口冷气”,但随情而出的气息要清晰干净,不能粗拙带杂音。如白居易的《卖炭翁》,在诵读“翩翩两骑来是谁?/∧黄衣使者白衫儿”时要表现出卖炭翁知来者不善、看清“黄衣使者”后的惊恐万状。

再如莫泊桑的《项链》结尾部分,当玛蒂尔德经过十年艰辛劳作终于还清了债务,在公园偶遇好友珍妮并主动打招呼时,珍妮认不出她衰老的容颜:

“可是……太太……我不知道……你一定是认错了。”“没有错。我是玛蒂尔德·路瓦栽。”她的朋友叫了一声:∧“啊!我可怜的玛蒂尔德,你怎么变成这样了……”

(三)深叹(≮为深叹符号)

深叹指用气息的呼出来修饰或渲染言语中感叹、赞叹、悲叹、惊叹、咏叹等“叹”的意味的一种技巧。具体方法是:先深而慢地吸一口气,然后带着呼气声表达语句。如诵读徐志摩的《再别康桥》时可以用深叹表现对康桥的难舍难分、满腔惆怅。

悄悄的我走了/正如我悄悄的来/≮我挥一挥衣袖/不带走一片云彩//。

再如何其芳的《我为少男少女们歌唱》,采用深叹的技巧诵读“我的歌啊,你飞吧”这一诗句,显得深情、深邃,也使得这部分的表达在结构上形成强弱、放收的跌宕变化。

我为少男少女们歌唱。/我歌唱早晨,/我歌唱希望,/我歌唱那些属于未来的事物,/我歌唱正在生长的力量。//≮我的歌啊,/你飞吧,/飞到年轻人的心中,/去找你停留的地方。//

(四)喷口(∠为喷口符号)

喷口指诵读中无法控制激动的心情,需突然爆发,将句子中某个或相连的几个音节喷吐而出,加强其言语表达的情感力度的一种技巧。具体方法是:先将口腔的气息蓄满,而后突然有力地喷出,由此可大大加强语言力度,强化感情色彩。如诵读陆游的《示儿》,“但悲”之后,不忍道出“不见”二字,因此在此停顿片刻,蓄足气流,饱含着渴望收复中原而壮志难酬的满腔悲愤之情,有力地喷吐出“不见”二字,强化作品的感情色彩。

死去元知万事空,/但悲∠不见九州同。/王师北定中原日,/家祭无忘告乃翁。

再如舒婷的《祖国啊,我亲爱的祖国》,标题是贯穿全篇的思想主线,在每节文末出现形成抒情小高潮,表达时每次句首“祖国”二字均使用喷口,能产生激情澎湃、回环咏叹的艺术效果,情感抒发饱满而浓烈。当然,每句的语气处理会有层递性的变化。

你以伤痕累累的乳房/喂养了迷惘的我,/深思的我,/沸腾的我;/那就从我的血肉之躯上/去取得/你的富饶,/你的荣光/你的自由;∠——祖国啊,/我亲爱的祖国!//

(五)反取(ω为反取符号)

反取指在诵读的某一过程中,不吸气而将体内的剩余气息从容不迫地取上来,形成较强的气流,从而使句中某些音节获得较强、较高、较响亮的声音的一种技巧。例如诵读《三门峡——梳妆台》的一节富有激情的诗句需采用反取的技巧给予突出。黄河女儿面向东海呼问"青春何时来",这里"何"字加重与延长,用反取表达了她希望早日恢复青春的急切心情。"盘古生我新一代"在"新"前用反取做突变,使"新一代"三字声音更高、更响、更重,力度更强烈,从而表现诗人在改天换地时代到来时极其兴奋的心情。

登三门,向东海/问我青春ω何时来?!/何时来啊,何时来……/——盘古生我ω新一代!

再如诵读梁启超的《少年中国说》,为了表现对少年中国和中国少年的热爱和期望,作者在文末用富有鼓动性的呼告语言歌颂了少年和中国,适宜用反取的技巧将情感抒发推进到高潮。

美哉,我少年中国,与天ω不老!壮哉,我中国少年,与国ω无疆!

做到反取需要较强的气流,当诵读到"不老"、"无疆"几个字时,应将渐趋复原的收敛的两肋用力展开,感到气息似乎是从胸部下沉到丹田,实际上是将气息的通道彻底打开,让余气不受阻塞,顺利地呼出,使需高强音的词语获得原动力。有了这个原动力,声音就畅通响亮了,所需要的高强音就自然获得了。

(六)缓托(︶为缓托符号)

缓托指在诵读中极力控制住某种情感,使表达看似异常平稳,却使人感觉到内在情感剧烈奔涌的一种技巧。一般是情到深处,却不作直露宣泄,而是敛气屏声,极力控制情感,将丰富的情感埋在内心深处。缓托多用于表现凝神注目、忆往追昔、生离死别等情状心理。

缓托的方法是:不能大呼大吸,而要适当少吸,控制住,以较均匀的不多的气息慢慢将后面的言语托出,音量限制在一定的尺度之内,略感憋气,让听者感到似乎一切都静止了,而在这静止的后面似乎又蕴藏着一种巨大的力量。例如,诵读魏巍的散文《依依惜别的深情》,志愿军将离开朝鲜回到祖国,临行前与朝鲜人民告别,为了不使志愿军难过,朝鲜人民努力控制住自己随时可能爆发的惜别之情,这里可以用到缓托。

部队集合了。妇女们打开竹篮,分赠着礼物……他们做这些事情的时候,统统没有哭。昨天晚上,战士们告诉他们说不要哭。里干部们也告诉说,为了不使志愿军难过,让他们不要哭。︶他们很听话,︶他们真的制止住了,︶在做这些事情的时候,︶统统没有哭。

请综合运用六种气息类技巧,朗诵舒婷的《祖国啊,我亲爱的祖国》。配乐:小提琴曲《沉思》。

祖国啊,我亲爱的祖国

舒婷

我是你河边上破旧的老水车,
数百年来纺着疲惫的歌;
我是你额上熏黑的矿灯,
照你在历史的隧洞里蜗行摸索;
我是干瘪的稻穗;是失修的路基;
是淤滩上的驳船,
把纤(qiàn)绳深深
勒进你的肩膊;
——祖国啊!

我是贫困,
我是悲哀。
我是你祖祖辈辈
痛苦的希望啊,
是"飞天"袖间
千百年来未落到地面的花朵;
——祖国啊!

我是你簇新的理想,
刚从神话的蛛网里挣脱;
我是你雪被下古莲的胚(pēi)芽;
我是你挂着眼泪的笑窝;
我是新刷出的雪白的起跑线;
是绯(fēi)红的黎明
正在喷薄;
——祖国啊!

我是你的十亿分之一,
是你九百六十万平方的总和;
你以伤痕累累的乳房
喂养了
迷惘(wǎng)的我,深思的我,沸腾的我;
那就从我的血肉之躯上
去取得
你的富饶,你的荣光,你的自由;
——祖国啊,
我亲爱的祖国!

二、音腔类技巧

情、声、气是诵读成功的要素,诵读时除掌握气息类技巧外,还可以通过音色和语调的变化丰富"声"的形态,形象生动地表现作品的思想感情。

(一)虚声(⋯为虚声符号)

虚声又叫"气声"或"气音",即控制住声音,以气音为主,似耳语说话。一般在静谧、紧张、惊恐的氛围及自言自语、模拟高声讲话或诵读到有人大声呼叫的语言时采用。

方法是:吸气时放慢速度,加强深度,吐字时除实音外可伴随一定的气音、虚音,将气缓缓送出。例如:

这地方太可怕了。

运用虚声可以渲恐怖氛围,加强神秘感,但要注意"真声"与"虚声"的逐步过渡,也可根据情况采用心理停顿,自然过渡。《雷雨》中鲁贵给四凤"说鬼",就使用了虚声。

"我这才看到那个女鬼呀……是我们的太太。那个男鬼……就是大少爷。"

此外，自言自语会运用气声，大声说话、高声呼叫也会用到虚声。诵读《草船借箭》，当孔明趁雾诳曹兵“借”到满船箭镞，至日高雾散满载而归时，用拉长音的虚声体现双方的距离感。

至日高雾散，孔明令各船上军士齐声叫曰：“谢丞相箭……”

《雨巷》是诗人戴望舒的内心独白，为了准确表现静谧、空灵的艺术氛围，运用虚声可强化惆怅、凄婉的抒情色彩，使语言表达含蓄、委婉、动人。

（二）颤音（～～为颤音符号）

颤音指语言表达中某些音节或词语的声音强弱交替，在颤抖中发出声音，一般用在感情激动、兴奋、愤怒、悲痛、惊愕，情绪难以抑制而又极力抑制的情况下，特点是气息较强、情感强烈、声情合一，又称为“颤动的气声”。例如叶芝《当你老了》的最后一节：

垂下头来，在红光闪耀的炉子旁，/凄然地轻轻诉说那爱～～情～～的～～消～～逝～～，/在头顶的山上它缓～～缓～～踱～～着～～步～～子～～，/在一群星星中间隐～～藏～～着～～脸～～庞～～。//

诵读李清照的《声声慢》，开篇十四个叠字可采用颤音，表现老年漂泊孤寂的词人的内心世界。

陆游的《钗头凤》最末的“错、错、错”和“莫、莫、莫”，表现了词人难以抑制而又极力抑制的复杂情感，宜采用颤音处理。

颤音也可以表现激动和骄傲的情怀。例如诵读王怀让的《我骄傲，我是中国人》，置身奥运赛场，当亲眼目睹中华健儿为国夺冠的时刻，每个炎黄子孙无不为之骄傲自豪，用颤音表达能准确地表现这种深厚的情感。

当掌声把五星红旗托上蓝天，我骄～～傲～～，我是中～～国～～人～～！

（三）拖腔（——为拖腔符号）

拖腔指为了突出强调或更细致、形象地表现心理、神态，揭示作品内涵而采用的一种在言语中的某一音节或词语后有意延长其韵腹，拖长其声调的技巧。换言之，就是有意把字音拖长，即延长发音时间，可表示回忆、领悟、气弱、惊讶和呼唤等感情。诗词中的领字后常用拖腔，如苏轼《念奴娇·赤壁怀古》的下阕：

遥想——公瑾当年，小乔初嫁了，雄姿英发……

“遥想”唤起的是回忆，用拖腔表现历史的悠远感。

拖腔还可以表示呼唤，如柯岩的《周总理，你在哪里》中分别对着高山、大地、森林、大海及在天安门前大声呼唤“周总理”，要用拖腔增加感染力。

我们对着高山喊：“周总理——”——

（四）笑言（m 为笑言符号）

笑言是使话语带上笑意，多用来表示愉快、欣喜、兴奋的心情，也可表示嘲讽、鄙夷、揶揄的冷笑、嘲笑、讥笑、狂笑、憨笑、惨笑等,但一定要表达真情实感。方法是:口腔、喉、胸要放松,小腹、膈肌弹动,气息直射软腭,随之发出“哈”“哼”等笑语。表达时要气息饱满,送气集中,顺畅轻快,大笑时最好不要发“哈”的声音,这样容易一下子把气漏尽,可以从“ɑ”、“i”的顿音练习开始,引发出笑声。例如诵读毛泽东的《卜算子·咏梅》,文末把“笑”字轻柔地点诵,便把梅花的形象“笑”活了,歌颂了腊梅凌雪傲霜、乐观高洁的品格,这是表达亲切喜爱的笑言。

俏也不争春,/只把春来报。/待到山花烂漫时,/它在丛中 m 笑。//

还有表达嘲讽和惋惜的笑言,如毛泽东的《沁园春·雪》为了表达“一代天骄”成吉思汗的逊色之处,在“只识弯弓”语句用了笑言,形象地表现了作者的领袖气度。

惜秦皇汉武/略输文采/唐宗宋祖/稍逊风骚/一代天骄/成吉思汗/m 只识弯弓射大雕//

杨牧的《我是青年》则表现了揶揄苦涩的笑,“十年浩劫”使得人才匮乏,36 岁的诗人无奈被划入“青年”的梯队,诗歌语意沉重,语含反讽,充满酸涩,所以对诗中“我是青年”的诵读应运用笑言,表达复杂的情感。

人们还叫我青年……/哈……m 我是青年!/m 我年轻啊,我的上帝!

此外,音腔类技巧还包括泣语(§为泣语符号)和拟声(z 为模拟符号),多运用在小说、剧作及童话、寓言中,在诗歌、散文诵读中运用较少。

泣语:诵读中为了表达痛苦、悲伤的感情,可使声音带上哭泣、呜咽的色彩。用倒抽气的方法,鼻和嘴有节奏地吸气发出短促的颤音,呼气时仍保持紧张状态,使呼出的声音发出颤抖声,然后用剩余气息诵出泣语内容。

拟声:用口语甚至口技的手段形象地模拟人或事物发出的声响,如虎啸、猿啼、马嘶、雷鸣、枪响、汽车声等。《西游记》中的孙悟空和猪八戒就应该运用带动物音色的拟声发声。

综合运用音腔类技巧诵读王怀让的《我骄傲,我是中国人》。

我骄傲,我是中国人

王怀让

在无数蓝色的眼睛和褐色的眼睛之中,
我有着一双宝石般的黑色的眼睛,
我骄傲,我是中国人!
在无数白色的皮肤和黑色的皮肤之中,
我有着大地般黄色的皮肤,
我骄傲,我是中国人!

我是中国人——
黄土高原是我挺起的胸脯,
黄河流水是我沸腾的血液,
长城是我扬起的手臂,
泰山是我站立的脚跟。

我是中国人——
我的祖先最早走出森林,
我的祖先最早开始耕耘,
我是指南针、印刷术的后裔,
我是圆周率、地动仪的子孙。

在我的民族中
不光有史册上万古不朽的
孔夫子、司马迁、李自成、孙中山,

还有那文学史上万古不朽的
花木兰、林黛玉、孙悟空、鲁智深。
我骄傲，我是中国人！

我是中国人——
在我的国土上不光有
雷电轰不倒的长白雪山、黄山劲(jìng)松，
还有那风雨不灭的井冈传统、延安精神！

我是中国人——
我那黄河一样粗犷(guǎng)的声音，
不光响在联合国的大厦里，
大声发表着中国的议论，
也响在奥林匹克的赛场上，
大声高喊着"中国得分"。
当掌声把五星红旗托上蓝天，
我骄傲，我是中国人！

我是中国人——
我那长城一样巨大的手臂，
不光把采油钻杆钻进外国人
预言打不出石油的地心；
也把通信卫星送上祖先们
梦里也没有到过的白云；
当五大洲倾听东方的时候，
我骄傲，我是中国人！

我是中国人，
我是莫高窟壁画的传人，
让那翩翩欲飞的壁画与我们同往。
我就是飞天，
飞天就是我们。
我骄傲，我是中国人！

第四章

诵读的节律处理技巧

节律是指语音的节奏和韵律,它是音节在语流中排列组合体现出的一种均衡、和谐的美。节律是语音的物理要素——音高、音长、音强和音色在音节、词语、句子各个层面上协同作用的总和。语句中轻重、缓急、抑扬、顿挫的交替出现,有规律的反复,音色相同或相近的韵脚有规律的重现,都使语言组合既有对比,又有和谐均衡的韵律感。汉语是世界上最悦耳动听的语言,我国古代诗歌特别讲究音律,正因为汉语语音提供了这种可能性。诵读经典诗文必须掌握汉语的节律技巧,才能更好地表现作品内在的音韵美、节奏美。

第一节　停顿和连读

一、停顿

(一)诗文的一般停顿

稍停用"|"表示,略长用"‖"表示。

诗文的一般停顿包括结构停顿(分为文法停顿和语法停顿)、逻辑停顿、心理停顿(又叫感情停顿)。

1. 文法停顿

第一种是按照行文的标点符号进行停顿。标点符号是书面语言的停顿符号,也是有声语言停连的重要依据。标点符号的停顿规律一般是:句号、问号、感叹号、省略号停顿略长于分号、破折号、连接号;分号、破折号、连接号的停顿时间又长于逗号、冒号;逗号、冒号的停顿时间要比一般的顿号时间长些。

第二种是由诗文结构决定的。这种停顿是为了表示诗文的层次、段落、部分等所作的停顿。就文章的停顿时间来说,部分长于段落,段落长于层次,层次长于句子。就诗歌来说,段落是通过诗歌分节来体现的:部分长于小节,小节长于层次,层次长于句子,句子长于节拍。

以上停顿也不是绝对的，有时为表达感情的需要，在没有标点的地方也可以停顿，在有标点的地方也可以不停顿。比如下面的散文语句在顿号和感叹号处没有停顿，却根据内容在没有标点的位置做了结构停顿：

可惜它生不逢时，没有长足，︵胀满它 | 每一个生命的细胞。
那女士伸头望了一下，不禁大声"啊！"地 | 叫了起来。

再如现代自由诗语句：

撑着油纸伞，| 独自
彷徨在悠长、悠长
又寂寥的雨巷。

"独自"属跨行，即与本行相隔而与下一行相连，这种情况在自由诗中很常见。

余光中的爱情诗《等你，在雨中》还有跨节现象：从"小情人……在木兰舟中"都是"我"的话，一个语意内容，诵读时连接紧密，要跨节。

如果你的手 | 在我的手里，‖ 此刻︵
如果你的清芬︵
在我的鼻孔，‖ 我会说，| 小情人︵

诺，| 这只手应该采莲，| 在吴宫︵
这只手应该︵
摇一柄桂桨，| 在木兰舟中

下面诵读林徽因的《你是人间的四月天》，注意跨行停连的处理(诵读符号" | "表稍停，" ‖ "表长停，"︵"表连接)。语音轻柔舒缓，虚实结合。

你是人间的四月天

——一句爱的赞颂

林徽因

我说 | 你是 | 人间的四月天，
笑响 | 点亮了四面风，轻灵 |
在春的光艳中 | 交舞着 | 变。

你是 | 四月早天里的 | 云烟，
黄昏吹着 | 风的软，星子 | 在︵
无意中 | 闪，细雨 | 点洒在 | 花前。

那轻，那娉婷，| 你是，‖ 鲜妍︵
百花的冠冕 | 你戴着，‖ 你是︵
天真，庄严，‖ 你是 | 夜夜的 | 月圆。

雪化后那片鹅黄,| 你像;‖ 新鲜︵
初放芽的绿,| 你是;‖ 柔嫩喜悦︵
水光浮动着 | 你梦 | 期待中 ‖ 白莲。

你是一树一树的花开,‖ 是燕 |
在梁间呢喃——‖ 你是爱,︵是暖,︵
是希望,‖ 你是 | 人间的四月天!

2. 语法停顿

语法停顿指由句子的语法结构造成的停顿。

语法停连是为了适应表达语言内部结构关系的需要而作出的语音处理。它往往是为了强调、突出句子中的主语、谓语、宾语、定语、状语或补语而做的短暂停顿。停顿的位置不同,结构关系和语句含义也不同。掌握语法停连有助于我们正确地停连断句,不读破句,不肢解语意,正确地表达作品的思想内容。

主谓之间停连,突出主语:

离开家乡 | 已经六年了。
火烧云 | 上来了。

动宾之间停连,突出宾语:

荔枝蜜的特点是 | 成色纯,养分多。
微风过处,送来 | 缕缕清香。

动补之间停连,突出补语:

霞光照得小孩子的脸 | 红红的。
她的一双手冻得 | 又青又紫。

定语、状语和中心词之间:

一个有头有身子 | 初具规模的雪人 ‖ 终于诞生了。
有撑起伞 | 慢慢走着的人。
在头顶的山上 | 它缓缓 | 踱着步子。

此外,诗歌的语法停顿还有体裁的特点。

介词前后停连:

当 | 蜘蛛网无情地查封了我的炉台。
在 | 崎岖的路上、岩石上经过……
玫瑰花把芬芳的童话,偷偷地 | 在耳边谈讲。
枯树 | 在冷风里摇,野火 | 在暮色中烧。

系动词和谓语动词后停连：

是｜单纯的日子，也是｜多变的日子。
凄然地轻轻诉说｜那爱情的消失。

连词（因为、如果、和）前后停连：

假如｜生活欺骗了你。
如果｜你不能成为山顶上的高松。
但｜要当一棵溪边最好的小树。

古诗词领字后停连稍长：

念｜去去，千里烟波，暮霭沉沉楚天阔。
遥想｜公瑾当年，小乔初嫁了，雄姿英发……樯橹灰飞烟灭。

停连是诵读者思想感情的继续和延伸，绝不是思想感情的中断和空白，诵读时应做到"音停意不停"；此外，停连处理不受标点符号制约，不受诗行制约，可跨行甚至跨节诵读，以求文气贯通、语意完整。

《沙与沫》是纪伯伦的一本格言集，请把握哲理文字的停连特点，准确诵读下面这首诗。

曾有七次｜我鄙视了自己的灵魂：
第一次｜是在她可以上升而却｜谦让的时候。
第二次｜是我看见她在瘸者面前｜跛行的时候。
第三次｜是让她选择难易，而她｜选了易的时候。
第四次｜是她做错了事，却安慰自己说｜别人也同样做错了事。
第五次｜是她容忍了软弱，而把她的忍受｜称为坚强。
第六次｜是当她轻蔑一个丑恶的容颜的时候，却不知道｜那是她自己的面具之一。
第七次｜是当她唱一首颂歌的时候，自己相信｜这是一种美德。

3. 逻辑停顿

逻辑停顿是为准确表达语意、揭示语言内在联系而形成的语流中声音的停顿。逻辑停顿不受语法停顿的限制，没有明确的符号标记，往往根据表达的内容和具体的语境要求来决定停顿的位置和时间。

逻辑停顿的位置不同，意义不同，因此被称作"无形的标点符号"，有强调性停顿、并列性停顿、呼应性停顿、分合性停顿、判断性停顿等多种形式。

（1）强调性停顿

为了强调某种感情或突出某句话、某个词语，在需强调的内容前、后分别或同时停顿，那些不强调的成分停顿时间缩短，甚至连接。例如：

说相声最起码的条件‖得会说话。
不管洞身有多窄、空气多不好、时间多长，他‖都能忍受。

（2）呼应性停顿

语句具有前呼后应的逻辑关系，中间的停顿是为了语意的延续。

如前呼后应式:

我们必须强调|学习"三个代表"重要思想的|重要性。

再如一呼三应式:

随行人员|有外交部长、⌒省长和其他高级官员等。

(3)并列性停顿

凡是并列关系的词语之间应当停连,位置和时间长短近似。例如:

山|朗润起来了,水|涨起来了,太阳的脸|红起来了。
我们分担寒潮、|风雷、|霹雳,我们共享暮霭、|流岚、|虹霓。

(4)分合性停顿

在并列关系之前,往往有领属性词语,并列关系之后,往往有总括性词语。注意在领属关系之后或总括性词语之前都有较长停顿,时间长于并列关系之间的停顿。例如:

不能‖做得好与做得坏|一个样。(总—分—总)
这些石狮子,‖有的母子相抱,|有的交头接耳,|有的像倾听水声,‖千姿百态,惟妙惟肖。(总—分—总)

(5)判断性停顿

表达思维、判断过程的停连方法,在思考和得出的判断之间有较长的停顿。例如:

请你想一想,‖人类一旦失去绿色的生命,我们自己还剩下什么呢?我们呼吁,‖抢救我们的大树。(思考—结论)
老遛听到了一声似乎是树倒的声音。‖不好,有人偷树了。(分析—判断)

(6)转换性停顿

当语义发生转折,由一个意思变成另一个意思,由一种感情变成另一种感情的空当,安排停顿,显示转换。例如:

由于生活得不开心,你甚至想到要出走。我认为这样做是不妥当的。当然,‖不管怎么说,对你的处境,我是十分同情的。(劝告—同情)

下面诵读郭小川《团泊洼的秋天》这首诗的最后三段,注意语法停顿和强调停顿("|"表稍停,"‖"表长停,"⌒"表连接)。

请听听吧,这是战士|一句句从心中‖掏出的话。
团泊洼,团泊洼,你真是那样|静静的吗?
是的,团泊洼是静静的,但那里|时刻都会‖轰轰爆炸!
不,团泊洼是喧腾的,这首诗篇里|就充满着‖嘈杂。
不管怎样,且把这矛盾重重的诗篇|埋在坝下,
它也许不合你秋天的季节,但到明春‖准会|生根发芽。

4. 心理停顿

心理停顿是出于心理、情感需要所产生的停顿,它不受结构停顿的制约,可以起到丰富

语言中的心理内容及加强情感色彩的作用，但停顿中必须有心理或情感的依据。

运用心理停顿能生动体现人物的心理活动，可以把话说得委婉、得体、准确一些。例如：

“我也没想到你会这么｜……酸臭。”保尔想了想，才找到这个比较温和的字眼。

运用心理停顿表现追忆、回味等复杂的心理状态，起到发人深省、引人深思的作用。例如：

然后他呆在那儿，头靠着墙壁，话也不说，只向我们做了一个手势：“散学了，——你们‖走吧。”

心理停顿受感情支配，诵读者应根据感情的需要决定停与不停，它的特点是声断而情不断，也就是声断情连。例如：

她含着泪说：“我羡慕你们每个人，因为⁀你们拥有健康。”

心理停顿由心理情绪决定，常有激发诱导的意味，达到的效果是“此时无声胜有声”，“虽无言，却有情；虽无声，却意无穷”。例如席慕蓉的《初相遇》：

美丽的梦｜和美丽的诗一样，
都是可遇｜而不可求的，
常常在｜最没能料到的时刻里｜出现。

下面诵读余光中的爱情诗《等你，在雨中》，体会心理停顿的运用。全诗只字未提“等你”的焦急和无奈，而是别出心裁地状写“等你”的幻觉和美感。配乐：*Kiss The Rain*。

等你，在雨中

（中国·台湾）余光中

等你，｜在雨中，在造虹的雨中
蝉声｜沉落，蛙声｜升起
一池的红莲｜如火焰，｜在雨中

你来不来都一样，｜竟感觉⁀
每朵莲｜都像你
尤其隔着｜黄昏，隔着这样的｜细雨

永恒，刹那，｜刹那，永恒
等你，‖在时间之外，｜在时间之内，｜
等你，‖在刹那，｜在永恒｜

如果你的手｜在我的手里，‖此刻⁀
如果你的清芬⁀
在我的鼻孔，‖我会说，｜小情人⁀

诺,|这只手应该采莲,|在吴宫︵
这只手应该︵
摇一柄桂桨,|在木兰舟中

一颗星|悬在科学馆的飞檐︵
耳坠子一般地|悬着
瑞士表说|都七点了。忽然‖你|走来

步|雨后的红莲,|翩翩,|你|走来
像一首小令︵
从一则爱情的典故里|你|走来

从姜白石的词里,‖有韵地,|你|走来

(二)诗词的音节停顿

诵读诗词时,必须用停顿来表达音节,以加强节奏感,又叫音步。

1. 格律诗

格律诗讲究平仄和对仗,句数、字数固定,音步规律,五言多为二三式或二二一式,七言多为二二三或四三式节拍。如:

白发|三千丈,缘愁|似个长。不知|明镜里,何处‖得秋霜?(二三式)

竹外|桃花|三两枝,春江|水暖|鸭先知。蒌蒿|满地|芦芽短,正是|河豚|欲上时。(二二三式)

下面诵读唐代杜甫的《登高》,把握七言律诗的节奏。

登 高

(唐)杜甫

风急|天高|猿啸哀,渚清|沙白|鸟飞回。
无边|落木|萧萧下,不尽|长江|滚滚来。
万里|悲秋|常作客,百年|多病|独登台。
艰难|苦恨|繁霜鬓,潦倒|新停|浊酒杯。

2. 词

词是根据词牌要求填写的,有规范的平仄、音韵、字数的要求,音步有规律可循。一般四言句式多为二二式,偶有一二一式,五七言多由唐诗律句转化而来,按格律诗的二三式、四三式音步即可,重点把握领字的读法,搞懂领属关系的相关词语或语句,就可在诵读中海阔天空、游刃有余。如毛泽东的词《沁园春·雪》的上阕:

北国|风光，千里|冰封，万里|雪飘。望‖长城内外，惟余|莽莽；大河|上下，顿失|滔滔。山舞|银蛇，原驰|腊象，欲与|天公|试比高。须‖晴日，看‖红装素裹，分外|妖娆。

下面诵读苏轼的《念奴娇·赤壁怀古》，注意停连的处理。

念奴娇·赤壁怀古

（宋）苏轼

大江｜东去，浪淘尽，千古｜风流｜人物。故垒｜西边，人道是，三国｜周郎｜赤壁。乱石｜穿空，惊涛｜拍岸，卷起｜千堆雪。江山｜如画，一时｜多少｜豪杰！

遥想‖公瑾｜当年，小乔｜初嫁了，雄姿｜英发。羽扇｜纶巾，谈笑间，樯橹｜灰飞｜烟灭。故国｜神游，多情｜应笑我，早生｜华发。人生｜如梦，一尊｜还酹｜江月。

3. 自由诗

自由诗形式多样，有的句式固定，有规律可循，如汪国真的《感谢》、裴多菲的《我愿意是急流》；有的自由挥洒、无拘无束、没有定法，因此参照散文停顿的要求，深入解读作家风格和作品内涵。可从以下四方面划分音步：

第一，以心理和语境、修辞等为标准划分停顿的层次，不要受诗歌分行和标点的限制。如何其芳的《我为少男少女们歌唱》：

我为‖少男少女们|歌唱，我‖歌唱|早晨，我‖歌唱|希望，我|歌唱那些‖属于未来的|事物，我|歌唱‖正在生长的|力量。

第二，以内在的情感为标准，读出贯穿全篇诗歌的韵味。如纪弦的《你的名字》：

于是，轻轻｜轻轻轻｜轻轻地‖呼唤你的名字。

第三，以内在的情感为标准，根据全诗的文气读出语句的诗意和美感。如林徽因的《你是人间的四月天》：

细雨‖点洒｜在花前。

“点洒”既突出了春雨的轻灵、多姿，又富有诗意的美，尤其是洒在“花”前，而不是“窗”前，更多了摇曳多姿之态，如读成“细雨点儿”语言就太实了，与全诗风格不吻合。

第四，以修辞为标准，了解隐喻、象征等手法，具备现代诗“意象”表达的基本知识，准确地找准停顿位置。如食指的《相信未来》：

我要用手指｜那涌向天空的排浪，
我要用手掌｜那托住太阳的大海。

这里“手指”与“手掌”两个意象分别与“排浪”和“大海”对应，要按一个词来读。若在“手指”“手掌”之间停顿，把名词变成状语和动词来理解就扭曲了原作的意思。

下面诵读纪弦的《你的名字》，体会诗歌停连的处理。配乐：*The Glorious Death*。

你的名字

(中国·台湾)纪弦

用了世界上‖最轻|最轻的声音,
轻轻地唤你的名字‖每夜|每夜。

写|你的名字。
画|你的名字。
而梦见的‖是你发光的名字。

如日,如星,‖你的名字。
如灯,如钻石,‖你的名字。
如缤纷的火花,|如闪电,‖你的名字。
如原始森林的燃烧,‖你的名字。

刻|你的名字!
刻你的名字‖在树上。
刻你的名字‖在不凋的|生命树上。

当这植物|长成了参天古木时,
啊‖啊,多好,|多好,
你的名字|也大起来。
大起来了,‖你的名字。
亮起来了,‖你的名字。

于是,轻轻|轻轻轻|轻轻地呼唤‖你的名字。

二、连读

与停顿相反的一种技巧就是连读。诵读过程中,思想情感一直处于积极的运动状态,在意思延续或激情澎湃的地方,必须一气呵成,这就需要用语流连读的表达技巧。

(一)紧连(用"︵"表示)

只用于有标点符号的地方,表示缩短停顿时间,连起来读。如《祝福》中的一段:

阿呀,︵我的太太!您真是大户人家的太太的话。我们山里人,︵小户人家,这算得什么?她有小叔子,︵也得娶老婆,不嫁了她,那有这一注钱来做聘礼?她的婆婆倒是精明强干的女人呵,︵很有打算,所以就将她嫁到山里去。

卫婆子这种走家串巷的村镇女人,一向是以深知别家底细为荣,喜欢多嘴饶舌,加上又喝点酒，说起话来就更眉飞色舞，滔滔不绝。

再如舒婷的《祖国啊，我亲爱的祖国》：

你用伤痕累累的乳房
喂养了
迷惘的我、⌒深思的我、⌒沸腾的我……

另外，“看⌒万山红遍，层林尽染……万类霜天竞自由”中动词“看”的视像不光包括“万山”，还有“层林”“漫江”“百舸”“鹰击”“鱼翔”等“万类”，所以“层林”等视像之间应意气紧连。

(二)紧促(用“∨”表示)

连读有时体现为紧促，多用在排比句或顶真连缀的语句中。如郭沫若的诗，此节为排比句，极具气势，字字紧连，一气呵成：

我是一条天狗呀!
我把月来吞了，∨
我把日来吞了，∨
我把一切的星球来吞了，∨
我把全宇宙来吞了。
我便是我了!

再如流沙河的《理想》，诗行之间运用了顶真的手法，语意连接紧密，要用紧促的技巧：

理想是石，敲出星星之火；∨
理想是火，点燃熄灭的灯；∨
理想是灯，照亮夜行的路；∨
理想是路，引你走到黎明。

饥寒的年代里，理想是温饱；∨
温饱的年代里，理想是文明。
离乱的年代里，理想是安定；∨
安定的年代里，理想是繁荣。

三、停连的运用方法

虽然我们分别介绍了停顿和连读，但在实际应用中两者是紧密结合、共同作用的，要根据具体的语境加以分析，灵活应用。

(一)落停

一般用在一个完整的意思讲完之后，多用于较平稳、舒展的内容。它的特点是：第一，停顿的时间较长；第二，停止时声止气尽(是指声音停止的时候，感觉气息也正好用完)；第三，

句尾声音顺势而落,停住。如培根的《论求知》:

狡诈者轻鄙学问,| 愚鲁者羡慕学问,| 唯聪明者善于运用学问。‖

(二)扬停

一般用在句中无标点符号之处,或一个意思还没有说完而中间又需要停顿的地方。它的特点是:第一,停顿时间较短;第二,停时声停气未尽(有时甚至虽停却不换气);第三,停之前的声音稍上扬或者平拉开。如朱自清的《匆匆》:

去的 | 尽管去了,来的 | 尽管来着。

(三)直连

一般用于有标点符号而内容连接也较紧密的地方,是紧密相连。它的特点是:顺势连带,不露接点。如奥格·曼狄诺的《我就是最大的奇迹》后两个分句之间需要采用直连方式来连接:

我来到这里是为了一个目的,那个目的就是想长成一座高山,⌒而非缩成一颗沙粒。

(四)曲连

一般用于标点符号两边既需要连接又需要有所区分的地方,特别是一连串的顿号相间,或者是排比句式一类的连接点。它的特点是:连环相接,连而不断,悠荡向前。如培根的《论求知》:

求知的目的不是为了吹嘘炫耀,而应该是为了寻求真理、⌒启迪智慧。

其中的顿号需要曲连。再如排比句的连接点也要曲连:

求知可以作为消遣,⌒可以作为装潢,⌒也可以增长才干。

停连的方式不仅这四种,但不管使用哪种,我们都要根据具体语言环境中具体语句的情况而定,运用时必须遵从一个总的原则,那就是:按文意,合文气,顺文势。

下面诵读王蒙的《青春万岁》,注意停连的位置。

青春万岁

王蒙

所有的日子,所有的日子都来吧,
让我们编织你们,用青春的金线,
和幸福的璎珞,编织你们。

有那小船上的歌笑,月下校园的欢舞,
细雨蒙蒙里踏青,初雪的早晨行军,
还有热烈的争论,跃动的、温暖的心……

是转眼过去的日子,也是充满遐想的日子,

纷纷的心愿迷离，像春天的雨，
我们有时间，有力量，有燃烧的信念，
我们渴望生活，渴望在天上飞。

是单纯的日子，也是多变的日子，
浩大的世界，样样叫我们好奇，
从来都兴高采烈，从来不淡漠，
眼泪、欢笑、深思，全是第一次。

所有的日子都去吧，都去吧，
在生活中我快乐地向前，
多沉重的担子，我不会发软，
多严峻的战斗，我不会丢脸。
有一天，擦完了枪，擦完了机器，擦完了汗，
我想念你们，招呼你们，
并且怀着骄傲，注视你们！

第二节　重音及读法

重音是指那些在表情达意上起重要作用，在诵读过程中要加以特别强调的字、词或短语。重音是通过声音的强调来突出意义的，它能给色彩鲜明、形象生动的词增加分量。重音可分为词重音和语句重音两种情况。

一、词重音

词重音主要指词语的轻重格式，有以下几种：

（一）双音节词语

重轻式，又叫轻声词，如“太阳”“妈妈”“看看”。
重中式，如“恰当”“快乐”“状态”，要注意读音与轻声词的区别。
中重式，如“年轻”“协商”“古诗”，这是最常见的词语轻重格式。

（二）三音节词语

中轻重式，如“解放军”“千里马”“喜洋洋”。
中重轻式，又叫轻声词，如“小伙子”“送信的”。

（三）四音节词语

中轻中重式，如“社会主义”“雄心大志”。

重轻中轻式,又叫轻声词,如"学习学习""劳动劳动"。

二、语句重音

(一)语句重音的类别

1. 语法重音

根据语句的结构关系,某些句子成分往往需要读得略重一些,这就是语法重音。一般而言,语法重音不带特别强调的色彩,不表示特殊的意义,只是一种固定的结构规律在语音上的表现。语法重音的位置比较固定,常见的规律是:

主谓短语构成的短句里,谓语要重读。如:

东风来了,春天的脚步近了。
山朗润起来了,水涨起来了,太阳的脸红起来了。

偏正短语中的修饰语要重读,包括定语和状语。如:

但光与影有着和谐的旋律,如梵婀玲上奏着的名曲。
虽然是满月,天上却有一层淡淡的云,所以不能朗照。

述宾、述补短语中,宾语、补语往往要重读。如:

转眼间,天边出现了一道红霞。
树叶也绿得发亮,小草也青得逼你的眼。

疑问代词、指示代词和活用的代词(任指、虚指、不定指)要重读。如:

冰川纪过去了,为什么到处都是冰凌?
想不到苦雨孤灯之后,会有这么一幅清美的图画。

数量结构要重读。如:

赵尝五战于秦,二败而三胜。
我是你的十亿分之一,是你九百六十万平方的总合。

并列、对比、转折关系的语句中,关联词要重读。如:

我是鹰——云中有志!我是马——背上有鞍!我是骨——骨中有钙!我是汗——汗中有盐!(并列关系)

卑鄙是卑鄙者的通行证,高尚是高尚者的墓志铭。(对比关系)
但热闹是它们的,我什么也没有。(转折)

拟声词要重读。如:

树木不语,只送来微风拂过的沙沙声。(拟声)

如果一句话里成分较多,重读也就不止一处,往往优先重读定语、状语、补语等连带成分。值得注意的是，语法重音的强度并不十分强，只是同语句的其他部分相比较读得比较重一些罢了。

请读出下面诗句中的语法重音。

我爱，我想，但不嫉(jí)妒。
我哭，我笑，但不抱怨。
我羞，我愧，但不自弃。
我怒，我恨，但不悲叹。
既然这个特殊的时代
酿成了青年特殊的概念，
我就要对着蓝天说：我是——青年！

2. 强调重音

又叫逻辑重音或逻辑强调音。强调重音不受语法制约，它是由语句表达意图和具体语境决定的，它受诵读者的意愿支配，在句子中的位置是不固定的。同一句话，强调重音不同，表达的意思也往往不同。如：

我爱诵读诗歌。

重音的位置不同，分别表达了"谁""喜欢程度""学诗歌的方式""诵读的体裁"等不同的意义。因而，诵读时要认真钻研作品，正确理解作者意图，才能较快、较准地找到强调重音之所在。如：

我希望飘过一个丁香一样的结着愁怨的姑娘。

请读出下面语句中的强调重音。

于是有人慨叹曰："中国人失掉自信力了。"

如果单据这一点现象而论，自信其实是早就失掉了的。先前信"地"，信"物"，后来信"国联"，都没有相信过"自己"。假使这也算一种"信"，那也只能说中国人曾经有过"他信力"，自从对国联失望之后，便把这他信力都失掉了。

强调重音与语法重音的区别是：

从音量上看，语法重音给人的感觉只是一般的轻重有所区别，而强调重音则给人鲜明突出的印象。强调重音的音量大于语法重音的音量。

从出现的位置看，强调重音可能与语法重音重叠，这时语法重音服从于强调重音，只要把音量再加强一些就行了。有时，两种重音出现在不同的位置上，此时，强调重音的音量要盖过语法重音的音量。

从确定重音的难易上看，语法重音较容易找到，在一句话的范围内，根据语法结构的特点就可以确定，而强调重音的确定却与诵读者对作品的钻研程度、理解程度紧密相连。

下面诵读闻一多的哲理诗《色彩》，体会强调重音与语法重音的区别。诗歌运用想象赋予色彩象征意蕴，说明生命是色彩的结合，抒写出对七彩人生的热爱。

色 彩

闻一多

生命是张没有价值的白纸,
自从绿给了我发展,
红给了我热情,
黄教我以忠义,
蓝教我以高洁,
粉红赐我以希望,
灰白赠我以悲哀;
再完成这帧(zhēn)彩图,
黑还要加我以死。
从此以后,
我便溺爱于我的生命,
因为我爱它的色彩。

3. 感情重音

为了表达强烈的感情而着重强调的部分叫感情重音。感情重音大部分出现在表现内心节奏强烈、情绪激动的地方。感情重音可以使有声语言的色彩丰富,情真意切,有较强的感染力。

表示厌恶、憎恨:"你这无耻的文人!"

表示悲愤、不满:"兴,百姓苦;亡,百姓苦。"

表达雄心壮志:"壮志饥餐胡虏肉,笑谈渴饮匈奴血。"

诵读白居易的《花非花》,体会重音的处理技巧。这是一首爱情诗,取喻于花与雾,在于比所咏之物的短暂易逝,难持长久。

花非花

(唐)白居易

花非花,雾非雾,夜半来,天明去。
来如春梦几多时?去似朝云无觅处。

(二)重音的表达方式

在诵读实践中,重音的表达方式不仅仅是重读,这里的"重"是"突出、明显、重要"的意思,除加大音强、增加音量、延长音长外,还有减小音量、扩大音域、增加或缩短音长、前后稍作停顿、利用虚声、气声等,目的都是为了在语流中,通过对比反衬,突出表意的重点,引起听众的注意。

1. 重音重读

读重读响、低中见高是最常用的方法。通过增加发音的力度,形成强有力的声音,通常用于表达饱满、高涨的情绪。如高尔基的《海燕》：

让暴风雨来得更猛烈些吧！

重音重读要注意渐变的层次，可采取渐强（用“＜”表示）的表达方式。如：

我不相信天是蓝的，/我不相信雷的回声，/＜我不相信梦是假的，＜/我不相信死无报应。＜

2. 重音轻读

用声轻气多的虚声对重点词语弱化、轻化、缩小音量，语气柔弱，非重点词语反而响亮明朗，常用来烘托意境，表达深沉凝重、含蓄细腻的情感。如徐志摩的《再别康桥》：

轻轻的我走了，/正如我轻轻的来；/我轻轻的招手，/作别西天的云彩。//

重音轻读要注意渐变的层次，可采取渐弱（用“＞”表示）的表达方式。如：

悄悄的我走了，/正如我悄悄的来；/＞我挥一挥衣袖，/不带走一片云彩。//＞

运用渐弱的技巧，一是体现徐志摩诗歌轻柔风格，二是与“悄悄的”离别相呼应。

3. 重音长读

用拖腔将感情饱满、格调深沉的字词发音时值延长，一般用于渲染内在情绪，表达深挚的情谊，有较强的感情色彩。如北岛的《回答》：

告诉你吧，/世界，/我¯不¯相¯信！（“¯”表示拖腔）

4. 重音变读

运用颤音和沙哑声等读法来表达特殊感情。一般来说，颤音表示激动或恐惧，沙哑声表示疲劳、老练。如于右任的《望大陆》：

葬我于高山之上兮，/望我大陆；/大陆不～～见兮，/只有痛～～哭～～。//（“～～”为颤音符号）

5. 重音顿读

用停顿突出重音，在要强调的字、词之前或之后，做必要的顿歇，有强调突出作用，能使感情充分表达出来。如柯岩的《周总理，你在哪里》：

你可知道，/我们想念你，/你的人民想念你。

此外，一句话中重音有主次之分，诵读中要注意区分把握。如：

桂林的山真奇啊，桂林的山真秀啊，桂林的山真险啊……

“奇”“秀”“险”，是桂林山的特点，也是表现主题思想的重要词语，因此，这三个作为句子谓语的形容词应并列为主要重音，“山”是次要重音。再如：

有这么一个传说：古时候，天上有十个太阳，晒得地面寸草不生。

在这句话的语境中，“十”是主要重音，表示太阳之多，热度极高，万物受害，不能忍受的心情，“寸草不生”是次要重音。

诵读17世纪英国玄学派诗人约翰·多恩的诗歌《没有人是一座孤岛》,体会重音的处理技巧。配乐建议:《秋天,叶子来到我们家》。

没有人是一座孤岛

(英)约翰·多恩

没有人是一座孤岛,
可以自全。
每个人都是大陆的一片,
整体的一部分。
如果海水冲掉一块,
欧洲就减小,
如同一个海岬(jiǎ)失掉一角,
如同你的朋友或者你自己的领地失掉一块:
任何人的死亡都是我的损失,
因为我是人类的一员,
因此
不要问丧钟为谁而鸣,
它就为你而鸣。

第三节 语速与节奏

一、语速

语速指口头表达时的快慢,主要取决于音节的音长。音节的音长较短且连接比较紧密,语速就快,反之则慢。语速的快慢还取决于所表达内容的特点及表达者的感情态度,表达积极的心理状态多用快速,表达消极的心理状态多是慢速,表达心态平和的状态语速适中。

(一)语速的类别

1. 快速

表现激动、紧张、惊恐、愤怒时,语速快。例如朱自清的《春》表达了欣喜、欢快的心情:

盼望着,盼望着,东风来了,春天的脚步近了。

李白的《早发白帝城》表达了诗人在被放逐夜郎途中遇到大赦后的兴奋、喜悦之情:

朝辞白帝彩云间,/千里江陵一日还。/两岸猿声啼不住,/轻舟已过万重山。

2. 中速

用于一般性的陈述、说明。例如朱自清的《荷塘月色》表达了含蓄、舒缓的情绪：

月光如流水一般，静静地泻在这一片叶子和花上。薄薄的青雾浮起在荷塘里。叶子和花仿佛在牛乳中洗过一样；又像笼着轻纱的梦。

再如曹植的《洛神赋》写洛神之美辞采华茂、典雅蕴藉，宜用中速涵咏体味：

其形也，翩若惊鸿，婉若游龙，荣曜秋菊，华茂春松。仿佛兮若轻云之蔽月，飘飖兮若流风之回雪。远而望之，皎若太阳升朝霞；迫而察之，灼若芙蕖出渌(lù)波。

3. 慢速

表现忧郁、压抑、悲伤、失望、迟疑，语速慢。例如李瑛的《一月的哀思》表达了沉重的心情、压抑的氛围：

车队像一条河，/缓缓地行驶在深冬的风里。

再如韩瀚悼念张志新烈士的诗篇《重量》，表现了悲剧的惨痛和烈士的死难价值：

她把带血的头颅，/放在生命的天平上，/让所有的苟活者，/都失去了/——重量。

作品的内容和体裁决定诵读的速度，其中内容是主要的。适当调整诵读的快慢，可以营造作品的情感氛围，增强有声语言的表达效果。

(二)语速的选择标准

1. 根据内容掌握语速

诵读时的语速要与作品的情境相适应，根据作品的思想内容、故事情节、人物个性、环境背景、感情语气、语言特色来处理。当然，语速的快慢在一篇作品中并不是一成不变的，它要根据具体的内容有所变化。一般说来，热烈、欢快、兴奋、紧张的内容速度快一些；平静、庄重、悲伤、沉重、追忆的内容速度慢一些；而一般的叙述、说明、议论则用中速。如《将进酒》适合快速，《再别康桥》适合中速，《一月的哀思》适合慢速。

2. 根据体裁掌握语速

诗文有叙事、抒情、哲理等类别。一般说来，叙事、抒情诗文读得快些，哲理诗文读得慢些。如《春》适合快速，《荷塘月色》适合中速，《论求知》适合慢速。

在诵读过程中应注意的问题是：语速快时，要特别注意吐字的清晰，不能为了读得快而含混不清，甚至“吃字”；语速慢时，要特别注意声音的明朗实在，不能因为读得慢而显得疲疲沓沓、松松垮垮。总之，在掌握诵读的速度时要做到“快而不乱，慢而不拖”。

下面是曹禺的话剧《雷雨》中鲁侍萍回忆往事、揭露周朴园罪恶的两段话，一段是相认前，一段是相认后，相认前后，鲁侍萍的怨愤之情由克制到逐渐显露，说话的语气和态度也起了变化，试用不同的语速加以表达。

(相认以前)

她是个下等人,不很守本分的。听说她跟那时周公馆的少爷有点不清白,生了两个儿子。生了第二个,才过三天,忽然周少爷不要她了。大孩子就放在周公馆,刚生的孩子她抱在怀里,在年三十夜里投河死的。

(相认以后)

哼,我的眼泪早哭干了,我没有委屈,我有的是恨,是悔,是三十年一天一天我自己受的苦。你大概已经忘了你做的事了!三十年前,过年三十的晚上我生下你的第二个儿子才三天,你为了要赶紧娶那位有钱有门第的小姐,你们逼着我冒着大雪出去。要我离开你们周家的门。

二、节奏

节奏是由作品生发出来的,由诵读者思想感情的波澜起伏所形成的抑扬顿挫、轻重缓疾的声音形式的回环往复。也就是说,节奏是速度的具体体现与运用,受作品内容和形式影响,也受诵读者心境的影响。

节奏不能和语调混淆。语调是以语句为单位,节奏是以全篇为单位;节奏一定要有某种声音形式的回环往复,而不是毫无规律可循的各种声音形式的拼合,也就是说,在一篇作品中,节奏往往是以一种类型为主,其他类型渗透其中。

(一) 节奏的类型

1. 轻快型

多连少停,多轻少重,多扬少抑,语节少而词的密度大,语流显得轻快。如朱自清的散文《春》、海涅的爱情诗《乘着歌声的翅膀》。

魏巍《依依惜别的深情》开篇部分:

我在凯歌声里来到了朝鲜。我又看到了这里的人民,这里的山水。多明丽的秋天哪,这里,再也不是焦土和灰烬,这是千万座山冈都披着红毯的旺盛的国土。那满身嵌着弹皮的红松,仍然活着,傲立在高高的山岩上,山谷中汽笛欢腾,白鹭在稻田里缓缓飞翔。在那山径上,碧水边,姑娘们飘着彩色长裙,顶着竹篮、水罐,走回开满波斯菊的家园。看到这种种情景,回想起朝鲜人民的遭遇,真叫人说不尽的激动,说不尽的欢欣!

2. 凝重型

多停少连,多重少轻,多抑少扬,语流平稳凝重,语言表达强而有力。如食指的诗《相信未来》、流沙河的诗《理想》。

保尔·柯察金的作品《钢铁是怎样炼成的》名言:

人最宝贵的东西是生命,它对于人只有一次。人的一生应当这样度过:当他回首往事时,不因虚度年华而悔恨,也不因碌碌无为而羞耻。这样,在临死的时候,他就可以说:“我的一生都献给了世上最壮丽的事业——为人类的解放而斗争。”

3. 低沉型

停顿多而长，语调多抑，节拍较长，声音偏暗，句尾沉重，语流沉缓。如于右任的诗《望大陆》、柯岩的诗《周总理，你在哪里》。

李瑛《一月的哀思——献给敬爱的周总理》：

报纸，披着黑纱，/ 电波，浸着泪滴；/每盏灯，都像红肿的眼睛，/每颗心，都在哀悼伟大的战士：/ 回来吧，总理，/我们敬爱的周总理！/人民，怎能没有你！/革命，怎能没有你！

4. 高亢型

多连少停，多重少轻，扬而不抑，语气高昂，语流畅达，语速稍快，节奏较紧。如王怀让的诗《我骄傲，我是中国人》、郭沫若的《雷电颂》。

关汉卿《感天动地窦娥冤》第三折选段：

有日月朝暮悬，有鬼神掌着生死权。天地也，只合把清浊分辨，可怎生糊突了盗跖、颜渊。为善的受贫穷更命短，造恶的享富贵又寿延。天地也，做得个怕硬欺软，却元来也这般顺水推船。地也，你不分好歹何为地？天也，你错勘贤愚枉做天！哎，只落得两泪涟涟。

5. 舒缓型

多连少停，声音清亮，语流声音较高但不着力，气长音清，语气舒展开阔。如戴望舒的《雨巷》、朱自清的《匆匆》。

朱自清《荷塘月色》：

月光如流水一般，静静地泻在这一片叶子和花上。薄薄的青雾浮起在荷塘里。叶子和花仿佛在牛乳中洗过一样；又像笼着轻纱的梦。

6. 紧张型

要求多连少停，多重少轻，多扬少抑，节奏拖长，语气紧张。如贺敬之的《回延安》、闻一多的《最后一次演讲》。

贺敬之《回延安》：

心口莫要这么厉害地跳，/灰尘呀莫把我眼睛挡住了……/手抓黄土我不放，紧紧贴在心窝上。/几回回梦里回延安，双手搂定宝塔山。/千声万声呼唤你——母亲延安就在这里！/杜甫川唱来柳林铺笑，红旗飘飘把手招。/白羊肚手巾红腰带，亲人们迎过延河来。/满心话登时说不过来，一头扑在亲人怀……

（二）节奏的运用方法

1. 欲扬先抑，欲抑先扬

“扬”指声音的趋势向高发展，“抑”指声音的趋势向低发展。抑扬的变化服从于表情达意的需要，抑扬的层次幅度也随着感情分寸的变化而变化。抑扬的变化是相对的，要使这一部分突出，就要削弱前一部分。如果重点部分要“扬”，非重点部分就要“抑”；如果重点部分要“抑”，非重点部分就“扬”。如《琵琶行》“音乐表演”部分的诵读。

2. 欲慢先快,欲快先慢

“慢”是指字音稍长,停顿多而时间长;“快”是指字音短促,停顿少而时间短,连接较多。应注意慢不能断,快不能乱;慢中有快,快中有慢。如南宋蒋捷《虞美人》的诵读。

3. 欲重先轻,欲轻先重

“重”指声音加强,气息实;“轻”指声音轻(但不要轻到只剩下气音),气息虚。应注意轻重相间,虚实相间。如《囚歌》第一节的诵读。

4. 加强对比,控纵有节

“加强对比”指该突出的部分与该削弱的部分、该高或慢或重的部分与该低或快或轻的部分在声音上能区别;“控纵有节”指对比适度,不过于悬殊,感情酝酿要充分,表达时不温不火。如卓别林的《要为自由而战斗》。

下面诵读臧克家的《有的人》,用中慢速,注意语调的抑扬和停连的处理。

有的人

——纪念鲁迅有感

臧克家

有的人活着,
他已经死了;
有的人死了,
他还活着。

有的人
骑在人民头上:“啊,我多伟大!”
有的人
俯下身子给人民当牛马。

有的人
把名字刻入石头想“不朽”;
有的人
情愿做野草,等着地下的火烧。

有的人
他活着别人就不能活;
有的人
他活着为了多数人更好地活。

骑在人民头上的,
人民把他摔垮;
给人民作牛马的,
人民永远记住他!

把名字刻入石头的,
名字比尸首烂得更早;
只要春风吹到的地方,
到处是青青的野草。

他活着别人就不能活的人,
他的下场可以看到;
他活着为了多数人更好地活着的人,
群众把他抬举得很高,很高。

第四节　语势和语调

一、语势

诵读是一个动态的过程，思想感情的波澜起伏使有声语言呈现出轻重缓急、抑扬顿挫的变化态势，犹如穿梭在高山和峡谷中，形成语势的高低起伏变化，展现出摇曳多姿的审美意境。

说到语势，人们常与语气、语调混为一谈，其实它们是相互关联的三个概念。

语气指思想感情运动状态支配下语句的声音形式，语气由两个方面构成，一方面是具体的思想感情，另一方面是具体的声音形式。

语调是句子里声音的高低、快慢、长短、轻重的变化。

语势指一个句子在思想感情的运动状态下声音的态势或发展趋向，是语气的声音形式。语势中要注意声音的高低、强弱、长短，同时还要注意气息的多少、深浅、强弱等，诵读时要将这些要素综合地表现出来。

语气是各种情绪的表达，语调只是语气的表现形式。语气的变化表现为语调，被图解的语调叫语势。语调的曲折规律造成语势，必须从句首、句腰和句尾加以考察。张颂教授在《朗诵学》中把语势分为五种类型：

（一）波峰类

整个句子的诵读有一个较完整的情绪起伏过程：语句首尾轻低，句腰较高，全句的语势像一座山峰，虽峰峦起伏，但最高峰只有一个，波峰一般要重读。如艾青的《我爱这土地》："因为我对这土地爱得深沉。"

（二）波谷类

与波峰类相反，语句的首尾重高，句腰较低，全句的语势状如山谷，重读一般在语句的首尾，表达徐缓、低弱。如汪国真的《感谢》："你却给了我整个春天。"

（三）上山类

语句的句首较低，而后逐渐上行，句尾最高，呈上升势。全句的语势变化是层层突起、逐渐升高的，犹如步步登山，"逐浪高"。如卓别林的《要为自由而战斗》："只要我们不怕死，自由是永远不会消失的。"

（四）下山类

语句的句首较高，而后顺势下行，句尾最低，呈现收势。全句的语势变化是逐步下行、曲折变化的，情感渐趋平稳。如徐志摩的《再别康桥》："我挥一挥衣袖，不带走一片云彩。"

(五)半起类

语句的句首稍低,中间稍高或又有曲折,句尾气提声止,却又不在最高点上,只起来了一半,气息却未送完,在心理和情感上产生期待的意味。这种语势以疑问句和感叹句为多。如元好问的《摸鱼儿》:"问世间情为何物?"

"文似看山不喜平。"诵读是有声语言对书面文字的艺术再创作,同样也要表现出文学作品摇曳多姿的丰富内涵。因此,语势的运用要注意两点:一是忌平淡、呆板,要根据作品内容灵活地变化语势,切忌相连的语句处理成同类型的语势,变成"唱腔"或全篇固定腔调。二是注意"语无定势",由于文学作品处理、诵读场景变化、诵读者状态不同都会使诵读的语势呈现出个体的差异和独特的风貌,所以语势的变化是无穷的,诵读者要根据实际灵活把握。

下面诵读柯岩的《周总理,你在哪里》,体会语势的变化。

诵读提示:这首诗是悼念诗,感情基调应深沉、缓慢。诵读时第一要注意"——"的不同用法:"——你的人民想念你"(表解释);"周——总——理"(表声音延长);"——在这里,在这里"(表回音,应减弱);第二要注意回声和应答的诵读:山谷回音、松涛阵阵、海浪声声、广场回答(回声应渐弱);第三,五次对"周总理"的呼唤要用虚声。

周总理,你在哪里

柯岩

周总理,我们的好总理,　　(语势两次波起后平缓,"好"为波峰,重读)
你在哪里啊,你在哪里?　　(半起类语势,第一个"哪里"为波峰,重读)
你可知道,我们想念你,
——你的人民想念你!　　("——"表解释)

我们对着高山喊:
周总理——　　("——"表呼唤,延长字音,平稳送出,饱含感情,虚声)
山谷回音:
"他刚离去,他刚离去,　　(山谷回音,渐弱)
革命征途千万里,
他大步前进不停息……"

我们对着大地喊:
周总理——　　("——"表呼唤,延长字音,平稳送出,饱含感情,虚声)
大地轰鸣:
"他刚离去,他刚离去,　　(大地轰鸣,回音,渐弱)
你不见那沉甸甸的谷穗上,
还闪着他辛勤的汗滴……"

我们对着森林喊:

周总理——　　　　　　　　（“——”表呼唤，延长字音，平稳送出，饱含感情，虚声）
松涛阵阵：
“他刚离去，他刚离去，　　　（松涛阵阵，回音，渐弱）
宿营地上篝火红啊，
伐木工人正在回忆他亲切的笑语。”

我们对着大海喊：
周总理——　　　　　　　　（“——”表呼唤，延长字音，平稳送出，饱含感情，虚声）
海浪声声：
“他刚离去，他刚离去，　　　（海浪声声，回音，渐弱）
你不见海防战士身上，
他亲手给披的大衣……”

我们找遍整个世界，
啊，总理，
你在革命需要的每一个地方，
辽阔大地　　　　　　　　　（重音，与下行诗句直连）
到处是你深深的足迹。

我们回到祖国的心脏，
我们在天安门前深情地呼唤：
周——总——理——　　　　（“——”表呼唤，声音延长，用拖腔，虚声）
广场回答：
“啊，轻些啊，轻些，　　　　（虚声）
他正在中南海接见外宾，
他正在政治局出席会议……”

总理啊，我们的好总理！
你就在这里啊，就在这里。
——在这里，在这里，　　　　（回音，渐弱）
在这里……　　　　　　　　（回音，渐弱）
你永远和我们在一起
——在一起，在一起，
在一起……　　　　　　　　（回音，渐弱）

你永远居住在太阳升起的地方，
你永远居住在人民心里。
你的人民世世代代想念你！

想念你啊,> 想念你！>　　(渐弱,">"为渐弱符号)
——想——>念——> 你！　(渐弱,虚声,">"为渐弱符号)

二、语调

语调是句子里声音高低、快慢、长短、轻重的变化,以结尾的升降变化最为重要,一般是和句子的语气紧密结合的。语调的升降变化使语音悦耳动听、具有音乐美,能更细致地表达不同的思想感情。

(一)平直调(用"→"表示)

多用在叙述、说明或表示迟疑、思索、冷淡、追忆、悼念等的句子里,始终平直舒缓,没有显著的高低变化。如鲁迅的《立论》中表陈述的语句:

一个说:"这孩子将来是要死的。"→

再如柳永的《雨霖铃》开篇叙述过程、交代场景用平调:

寒蝉凄切,对长亭晚,骤雨初歇。都门帐饮无绪,留恋处,兰舟催发。→

(二)上扬调(用"↑"表示)

多在疑问句、反诘句、短促的命令句子里使用,或者是在表示愤怒、紧张、警告、号召的句子里使用,注意前低后高、语气上扬。如毛泽东的《沁园春·长沙》上阕末尾响亮地提出问题:

怅寥廓,问苍茫大地,谁主沉浮？↑

再如雪莱的《西风颂》篇末提出号召:

如果冬天来了,春天还会远吗？↑

(三)曲折调(用"↗"或"↘"表示)

用于表示特殊感情,如讽刺、暗示、反语、讥笑、夸张、强调、双关、特别惊异等的句子里,语调由高而低后高,把句子中某些特殊的音节特别加重、加高或拖长,形成一种升降曲折的变化。如鲁迅的《拿来主义》:

当然,能够只是送出去,也不算坏事情,一者见得丰富,↗二者见得大度。↘

再如寓言《乌鸦喝水》:

乌鸦就喝着水了。↗

(四)下抑调(用"↓"表示)

一般用在感叹句、祈使句或表示坚决、自信、赞扬、祝愿等感情的句子里,也用来表达沉痛、悲愤的感情,注意调子逐渐由高降低,末字低而短。如贺敬之《桂林山水歌》表赞叹的诗句:

情一样深啊,梦一样美,如情如梦漓江的水！↓

再如戴望舒的《雨巷》，表达情绪极为低落，压抑着声调：

她彷徨在这寂寥的雨巷，撑着油纸伞，像我一样，像我一样地，默默彳亍着，冷漠、凄清，又惆怅。↓

又如毛泽东《沁园春·长沙》的末句名为置疑，实为坚决，处理为降调，表斩钉截铁之气势：

……到中流击水，浪遏飞舟？↓

诵读的语调不是一成不变的，语调变化有轻度、重度和中度三种。轻度语调用在作品中次要语句中，特点是停顿较短，重音较清楚，色彩一般化；重度语调用在作品中的核心句和主要语句中，特点是停顿较长，有较重重音，色彩显示鲜明；中度语调用在作品中比较重要的语句中，特点是停顿稍长，重音稍突出，色彩较鲜明。

下面诵读叶挺的《囚歌》，注意语调的处理。配乐：*Heart of Courage*。

囚歌

叶挺

为人进出的门紧锁着，　(→平调)(冷眼相看)
为狗爬出的洞敞开着，　(→平调)
一个声音高叫着——　(↗曲调)(嘲讽)
爬出来吧，给你自由！　(↘)曲调(诱惑)

我渴望自由，　(→)(庄严)
但我深深地知道——　(→平调)
人的身躯怎能从狗洞子里爬出！　(↑升调)(蔑视、愤慨、反击)

我希望有一天，　(→平调)
地下的烈火，　(→平调，稍向上扬)(语意未完)
将我连这活棺材一齐烧掉，　(↓降调)(毫不犹豫)
我应该在烈火与热血中得到永生！　(↓降调)(沉着、坚毅、充满自信)

第五章

诵读的态势语言技巧

态势语是人类交际活动中的辅助手段,是通过体态、手势、表情、眼神等非语言元素来传递信息的辅助形式,又称体态语。

在诵读中,态势语作为有声语言的辅助手段能有效地提高表达的艺术效果。有声语言作用于人们的听觉,态势语作用于人们的视觉。两种信息协调传递,听众在欣赏声情并茂的诵读的同时,还可以通过生动传神的体态语言获得视觉享受,加深对作品的理解和感悟。态势语有以下作用:

首先,态势语能强化口语信息,弥补有声语言的不足。

其次,态势语具有沟通、交流感情的功能。诵读中,诵读者在台上的一颦一笑、一举一动、举手投足,无不尽收观众的视野,与之做着无声的交流。

再次,态势语能够控制、调节口语表达过程。诵读者通过态势语强化信息,控制局面。

最后,态势语能增加表达的生动性。

第一节 仪表语言

诵读者的仪表主要包括服饰和化妆,需根据不同的情境区别对待,大致说来,要坚持美学原则和国际上公认的 TPO 原则。T(time)指时间、日期、季节、时代;P(place)代表地方、场所、位置、职位;O(object)代表目的、目标、对象,总之,要合时、入境、随俗。大型的诵读演出,服饰的定位要经过导演的构思和设计,服从主题和表演的需要。

一、服饰

服饰的基本要求是:整洁、得体、文雅、大方。

具体的着装选择首先应参考诵读作品的主题内容、艺术风格、表演环境等因素。主题凝重庄严,可考虑着正装;若生活色彩较浓,服装不妨相对休闲些。如河北大学 2011 年“中华诵”参赛作品《革命组诗》,诵读者的着装吻合《囚歌》《我的自白书》和《沁园春·雪》的内容,庄重、肃穆,很好地烘托了气氛。

服装的款式和色彩可起到营造氛围、烘托诗意的作用。诵读戴望舒的《雨巷》,表现大革命失败后知识分子的失意、彷徨,着灰色长袍更能体现其略带消极的时代情绪;诵读毛泽东的《七律·长征》,可穿上红军服、戴上红军帽,而《贺新郎·别友》适合穿长袍、长围巾。

服饰的色彩要与舞台的背景协调,考虑整体的视觉效果,形成合理的对比反差以相互映衬烘托,尤其是大型集体诵读,几十人统一着装,决定着舞台的基本色调氛围,服饰色彩必须精心选择,达到舞美要求。如"七一"诵读会背景是大面积的红旗,集体诵读不适宜撞色。

鞋、帽、围巾及饰品应根据诵读内容和舞台需求进行选择,讲究和谐、简洁、庄雅。

请为舞台诵读莱蒙托夫的爱国诗歌《祖国》精选服饰。配乐:《故乡的原风景》。

祖　国

(俄)莱蒙托夫

我爱祖国,但用的是奇异的爱情!
连我的理智也不能把它制胜。
无论是鲜血换来的光荣,
无论是充满了高傲的虔信的宁静,
无论是那远古时代的神圣的传言,
都不能激起我心中的慰藉的幻梦。

但我爱——我不知道为什么——
它那草原上凄清冷漠的沉静,
它那随风晃动的无尽的森林,
它那大海似的汹涌的河水的奔腾;
我爱乘着车奔上那村落间的小路,
用缓慢的目光透过那苍茫的夜色,
惦念着自己夜间的宿地,迎接着
道路旁荒村中那点点颤抖的灯光。

我爱那野火冒起的轻烟,
草原上过夜的大队车马,
苍黄的田野中小山头上,
那两棵闪着微光的白桦。
我怀着人所不知的快乐,
望着堆满谷物的打谷场,
覆盖着稻草的农家草房,
镶嵌着浮雕窗板的小窗;
而在有露水的节日夜晚,
在那醉酒的农人笑谈中,
看着那伴着口哨的舞蹈,
我可以直看到夜半更深。

二、化妆

小型会场的诵读化淡妆即可,一般不进行舞台化妆;剧场式的大型诵读,应当根据舞台灯光效果统一化妆。

总体来说,服饰和化妆要注意两点:一忌着休闲装。首先,从心理上来说,服装不得体、不合时,会影响着装者的自信心;其次,从礼仪上讲,休闲装不适合比赛或表演的语境,显得松垮、太随意、不重视;最后,更重要的是无论表演还是比赛,随意的着装有损诵读者的形体风貌、精神气质,最终影响表演的整体效果。二是诵读表演的化妆不宜过浓,否则会失去朴实和真切。

请根据主题配好服饰,诵读方志敏烈士的名作《可爱的中国》。配乐:《大漠敦煌》。

可爱的中国(节选)

方志敏

朋友！中国是生育我们的母亲。你们觉得这位母亲可爱吗？我想你们是和我一样的见解,都觉得这位母亲是蛮可爱蛮可爱的。

以言气候,中国处于温带,不十分热,也不十分冷,好像我们母亲的体温,不高不低,最适宜于孩儿们的偎依。

以言国土,中国土地广大,纵横万数千里,好像我们的母亲是一个身体魁大、胸宽背阔的妇人。

中国土地的生产力是无限的,地底蕴藏着未开发的宝藏也是无限的,又岂不象征着我们的母亲,保有着无穷的乳汁,无穷的力量,以养育她四万万的孩儿？我想世界上再没有比她养得更多的孩子的母亲吧。

中国是无地不美,到处皆景,这好像我们的母亲,她是一个天姿玉质的美人,她的身体的每一部分,都有令人爱慕之美。中国海岸线之长而且弯曲,照现代艺术家说来,这象征我们母亲富有曲线美吧。

中国民族在很早以前,就造起了一座万里长城和开凿了几千里的运河,这就证明中国民族伟大无比的创造力！中国在战斗之中一旦得到了自由与解放,这种创造力,将会无限地发挥出来。

到那时,中国的面貌将会被我们改造一新。到那时,到处都是活跃的创造,到处都是日新月异的进步,欢歌将代替了悲叹,笑脸将代替了哭脸,富裕将代替了贫穷,康健将代替了疾苦,智慧将代替了愚昧,友爱将代替了仇杀,生之快乐将代替了死之悲哀,明媚的花园将代替了凄凉的荒地!

这时,我们民族就可以无愧色地立在人类的面前,而生育我们的母亲,也会最美丽地装饰起来,与世界上各位母亲平等地携手了。

这么光荣的一天,决不在辽远的将来,而在很近的将来,我们可以这样相信的,朋友!

第二节　表情语言

一、目光语

“眼睛是心灵的窗户”,心理学研究表明,在人的各种感觉器官可获得的信息总量中,眼睛占70%以上。在交际过程中,眼睛具有极为重要的传情达意功能,即所谓“眉目传情”。在艺术活动中,用目光语体现表演者内在的情感波澜,能传达出“只能意会,难以言传”的深层内涵,是诵读表演的艺术基本功。登台表演,诵读者眼神的运用要做到以下两方面:

(一)诵读者的目光语要体现与文学作品的“神交”

一般说来,诵读叙事性作品与公众目光交流较多,抒情描写类作品较少,甚至不直接交流。诵读过程中，思接千载，视通万里，诵读者要调动生活积累进行丰富的想象发挥，目光语体现画面感：诵读到高山即仰视高山，诵读到大海即瞭望大海，诵读到苍鹰目光则追逐在苍天……力求做到如临其境、如见其形，用有声语言和目光语的完美结合作画，把公众带入到文学作品的意境中去。比如诵读毛泽东的《沁园春·雪》，为了表现北国风光的壮美，诵读者运用想象身临其境般地在视像中出现“千里冰封，万里雪飘”，以及“长城内外”“大河上下”的壮阔景象，这时应昂起头，把目光投向远方，引导受众去感受诗人所创造的磅礴气魄。同样的例子有很多，如“大漠孤烟直，长河落日圆”，“孤帆远影碧空尽，唯见长江天际流”，“念去去，千里烟波，暮霭沉沉楚天阔”等，凡视像高远、意境旷达之语皆可这样处理。此外，一些幻想、想象、回忆的诵读内容也需这么做。如“遥想公瑾当年，小乔初嫁了，雄姿英发。羽扇纶巾，谈笑间，樯橹灰飞烟灭”，“携来百侣曾游，忆往昔峥嵘岁月稠……”

（二）诵读者的目光语要与受众进行“心交”

晋代画家顾恺之认为“传神写照，尽在阿堵之中”。诵读者心灵中蕴藏的对文学作品的真挚情感一定会通过富有感染力的目光语流露出来，传达给受众，引起受众情感的共鸣，产生“心交”。有艺术功底的诵读者一出场，开口之前就能通过动人、传神的眼睛紧紧地吸引住受众的注意力。当人们聆听艾青的名作《我爱这土地》时，看到诵读者饱含热泪的动情表现，一定会给人以“我对这土地爱得深沉……”的真实感受。

诵读者与受众的目光交流要真诚、落落大方。上台时要头面部侧转 45°，用眼神和受众打招呼；诵读中要把全体受众当做交流对象，经常把视线停留在受众中后部（2/3 排）的位置上，并且平视、虚视、环视、点视自然和谐地交替运用，把内心深处最想表达的情感内容通过目光语及时传递给受众；诵读结束时要记住句末的最后两个字，从容地抬头看听众。

上台诵读时眼神的运用方法主要有以下五种：

平视法：视线平直向前推移，沿中心线弧形推进到最后一排，眼睛的余光兼顾两侧及角落。特点：长而硬。

虚视法：面对听众，目光向前散成一片，好像看着每个人其实谁也没看见，“目中无人，心中有人”。特点：长而软。

环视法：从左到右、从前到后环顾全场每个人。上场环视为了向听众打招呼，静场；诵读中环视为了与听众“心交”，并了解听众情绪，便于自己及时调整诵读的状态。特点：短而软。

点视法：目光集中投向某处或某人，可以表示赞许、感谢、征询及制止。特点：短而硬。

闭目法：短暂闭目，表达悲伤、思念、愤怒、联想或回忆的内容。特点：视线忽然消失。

此外，正视表示诚恳、庄严、郑重、神圣；斜视表示轻蔑；仰视表示崇敬、傲慢；俯视表示关心或忧伤；凝视表示专注；漠视表示冷淡。总之，眼睛具有丰富的表情达意的作用。

根据目光语要求朗诵杨朔的散文《桂林山水》，注意眼神运用自然丰富、富有感染力，目光语体现画面感，语调优美，让人感悟到桂林山水的秀美。

桂林山水

杨　朔

人们都说：“桂林山水甲天下。”我们乘着木船荡漾在漓江上，来观赏桂林的山水。

我看见过波澜壮阔的大海,欣赏过水平如镜的西湖,却从没看见过漓江这样的水。漓江的水真静啊,静得让你感觉不到它在流动;漓江的水真清啊,清得可以看见江底的沙石;漓江的水真绿啊,绿得仿佛是一块无瑕的翡翠。船桨激起的微波扩散出一道道水纹,才让你感觉到船在前进,岸在后移。

我攀登过峰峦雄伟的泰山,游览过红叶似火的香山,却从没看见过桂林这一带的山。桂林的山真奇啊,一座座拔地而起,各不相连,像老人,像巨象,像骆驼,奇峰罗列,形态万千;桂林的山真秀啊,像翠绿的屏障,像新生的竹笋,色彩明丽,倒映水中;桂林的山真险啊,危峰兀立,怪石嶙峋,好像一不小心就会栽倒下来。

这样的山围绕着这样的水,这样的水倒映着这样的山,再加上空中云雾迷蒙,山间绿树红花,江上竹筏小舟,让你感到像是走进了连绵不断的画卷,真是"舟行碧波上,人在画中游"。

二、表情语

泰戈尔说:"一旦学会了眼睛的语言,表情的变化将是无穷无尽的。"欢乐时眉开眼笑、眉飞色舞,忧愁时双眉紧锁、愁眉不展,愤怒时横眉怒目、双眼圆睁,顺从时低眉顺眼,戏谑时挤眉弄眼,畅快时扬眉吐气……诵读中文学作品所蕴含的喜怒哀乐惊恐惧,都应通过面部表情表现出来。面部表情是受众目光的焦点,要注意以下几点:

(一)表情运用真诚鲜明且灵活丰富,要与内在的心理感受协调一致

"诚于衷而形于外",真诚的心理状态会通过表情传递出来,虚情假意欺瞒不了受众明亮的眼睛和敏锐的感觉;表情要明朗,爱憎分明,喜怒皆形于色,悲苦尽呈现于颜面,不要似笑非笑、皮笑肉不笑,让人费解;表情随作品内容的不同而灵活适度地变换,表情泛滥会扰乱受众对信息的接收,表情单一是脸谱化的苍白表现,丰富的表情会形成一种富有感染力的"情绪辐射",引起全场共鸣。

(二)头位正侧仰俯变化要与作品感情基调协调一致

头部正位:诵读时头要正,面部正对着受众,不频繁晃动。

头部侧位:打破了正位严肃、单调的造型,给人优雅感。询问性、怀疑性语言和表情多配以头部侧位动作。

头部仰位:仰位不同,意义不同。微仰表示思考和停顿,昂仰表示情绪激动,偏仰表示呼唤和憧憬。

头部俯位:头垂下的程度不同,意义不同。浅垂位表示谦虚、停顿和思考,深垂位表示悲伤、失败和痛苦。

瑞典心理学家伯德惠斯·戴尔说:"光人的脸,就能做出25万种不同的表情来。"诵读者要根据文学作品内容,准确把握感情基调,通过积极地调节、控制和支配,使表情准确、自然、恰当地体现丰富的感情,增强有声语言的表现力、感染力。

(三)善于控制和支配笑与哭两种表情

笑能给人留下美好的印象,哭能用悲伤凄惨的情绪感染受众,但使用笑与哭两种表情时要

注意符合语境，善于控制。正确的做法是：含泪不掉泪，能哭不出声；有笑不大笑，可笑反不笑。

请诵读下列诗句，用眼神表现出括号中提示的表情。

我，常常望着天真的儿童，　　（微笑）
素不相识，我也抚抚红润的小脸。　　（亲切）
他们陌生地瞅着我，歪着头。　　（陌生）
像一群小鸟打量着一个恐龙蛋。　　（惊奇）
他们走了，走远了……　　（失望）

准确理解作品内涵，熟练运用表情、头位等态势语，诵读顾城的诗《我是一个任性的孩子》。

我是一个任性的孩子

顾城

也许
我是被妈妈宠坏的孩子
我任性

我希望
每一个时刻
都像彩色蜡笔那样美丽
我希望
能在心爱的白纸上画画
画出笨拙的自由
画下一只永远不会
流泪的眼睛
一片天空
一片属于天空的羽毛和树叶
一个淡绿的夜晚和苹果
我想画下早晨
画下露水
所能看见的微笑
画下所有最年轻的
没有痛苦的爱情
画下想象中
我的爱人
她没有见过阴云
她的眼睛是晴空的颜色
她永远看着我
永远，看着
绝不会忽然掉过头去
我想画下遥远的风景
画下清晰的地平线和水波
画下许许多多快乐的小河
画下丘陵——
长满淡淡的茸毛
我让它们挨得很近
让它们相爱
让每一个默许
每一阵静静的春天的激动
都成为一朵小花的生日

我还想画下未来
我没见过她，也不可能
但知道她很美
我画下她秋天的风衣
画下那些燃烧的烛火和枫叶
画下许多因为爱她
而熄灭的心
画下婚礼
画下一个个早早醒来的节日——
上面贴着玻璃糖纸
和北方童话的插图

我是一个任性的孩子
我想涂去一切不幸
我想在大地上
画满窗子
让所有习惯黑暗的眼睛
都习惯光明
我想画下风
画下一架比一架更高大的山岭
画下东方民族的渴望
画下大海——
无边无际愉快的声音

最后,在纸角上
我还想画下自己
画下一只树熊
他坐在维多利亚深色的丛林里
坐在安安静静的树枝上
发愣
他没有家
没有一颗留在远处的心
他只有,许许多多
浆果一样的梦
和很大很大的眼睛

我在希望
在想
但不知为什么
我没有领到蜡笔
没有得到一个彩色的时刻
我只有我
我的手指和创痛
只有撕碎那一张张
心爱的白纸
让它们去寻找蝴蝶
让它们从今天消失

我是一个孩子
一个被幻想妈妈宠坏的孩子
我任性

第三节 手势语言

一、手势语的类型

第一,情意手势,主要用于表达诵读者的情感,如兴奋时拍手称快,急躁时双手相搓。

第二,指示手势,用以指明具体的人、事、物、方向。指示手势分实指和虚指,实指是视线所及的内容,虚指反之,如"那时""很久很久以前"就是虚指。

第三,模拟手势,描形状物,用来比划具体的形貌事物。

第四,象征手势,表达抽象的概念,如民间"捏七""叉八""勾子九"的手势语。

二、手势语的活动范围

上区:肩部以上,大多用来表示理想的、宏大的、张扬的内容和情感。

中区:肩部至腹部,这是手势使用最多的区域,大多用来表示一般的记叙、讲解和说明,并显示出说话人心情较为平静。

下区：腹部以下，这一区域的手势大多用来表示一些说话人认为不悦的、令人憎恶的感情。

三、手势语的意义

手势语又可分为手掌、手指和拳的动作。

（一）手掌

掌心向上，胳膊微曲，手掌稍向前伸，这种手势主要用来表示贡献、请求、许诺、欢迎、诚恳的意思。

掌心向下，胳膊微曲，手掌稍向前伸，则表示神秘、压抑、否认、反对、制止、不愿意、不喜欢的意思。

双手由合而开，多表示空虚、失望、离散、消极；双手由开而合则主要表示团结、亲密、联合、全面、积极等。

（二）手指

手指可帮助听众明确所指，化抽象为具体。伸出大拇指，就意味着赞颂、崇敬、钦佩；伸出小拇指，则表示卑下、委琐、蔑视。

（三）拳

握拳，一般用来表示愤怒、决心、意志、毁灭等强烈的思想感情，有时也可表示团结、抗争、力量等积极的含义。

四、手势语运用的原则

手势语运用得好可避免呆板，增强视觉效果，起到吸引、强化、印证等作用，但要做到简洁、协调、自然。

所谓简洁，就是指手势的动作本身要简单、明了，不刻意雕琢。在交际过程中不宜频繁使用手势，以免干扰有声语言的表达。

所谓协调，就是指手势既要与其他的态势语配合，又要与所表达的内容相协调。从整体上既要有助于有声语言的表达，又要给人以和谐统一的美感。

所谓自然，指“该出手时就出手”，手势要落在相应的字词上，出手要快，收手要慢。

例如诵读余光中的《乡愁》，当最后一句“而现在，乡愁是一湾浅浅的海峡。我在这头，大陆在那头”落音后，诵读者向前扬起的手臂停留一会儿再缓缓收回。这个前伸的指向动作，先是把观众的视觉想象引向“海峡的彼岸”，而后面的“定格”和缓收，则加深了“言有尽意无穷”的绵长情味。

乡 愁

余光中

小时候,
乡愁是一枚小小的邮票。
我在这头,
母亲在那头。

长大后,
乡愁是一张窄窄的船票。
我在这头,
新娘在那头。

后来啊,
乡愁是一方矮矮的坟墓。
我在外头,
母亲在里头。

而现在,
乡愁是一湾浅浅的海峡。
我在这头,
大陆在那头。

手势语有三“忌”,一忌“随”:动作要自然,但不是随便比划,把生活中的习惯性动作搬到诵读表演中,应当有所提炼,相对规范、优美;二忌“套”:动作不能俗套、程式化,避免刻板设计、图解内容,或故作姿态、华而不实;三忌“滥”:诵读毕竟是语言的艺术,动作应当少而精,画龙点睛,恰如其分。

试给下面的句子设计相应的手势,然后表演出来。

(1)看! 太阳升起来了,它光芒四射,普照人间。

(2)什么是爱? 爱不是索取,而是奉献!

(3)小赵,真是个好样的!

(4)中国人民是无所畏惧的,就是天塌下来,我们也顶得起。

(5)同志们,千万注意,这次实验是非常关键的一次。

(6)这种损人利己的行为,我们是坚决反对的。

(7)嫖娼、吸毒,这些旧社会遗留下来的腐败事物,必须彻底清除!

(8)她轻轻地躺倒在草地上,仰望着蓝蓝的天空。

(9)高大的建筑物突然陷入地下。

(10)伸出我们的双手吧,拿出我们的智慧吧,献出我们青春的热血吧,我们是中华儿女,我们要做中华的脊梁!

下面请根据手势语提示,诵读流沙河的《理想》,动作要自然顺畅。

诵读提示:《理想》是当代著名诗人流沙河的一首哲理诗。全诗12节,采用总分总的结构形式,从历史、人格、人生、实践四个方面阐述了理想的意义,鼓舞人们树立理想,为理想而奋斗。诗歌前四节以理想作喻,对比不同时代理想的意义,同时由比喻引出了理想的“两面性”,阐述了理想的含义及特点,诵读时语调应平稳而舒缓,但“可望不可即,折磨着你那进取的心”略显低沉,诵读时要表达出一种对理想坚贞不渝而又不被阻力吓到的感情。第五节通过四个排比句,体现了理想的魅力,应稍稍加快。接下来的三节,作者不仅给理想定性,还指出了为实现理想所付出的代价,有无奈也有沉重,语调变得深沉、稳健。第九节一个转折句,感情开始回升,并逐渐把思想感情推向顶峰,因此要有适应的停顿和节奏的变化。到此作者对理想的认识并未终结，又在接下来的两节以反面为例提出警戒、劝告并鼓励，表现出一种慎重的感情，诵读时要严肃、庄重。最后一节呼吁大家乘上“理想之马”启程，诵读时应饱含热情，音调逐渐高昂，表达出满怀信心、满怀憧憬的艺术效果。全诗适宜稳健缓和，不宜过快。另外，“贯”“串”“照”“敲碎” “洗濯”“大写的人”等要读重音。

理　想

流沙河

理想是石，敲出星星之火；
理想是火，点燃熄灭的灯；　　（右手右前上方）
理想是灯，照亮夜行的路；
理想是路，引你走到黎明。　　（双手向上打开）

饥寒的年代里，理想是温饱；
温饱的年代里，理想是文明。　　（右手右前方）
离乱的年代里，理想是安定；
安定的年代里，理想是繁荣。　　（双手向上打开）

理想如珍珠，一颗缀连着一颗，
贯古今，串未来，莹莹光无尽。
美丽的珍珠链，历史的脊(jǐ)梁骨，
古照今，今照来，先辈照子孙。　　（单手右前上方）

理想是罗盘，给船舶(bó)导引方向；
理想是船舶，载(zài)着你出海远行。　　（单手右前方伸展）
但理想有时候又是海天相吻的弧线，
可望不可即，折磨着你那进取的心。　　（单手握拳）

理想使你微笑地观察着生活；
理想使你倔强地反抗着命运。　　（单手握拳）
理想使你忘记鬓发早白；
理想使你头白仍然天真。　　（单手右前上方）

理想是闹钟，敲碎你的黄金梦；
理想是肥皂，洗濯(zhuó)你的自私心。
理想既是一种获得，
理想又是一种牺牲。

理想如果给你带来荣誉，

那只不过是它的副产品,
而更多的是带来被误解的寂寥,
寂寥里的欢笑,欢笑里的酸辛。

理想使忠厚者常遭不幸;
理想使不幸者绝处逢生。　　　　　(双手从两边抬起)
平凡的人因有理想而伟大;
有理想者就是一个“大写的人”。　　(单手向上托举)

世界上总有人抛弃了理想,
理想却从来不抛弃任何人。
给罪人新生,理想是还魂的仙草;
唤浪子回头,理想是慈爱的母亲。　　(双手抬起)

理想被玷污了,不必怨恨,
那是妖魔在考验你的坚贞;
理想被扒窃了,不必哭泣,
快去找回来,以后要当心!　　　　　(单手握拳)

英雄失去理想,蜕作庸人,
可厌地夸耀着当年的功勋;　　　　　(单手下伸)
庸人失去理想,碌碌终生,
可笑地诅(zǔ)咒着眼前的环境。　　(双手抬起)

理想开花,桃李要结甜果;
理想抽芽,榆杨会有浓阴。
请乘理想之马,挥鞭从此起程,
路上春色正好,天上太阳正晴。　　　(双手上举)

第四节　身姿语言

一、行姿

行姿指诵读者上下场的走姿,要做到头正平视,肩平腰直,步履轻盈稳健,体现良好的精神风貌,给听众良好的第一印象。

起步时上身略向前倾,身体重心放在前脚掌上。行走时双肩放松、展开。头端正,目光平视，下颌微收。挺胸收腹，腰背挺直，步幅一脚长。不慌张、摇摆、拖沓，做到“行如风，坐如钟，立如松”。

另外，行姿可根据诵读内容进行调整，轻松的内容步子快一些，沉重的内容步子慢一些。

请运用行姿，尝试边走边诵汪国真的诗作《感谢》。配乐：《清晨》。

感　谢

汪国真

让我怎样感谢你
当我走向你的时候
我原想收获一缕春风
你却给了我整个春天

让我怎样感谢你
当我走向你的时候
我原想捧起一簇浪花
你却给了我整个海洋

让我怎样感谢你
当我走向你的时候
我原想撷取一枚红叶
你却给了我整个枫林

让我怎样感谢你
当我走向你的时候
我原想亲吻一朵雪花
你却给了我银色的世界

二、站姿

站姿要求头正肩平。头为仪容的主体，它的位置应当平正闲适，而不要偏侧倾斜，头部动作应与其他态势语相和谐。站姿挺拔端正，能衬出男子气宇轩昂、玉树临风，女子优雅大方、亭亭玉立。

台上常见站立姿势有三种：

第一，“丁”字步。右脚在前，脚尖指向正前方或稍向外侧斜，左脚在后，两脚之间约为45°，诵读时被广泛使用。

第二，“稍息式”。两脚之中任何一脚略向前跨步，两脚之间约为75°，脚跟距离在12厘米左右，中心在后脚上。

第三，“平分式”。两脚平分，和自己肩宽相等，身体的重量自然平均分散在两只脚上。这种站姿不适宜长时间的讲话。

下面根据“丁”字步站姿要求，并设计手势，诵读西汉李延年的《北方有佳人》。

北方有佳人

（汉）李延年

北方有佳人，绝世而独立。
一顾倾人城，再顾倾人国。
宁不知倾城与倾国，佳人难再得。

三、坐姿

诵读中坐姿运用较少。运用坐姿要文雅、大方,落座时要轻盈、和缓,切忌慌张匆忙,人未站稳就重重地坐在椅子上。落座后要保持上身正直,头部平稳,力戒歪斜肩膀、含胸驼背、不停抖腿和两手交叉在胸前等不良姿态。

请运用坐姿,诵读莱蒙托夫的名作《人生的灯盏》。配乐:《沉思》。

人生的灯盏

(俄)莱蒙托夫

一

我们紧闭起双眼,
饮啜人生的酒盏,
却用自己的泪水,
沾湿了它的金边。

二

等到蒙眼的遮带,
临终前落下眼帘,
诱惑过我们的一切,
随遮带消逝如烟。

三

这时我们才看清,
金盏本是空空,
它盛过美酒——幻想,
但不归我们享用!

《七子之歌》是闻一多1925年3月在美国纽约留学期间创作的一组组诗。诗人以拟人的手法将这七处"失地"比作远离母亲怀抱的七个孩子,用小孩子的口吻哭诉他们被迫离开母亲的襁褓,受尽异族欺凌,渴望重回母亲怀抱的强烈情感。请根据身姿语要求设计舞台站姿及上下场走姿,分8人一组朗诵闻一多的《七子之歌》。配乐:二胡《江河水》。

七子之歌(并序)

闻一多

邶(bèi 古诸侯国,在今河南汤阴)有七子之母不安其室。七子自怨自艾(yì),冀以回其母心。诗人作《凯风》以愍(mǐn 通"悯")之。吾国自《尼布楚条约》迄旅大之租让,先后丧失之土地,失养于祖国,受虐于异类,臆其悲哀之情,盖有甚于《凯风》之七子,因择其中与中华关系最亲切者七地,为作歌各一章,以抒其孤苦亡(wú)告,眷怀祖国之哀忱,亦以励国人之奋斗云尔。国疆崩丧,积日既久,国人视之漠然。不见夫法兰西之Alsace—Lorraine(通译为洛林地区,位于法国东部浮士山脚下,普法战争中割让给德国,《凡尔赛和约》签署后归还)耶?"精诚所至,金石能开。"诚如斯,中华"七子"之归来其在旦夕乎!

澳　门

你可知"妈港"不是我的真名姓?
我离开你的襁褓太久了,母亲!
但是他们掳(lǔ)去的是我的肉体,
你依然保管着我内心的灵魂。
三百年来梦寐不忘的生母啊!
请叫儿的乳名,叫我一声"澳门"!
母亲!我要回来,母亲!

香 港

我好比凤阙阶前守夜的黄豹，
母亲呀，我身份虽微，地位险要。
如今狞恶的海狮扑在我身上，
啖(dàn)着我的骨肉，咽着我的脂(zhī)膏；
母亲呀，我哭泣号啕，呼你不应。
母亲呀，快让我躲入你的怀抱！
母亲！我要回来，母亲！

台 湾

我们是东海捧出的珍珠一串，
琉球是我的群弟，我就是台湾。
我胸中还氤氲(yīnyūn)着郑氏的英魂，
精忠的赤血点染了我的家传。
母亲，酷炎的夏日要晒死我了；
赐我个号令，我还能背城一战。
母亲！我要回来，母亲！

威海卫

再让我看守着中华最古的海，
这边岸上原有圣人的丘陵在。
母亲，莫忘了我是防海的健将，
我有一座刘公岛做我的盾牌。
快救我回来呀，时期已经到了。
我背后葬的尽是圣人的遗骸！
母亲！我要回来，母亲！

广州湾

东海和硇(náo)洲是我的一双管钥(yuè)，
我是神州后门上的一把铁锁。
你为什么把我借给一个盗贼？
母亲呀，你千万不该抛弃了我！
母亲，让我快回到你的膝(xī)前来，
我要紧紧地拥抱着你的脚髁(kē)。
母亲！我要回来，母亲！

九 龙

我的胞兄香港在诉他的苦痛,
母亲呀,可记得你的幼女九龙?
自从我下嫁给那镇海的魔王,
我何曾有一天不在泪涛汹涌!
母亲,我天天数着归宁(编者注:回娘家)的吉日,
我只怕希望要变作一场空梦。
母亲!我要回来,母亲!

旅顺,大连

我们是旅顺,大连,孪生的兄弟。
我们的命运应该如何地比拟?——
两个强邻将我来回地蹴(cù)蹋,
我们是暴徒脚下的两团烂泥。
母亲,归期到了,快领我们回来。
你不知道儿们如何地想念你!
母亲!我们要回来,母亲!

第六章
诵读会的组织策划技巧

诵读会作为一项大型活动，必须进行周密的组织和策划，精心的设计和准备，才能取得预期的演出效果。这不仅指诵读的选材、诵读的表达技巧、诵读的音效设计，还包括诵读会的具体组织、策划以及对诵读作品表达方式的整体设计。

一台成功的诵读会首先要确定诵读的主题、诵读的基调，把握诵读的节奏(舒缓张弛的变化、高潮位置及铺垫蓄势的方法)，还要精心设计诵读的形式、配乐、舞美、人员安排，调整诵读的最佳状态，克服紧张怯场的心理，以最佳的态势语言呈现于公众面前。

第一节　诵读的形式

诵读的形式主要包括独诵、对诵、合诵三种，此外，还有联诵、轮诵、领诵、齐诵和角色诵读。

一、独诵

独诵是一个人的诵读，诵读者男女老少皆可，它是一切诵读形式的基础，因而最常用、最便捷，适合篇幅精短、感情单一、人物形象不多的作品，特点灵活自如，不必考虑配合协调，可以充分展示个性风采。

大部分诵材都适合独诵，表达个人心境和内心独白的诗篇，更适宜用独诵的形式表现，如《声声慢》及《哈姆雷特》中王子的自白。

下面请诵读李清照的《声声慢》。这是她的名作，词风深沉凝重、哀婉凄苦，通过描写残秋所见、所闻、所感，抒发自己孤寂落寞、悲凉愁苦的心绪。配乐：古筝《蕉窗夜雨》。

声声慢

(宋)李清照

寻寻觅觅，冷冷清清，凄凄惨惨戚戚。乍暖还寒时候，最难将息。三杯两盏淡酒，怎敌他晚来风急？雁过也，正伤心，却是旧时相识。

满地黄花堆积,憔悴损,如今有谁堪摘?守着窗儿,独自怎生得黑?梧桐更兼细雨,到黄昏,点点滴滴。这次第,怎一个愁字了得!

诵读莎士比亚名剧《哈姆莱特》中王子的独白,体会独诵的特点。

"生存还是毁灭,这是一个值得考虑的问题;默然忍受命运的暴虐的毒,或是挺身反抗人世的无涯的苦难,通过斗争把它们扫清,这两种行为,哪种更高贵?死了;睡着了;什么都完了;要是在这一种睡眠之中,我们心头的创痛,以及其他无数血(xuè)肉之躯所不能避免的打击,都可以从此消失,那正是我们求之不得的结局。死了;睡着了;睡着了也许还会做梦;嗯,阻碍就在这儿:因为当我们摆脱了这一具朽腐的皮囊以后,在那死的睡眠里,究竟将要做些什么梦,那不能不使我们踌躇顾虑。人们甘心久困于患难之中,也就是为了这个缘故;谁愿意忍受人世的鞭挞(tà)和讥嘲、压迫者的凌辱、傲慢者的冷眼、被轻蔑的爱情的惨痛、法律的迁延、官吏的横暴和费尽辛勤所换来的小人的鄙视,要是他只要用一柄小小的刀子,就可以清算他自己的一生?谁愿意负着这样的重担,在烦劳的生命的压迫下呻吟流汗,倘不是因为惧怕不可知的死后,惧怕那从来不曾有一个旅人回来过的神秘之国,是它迷惑了我们的意志,使我们宁愿忍受目前的折磨,不敢向我们所不知道的痛苦飞去?这样,重重的顾虑使我们全变成了懦夫,决心的炽(chì)热的光彩,被审慎的思维盖上了一层灰色,伟大的事业在这一种考虑之下,也会逆流而退,失去了行动的意义。且慢!美丽的奥菲利娅!——女神,在你的祈祷之中,不要忘记替我忏悔我的罪孽。"

二、对诵

对诵是两个人组合诵读,一般为男女对诵,也可以同性对诵。对诵角色的选取应考虑双方音色音高协调、体态形貌接近,一般男声适合诵读奔放豪迈的语句,女声适合诵读温婉细腻的语句。当代诗人纪宇的《风流歌》被乔榛和丁建华以对诵的形式演绎出了绝佳的艺术效果。如果有叙述性和角色性的诗句,也可以采用男女声对诵的形式增强诗歌的可听性。刘擎和王嫣夫妇的默契配合达到了这类对诵的极致,《四月的纪念》、《永生的和平鸽》就是他们献给听众最好的示范。

诵读刘擎、王嫣的《永生的和平鸽》。配乐:《大漠敦煌》。

永生的和平鸽

——献给我们的中国士兵

刘擎　王嫣

女:无数次

　在天空和大地之间的

　　一棵棵橄榄树旁

　我伸开手掌放飞一对

　　年轻的洁白的鸽子

男:无数次

　在太阳被地平线颤抖地举起又颤抖地沉落的

　　一个个早晨和黄昏，
我向着遥远的南方，唱一支
　　深情的无词的歌

女：就在亚热带丛林中那片不知名的小草上
他最后一次站起身，向祖国致敬
红色的生命之泉奔涌着，再也没有停歇
于是，那天的晚霞很红很红
男：就这样，他在那片小草上
献出最后一次脉搏，最后一次呼吸，献出
二十二岁的年龄
就这样，他在青春里永恒
女：于是，他的生命永远年轻。

男：他是个普通的人
女：　　普通极了
男：是我们儿时的伙伴
女：　　我们青年时代的朋友
男：他并不曾编织过关于英雄和元帅的光荣梦想
甚至并不特别喜欢那些打仗的故事
女：他迷恋着他的鸽子，他的洁白美丽的鸽子
每一次当鸽子从他肩头起飞的时候
总会听到他对着蓝天
　　吹响那嘹亮的无比洒脱的哨音
男：可是，有一天，他说，他要去当参军，他要去南方的前线
女：于是，在一个雾气蒙蒙的早晨，他打好背包和我们告别

男：他说，南方有一对白鸽子死了
因此总有人要走上前线
女：　　是的，总有人要走上前线
男：他说，他是爱鸽子的，所以他要上前线
女：　　他爱鸽子，他要上前线
男：他说，你们生活吧，奋斗吧，幸福吧，相爱吧
女：　　他说，你们要幸福，要相爱
男：他说，洒尽鲜血是为了开放出阳光和爱情
开放出大片大片和平的天空
女：　　和平的天空。他说，是为了让所有的白鸽子
　　永远不死地自由地飞翔

男:这时候,你哭了,你的脸上挂着泪珠
女:　　我哭了。我的脸上挂着泪珠
男:他说,你还是一个小丫头,一个傻傻的小丫头
女:　　说我是个小丫头,小傻丫头
男:他微笑着,吹起一声长长的口哨
女:　　一声口哨,一声无比优美的口哨
男:然后,眼睛和眼睛相互凝望着
女:　　凝望了许久,什么也没说
男:最后,他拿出那对雪白雪白的鸽子,放到我们手上
女:　　转过身,踏上那条弯弯曲曲的小道

合:从此,他再也没有回来
　　永远也不会回来了……
男:那一天,我看见晚霞很红很红
女:　　那一天,我看见晚霞很红很红(男/女从"我看见"错落轮诵)
男:那一天,他在青春里永恒,他的生命永远永远年轻
女:　　那一天,他在青春里永恒,他的生命永远年轻(男/女轮诵至"永远"合)

女:鸽子飞翔着,飞翔着,牵出长长的弧线
　　牵出长长的没有尽头的怀念
男:我的歌回旋着,它是低低地,低低地
可我总相信,在那遥远的亚热带丛林中
会有一片小草听到这歌声
合:和我们一起怀念
于是,当我们无数次面对
　　湛蓝湛蓝的天空和血红血红的霞光
女:总觉得有一个掩藏的故事还不曾诉说
男:总觉得有一阵嘹亮的鸽哨在久久回荡
合:无数次,我们伸开手掌放飞一对年轻的洁白的鸽子
无数次,我们向着遥远的南方,唱一支深情的无词的歌

在实践中,如《永生的和平鸽》这样专门适合对诵的作品并不多见,许多优秀的诗篇并非专为诵读创作,需要对诵读形式进行细致加工,方能取得良好的艺术效果。比如邹荻帆的《如果没有花朵》,全诗四节,若男女对诵,采用按节平分、交替诵读、最后合诵的形式就无新意,可以在对诵中插入复诵、轮诵,不仅形式新颖,还能强化主题,烘托意境氛围。

如果没有花朵

邹荻帆

男:如果世界上没有花朵,

女：没有花朵　　（复诵）
男：不会有甜蜜的果实，
女：没有果实　　（复诵）
男：不会有酸啧啧（zéze）的水果。
女：没有水果　　（复诵）
男：蜜蜂会从哪儿来？
女：孩子们哪知道甜蜜的生活？

男：如果世界上没有花朵，
女：没有花朵　　（复诵）
男：当少男少女唱着恋歌，
难道送给对方的永远是经典著作？
女：难道永远是金钱饼干一盒？
合：啊，没有夜来香的爱情，
多么寂寞！

男：如果世界上没有花朵，
天涯比邻的友谊（yí）怎么说？
女：当你把樱花给我，
把金黛莱（朝鲜语“金黛莱”，即杜鹃花）给我，
把惠特曼的紫丁香给我，
男：而我没有牡丹，
没有出墙的红梅灼灼，
合：啊，没有鲜花的友谊，
多么寂寞！

男：我呼唤五风十雨，
女：我呼唤五风十雨　　（轮诵）
男：让花朵有流风的轻抚，淋雨的洗濯，
女：让花朵有流风的轻抚，淋雨的洗濯　　（轮诵）
男：我呼唤花朵在暴雨中怒放，
女：我呼唤花朵在暴雨中怒放　　（轮诵）
男：像勇猛的海燕那样飞鸣：
女：像勇猛的海燕那样飞鸣　　（轮诵）
男：让暴风雨更猛烈些、更猛烈些……
女：让暴风雨更猛烈些、更猛烈些……　　（轮诵）

三、合诵

合诵是三人或三人以上参加的大型诵读,是最常见的集体诵读形式,适合诵读情感起伏大、情节复杂、人物众多、篇幅较长、题材宏大的文学作品,要求音量洪大、气势磅礴、对比强烈、变化多样,往往给人强烈的震撼。

合诵有领诵和齐诵,是独诵、对诵与齐诵的结合。采用合诵形式首先要深入研究作品主题,设计领诵、齐诵的内容,分出男领、女领及男女合领,男齐、女齐及男女合齐;其次要分配好角色,一般应根据内容和情感表达、音色、形貌选定领诵。领诵可一人,可两人,也可多人。男女领诵可独诵、对诵、轮诵、合诵交错进行,男声适合诵读深沉高亢的内容,女声适合诵读低婉亮丽的部分;最后,人员众多的集体诵读一定要编排好队形,领诵一般站在队伍的右前方,后面可站单排队列或多排队列,队形可直形或弧形,可男女交叉也可分站两边,队形可根据诵读的节奏前后、左右、交叠、晃动变化。

合诵作为大型集体诵读活动,表现的多为重大主题,在一台诵读会中只能安排三两个,多放在开头、中间、结尾,使诵读会有起伏、有高潮,从而起到鼓舞人心的作用。

下面合诵《我有祖国,我有母语》。配乐:交响乐《我爱你中国》(前奏:小号)。

我有祖国,我有母语

男: 我的母语是热血一般的黄河的波涛
我的母语是群星一般的祖先的名字
女: 我的母语是春蚕口中吐出的丝绸古道
我的母语是春鸟舌尖跳动的民歌中国
男: 我的母语是丁香凝结的雨巷
女: 我的母语是傲雪绽放的红梅
男: 我的母语是浓得化不开的乡愁啊
女: 我的母语是划开天幕的雷电、奏响黎明的号角

男齐: 我的母语是一种链接
女齐: 我的母语是一种文明
男齐: 我的母语是一种财富
女齐: 我的母语是一种骄傲

男女合: 我有祖国,我有母语
……

女: 我的母语是小学课本里的看图说话
我的母语是儿时镀满月光的摇篮
男: 我的母语是祖国版图最南端曾母暗沙的名字
我的母语是珠穆朗玛——地球最高、离太阳最近的地方
女: 我的母语是遨游太空发出的问候

　　　　我的母语是奥运升旗奏响的国歌
男：　我的母语是每天《新闻联播》的准确时间
　　　　我的母语是每次放飞白鸽的我的共和国的生日

女齐：我的母语是一种血缘
男齐：我的母语是一种凝聚
女齐：我的母语是一种标志
男齐：我的母语是一种精神
……
男女合：我爱母语，我爱母语！我爱祖国！

《我有祖国，我有母语》是一首对祖国语言的赞美诗。母语，是世界上最美丽的语言。每个民族都有属于自己的灵魂，灵魂的塑造要靠文化去浸润，而文化的积淀和传承又依赖于自己民族的语言。作为民族文化的载体，我们的母语——汉语是我们同宗同源的文化之根，是民族的生存发展之本，是我们共同的精神家园。诗歌感情饱满真挚，抒发了华夏儿女与母语血肉相连的美好感受和刻骨铭心的依恋，表达了对祖国、对中华民族的深沉热爱。采用合诵的方式由男领诵、女领诵担纲主要任务，十余人的齐诵烘托了气氛。

四、联诵

联诵有两种形式。一种把一篇较长的诵读作品分成几个部分，由不同的诵读者分别完成，最终组合成诵读的整体。如流沙河的《理想》共十二节，中间部分采用联诵不仅语音效果好，与前后的齐诵结合，还能使诵读形式多样、富于变化；食指的《相信未来》共七节，语句较长，适合 4—6 人联诵的诵读形式。另一种是组诗诵读，也就是独诵的组合，由不同的诵读者诵读同一主题或同一类别的短诗文，最终连缀成诵读整体。

联诵适合诗歌绝句组合，如 2010 年六安市人民路小学“中华诵”参赛节目《经典诵读》，采用联诵形式，按春、夏、秋、冬的顺序把唐代杜牧的《清明》、宋代陆游的《初夏绝句》、杜牧的《山行》、明代方孝孺的《画梅》组合在一起，由不同的诵读小组分别完成，前后加上中华经典诵读介绍组成诵读节目。联诵还适合同类主题的组合，如河北大学 2010 年参赛作品《革命组诗》就是由三名诵读者分别独诵了革命烈士何敬平 1948 年夏写于渣滓洞集中营的《把牢底坐穿》，1941 年 1 月“皖南事变”后叶挺写于狱中的《囚歌》，1945 年 8 月毛泽东发表于重庆谈判时的《沁园春·雪》。三首诗词由不同作者写于不同时期，但其中表现出的凛然的革命气节、坚定的革命信仰和豪迈的革命乐观主义精神却是一脉相承的。诵读者运用联诵和齐诵的形式，通过对三首革命诗词的反复吟诵与艺术表现，缅怀革命先烈，传承革命精神，发扬红色经典。

由于每个人的音色不同，联诵比独诵具有更丰富的表现力，由不同诵读者表现不同主题、不同意境的文学作品，能让听众清晰地感受到情感色彩的变化，更能增强诵读的整体艺术效果。

请分组进行联诵训练，联诵内容《革命组诗》。配乐：《英雄的黎明》。

把牢底坐穿

何敬平

男领:为了免除下一代的苦难,
我们愿——
齐: 愿把这牢底坐穿!
男领:我们是天生的叛逆者,
我们要把这颠倒的乾坤扭转!
我们要把这不合理的一切打翻!
今天,我们坐牢了,
坐牢又有什么稀罕?
为了免除下一代的苦难,
我们愿——
愿把这牢底坐穿!
齐: 为了免除下一代的苦难,
我们愿——
愿把这牢底坐穿!

囚歌

叶挺

男领:为人进出的门紧锁着,
为狗爬出的洞敞开着,
一个声音高叫着——
爬出来吧,给你自由!
齐: 爬出来吧,给你自由!
男领:我渴望自由,
但我深深地知道——
人的身躯怎能从狗洞子里爬出!
我希望有一天,
地下的烈火,
将我连这活棺材一齐烧掉,
我应该在烈火与热血(xuè)中得到永生!
齐: 在烈火与热血中得到永生!

沁园春·雪

毛泽东

女领:北国风光,千里冰封,万里雪飘。
望长城内外,惟余莽莽;
大河上下,顿失滔滔。

齐： 山舞银蛇，原驰蜡象，欲与天公试比高。

女领：须晴日，看红装素裹，分外妖娆。

齐： 须晴日，看红装素裹，分外妖娆。

女领：江山如此多娇，引无数英雄竞折腰。

女领：惜秦皇汉武，

齐： 略输文采；

女领：唐宗宋祖，

齐： 稍逊风骚。

女领：一代天骄，成吉思汗(hán)，

齐： 只识弯弓射大雕。

女领：俱往矣，数风流人物，还看今朝。

齐： 数风流人物，还看今朝。

五、轮诵

轮诵在对诵中常用到，比如男女声轮诵，一般其中一人先行诵读，另一位紧随其后错落诵读，最后在结尾处重合。如刘擎、王嫣《永生的和平鸽》就有这么一段：

合：从此，他再也没有回来，永远也不会回来了……

男：那一天，我看见晚霞很红很红；那一天他在青春里永恒，他的生命永远永远年轻。

女：那一天，我看见晚霞很红很红；那一天他在青春里永恒，他的生命永远年轻。

从“我看见”开始男女声错落轮诵，至“永远”合。轮诵不仅使诵读形式变化多样，更便于抒发强烈的情感，富有艺术感染力。

诵读形式丰富多彩，除以上五种，常用的还有领诵、复诵、齐诵和角色诵读等。

齐诵：就是大家齐声诵读同一作品的集体诵读形式。齐诵的感情表达不如独诵、对诵等形式细腻，但大气磅礴，有排山倒海之势，具有很强的鼓动性。因为这种诵读要求整齐一致，所以除了句式整齐、格律严整的诗词适合齐诵外，句式参差、形式自由的白话散文和自由诗就不太适宜齐诵。

领诵：其实就是独诵、对诵。可一人，可多人；可男女二人，可同性二人。

复诵：就是重复诵读，由诵读者或对诵的另一位诵读者将核心语句加以重复，起到强化内容和情感的作用。如诵读《祖国啊，我亲爱的祖国》时，“是绯红的黎明正在喷薄”需要较强的感情和充沛的气息，有些小学生齐诵达不到这个效果，可采用复诵的方式蓄势，把“是绯红的黎明”重复三遍，到“正在喷薄” 情声气正好蓄势到位，自然熨帖。

角色诵读：比较接近诗剧，适合于童话、寓言等叙事性的作品，诵读者多充当所描述的某个角色。如《雷雨》《哈姆雷特》《皇帝的新衣》等作品，都可以选出好的片段进行角色诵读。角色诵读生动有趣，给人如临其境的感受，能充分展示诵读者的才华。

总之，诵读的形式多种多样，诵读会策划实施时要根据主题需要，考虑场地大小、人员素质、诵读内容进行具体设计。

下面是《琵琶行》的诵读形式处理文案范例：

(1)男女对诵

男声诵读:“浔阳江头夜送客……添酒回灯重开宴。”

女声诵读:“千呼万唤始出来……初为《霓裳》后《六幺》。”

(2)男女轮诵

男女轮诵:“大弦嘈嘈如急雨……大珠小珠落玉盘”四句,并在“嘈嘈切切”重复轮诵,让“错杂弹”的乐感效果充分具象化。

(3)复诵

一方面,对核心语句加以复诵,充分展示千古名句的抒情内涵。例如:

男声诵读:“我闻琵琶已叹息……相逢何必曾相识”四句。

女声复诵:“同是天涯沦落人,相逢何必曾相识”后两句。

另一方面,把设问的语句处理成问答式复诵,先由女声诵读问,然后男声复诵问句并连诵答句,形成问答呼应的表达效果。如:

“其间旦暮闻何物,杜鹃啼血猿哀鸣。”

“岂无山歌与村笛,呕哑嘲哳难为听。”

“座中泣下谁最多,江州司马青衫湿。”

这个处理文案,是形式和内容的高度融合:整体上的男女声划分表达,不是简单的诗句拆分组合,而是深入到作品内部催生出创意来,让作品人物及关系更加立体多姿;而轮诵、复诵的运用把作品内容、句式结构表现得尽善尽美、天衣无缝,体现了较高的文学和艺术修养。

琵琶行

(唐)白居易

旁白:元和十年,予左迁九江郡司马。明年秋,送客湓浦口,闻舟中夜弹琵琶者,听其音,铮铮然有京都声。问其人,本长安倡女,尝学琵琶于穆、曹二善才,年长色衰,委身为贾(gǔ)人妇。遂命酒,使快弹数曲。曲罢悯然,自叙少小时欢乐事,今漂沦憔悴,转徙于江湖间。予出官二年,恬然自安,感斯人言,是夕始觉有迁谪意。因为长句,歌以赠之,凡六百一十六言,命曰《琵琶行》。

男:浔阳江头夜送客,枫叶荻花秋瑟瑟。
主人下马客在船,举酒欲饮无管弦。
醉不成欢惨将别,别时茫茫江浸月。
忽闻水上琵琶声,主人忘归客不发。

寻声暗问弹者谁?琵琶声停欲语迟。
移船相近邀相见,添酒回灯重开宴。
女:千呼万唤始出来,犹抱琵琶半遮面。
转轴拨弦三两声,未成曲调先有情。
弦弦掩抑声声思,似诉平生不得志。
低眉信手续续弹,说尽心中无限事。
轻拢慢捻抹复挑,初为《霓裳(cháng)》后《六幺(yāo)》。

男女轮诵：大弦(xián)嘈嘈如急雨，小弦切切如私语。
嘈嘈切切错杂弹，大珠小珠落玉盘。 （“嘈嘈切切”重复轮诵）
男：间关莺语花底滑，幽咽泉流冰下难。
冰泉冷涩弦凝绝，凝绝不通声暂歇。
女：别有幽愁暗恨生，此时无声胜有声。
银瓶乍破水浆迸，铁骑突出刀枪鸣。
男：曲终收拨当心画，四弦一声如裂帛。
女：东船西舫悄无言，唯见江心秋月白。

女：沉吟放拨插弦中，整顿衣裳起敛容。
自言本是京城女，家在虾蟆(háma)陵下住。
十三学得琵琶成，名属教坊第一部。
曲罢曾教善才服，妆成每被秋娘妒。
五陵年少争缠头，一曲红绡(xiāo)不知数。
钿头银篦击节碎，血色罗裙翻酒污。
今年欢笑复明年，秋月春风等闲度。
弟走从军阿姨死，暮去朝来颜色故。
门前冷落鞍马稀，老大嫁作商人妇。
商人重利轻别离，前月浮梁买茶去。
去来江口守空船，绕船月明江水寒。
夜深忽梦少年事，梦啼妆泪红阑干。

男：我闻琵琶已叹息，又闻此语重唧唧。
同是天涯沦落人，相逢何必曾相识！ （男先诵，女复诵）
我从去年辞帝京，谪居卧病浔阳城。
浔阳地僻无音乐，终岁不闻丝竹声。
住近湓江地低湿，黄芦苦竹绕宅生。
其间旦暮闻何物？杜鹃啼血猿哀鸣。 （女先诵问句，男复诵）
春江花朝秋月夜，往往取酒还独倾。
岂无山歌与村笛？呕哑嘲哳(zhāozhā)难为听。 （女先诵问句，男复诵）
今夜闻君琵琶语，如听仙乐耳暂明。
莫辞更坐弹一曲，为君翻作《琵琶行》。
感我此言良久立，却坐促弦弦转急。
凄凄不似向前声，满座重闻皆掩泣。
座中泣下谁最多？江州司马青衫湿。 （女先诵问句，男复诵）

第二节　诵读的配乐

一、配乐的意义

俗话说“诵读功不够,音乐效果凑”,一定程度上说明了配乐在诵读中的作用。音乐与诵读都是抒情言志的艺术形式,配合得当可以烘托气氛,营造情境,增加诵读的感染力,使之立体生动。

(一)渲染情境,营造氛围

音乐是语言的延续和深化,具有较强的概括力和感染力。“情知言语难传恨,不似琵琶道得真”,陆游《鹧鸪天》的诗句说明了音乐在抒情方面独有的感染作用。当诗词诵读在音乐声中展开时,能给诗词的意境铺垫浓郁的情感色彩,使听众快速进入到情景相融的境界中。徐志摩的《再别康桥》是写景抒情的诗作,抒发了对康桥的留恋惜别之情,也夹杂着理想幻灭后的感伤和失落,采用舒曼的《梦幻曲》编配就相得益彰,在追忆的梦幻中,表现依依惜别的情愫,既与欧洲风情相宜,也与作者的心境相近。

(二)丰厚意蕴,深化主题

诗言志,乐为声。诗文和音乐在同一主题下可以相互映衬,但更高超的配乐不仅包含着诗外的涵义,还能引人遐想和深思。如果诵读叶芝的《当你老了》,配上电视剧《浪漫的事》的主题曲,诵读余光中的《乡愁》,弹奏男中音歌曲《月之故乡》的旋律,诵读与音乐彼此呼应,有声语言伴随着音符的流动缓缓地注入人们的心田,浸润着听众的心灵,在潜移默化中深化了主题。

(三)补白诗意,强化美感

配乐不是诵读与音乐简单地相加,而应考虑整体艺术效果。切忌诵读开始,配乐开始,诵读进行,配乐照直走,诵读结束,配乐戛然而止。成功的配乐要根据诵读内容的感情起伏安排音乐的节奏,或强起、弱起,或强收、弱收,高潮处音量放大,低谷处音量减弱,有时快有时慢。诵读《雨巷》时,开端先以小提琴抒情乐曲作“前奏曲”,然后舒缓地诵读出“撑着油纸伞……”这样前面的旋律补白了诗歌的意蕴,将听众的情绪带入到作品的情境中,使人受到审美的熏陶。

(四)激发热情,促进诵读

诵读者随着音乐抒发情感,也会在音乐的感染中激发出诵读创作的热情,现场调整到最佳状态,更好地演绎出作品的思想内涵。诵读《黄河颂》选用《黄河大合唱》主曲配乐,高亢、快速,情感强烈,旋律舒展,更便于讴歌母亲黄河的英雄气魄,抒发诗人奔放的激情,唤起诵读者和听众深刻而丰满的内心视像。

二、配乐的选编

(一)选曲编配

1. 常见的配乐形式

常见的配乐形式有铺垫式配乐、编辑式配乐、创作式配乐三种，都要求诵读者充分地占有音乐素材，准确地理解诵读内容，让音乐与作品主题相呼应，忌选用主题太过鲜明或为人熟知的乐曲。

最简单的是铺垫式配乐，只需选取基调、风格、节奏等与诵读作品相适应的乐曲编配，并贯穿始终即可。缺点是与诵读语言不一定完美地达到交融。

编辑式配乐是根据诵读内容的节奏和进程对已选取的乐曲进行剪辑，设计成不同的音强、音长、音高等片段，然后组合成与作品内容严密对应的配乐。缺点是只为某一特定作品设计，不能互用。韩伟的《致国歌》配乐编辑较成功，可供借鉴。

创作式配乐一般出现在大型诵读活动中，专门请作曲家为诵读内容创作音乐，与诵读内容完美结合，是高层次的配乐作品。例如，丁建华在国家大剧院朗诵《青春万岁》就是在大型交响乐的伴奏下进行的。

2. 配乐常用的曲目

欢快型：《杜鹃圆舞曲》《欢乐颂》《多瑙河之波》《蓝色多瑙河》。

舒缓型：《舒伯特小夜曲》《秋日的私语》《水边的阿迪丽娜》《梦幻曲》《沉思》《少女的祈祷》《献给爱丽丝》《思乡曲》《神秘园》《春江花月夜》。

昂扬型：《海滨音诗》《大漠敦煌》《红旗颂》《命运交响曲》。

3. 选曲的基本原则

选曲的基本原则是要与诵读作品的感情基调和节奏相吻合。《我为少男少女们歌唱》是明朗欢快的，应选取节奏明快的《杜鹃圆舞曲》；《乡愁》是抑郁、缠绵的，应选用小提琴曲《思乡曲》；《有的人》充满哲思，应选小提琴曲《沉思》；《我骄傲，我是中国人》高亢昂扬，可选用《大漠敦煌》或《红旗颂》的乐曲。平时要加强音乐修养，积累音乐素材，以备不时之需。

(二)选器编配

不同的乐器演奏风格大相径庭，乐器之间的客观差异，使得不同的诵读作品对不同乐器的演奏效果有所选择。在民族乐器中，二胡被誉为“会说话的乐器”，常常表现如泣如诉的情调，但如果为《再别康桥》配乐，就很难让人与作品表现的英伦风情相联系了，西洋乐器小提琴和钢琴曲都是不错的选择。在西洋乐器中，小提琴被称为“乐器中的皇后”“女高音”，钢琴音域广阔，表现力丰富，被誉为“乐器之王”，但如果为《雨巷》配乐，排箫却更为传神，它的音色常给人以空灵朦胧之美，更合乎诗作的意境。古筝乐曲古朴、典雅、悠远、飘逸，适合为《春江花月夜》这样“以孤篇压倒盛唐”的名作配乐。不同乐器演奏的音乐，能丰富不同文学作品的意境，为诵读艺术效果添彩。

三、配乐的方法

成功的配乐能够起到烘云托月、锦上添花的作用,但需遵照诵读的一般规律进行合理的设计和处理。

(一)巧妙构思,大胆创新

诵读配乐的最高境界是借助音乐的魅力扩展诵读语言的表现力,产生感人肺腑的艺术效果。这就需要在配乐方法上巧妙构思,进行大胆创新。配乐中可以运用一些鸟语花香、溪水潺潺、电闪雷鸣的现实音效渲染气氛,也可以让诵读与演奏彼此呼应、此起彼伏,增加艺术感染力和审美力。

(二)灵活剪辑,恰当留白

在选编配乐曲目时,常遇到理想的乐曲长度无法覆盖整篇诗词的尴尬,这时要灵活剪辑,在恰当的位置采用"留白"的方式取得"此处无声胜有声"的艺术效果。在篇幅较长的文学作品配乐中,可以在语言和音乐的分合错落中丰富艺术表现力,增强张弛跌宕的效果。

(三)控制音强,完善音效

首先,诵读配乐音量的控制很重要,配乐宜轻不宜重,要防止喧宾夺主,掩盖诵读的语音。其次,配乐的扬起一般采用"渐入"的方式,音乐由弱渐强;配乐的收起多采用"渐隐"的方式,音乐由强渐弱,避免訇然而起,戛然而止。最后,音乐起于诵读语言之前,止于诵读语言之后,余音袅袅,情思悠悠。音效的控制关系着诵读的成败,一定要慎之又慎。

根据下文提示,参照《我们的节日——中华经典诵读・中秋篇》,为中秋诗会配乐选曲,请注明乐曲名称及乐器类型,如小提琴曲《沉思》、二胡曲《江河水》。

序号	篇 章	作 品	作 者	配 乐
上篇	海上生明月	1. 水调歌头	苏 轼	
		2. 把酒问月	李 白	
		3. 折桂令・中秋	张养浩	
		4. 满江红・中秋寄远	辛弃疾	
		5. 山居秋暝	王 维	
		6. 春江花月夜	张若虚	
		7. 中秋夜	舒 婷	
		8. 荷塘月色	朱自清	

续表

序号	篇章	作品	作者	配乐
中篇	月是故乡明	1.月夜忆舍弟	杜甫	
		2.一剪梅	李清照	
		3.静夜思	李白	
		4.蝶恋花·答李淑一	毛泽东	
		5.乡愁	席慕蓉	
		6.霁目	郭沫若	
		7.我的思念是圆的	艾青	
下篇	千里共婵娟	1.宇宙以和谐为敌	黎焕颐	
		2.在国歌声中成长	祁人	
		3.我们一道走,我们中国人	黄纪苏	

第三节　诵读会的主持

一、诵读会主持的艺术技巧

主持是指在社会生活中的聚会、联欢、演出、比赛等带有庆贺、娱乐、宣传性质的集体活动中,负责掌握和串联整场活动的口语表达形式。

一场成功的诵读会,主持人的作用是不容忽视的,另外串联词的撰写也至关重要。

(一)主持人的作用

主持人在诵读会中扮演着重要角色,负责串联内容、营造氛围,掌握整场活动的进程,主持人的现场表现一定程度上关系到一场诵读会的成败。以下开场部分串联词起到营造氛围的作用:

女:尊敬的各位领导、各位来宾

男:亲爱的老师、同学们

合:你们好!

女:踏着“蒹葭”的节拍,我们从《诗经》中徐徐走来

男:一路经历了唐诗、宋词、元曲,我们徜徉在诗的国度,享受着诗歌的激情和浪漫

女:诗歌是明眸中的亮点,诗歌是心灵天空的繁星

男:诗歌是跳动的音符,诗歌是理想世界的阳光

女:七月,热情似火

男:我们,正值年轻

女:让我们在诗意的年龄里——挥洒青春激情,放飞人生理想

男:用我们的款款深情诵读中外华丽篇章,在欣赏美文、品味诗歌中留下美好的青春记忆

合:"挥洒青春激情,放飞人生理想",七一诗会现在开始

(二)主持的艺术技巧

主持人除仪表端庄、举止大方、口齿清楚、言谈得体外,还要做到以下几点:

1. 紧扣主题,营造氛围

主持人对整场诵读会的中心内容起着核心作用,主持词要和主题吻合,不能太过随意。主持人既要善于调动台上诵读者的情绪,使之临场达到最佳表演状态,又要充分调动台下观众的参与热情,形成上下互动、激情澎湃的艺术氛围。以下结语部分串联词就是典型范例:

女:巍巍昆仑,锁不住阵阵中华风

男:滔滔江河,淹不尽浩浩中华魂

女:我们用诗歌纪念那段激情燃烧的岁月

男:我们用诗歌颂扬如今蒸蒸日上的中国

女:在历史的年轮中与红诗相会

男:在岁月的长河里与红诗同行

女:让我们带着先辈们遗留的光荣传统去奋斗!

男:让我们带着英雄们传承的精神去拼搏!

女:同学们,让我们在诗歌中许下心愿,祝福我们的祖国繁荣昌盛,祝福祖国的明天更加美好!

男:最后,在中秋国庆双节之际,祝大家节日快乐,全家幸福!谢谢!

2. 开场独特,连接巧妙

要精心设计"开场白",一开场就吸引大家的注意力,并尽快切入主题,宣明目的,形成轻松活泼的基调,营造全场共鸣的开场效果。另外,在活动进行中主持人的语言要起到牵线搭桥的作用,将内容、主题、表演者之间的有机联系用生动简明的语言巧妙连缀,使整个活动形成一个有机的整体。

下面是一段串联词的范例:

新春伊始,万象更新,一场白雪,一串脚印,一枝新柳,一苞花蕾,一声燕啼,一缕清风,一片白云,大千世界,芸芸众生,每每触动了我们敏感的神经,我们都命之为诗。于是你写,我写,他写,在座的各位都想写。可是,我们为什么要写诗呢?问你,问他,问我?不!我们还是问一问××同学:"你为什么写诗?"——

【节目一:××同学诵读《我为什么写诗》】

哦,要写诗,写人生的美,写人生的丑,写男儿伤口里渗出的血,写少女笑窝里溢出的酒,给弱小者以脊梁,给虚伪者以刀枪,给黑暗以光明,给痛苦以欢畅。我歌,我哭,我癫,我狂,这也是生活呀!不信,你问她——

【节目二：×××同学诵读《这也是生活》】

生活，没有固定的轨迹，自然，也没有永恒的春光；万物处处给人以启迪，雪原也蕴藏着精湛的诗行——

【节目三：×××同学诵读《雪盼》】

雪，覆盖了山，覆盖了地；淹没了河流，淹没了道路。它以严酷的寒冷，冻结了显赫，却以温柔的心湖，孕育着希望。看，沃野上微微蠕动的新笋，不正是白雪创作的诗行？——

【节目四：×××同学诵读《春笋》】

春笋给我们以启迪，春笋给我们以希望。尽管现在还是严冬，但我们似乎已看到了春光；尽管现在还是黄昏，但我们似乎已看到了东方冉冉升起的朝阳——

【节目五：××同学诵读《日出》】

……

3. 灵活应变，展现个性

活动中难免会出现突发意外，主持人要沉着应变，用机智得体的语言调节气氛、化解僵局。主持语言可发挥个性优势，根据年龄、性别、身份特征结合活动内容灵活应对，以独特的语言风格吸引和打动观众。如某主持人不小心被话筒线绊倒，就势解嘲说："大家的表演太出色了，我都为之倾倒了。"

中央"心连心"艺术团到江西井冈山革命老区演出，场面非常热烈，温馨感人。女中音歌唱家关牧村演出《多情的土地》时天公不作美，落下了阵阵雨点。观众席上有些骚动，歌声一停，主持人赵忠祥马上登台，他的即兴串联词是：

"乡亲们：关牧村动情的歌声，把她自己的眼睛唱湿润了，也把老区人民的眼睛唱湿润了，连老天爷的眼睛也给唱湿润了！老乡们，我们的演员商量好了，如果雨大，只要大家不走，我们的演员就决不会走……"

一番话，立即稳住了观众的情绪，于是演出顺利进行。

4. 把握分寸，表现适度

主持人虽在活动中起串联作用，但不是主角，所以要把握分寸，不要喧宾夺主。表达多用讲述语气，少用诵读语态，表情举止亲切自然，不夸张繁杂，着装朴素端庄，言谈落落大方。

二、串联词的设计

（一）串联词的撰写

诗文诵读会串联词的撰写有以下要点：

第一，交代作品、作者及诵读者，这是诵读会的三要素。例如：

下面请欣赏著名诗人徐志摩的佳作《再别康桥》，朗诵者冯晓颖。

第二，提示创作背景、重点内容，讲述作品背后的故事。

如诵读《望大陆》前讲述国民党元老于右任的故事，更能够引发听众对海峡两岸统一的

期盼。《望大陆》并非泛泛的家国之情,而是深藏了诗人刻骨铭心的身世之痛:

1949年于右任去了台湾,而结发妻子和儿子却留在大陆,从此天各一方。1962年1月24日,病重的于右任写下这首诗作为遗言,病逝后遗体安放在台北最高的观音山上,铜像坐落在台湾最高峰玉山,了却了他登高远眺、遥望故土的心愿。《望大陆》是诗人眷恋大陆家乡、怀乡思国的哀歌,是一首触动炎黄子孙灵魂深处隐痛的绝唱。

第三,解析名篇佳作的思想内涵,阐明其文学地位和艺术价值。

如在以弘扬爱国主义精神和传统荣辱观为主题的端午诗会上,屈原和古代名家的经典作品被一段段紧扣主题、诠释作品内涵的串联词串联起来,既像思想的导师,又像文化的导游,使整个活动典雅、有品位。诵读会最后一首诗《橘颂》的串联词是这样的:

一棵根深叶茂、美丽多姿的参天大树,巍巍然挺立在中华民族的精神家园之中,数千年来,她吐纳天地之气,阅尽世事沧桑,练就铮铮傲骨。她质朴不奢,乐施无私,慎独守纪,诚信专一,知荣知耻,尽善尽美。让我们以景仰爱慕之心,永世为你放声歌颂!请欣赏《橘颂》……

第四,言简意赅,不寻章摘句,语含诗意或寓情含趣。

串联词的语言应简洁精练,独具新意和匠心。成功的串联词应当和节目一样让人过目不忘,给人以美的艺术享受。串联词的撰写是一个创作过程,最忌讳在下一个作品中寻章摘句,这是内容的简单重复,没有真正起到承上启下的串联推进作用。

成功的串联词源于又高于作家作品,或富有诗意,或寓庄于谐,语言风格自然朴实且深入浅出,自然而然地把听众引入作品的艺术氛围。例如,端午诗会上的串联词是以散文诗的形式写成的:

在中华的史册上,有一个仰天长歌的民族骄子,他的泣血引吭如雷似电,如号似鼓,催动龙舟竞渡;他代表着我们民族不朽的风骨,他化作了祖祖辈辈的谆谆叮嘱。请听《让屈原走进音乐频道》……

有的诵读会串联词别具一格,富有谐趣。例如"'会心一笑'——赵丽宏散文诗朗诵欣赏会"的开场词:

我们说,笑,是人的本能,却有着不同的本质:健康的心理发出会心的笑,阴暗的心理露出表面的笑;慷慨者的笑是爽朗的笑,自私者的笑是尴尬的笑;无畏者笑得气宇轩昂,胆小者笑得心惊肉跳。朋友们,我们的生活需要轻松的笑,和谐的社会需要自然的笑。今天的聚会,老友新朋,济济一堂,奇文共赏,让我们"会心一笑"。好,下面就请大家欣赏今天的开篇之作《会心一笑》……

六个排比深刻揭示了笑的本质特征,富有理趣;主持人表达时由慢到快一气呵成,不乏情趣,收到了寓庄于谐的效果。

(二)串联词的表达技巧

串联词的艺术效果最终要通过主持人的表达来体现,对于具有一定文学意味的串联词,主持人也需掌握相应的表达技巧，在风格上必须把握好“说”的基调，严格区别于诵读。

1. 开篇

表达技巧：紧扣主题，画龙点睛；悦众热场，营造氛围；如若红色经典诵读会风格多热情洋溢，如若传统节日诵读会风格常诗意盎然。

活动进程：首先问候与会者，注意称谓得体，排序由尊到卑、由长到幼；其次介绍嘉宾，注意节奏和语气；第三，领导致辞根据情况安排，如果是诵读比赛须有评委介绍和比赛规则宣读、成绩公布、颁奖等环节。例如：

尊敬的领导、各位来宾，亲爱的老师、同学们：

大家好！

在柔和的春风中、在花儿的微笑中，我们看到了美丽的春天。春天，是一个诗情画意、充满活力的季节，今天，就让我们在诗歌中感应春天的气息，感受春天的温暖。

首先请允许我向大家介绍在百忙中亲临朗诵会现场的领导，他们是X局长、X校长、X书记、X主任……让我们用最热烈的掌声对领导们的到来表示欢迎！

下面请许华校长为诗歌朗诵会致辞！掌声有请！

现在由我向大家介绍一下本届诗歌朗诵会的现场评委：他们是——

2. 中场

表达技巧：烘云托月，甘当配角；讲述语气，少用诵读语态；妙语穿插，四两拨千斤；灵活应变，以不变应万变；穿针引线，衔接串联内容；妙语控场，推进诵读会进程。

活动进程：清晰介绍诵读会活动主题以及几个篇章的分主题名称，注意过渡和衔接；简明介绍诵读作品、作者、表演者，注意调动表演者和现场观众的情绪；掌握各环节的时间节奏，推进诵读会进程。

3. 结语

表达技巧：肯定成就，激励诵者；激情澎湃或余韵悠悠。

活动进程：感谢与会者参与，宣布诵读会结束。如若朗诵比赛则有评委总结比赛得失、宣布成绩、领导颁奖等环节。例如：

四月的校园，鲜花怒放，诗情激荡；四月的光华，草碧天蓝，激情飞扬。四月是画，让空灵的意境永留我们的心房；四月是舞，让婆娑的舞姿伴我们进步成长。同学们，春天的诗歌诵不尽，春天的旋律唱不完，让我们踏着春天的步伐，伴着春天的旋律，伸出双手，用最热烈的掌声结束今天下午的诗歌朗诵会。

老师们、同学们，再见！

请根据诵材确定主题，参照《我们的节日——中华经典诵读·清明篇》，为清明诗会设计串联词。

序号	篇 章	作 品	作 者	串联词
上篇	缅怀	1.清明	杜 牧	
		2.江城子	苏 轼	
		3.啊,母亲	舒 婷	
		4.稻子熟了,妈妈我想您了	袁隆平	
		5.世界上最爱我的那个人去了	张 洁	
		6.周总理,你在哪里	柯 岩	
		7.哦,船长,我的船长	惠特曼	
		8.永生的和平鸽	刘擎、王嫣	
中篇	惜春	1.卜算子·咏梅	毛泽东	
		2.春	纪伯伦	
		3.《浣溪沙》“一曲新词酒一杯”	晏 殊	
		4.《蝶恋花》“枝上柳绵吹又少”	苏 轼	
		5.《摸鱼儿》“更能消几番风雨”	辛弃疾	
		6.《长歌行》“百川东到海”	汉乐府	
		7.《杂诗》“盛年不再来”	陶渊明	
		8.满江红	岳 飞	
下篇	奉献	1.匆匆	朱自清	
		2.生命的路	鲁 迅	
		3.有的人	臧克家	
		4.刑场上的婚礼	陈铁军、周文雍	
		5.颂歌	海 涅	
		6.青春万岁	王 蒙	
		7.理想	流沙河	
		8.少年中国说	梁启超	

第四节　诵读会的整体策划

一、诵读会主题、基调的确立

主题是一台诵读会的灵魂,因此确定诵读主题、把握诵读基调是活动的基石,是重中之重。比如“让青春飞扬”是五四青年节大学生诗歌诵读会的主题,那么活动的布景、人员的服饰、诵材的选择、诵读的基调全应围绕这一主题进行。以“我爱这土地”为主题的端午诗歌诵读会，就可以在缅怀屈原、歌颂爱国精神这个层面上拓展开去，增加表现现当代仁人志士爱国情怀的诗篇，体现自古至今爱国精神的一脉相承、代代相传。

央视为纪念“五四”运动 90 周年举办的《红色箴言》诗歌朗诵会，以“这是先辈用血火铸成的箴言，这是今人不可忘却的箴言，这是将与伟业同在、与日月同辉的箴言”为基调，精心采撷了 20 余篇诗文书信遗作和新诗歌作品，按照“启蒙”“真爱”“曙光”“放歌”四个篇章结构予以重新编排，层层展现革命先烈用生命铸就、感人至深的精神财富。通过著名艺术家的深情演绎，将《红色箴言》的经典诗句送给观众，有血有肉地还原了革命先烈的精神世界，诠释了那感人至深的革命情怀、红色理想、执著追求，带给观众强烈的震撼，现场气氛感人至深。

二、诵读会张弛节奏的把握

“文似看山不喜平”，诵读亦如此。诵读会的组织切忌平铺直叙，一潭死水，无论什么主题、基调的诵读，都应具备一定的表达高潮。诵读的高潮设定可以是一个，也可以是几个，小高潮为大高潮蓄势；高潮位置设定合乎听众的接受心理，使用铺垫蓄势渐变的方法，让高潮的出现不突兀；情感抒发讲究舒缓张弛的变化，高潮低谷波浪式推进，让听众从多角度获得思想的启迪，感悟艺术的审美。

例如“纪念五四运动 90 周年爱国诗文诵读会”定位为“弘扬五四爱国精神，展现飞扬青春”的主旋律，那么从诵材的选择到节目的顺序都要围绕主题设计，可以考虑将十几首诗歌分为四个篇章：“民族魂、英雄赞、青春歌、祖国颂”，每个部分一个主题，每个主题表达有一个小高潮。如第一篇章“民族魂”以秋瑾的《对酒》、谭嗣同的《狱中题壁》开篇，以屈原的《国殇》诵读或岳飞的《满江红》齐诵结束；第二篇章“英雄赞”依次诵读叶挺的《囚歌》、陈然的《我的自白书》、何敬平的《把牢底坐穿》，最后以一曲《英雄赞歌》烘托气氛，突出主题；第三篇章“青春歌”以中年教师诵读何其芳的《我为少男少女们歌唱》开始，以学生合诵王蒙的《青春万岁》结束，在《年轻的朋友来相会》的旋律中结束诵读；第四篇章“祖国颂”以《青春中国》开始，依次诵读舒婷的《祖国啊，我亲爱的祖国》、严阵的《微笑的中国》、王怀让的《我骄傲，我是中国人》之后，以合诵梁启超的《少年中国说》作结，形成诵读会的大高潮，之后全场齐唱《我爱你，中国》，在《歌唱祖国》的主旋律中结束诵读会。

三、诵读会的舞台布景设计

（一）图案、色彩与诵读会的主题吻合

舞台诵读可设置布景来丰富诵读的表现，烘托诵读的思想感情，但布景不应分散受众的注意力，只要能暗示出诵读的情调即可。例如：举办“纪念五四青年节诵读会”，布景适宜用较为热烈的暖色调，表现青春、热血和希望，显示激情澎湃；举办“团圆·中秋诗会”，表现对家乡故土的眷恋深情，可采用较沉静的冷色调，蓝色幕布上点缀月牙和星斗。此外，高低不同的台阶也是简约实用的选择。

(二)多媒体背景

以多媒体视频做背景也是很好的选择。一方面根据诵读内容变换相应的图片,打出诵读内容的文字,起提示作用,配合着音乐完成诵读过程。另一方面,也可以单纯做出诵读会或每个诵读节目的题目,图片定格一段时间,起幕布作用。

此外,实景拍摄的影像展示形式近年来常被采纳。如央视2014年春节诗会选址在盛唐山水田园诗派诗人储光羲的故土常州金坛,诗会以"团圆、希望"为主题,以"感恩""守岁""迎春"三个篇章架构全会。诗会选取了古典及现当代诗歌名篇共23首,全程在金坛取景,选取茅山、宝盛园、愚池公园、古民居、长荡湖水街、金沙八景等作为场景,描绘金坛风貌,讴歌金坛人杰地灵、人文荟萃的特色,诠释金坛与诗歌的不解之缘。

(三)灯光和道具

诵读会需要舞台灯光效果。灯光的色调、明暗、强弱,应与布景、诵读内容配合,简朴、深邃、稳定,不要过强、过亮、晃来晃去,分散受众的注意力,过暗也会脱离诗词意境所需的豁达开朗的感觉。比如诵读郭沫若的《雷电颂》,有时需要把前台的灯光熄掉,增加明暗对比度,以突出主体,有时需要用追光灯把束光打在诵读者身上。

诵读会一般不使用道具,偶尔使用具有象征意味的道具也是尽量简单、朴实。例如,诵读史铁生的《我与地坛》,可放一辆轮椅在台上;诵读艾青的《雪落在中国的土地上》,可放置一座石碾;诵读海明威的《老人与海》,可垂一张晾晒的渔网。

诵读应当脱稿进行,便于与听众交流,充分发挥表演效果。但有的诵读者对篇幅长且不熟的稿件不放心,担心忘词,就拿稿上场,这时要注意举止得当、姿势优雅,不要挡住面孔或眼不离稿,忽视与受众的交流。

四、诵读会的舞台调度

(一)态势语言的设计

态势语是有声语言的辅助手段,对诵读成败起着重要作用。在诵读准备中,要对服饰、站姿、走位以及手势、头位、表情进行设计和训练,力图全面表现诵读主题,达到最佳的艺术效果。

(二)出场与台风

诵读会要取得圆满的成功,必须重视上下场的表现,做到"带戏上场,带戏下场",才能在出场亮相至诵读结束离场的全过程都吸引受众,赢得关注和喜爱。

1. 上场

上场目视前方或观众席,步态轻盈稳健、自信大方,不仓促慌乱;站在观众面前,要镇定、沉稳、安详,待观众都安静下来、看清自己,再开始诵读;诵读初始不要设计动作,诵读者候场时应酝酿感情,待观众渐入境再强化动作;一般作品多采用"弱起",用较弱、较轻的声音开场，逐渐蓄势，强化要表达的感情，直至高潮。“良好的开端是成功的一半”，要提前酝酿感情，方能达到情声气的统一，取得良好的艺术效果。

2. 下场

诵读结束后，诵读者不要急于收回视线，还应继续保持与观众的交流，直至观众情绪逐渐回落，再离开原来的位置。此外，诵读的结束不要太突然，戛然而止，而应“渐弱”，即事先暗示观众，使之意识到诵读接近尾声后，再逐渐减慢语速，缓缓地停下来。有时需要“强收”，以快速、短促、强劲的语音结尾表达相应的情绪，并配合恰当的动作，注意动作要慢慢收回，不要瞬间回位。下场沉稳迅速，步态坚定有力，不拖泥带水或草草收兵。

(三)站位与走位

1. 站位

独诵站位：独诵站位有两种，一是居中，正面观众，适于观众多、场面大或重大主题内容的诵读会，给人庄重大气的感觉；另一种站位在黄金分割点上，即舞台的 1/3 处，与观众微成侧角，适于小场地，便于抒发情感，给人亲切自然之感。

对诵站位：对诵站位有两种，一种是近位的，站在舞台中间，肩并肩，在与观众交流的同时，根据内容偶尔有对视、携手等互动以传情达意。另一种是远位的，对诵的双方分别站在舞台的两端，给人不同时空的感觉，适于表达天各一方、遥远思念的情感内容。

合诵站位：合诵站位形式多样，基本原则是，第一，突出主体，合诵中领诵的位置必须醒目。第二，整体均衡，从外部看，重心居中，和谐稳固；从内部看，疏密相间，均衡协调。

2. 走位

诵读中适当的走位不但可以避免过于呆板，还有助于强化诵读内容的表达。走位多适宜独诵、对诵和群诵，齐诵与合诵要保持队形和整体稳定，所以一般不可走位。

群诵走位：群诵走位有两种，一种是参加群诵的若干人依次出场，出场即诵读，边走边诵读，走位到舞台中间站定，同时诵读出最后一两句内容，然后迅速走下场，接着，第二个、第三个依次进行……可左侧出场，右侧离场。另一种是诵读者站成直线或弧线，轮到的向前跨一步诵读，这种方式走位有限，可以看作变动站位。

对诵走位：对诵走位可以模拟作品情境，强化诵读的情感表达。例如一对母女诵读《七子之歌》时变动站位，一开始在音乐的背景下，母女俩依偎在一起；随诵读进程二人各退至舞台两侧；之后，母亲一声声深情呼唤，女儿一声声凄切应答，母女俩一步步地走近；最后，母女俩走到了台中，张开双臂，紧紧抱在一起。

五、诵读会策划文案示例

五四爱国诗歌诵读会策划文案

一、主题:弘扬五四爱国精神,展现飞扬青春

二、主持人:2~4位,男女各半

三、负责人:服装音响、会场布置、摄影摄像等

四、节目单

	诵读内容	诵读人员	指导人员
第一篇章 民族魂	1. 屈原《国殇》		
	2. 岳飞《满江红》		
	3. 闻一多《祈祷》		
	4. 艾青《我爱这土地》		
	歌曲《满江红》/《多情的土地》		
第二篇章 英雄赞	5. 秋瑾《对酒》和谭嗣同《狱中题壁》联诵		
	6. 叶挺《囚歌》		
	7. 陈然《我的自白书》		
	8. 何敬平《把牢底坐穿》		
	歌曲《英雄赞歌》		
第三篇章 青春歌	9. 美国诗人道格拉斯·玛拉赫《做一个最好的你》中英文诵读		
	10. 毛泽东《沁园春·长沙》		
	11. 食指《相信未来》		
	12. 王蒙《青春万岁》		
	歌曲《年轻的朋友来相会》		
第四篇章 祖国颂	13.《青春中国》		
	14. 舒婷《祖国啊,我亲爱的祖国》		
	15. 严阵《微笑的中国》		
	16. 梁启超《少年中国说》		
	歌曲《歌唱祖国》		

五、主持人串联词

弘扬五四精神　展现飞扬青春

——五四爱国诗歌诵读会主持人串联词

男：尊敬的各位领导，/**女：**各位老师，/**男：**亲爱的同学们，

合：大家下午好！

男：当我们踏入了新世纪的门槛，蓦然回首，五四精神已经停留在我们思想深处九十三年了。

女：当我们屹立于新时代的潮头，仰首凝望，中国共产党已走过了风风雨雨九十年历程。

男：尽管时光无情地飞逝，但我们都会牢牢记住那些抛头颅、洒热血的日子；我们更会铭记那个扣人心弦、轰轰烈烈的年代。

女：无论时代如何地变迁，我们都忘不了那些为中国前途而奋斗的中华儿女；我们更忘不了建党九十年来的辉煌成就。

男：那么，作为青年的我们，对五四运动九十三周年有着怎样的一种纪念，又对建党九十周年的辉煌业绩有着怎样的一份感慨呢？

女：今天，就让我们吟出这种纪念，诵出这份感慨！

男：下面我宣布：**"弘扬五四精神，展现飞扬青春"**诗歌诵读表演现在开始！

女：下面，请允许我介绍今晚到场的嘉宾：×××、×××、×××、×××、×××、×××。

男：让我们再一次用热烈的掌声欢迎各位嘉宾的到来！

女：逝去的是历史，/**男：**不灭的是精神，/**女：**岁月带不走千古之绝唱，/**男：**光阴抹不去不朽的英魂。/**女：**请欣赏第一篇章——**民族魂**。

男：中华民族是苦难深重的民族，在她历史的书页上写满了生灵涂炭的战争，但中华民族也是英雄辈出的民族。屈原曾用一首楚辞追悼和礼赞为国捐躯的楚国将士的亡灵。请欣赏由×××、×××、×××、×××诵读的《国殇》。

女：生当人杰、死为鬼雄，让我们崇敬那舍生取义、留取丹心的民族精魂。

男：仰天长啸、壮怀激烈，让我们记住那赤胆忠心、精忠报国的英豪才俊。

女：风波亭中那一曲高歌让中国人永远为之热血沸腾，下面请欣赏岳飞的《满江红》。由×××、×××诵读。

男：那一句"谁是中国人？"是诗人从国外学成归来发现祖国的残破与黑暗后，内心的苦痛与挣扎。

女：那一句"请告诉我这民族的伟大"使我们想到古老中华民族精神和传统文化，作者用激愤的言语，抒发了对这个民族深深的祈祷。请欣赏闻一多青年时代的爱国诗作《祈祷》。由×××、×××诵读。

男：面对满目疮痍的祖国大地，爱国诗人扣问内心"为什么我的眼里常含泪水"？

女："因为我对这土地爱得深沉。"即便喉咙嘶哑也要为她歌唱，纵使尸骨腐烂也要怀抱大地，奉献自己！请听艾青青年时代的爱国名作《我爱这土地》。由×××诵读。

男:先贤烈士群英荟萃,仁人志士前赴后继。每个民族都有自己的民族英雄,人民英雄永垂不朽!请欣赏第二篇章——**英雄赞**。

女:"戊戌变法",你身先士卒;面对刑场,你意气自若;被捕前日,你本可以逃走,但你却说:"各国变法,无不从流血而成。今中国未闻有因变法而流血者,此国之所以不昌也。有之,请自嗣同始。"你慷慨赴死、视死如归;你大义凌然、气壮山河!你是民族的英雄、中华的骄傲!请欣赏谭嗣同烈士写在狱中的绝笔诗《狱中题壁》。由×××诵读。

男:你豪情万丈,堪称中国近代妇女的骄傲和自豪;你"巾帼不让须眉",有着"鉴湖女侠"的侠骨柔情;你是民主革命中的"巾帼英雄",秋瑾,我们永远缅怀你!请欣赏秋瑾烈士的名诗《对酒》。诵读者:×××。

女:身陷囹圄中你坚强不屈,严刑拷打下你赤胆忠诚,你是人民心中的丰碑,你是共和国不倒的长城,你在血与火的考验中得到永生!请欣赏叶挺将军的《囚歌》。由×××诵读。

男:忆往昔,诉不尽我们对烈士无限的怀念;看今朝,唱不完我们对明天无限的憧憬;英灵已逝,精神永存!请欣赏陈然烈士的《我的自白书》。由×××诵读。

女:昨天,革命先烈为了抗战的胜利,为了千千万万广大人民的利益,毅然决然地选择了放弃自己的自由,选择了去面对残忍的酷刑。

男:今天,我们不仅要珍惜眼前的和平生活,更要缅怀为了和平生活而牺牲的英雄们。请欣赏何敬平烈士的《把牢底坐穿》。由×××诵读。

女/男:为什么战旗美如画,英雄的鲜血染红了她。
为什么大地春常在,英雄的生命开鲜花。
请听由×××倾情领唱的《英雄赞歌》。指挥:×××。伴唱:×××全体。

女:革命先贤为我们铺就了美好的未来,我们在这里让自己的青春散发光彩。

男:让青春飞扬,化作一首不悔的诗;/**女**:让青春飞扬,谱写歌一段华丽的篇章。

合:让青春飞扬,让青春绽放!/请欣赏第三篇章——**青春歌**。

女:"人生的道路虽然漫长,但紧要处却只有那么几步,特别是人年轻的时候。"因此,每个人都要事事自省,时时自律;也许我们毕生平凡,但也要尽最大努力做好自己。请欣赏美国诗人道格拉斯·玛拉赫的《做一个最好的你》。英文诵读:×××、×××;中文诵读:×××、×××。

男:学生时代的毛泽东曾指点江山、激扬文字,也曾到中流击水、浪遏飞舟。当年的他风华正茂,恰同学少年。请欣赏由×××诵读的《沁园春·长沙》。

女:因为有坚定的信念,所以不放弃对未来的希望。

男:因为有前瞻的目光,所以能看见未来的光亮。

女:那些为了正义和人的尊严,以死抗争"文革"的俊彦,依然呼唤人们要相信未来。请欣赏食指的《相信未来》。由×××、×××等诵读。

男:青春如朝阳,冉冉升起,充满希望!青春如江河,滚滚向前,不可阻挡!青春是燃烧的信念,是雄鹰的翅膀!下面请欣赏王蒙的《青春万岁》。领诵:×××、×××。

男:在浩瀚的书山字海里有一个词汇最神圣,她就是——祖国。我们的祖国,她以丰富的资源孕育了五千年丰厚的历史文化；她以博大的胸襟哺育了无数志士仁人。

女：她是长城盘旋起伏的气势，她是黄河一泻千里的雄浑，她是我们心中的一首首小诗，她是我们终生不渝的眷恋。请欣赏第四篇章——**祖国颂**。

男：以青春之我，创建青春之家庭，青春之国家！历经五十六年的风雨沧桑，成就了中华民族五千年的光荣梦想。请欣赏《青春中国》。由×××、×××、×××诵读。大家欢迎！

女：微笑是一场无声的雨，在我们心中展开杨柳依依，微笑是一阵彩色的风，在我们面前幻出蓓蕾粒粒。这里是一片和谐的土地，这里是一个微笑的国家。请欣赏《微笑的中国》。由×××、×××、×××、×××诵读。

男：祖国给了我们一张美丽的笑脸，她洋溢着灿烂的微笑，她如绯红的黎明，朝气蓬勃。请欣赏舒婷的《祖国啊，我亲爱的祖国》。由×××、×××、×××、×××诵读。

女：经历了岁月的沧桑洗礼，时至今日，聆听着经典的声音，我们依然感到了一种金属碰撞的纯粹与坚硬，依然神魄激荡，情涌心声。你听，二十世纪初，一个志向远大的少年向我们走来，他在向谁诉说？请欣赏梁启超的《少年中国说》。领诵：×××、×××。

（结束语）

女：九十三年前的今天，一群热血的爱国青年，点燃了民族希望之火，照亮了神州大地。

男：九十三年后的今天，具有炎黄子孙血脉的龙的传人，在中华锦绣河山上，将如何续写新的篇章？

女：一代一代的青年，时刻铭记着五四精神，时刻弘扬着五四精神。

男：今天，我们将不负英雄先烈的重托，用火热的青春和辛勤的汗水，续写青春岁月的光辉业绩。

男女合：“弘扬五四精神，展现飞扬青春！”

齐：“弘扬五四精神，展现飞扬青春！”

男女合：纪念五四运动九十三周年诗歌诵读会——到此结束！

下篇

诵读文本指导

第七章

古典诗词诵读技巧

诵读是把书面语言转化为口头语言的一种表达方式,诵读艺术就在于用有声语言准确、鲜明、生动地表达出书面语言的内涵和实质。诵读是诉诸听觉的,让人听得清、听得懂是首要条件。此外,还需要愉悦听觉和心智,给人以美感享受。

由于诵读作品的体裁特点不同,所以诵读的要求也不同。这些特点具体地表现在形象塑造、情节构想和语言运用等方面,在反映社会生活、表达思想感情上,具有各自不同的特点和效能。在诵读时,要考虑作品的文体特点,采用相适宜的诵读方法。

第一节　诗词的文学特征

诗词是我国最早出现的文学体裁。《毛诗序》记载:“诗者,志之所之也。在心为志,发言为诗。情动于中而形于言;言之不足,故嗟叹之;嗟叹之不足,故咏歌之;咏歌之不足,故手之舞之,足之蹈之也。”在远古时代,音乐、诗歌、舞蹈是三位一体的,都是“情”的产物,在劳动中诞生了这种有声有韵、载歌载舞的文学样式,它是从人心中流淌出来的歌。因此,诗词具有四个方面的文学特征:

一、强烈的抒情性

诗是强烈感情的自然流露。黎巴嫩著名文学家哈·纪伯伦认为:“诗不是一种表白出来的意见。它是从一个伤口或是一个笑口涌出的一首歌曲。”感情是诗情天性最重要的动力之一,没有感情,就没有诗人,也就没有诗歌。“感人心者莫先乎情”,强烈的抒情性使诗歌具有感人的艺术魅力,而饱满的情感也使得诗歌摇曳多姿、浸润心灵,正如陆机在《文赋》中提到的:“诗缘情而绮靡。”

闻乐天授江州司马

（唐）元稹

残灯无焰影幢幢，此夕闻君谪九江。
垂死病中惊坐起，暗风吹雨入寒窗。

诗贵情真。元和十年（815 年）八月，白居易因宰相武元衡在京城被人刺杀，上疏请求追捕凶手，查清事件，陈词激切，得罪权贵，被贬为江州司马。当时元稹被贬通州，卧病在床，惊闻好友被贬，立刻抱病写下这首情真意切的诗远寄江州。诗歌情调悲怆，凄凉的景色与凄凉的心境融洽为一，表现出元白的深厚友情。白居易读诗后深受感动，后来在《与元微之书》写道："此句他人尚不可闻，况仆心哉！至今每吟，犹恻恻耳。"

二、语言的凝练性

诗歌是语言的艺术，诗歌更注重语言的锤炼。黑格尔在《美学》中谈到："作为诗的观念的传达手段，文字这个因素也和用在散文表现里的有所不同，它在诗里本身就是目的，应该显得是精练的。"只有用简约的文字表达丰富的内容，用含蓄的话语涵盖深厚的意蕴，才能达到含蓄隽永、凝练传神的艺术效果。臧克家在《学诗断想》中提到："以经济的字句去表现容量较大的思想内容，这是诗歌的一个重要特点。"他的哲理诗《有的人》就是这一创作理念的成功范例。卞之琳的《断章》、顾城的《一代人》以及美国意象派诗人庞德的《在一个地铁车站》，都是极富语言张力的佳作。

断　章

卞之琳

你站在桥上看风景，
看风景的人在楼上看你。

明月装饰了你的窗子，
你装饰了别人的梦。

《断章》抒发了诗人哲理性的思考：宇宙万物息息相关，互为依存，明白了事物间普遍存在的相对、平衡的关系，人就不应该再有怨尤。

三、节律的音乐性

明代谢榛认为优秀诗篇具有四个特点："诵之行云流水，听之金声玉振，观之明霞散绮，讲之独茧抽丝。"（《四溟诗话》）前两句谈声律，后两句指文采和内容。英国诗人柯勒律治直言不讳地强调："心灵里没有音乐，决不能成为一个真正的诗人。"诗歌的音乐性体现在语句长短错落变化的整齐之美和参差之美中，体现在节律高低、轻重、舒缓和停连变化的抑扬之美中，体现在平仄、对仗、押韵的声律美中和语句的双声、叠韵、复沓的音韵美中。黑格尔说："音节和韵是诗的原始的唯一的愉悦感官的芬芳气息。"押韵、声韵和谐能加强节奏，消除疲劳,对仗语句整齐、平仄富于变化,这些都构成音乐美。“词之荡漾处,多用叠韵,促节处用双声,则其铿锵可诵”(王国维《人间词话》)。叠韵使音节铿锵,双声让音调婉转,抑扬顿挫,悦耳动听。李重华《贞一斋诗话》云:“叠韵如两玉相叩,取其铿锵;双声如贯珠相联,取其婉转。”“蒹葭”“参差”“窈窕”“辗转”这些双声叠韵词的某个音素有规律重复出现,造成音素的回旋,形成听觉上的美感,而《诗经》重章叠句的复沓形式同样强化了诗歌的音乐美。

郑风·子衿

青青子衿,悠悠我心。
纵我不往,子宁不嗣(yí)音?

青青子佩,悠悠我思。
纵我不往,子宁不来?

挑兮达兮,在城阙兮。
一日不见,如三月兮。

这首诗采用倒叙手法写一位女子在城楼上等候她的恋人。“青青子衿”“青青子佩”,是以恋人的衣饰借代恋人。对方的衣饰给她留下这么深刻的印象,使她念念不忘,可想见其相思萦怀之情。如今因受阻不能前去赴约,只好等恋人过来相会,可望穿秋水,不见影儿,浓浓的爱意不由转化为惆怅与幽怨:纵然我没有去找你,你为何就不能捎个音信?纵然我没有去找你,你为何就不能主动前来?第三章点明地点在城楼上,写她因久候恋人不至而心烦意乱,来来回回地走个不停,觉得虽然只有一天不见面,却好像分别了三个月那么漫长。“青青”“悠悠”的叠字运用,以及“衿”“心”“音”的音韵和谐,三章内容重章叠句增加了诗歌的音乐性。

四、表现手法的多样性

诗歌具有丰富多彩的表现手法,常常运用想象、夸张、比兴、隐喻、象征等艺术手法,创造出新颖独特的艺术形象,用以抒发情感,表现生活。比如爱情诗的开山之作《关雎》首句:“关关雎鸠,在河之洲,窈窕淑女,君子好逑”就是运用了比兴的手法。当代诗人曹增书的咏物短章《落叶》:“不是风的劝说,而是你自己的深谋远虑,方使树如释重负”,歌颂了落叶自知、自省和自动让位的美德,三行诗所释放的“暗示能”是相当大的。

卫风·木瓜

投我以木瓜,报之以琼琚(jū)。
匪报也,永以为好也。

投我以木桃,报之以琼瑶。
匪报也,永以为好也。

投我以木李，报之以琼玖(jiǔ)。
匪报也，永以为好也。

这是一首描写男女青年互赠礼物以永结同心的爱情诗。男女交往中的“投桃报李”，已不止是一般的礼节，而是一种礼仪。礼物本身的价值已不重要，象征意义更加突出，以示两心相许，两情相悦。“木瓜”“木桃”“木李”与“琼琚”“琼瑶”“琼玖”具有象征意蕴，同时，重章叠韵的复沓形式强化了抒情的效果。

第二节　古典诗词的特征和类型

诗词具有感情饱满、想象丰富、意境深邃、韵律和谐的特点，诗词的诵读需要把这些淋漓尽致地表现出来。诗词中古典诗词和现代诗歌的诵读方法是不相同的，现代诗歌诵读是直接表达情感和情绪的，成功的诵读要把作品的感情充分表达出来，力求感染听众或观众；古诗词的吟诵不直接表达情感和情绪，但在诵读和吟唱的过程中能酝酿、触发、生成和发展情感和情绪，是吟诵者的自我陶醉，正所谓“浅唱低吟”。美学家朱光潜先生在《诗论》中说：“诵诗的难处和作诗的难处一样，一方面要保留音乐的形式化的节奏，一方面又要语言的节奏，这就是说，要在迁就规律之中流露活跃的生气。”说明诵读古诗词需要一定的艺术功底。

古典诗词有诗、词、曲三大类，包括《诗经》《楚辞》、汉乐府、古体诗、格律诗、词、曲等。

一、诗

古典诗词适合诵读的多为古体诗与格律诗。古体诗与格律诗的区别在于四个方面：押韵、对仗、平仄、字数。

(一)格律诗

格律诗发端于南北朝的齐梁时期，成熟于唐初。格律诗押韵严格、对仗工整、讲究平仄、字数固定，只有五、七言两种，律诗规定为八句，绝句规定为四句，八句以上的叫排律，也叫长律。格律诗押韵严格，每首诗只能用一个韵，长律也如此，并且只能在偶数句押韵，除首句可押韵可不押韵外(平声收尾押韵，仄声收尾不押韵)，其余奇数句都不能押韵。讲究平仄是格律诗区别于古体诗的一大特点，古代四声指平、上、去、入，现代汉语中平已分为阴平和阳平，入声则已归入四声中。因此，古代诗词中平仄的“平”指现代汉语的阴平和阳平，“仄”指上、去，入声只在方言中才有，所以现代汉语语音难以完全诵出古诗的音韵美。格律诗常见的两种平仄定式是：

第一式：七言仄起(后五字为“五言平起”)。

仄仄平平平仄仄　　(首句若押韵为：仄仄平平仄仄平)
平平仄仄仄平平　　(韵)
平平仄仄平平仄
仄仄平平仄仄平　　(韵)

第二式:七言平起(后五字为“五言仄起”)。

平平仄仄平平仄　　(首句若押韵为:平平仄仄仄平平)
仄仄平平仄仄平　　(韵)
仄仄平平平仄仄
平平仄仄仄平平　　(韵)

下文杜甫的《绝句》属于第一式,元稹的《离思》属于第二式,请诵读。

绝　句

(唐)杜甫

两个黄鹂鸣翠柳,一行白鹭上青天。
窗含西岭千秋雪,门泊东吴万里船。

离　思

(唐)元稹

曾经沧海难为水,除却巫山不是云。
取次花丛懒回顾,半缘修道半缘君。

格律诗讲究格律,句式整齐,音韵铿锵。律诗每首八句,可分为首、颔、颈、尾四联。每联的两句中,上句为出句,下句为对句。每句的平仄均有严格规定,尤其是二、四、六字的平仄不得随意变更;凡双数句都要押韵(首联灵活,可押可不押),多押平声韵,一韵到底,不得换韵;中间两联必须对仗。绝句,也称律绝,每首两联,押韵、平仄与律诗相同。人们常说,律诗的颔联与颈联正是一首绝句。

下面诵读杜甫的《蜀相》,并与上文中的《绝句》对比,分析律诗与绝句的特点。

蜀　相

(唐)杜甫

丞相祠堂何处寻?锦官城外柏森森。
映阶碧草自春色,隔叶黄鹂空好音。
三顾频烦天下计,两朝开济老臣心。
出师未捷身先死,长使英雄泪满襟。

(二)古体诗

古体诗又叫“古风”,多指唐以前的创作或拟作,是由民歌发展而来的,要求相对宽松,用韵自由,不讲平仄和对仗。《诗经》《楚辞》、乐府歌行体都是古体诗歌。

古体诗每句字数不定,四言、五言、六言、七言乃至杂言(句子参差不齐)都有,每首的句数也不定,少则两句,多则几十、上百句。古体诗押韵自由,每首诗可用一个韵,也可两个以上,并允许换韵;可平声韵,可仄声韵。古体诗的平仄则未成规律。

古体诗句式自由,便于抒情,尤其是杂言诗整齐中富于变化,抒情酣畅,具有抑扬顿挫的音乐美，比如“君不见走马川行雪海边，平沙莽莽黄入天”。此外，古体诗篇幅较长，诗句容量大，叙事诗可以大展拳脚，比如白居易的《长恨歌》和《琵琶行》，汉代的《孔雀东南飞》等，具有格律诗无法比拟的文体优势。

《诗经》是我国第一部诗歌总集，是现实主义诗歌的源头，分为风、雅、颂三大体例，多为四言诗，句式整齐，富有音韵美，如“昔我往矣，杨柳依依。今我来思，雨雪霏霏。”偶有杂言诗，句式参差变化，一唱三叹，便于抒发强烈的情感，如“不稼不穑，胡取禾三百廛兮？不狩不猎，胡瞻尔庭有悬貆兮？”一般采用赋、比、兴的艺术手法表现现实内容，比如《王风·黍离》每章首句就采用了比兴手法，而后四句运用了赋的手法。

王风·黍离

彼黍离离，彼稷之苗。
行迈靡靡，中心摇摇。
知我者，谓我心忧，
不知我者，谓我何求。
悠悠苍天！此何人哉？

彼黍离离，彼稷之穗。
行迈靡靡，中心如醉。
知我者，谓我心忧，
不知我者，谓我何求。
悠悠苍天！此何人哉？

彼黍离离，彼稷之实。
行迈靡靡，中心如噎。
知我者，谓我心忧，
不知我者，谓我何求。
悠悠苍天！此何人哉？

《楚辞》是我国浪漫主义诗歌的源头，其特征是“书楚语，作楚声，记楚地，名楚物”，由于正音和理解难度大，更适合诵读。比如《离骚》全诗 372 句，2464 字，是我国古代最长的抒情诗。全诗 93 节，节选部分表达了诗人追求“美政”，虽九死而终不悔的节操，表现了忧国忧民，为理想而献身的爱国精神。

离骚（节选）

（战国）屈原

长太息以掩涕兮，哀民生之多艰。
余虽好修姱（kuā）以鞿羁（jījī）兮，謇（jiǎn）朝谇（suì）而夕替。
既替余以蕙纕（xiāng）兮，又申之以揽茝（zhǐ）。
亦余心之所善兮，虽九死其犹未悔！

怨灵修之浩荡兮,终不察夫民心。
众女嫉余之蛾眉兮,谣诼(zhuó)谓余以善淫。
固时俗之工巧兮,偭(miǎn)规矩而改错。
背绳墨以追曲兮,竞周容以为度。
忳(tún)郁邑余侘傺(chàchì)兮,吾独穷困乎此时也。
宁溘(kè)死以流亡兮,余不忍为此态也!
鸷鸟之不群兮,自前世而固然。
何方圜之能周兮,夫孰异道而相安?
屈心而抑志兮,忍尤而攘诟。
伏清白以死直兮,固前圣之所厚。

乐府诗是汉代乐府机构采自民间的作品,承继了《诗经》的现实主义传统,表现了广泛的社会现实。比如《十五从军征》反映了兵役之苦,《上山采蘼芜》表现了那个时代的婚恋生活。东汉末年一批文人的拟乐府创作《古诗十九首》表现了时代的动荡、社会的离乱,抒发了对命运、对人生的悲叹,钟嵘《诗品》评为“天衣无缝,一字千金”。

长歌行

(汉乐府)

青青园中葵,朝露待日晞。
阳春布德泽,万物生光辉。
常恐秋节至,焜黄华叶衰。
百川东到海,何时复西归?
少壮不努力,老大徒伤悲。

二、词

词是在唐、五代时为配合燕乐而产生的歌辞,所以又叫“曲子词”,后逐渐与音乐脱离关系,成为一种独立的新诗体,并以格律诗的形式流传至今。词的章法和句法特点是每首词都有一个曲牌,如“虞美人”“蝶恋花”,它规定了词调、字数、句数、平仄与韵位等。曲牌后多跟着一个词题,如《念奴娇·赤壁怀古》中“赤壁怀古”就是词的题目,《永遇乐·京口北固亭怀古》中“京口北固亭怀古”是词题。宋词分为婉约和豪放两种流派,创作风格、取材都有所不同,比如“苏门四学士”之一的秦观与苏轼分属两个流派,具有不同的创作风格。

下面诵读秦观的《鹊桥仙》,体会婉约派词作风格。

鹊桥仙

(宋)秦观

纤云弄巧,飞星传恨,
银汉迢迢暗度。
金风玉露一相逢,

便胜却人间无数。

柔情似水，佳期如梦，
忍顾鹊桥归路。
两情若是久长时，
又岂在朝朝暮暮！

三、曲

元曲分为杂剧和散曲，用于诵读的多指散曲。

散曲是金、元两代兴起，由“词”蜕化出来的一种歌曲，体式和词相近，较为自由，可以在字数定格外加衬字，较多地使用口语。散曲有小令和套数两种形式。小令只用一曲，如马致远的《天净沙·秋思》、张养浩的《山坡羊·潼关怀古》。套数则合一个曲调中的许多曲子为一套，如睢景臣的《般涉调·哨遍·高祖还乡》用[般涉调·哨遍]等一组曲子连贯组成。套数由小令之外连贯成套的曲子构成，少则两曲，多则二三十曲，没有定数限制。每一套数都以第一首曲的曲牌作全套的曲牌名，全套必须遵循同一宫调，有首有尾，一韵到底，没有宾白（对话、独白）、科介（动作），只供清唱，不能搬演，却是元杂剧的基础。

诵读关汉卿的小令《别情》，体会元曲描写离情别绪作品的语言风格。这里的“南吕”是宫调，“四块玉”是曲牌名。

【南吕】四块玉·别情

（元）关汉卿

自送别，心难舍，
一点相思几时绝？
凭阑袖拂杨花雪。
溪又斜，山又遮，人去也。

第三节　古典诗词的诵读方法

一、诵出诗词节奏美

讲究格律使古典诗词的音乐性很强，讲究韵律和平仄，刻意分布的音节，在朗读时都会表现出抑扬顿挫的韵味。格律诗一般都是隔句用韵，只要注意到这些韵脚的呼应，就会形成回环往复的节奏感。

（一）格律诗

古法吟诗的节奏就是把平声拖长，仄声（包括上、去、入声）缩短。因为古近体诗有平起仄收和仄起平收两种格式，这样就形成两种不同的节奏。以七绝为例，依“一三五不论，二四六分明”的规则,只讲二、四、六三个字。平起的首句是“平仄平”,仄起的是“仄平仄”,余三句类推。律诗的后四句和排律的以下诗句照这个规律来定快慢。今人诵读格律诗的节拍一般也都相同,按照诗句的疏密度适当划分音步,不同的格律有不同的音步安排。譬如:

七言诗为“二、二、三”格式:

朝辞|白帝|彩云间,千里|江陵|一日还。
两岸|猿声|啼不住,轻舟|已过|万重山。

五言诗则为“二、三”格式:

床前|明月光,疑是|地上霜。
举头|望明月,低头|思故乡。

用现代发音方法来诵读这些古诗时,也要根据古诗格律的疏密度适当顿歇,这样能更好地深入诗的意境,展开想象,体味诗情。同时要借“吟咏”来展示其优美的韵律,显现出它的音乐性,把诗的韵味恰如其分地表达出来。

(二)词

词的格律不同于古代诗歌,其声调的平仄和押韵也自有其规律。然而词的节奏与古典诗歌却有着相同与相通之处。品读宋词的节奏美要抓住节拍,由于词是长短句,它的旋律更自由一些,节拍更灵活一些。切分的原则,要根据句式的特点与内容的表述而定。如:

大江|东去,　　(二二式)
浪|淘尽,　　(一二式)
千古|风流|人物。　　(二二二式)

谈笑|间,　　(二一式)
樯橹|灰飞|烟灭。　　(二二二式)

问君|能有|几多|愁?　　(二二二一式)
恰似|一江|春水|向东|流。　　(二二二二一式)

千古|江山,　　(二二式)
英雄|无觅|孙仲谋|处。　　(二二三一式)

多情|自古|伤|离别,　　(二二一二式)
更那堪|冷落|清秋节。　　(三二三式)

今宵|酒醒|何处?　　(二二二式)
杨柳岸|晓风|残月。　　(三二二式)

此去|经年,　　(二二式)
应是|良辰|好景|虚设。　　(二二二二式)

二、诵出诗词音韵美

（一）合辙押韵

格律诗和词曲都有音律的要求，比如同韵的字有规律地出现会增加作品的音韵美，加强艺术感染力。韵脚是调节音节的手段，韵脚密，节奏急促；韵脚疏，节奏就缓慢。诵读时要注意体现：节奏快时，把韵脚读得响亮、清晰；节奏慢时，把韵脚的音节稍稍拖长，平仄分明。

（二）平仄相对

格律诗和词平仄有固定的要求。平声声调高昂而悠长，仄声字降抑而急促，平仄相间、抑扬变化，使音韵和谐优美。诵读时，平声悠扬绵长，仄声顿挫收敛，一唱三叹，和谐悦耳，富有抑扬之美和张弛舒缓之致。

三、诵出诗词风格美

（一）诗

不同的诗人创作风格不同，“郊寒岛瘦”，各有所长。“一语天然万古新，豪华落尽见真淳”，我国第一位田园诗人陶渊明诗风清新质朴，冲淡超远。李白的诗豪迈奔放，杜甫的诗沉郁顿挫……诵读时要把握诗作风格，诵出作家特色。

（二）词

宋代是词的鼎盛时期，从作家的审美情趣、选材趋向、创作风格入手，可将词分为豪放派和婉约派。婉约派以写闺情、离绪为主，创作面较窄；豪放派开拓了词的题材，涵盖了生活的全部，立意深远、境界扩大。诵读不同作家词作要从品味不同风格和所表达的意境入手，比如李煜的凄婉，柳永、李清照的缠绵，苏轼、辛弃疾的奔放，姜夔的苍凉……品读宋词的风格美，能提升审美情趣，得到艺术享受。

四、诵出诗词意境美

诵读诗词，接受艺术熏陶，更重要的是积淀文化底蕴，品味作品的意境美。爱国词人辛弃疾闲居江西的词作“茅檐低小，溪上青青草”和“醉里挑灯看剑，梦回吹角连营”是不同的题材，不同的意境。苏轼的“缺月挂疏桐，漏断人初静”和“一蓑烟雨任平生”是不同心境下的创作。“书读百遍，其义自见”，熟读不仅能成诵，而且能在反复品读中加深对作品的理解，陶冶情操。

第四节　古典诗词文本的诵读指导

一、诗经楚韵

(一)《诗经》诵读指导

《诗经》是中国第一部诗歌总集,它汇集了从西周初年到春秋中期五百多年间的诗歌三百零五篇。《诗经》分为风、雅、颂三部分。《诗经》内容涉及政治、经济、伦理、天文、地理、外交、风俗、文艺各个方面,被誉为“古代社会的人生百科全书”,对后世产生过深远的影响。《诗经》的表现手法是赋、比、兴,特别是“兴”的运用,“先言他物,以引起所要歌咏之事”,赋予诗歌鲜活的生命力。《诗经》在结构上采用重章叠句的形式来强化抒情的效果,这样每节句式相同,虽只变动几个字,却能收到一唱三叹、回环往复、跌宕起伏的艺术效果。《诗经》的句式以四言为主,句式整齐,朗朗上口;兼有杂言,错落有致,节奏自然。在语言上,多采用双声、叠韵、叠字的联绵词来状物、拟声,如“雎鸠”“窈窕”。在押韵上,多为隔句用韵,有的一韵到底,有的中途转韵。

《诗经》文字为先秦语言,许多字的形音义识记难度大,所以正音辨义是诵读的首要任务:古字读准,如“参差荇菜,左右芼之”的“芼”(mào);多音字辨义后定音,如“窈窕淑女,君子好逑”中的“好”(hǎo);注意语流音变,如“窈窕”,两个上声相连,第一个改读阳平。其次,确定基调,读出感情。如《氓》要读出弃妇的悲愤;《静女》读出少女的羞涩。第三,读出韵味。双声叠韵词吐字清晰悦耳;韵脚和谐动听,收到“余音袅袅,绕梁三日”的艺术魅力;重章叠句,一唱三叹,引人共鸣,带人入境,感喟不已。

1. 邶风·击鼓

【诵读指导】 这是一首著名的爱情诗,描写一名出征士兵远伐陈宋,久戍不得归,怀念妻子、思念妻子的心情,表达渴望归家与亲人团聚的强烈愿望,叙述了一位征夫对心上人的日夜思念。诗中,士兵想起“执子之手,与子偕老”的誓言,想到如今生死离别、天涯孤苦,岂能不流泪朦胧、肝肠寸断!

春秋鲁隐公四年(公元前719年),卫国公子州吁联合宋、陈、蔡三国共同伐郑,领军大将孙子仲带兵久久不归,战士思归,军心涣散。前三章主要写从军到队伍涣散的过程,后两章追述和妻子执手相别时的情景,更突出了战争的残酷与战士内心的悲凉与凄苦。诗从出征南行写起,写了战后未归的痛苦,又写了当初与亲人执手别离相约的回忆,一直到最后发出强烈的控诉,次第写来,脉络分明,而情感依次递进。叙事中推进着情感的表达,抒情中又紧连着情节的发展,相得益彰而自然天成。诵读时要定位征夫思妇的主题,把痛苦的回忆、无奈悲苦的现状与强烈的控诉相结合,以抒情为重点。

【原文】	【译文】
击鼓其镗，踊跃用兵[①]。	战鼓敲得咚咚响，奔腾跳跃练刀枪。
土国城漕[②]，我独南行。	国人挑土修漕城，我独南行上沙场。
从孙子仲，平陈与宋[③]。	跟随将军孙子仲，联合陈国与宋国。
不我以归，忧心有忡。	不许我们回家乡，忧愁痛苦满心伤。
爰居爰处[④]？爰丧其马？	哪里是我栖身处？哪里丢失我的马？
于以求之？于林之下。	让我哪里去寻找？在那山坡树林下。
死生契阔，与子成说[⑤]。	生离死别好凄苦，先前与你有誓言。
执子之手，与子偕老。	紧紧拉着你的手，与你偕老到白头。
于嗟阔兮[⑥]，不我活兮。	可叹远隔千万里，想要生还难上难。
于嗟洵兮[⑦]，不我信兮。	可叹生死长别离，山盟海誓成空谈。

【正音辨义】

① 镗(tánɡ)：击鼓的声音，其镗，即“镗镗”。兵：刀枪等武器。

② 土国：国内修筑土城。漕：地名。

③ 孙子仲：人名，邶国将军，统兵的主帅。平：和好。

④ 爰：(yuán)：本发声词，犹言“于是”，没有实义。

⑤ 契阔：离散聚合。契：合。阔：远离。成说：誓约，预先约定的话。

⑥ 于嗟(xūjiē)：感叹词，即“吁嗟”，犹言今之“哎哟”。

⑦ 洵(xùn)：远。

2. 陈风·月出

【诵读指导】 这是一首在月下怀念美人的抒情短诗，表现了青年男子对倾慕少女的赞美、向往与追求。三章结构相同，远天明月——近处美人——美人的仪容姿态——诗人的哀怨渴求，由远及近，自物而心，从视觉印象的朦胧描绘到情绪变化的确切揭示，从清新隽永的美好意境到凄婉久绝的孤独心境，这一切都颇有层次地得到了艺术的再现。诗歌情景相融，浑然天成。月色美好，使人联想到美人的秀媚；月悬中天，恰似美人高不可攀；月光朦胧，则既增加了美人的神秘性，也烘托了诗人可思而不可得的怅惘心境。诵读时要抓住线索和抒情的层次，渐进地表现作品的情感内涵。

【原文】	【译文】
月出皎兮[①]，佼人僚兮[②]。	月亮出来多明亮，美人仪容真漂亮。
舒窈纠兮[③]，劳心悄兮[④]。	身姿窈窕步轻盈，让我思念心烦忧。
月出皓兮，佼人懰兮[⑤]。	月亮出来多洁白，美人仪容真姣好。
舒懮受兮，劳心慅兮[⑥]。	身姿窈窕步舒缓，让我思念心忧愁。
月出照兮，佼人燎兮[⑦]。	月亮出来光普照，美人仪容真美好。
舒夭绍兮[⑧]，劳心惨兮[⑨]。	身姿窈窕步优美，让我思念心烦躁。

【正音辨义】

① 皎：明亮，洁白光明。《文选》注引作“皦”，字通。

② 佼(jiǎo)人：或作“姣”，美人。僚(liǎo)：美好的样子。

③ 窈纠(yǎojiǎo):女子舒缓的姿态。

④ 劳:忧。悄:忧愁的样子。这句是诗人自道其由爱情而生的烦闷。二、三章仿此。

⑤ 皓:洁白,犹“皎”。懰(liǔ):姣好的样子。

⑥ 懮(yǒu)受:指女子行走时体态优美的样子。慅(sāo):忧愁的样子。

⑦ 燎:美好。

⑧ 夭绍:女子体态柔美的样子,汉赋里往往写作“要绍”,曲貌。“窈纠”“懮受”“夭绍”都是形容女子行动时的曲线美,就是曹植《洛神赋》所谓“婉若游龙”。

⑨ 惨:忧愁烦躁的样子,读若“懆(zào)”,声近义同。“懆”,犹“懆懆”,不安。

3. 小雅·鹿鸣

【诵读指导】 这是一首贵族宴饮宾客的乐歌,表达了主人待客的真挚情谊,展示了主人谦恭礼让、文质彬彬的君子风范,也由主人的态度中侧面反映了客人们的美好品德。全诗三章,首章写高朋满座,“我”用美好的音乐愉悦他们,并赠送币帛给嘉宾们;二章写用美酒招待宾客,宾主同饮共欢;末章兼写奏乐和饮酒两项内容,进一步渲染宴客的欢乐气氛。

作为优秀的宴客诗,《鹿鸣》对后世颇有影响,曹操在《短歌行》中曾引用开头四句表达自己求贤若渴的政治襟抱。封建帝王称朝廷招待新举进士的宴会为“鹿鸣宴”,也源于本诗。诵读时要表现出宴会中欢快的心情、热闹的场景、礼让的风范、融洽的氛围,声音明快、高亢。

【原文】	【译文】
呦呦鹿鸣,食野之苹①。	野鹿呦呦叫不停,在那野外吃青苹。
我有嘉宾,鼓瑟吹笙。	我有高贵的宾客,相邀弹瑟又吹笙。
吹笙鼓簧,承筐是将②。	吹笙鼓簧悦宾客,礼品成筐送上来。
人之好我,示我周行③。	众位宾客关爱我,为我指路多广阔。
呦呦鹿鸣,食野之蒿。	野鹿呦呦不停叫,在那野外吃青蒿。
我有嘉宾,德音孔昭④。	我有高贵的宾客,品德高尚声名好。
视民不恌,君子是则是效⑤。	教人忠厚不轻佻,君子循规要仿效。
我有旨酒,嘉宾式燕以敖⑥。	我备美酒和佳肴,宾客宴饮乐陶陶。
呦呦鹿鸣,食野之芩⑦。	野鹿呦呦不停叫,在那野外吃芩草。
我有嘉宾,鼓瑟鼓琴。	我有高贵的宾客,弹瑟奏琴勤相邀。
鼓瑟鼓琴,和乐且湛⑧。	弹瑟奏琴勤相邀,融洽欢欣乐尽兴。
我有旨酒,以燕乐嘉宾之心。	我备美酒和佳肴,宴乐宾客心愉悦。

【正音辨义】

① 呦呦(yōu):鹿的叫声。苹:草名,即皤蒿。

② 簧:乐器中用以发声的片状振动体,这里指乐器。承:捧着。将:献上。

③ 好:关爱。周行(háng):大路。

④ 德音:美德。孔:很,十分。昭:鲜明。

⑤ 视:示,昭示。恌(tiāo):轻佻。则:榜样。效:模仿。

⑥ 旨酒:美酒。式:语气助词,无实义。燕:同“宴”。敖:同“遨”,意思是游玩。

⑦ 芩(qín):草名,属蒿类植物。

⑧ 湛(dān):快活得长久。

4. 卫风・硕人

【诵读指导】 这首诗写卫庄公夫人庄姜初嫁,盛赞其美丽绝伦,是中国诗歌写女人之美的千古绝唱。美丽是一种天赋,人的才能、智能、知识、修养等,可以通过后天的勤奋和努力来增加、提高、补充、发展和改变,唯有美丽不可由人为努力来改变或达到。无论多么高明的整容术和化妆术,都无法和天生丽质相媲美。美容化妆可以使“齿如瓠犀”,却无法使“手如柔荑,肤如凝脂”,更无法造出“巧笑倩兮,美目盼兮”。虽然不同时代有不同的审美标准,比如汉代以纤巧轻盈为美,唐代以丰腴绰约为美,现代以健康活力为美,但依然有一些千古不易、人人皆以为美的东西:细腻幼滑、白皙柔嫩的肌肤,黑白分明、大而有神、深如秋潭的双眼,挺直的鼻梁,洁白齐整的牙齿等。面对庄姜倾国倾城的天生丽质,我们由衷地赞叹造化的神明。诵读时要表现出赞美、欣赏的语气,语音优美,悦耳动听。

【原文】	【译文】
硕人其颀,衣锦褧衣①。	美人身材真苗条,穿着锦衣罩布衣。
齐侯之子,卫侯之妻。	她是齐庄公的女,又是卫庄公的妻。
东宫之妹②,邢侯之姨,	齐国太子的妹妹,邢国诸侯的小姨,
谭公维私③。手如柔荑④,	谭公还是她妹夫。手指柔软如茅芽,
肤如凝脂。领如蝤蛴⑤,	肌肤细滑如脂膏。脖子雪白如蝤蛴,
齿如瓠犀⑥。螓首蛾眉⑦,	齿白齐整如瓜子。前额方正眉细弯,
巧笑倩兮,美目盼兮⑧。	轻轻一笑酒窝生,两眼顾盼似秋波。
硕人敖敖,说于农郊⑨。	美人身材好苗条,停车休息在近郊。
四牡有骄⑩,朱幩镳镳⑪。	四匹公马多雄壮,红绸挂在马嚼旁。
翟茀以朝⑫,大夫夙退,	羽饰车驾到王宫,大夫无事早退朝,
无使君劳。河水洋洋⑬,	莫使新人太疲劳。黄河之水浩荡荡,
北流活活⑭。施罛濊濊⑮,	激越奔流向北方。撒网入河沙沙响,
鳣鲔发发⑯。葭菼揭揭⑰,	蝗鱼鳝鱼捕在网。初生芦荻长又长,
庶姜孽孽⑱,庶士有朅⑲。	随嫁姜女尽盛装,陪送男子也雄壮。

【正音辨义】

① 硕:美。颀(qí):身材修长的样子。褧(jiǒng):麻布制的罩衣,用来遮灰尘。

② 东宫:指太子。

③ 私:姊妹的丈夫。

④ 荑(tí):白茅初生的嫩芽。

⑤ 领:脖子。蝤蛴(qiúqí):天牛的幼虫,身体长而白。

⑥ 瓠(hù)犀:葫芦籽,洁白整齐。

⑦ 螓(qín):蝉类,头宽广方正。蛾:蚕蛾,眉细长而黑。

⑧ 倩:笑时脸颊现出酒窝的样子。盼:眼睛里黑白分明。

⑨ 敖敖:身材苗条的样子。说(shuì):同“税”,停息。农郊:近郊。

⑩ 牡:雄,这里指雄马。骄:指马身体雄壮。

⑪ 朱:红色。幩(fén):马嚼铁外挂的绸子。镳镳(biāo):马嚼子。

⑫ 翟㚇(dífú):车后遮挡围子上的野鸡毛,用作装饰。

⑬ 洋洋:河水盛大的样子。

⑭ 北流:向北流的河。活活(kuò):水奔流声。

⑮ 施:设,放下。罛(gū):一种大的渔网。濊濊(huò):撒网入水发出的响声。

⑯ 鳣(zhān):鳇鱼。鲔(wěi):鳝鱼。发发(bō):鱼多的样子。

⑰ 葭(jiā):初生的芦苇。菼(tǎn):初生的荻。揭揭:长的样子。

⑱ 庶姜:众姜,指随嫁的姜姓女子。孽孽:装饰华丽的样子。

⑲ 士:指陪嫁的媵臣。朅(qiè):形容威武健壮的样子。

(二)《楚辞》诵读指导

楚辞是战国后期以屈原为代表的诗人在楚国民歌基础上开创的一种新诗体。《诗经》是中原文化的代表,《楚辞》是与中原文化交相辉映的楚文化的重要组成部分。楚辞的创作手法是浪漫主义的,它感情奔放,想象奇特,且具有浓郁的楚国地方特色和神话色彩。在诗的语言上,楚辞讲求用词华丽,对偶工巧,追求诗情的内在美与语言外在美的统一。楚辞的句式较活泼,除《橘颂》外楚辞很少用整齐的四言体,语句可长可短,在句尾或句中多用语气词"兮"字,结构上更富于变化,适合表现丰富复杂的思想感情。楚辞区别于中原歌谣的另一个显著特征是在诗的篇幅上。屈原的作品,除《九歌》外,都是鸿篇巨制。歌谣总是篇幅短小而语言简朴的,楚辞正是摆脱了歌谣的形式,才能使用繁丽的文辞,容纳复杂的内涵,表现丰富的思想感情。

作为楚文化的典型代表,《楚辞》中的先秦语言学习难度更大,许多字的形音义识记困难,所以正音辨义是诵读的首要任务。首先,古字读准,如"后皇嘉树,橘徕服兮"的"徕"(lái);多音字辨义后定音,如"年岁虽少,可师长兮"中的"长"(zhǎng);通假字按意读音,如"操吴戈兮被犀甲"中"被"是"披"的通假字,所以"被"要读"披"的字音。其次,把握基调,读准感情。如《国殇》要读出祭歌的慷慨悲壮,《橘颂》读出诗人对祖国的挚爱深情。第三,读出诗歌的韵味。四言诗句式整齐、音节和谐;七言诗四三节拍停延,中间的"兮"字拖腔蓄势,句末归音到位,清晰悦耳;长短句错落有致,读出参差之美,再现作品内在感情的细微变化。此外,由于楚辞多为浪漫主义风格作品,想象丰富,夸张奇特,诵读者要做到"思接千载,视通万里",方能将无声的文字材料创造性地再现出来,变成富有感染力的有声语料,将听众"带入"到作品的语境中,引起共鸣,达到预期的艺术效果。

1. 九歌·国殇

(战国)屈原

【诵读指导】 屈原(约公元前339—约公元前278),名平,字原,战国时期楚国人,伟大的爱国主义诗人。楚怀王时任左徒、三闾大夫。对内主张举贤授能,修明政治。对外主张联齐抗秦。被谗,遭放逐。楚襄王时再遭谗毁,迁于江南多年,后见楚国政治腐败,无力挽救,怀着深沉的忧愤,自沉于汨罗江。最有代表性的作品是抒情长诗《离骚》,另有《九歌》《九章》《天问》等,在我国文学史上有深远影响。

《国殇》是《九歌》中的一首诗歌,"国殇"是指为国牺牲的将士。这首诗歌是为祭祀为保卫国土而战死的将士的祭歌,歌颂了将士的英雄气概和壮烈牺牲的精神,对雪洗国耻寄予热望,抒发了作者热爱祖国的高尚感情。本诗的写作从敌胜我败着笔,反映了楚国当时的政治和军事形势。全诗分三节,第一节描绘车战的激烈场面，第二节写楚方寡不敌众、全部战死的悲壮场面，第三节是对为国战死者的赞颂，歌颂了楚国将士为保卫国家不惜牺牲、视死如归的英雄气概和豪迈精神。

善于用夸张的语态营造战争场面和氛围，烘托战斗的惨烈和悲壮，表现爱国将士们惊天地、泣鬼神的牺牲精神，是诵读此诗的感情基调。本诗生动地再现了战场厮杀的场面，用诗歌的语言形象地描绘了将士们浴血奋战直至壮烈牺牲的战斗历程。诵读中要有画面感，善于用有声语言给听众营造如临其境的感受，让听众随着跳跃的诗句，用想象勾画一个个战斗的场景，用联想补白有限的诗句留给人们的无限空间，同时感染听众，激发起爱国的高昂热情。

【原文】	【译文】
操吴戈兮被犀甲[①]，	手拿吴戈啊身穿犀皮甲，
车错毂兮短兵接[②]。	战车交错啊刀剑相砍杀。
旌蔽日兮敌若云[③]，	旗帜蔽日啊敌人如乌云，
矢交坠兮士争先[④]。	飞箭交坠啊士卒勇争先。
凌余阵兮躐余行[⑤]，	犯我阵地啊践踏我队伍，
左骖殪兮右刃伤[⑥]。	左骖死去啊右骖被刀伤。
霾两轮兮絷四马[⑦]，	埋住两轮啊绊住四匹马，
援玉枹兮击鸣鼓[⑧]。	手拿玉槌啊敲打响战鼓。
天时怼兮威灵怒[⑨]，	天昏地暗啊威严神灵怒，
严杀尽兮弃原野[⑩]。	残酷杀尽啊尸首弃原野。
出不入兮往不反[⑪]，	出征不回啊往前不复返，
平原忽兮路超远[⑫]。	平原迷漫啊路途很遥远。
带长剑兮挟秦弓[⑬]，	佩带长剑啊挟着强弓弩，
首身离兮心不惩[⑭]。	首身分离啊壮心不改变。
诚既勇兮又以武[⑮]，	实在勇敢啊富有战斗力，
终刚强兮不可凌[⑯]。	始终刚强啊没人能侵犯。
身既死兮神以灵[⑰]，	身已死亡啊精神永不死，
魂魄毅兮为鬼雄[⑱]！	您的魂魄啊为鬼中英雄！

【正音辨义】

① 操：拿着。吴戈：战国时吴国制造的一种特别锋利的戈。被(pī)：通"披"。犀甲：犀牛皮制作的铠甲。

② 车错毂(gǔ)：指两国双方激烈交战，战车交错。毂是车轮中心插轴的地方。短兵：指刀剑一类的短兵器。

③ 旌蔽日兮敌若云：旌旗遮蔽了太阳，敌兵像云一样聚集在一起。旌(jīng)：用羽毛装饰的旗子。

④ 矢交坠兮士争先：是说双方激战，流箭交错，纷纷坠落，战士却奋勇争先杀敌。矢：箭。

⑤ 凌：侵犯。躐(liè)：践踏。行(háng)：行列。

⑥ 左骖(cān)：古代战车用四匹马拉，中间的两匹马叫"服"，左右两边的叫"骖"。殪(yì)：倒地而死。右：指右骖。刃伤：为兵刃所伤。

⑦ 霾两轮兮絷四马：战车两轮陷在土中，驾车的四马被绊住了。霾(mái)：通"埋"。絷(zhí)：绊住。

⑧ 援玉枹(fú)兮击鸣鼓：主帅鸣击战鼓以振作士气。援：拿着。玉枹(fú)：用玉装饰的鼓槌。

⑨ 天时：天意。怼(duì)：怨怒。威灵怒：神明震怒。

⑩ 严杀:酣战痛杀。弃原野:指骸骨弃在战场上。
⑪ 出不入兮往不反:指战士抱着义无反顾的必死决心。
⑫ 忽:指原野宽广无际。超(tiáo):通“迢”。
⑬ 挟(xié):携,拿。秦弓:战国秦地所造的弓(因射程较远而著名)。
⑭ 首身离:头和身体分离,指战死。惩:恐惧,悔恨。
⑮ 诚:果然是,诚然。
⑯ 终:始终。
⑰ 神以灵:精神永存,指死者的英灵不泯,精神不死。
⑱ 魂魄毅兮为鬼雄:一作“子魂魄兮为鬼雄”。子:指殇者。鬼雄:鬼中雄杰。

2. 九章·橘颂

(战国)屈原

【诵读指导】《橘颂》选自《九章》,是屈原早期咏物言志的名作。“颂”是一种诗体,取义于《诗经》“风、雅、颂”之“颂”。橘颂:赞颂橘树之美。“橘生淮南则为橘,生于淮北则为枳”,这在热爱故国乡土的屈原看来正与自己矢志不渝的爱国情志相通,所以他以南国的橘树作为砥砺志节的榜样,深情地写下这首咏物名作。

本诗共两节,诵读时通篇应贯穿一个“颂”字:第一节重在歌颂橘树俊逸动人的外在美,可以尽情地夸饰,语态可华丽渲染些;第二节歌颂橘树的内在精神,语态应沉稳典雅些。“兮”是语尾助词,可将字节张开拖住,保留韵味,但又把诗的骨魂凸现出来,如“年岁虽少,可师长兮。行比伯夷,置以为像兮”。橘树象征着身处逆境、不改操守的高洁之士,他们的品德可以参天地,诵读者要酝酿情感、逐渐蓄势,用意蕴深厚的语态将其托出,推入高潮。“师长”和“像”都是榜样、师表的意思,作为主要重音处理,才能充分表现出该诗的主旨。

【原文】	【译文】
后皇嘉树,橘徕服兮①。	橘啊,你这天地间的佳树,生来就适应当地的水土。
受命不迁,生南国兮②。	你的天性坚贞不变,生长在江南的国度啊。
深固难徙,更壹志兮③。	根深蒂固难以迁移,那是由于你专一的意志啊。
绿叶素荣,纷其可喜兮④。	绿叶衬着白花,繁茂得让人欢喜啊。
曾枝剡棘,圆果抟兮⑤。	枝儿层层,刺儿锋利,圆满的果实啊。
青黄杂糅,文章烂兮⑥。	青中闪黄,黄里带青,色彩多么绚丽啊。
精色内白⑦,类任道兮。	外观精美,内心洁净,类似有道德的君子啊。
纷缊宜修,姱而不丑兮⑧。	长得繁茂又美观,婀娜多姿毫无瑕疵啊。
嗟尔幼志,有以异兮。	啊,你幼年的志向,就与众不同啊。
独立不迁,岂不可喜兮?	特立独行永不改变,怎不使人敬重啊。
深固难徙,廓其无求兮⑨。	坚定不移的品质,你心胸开阔无所私求啊。
苏世独立,横而不流兮⑩。	你远离世俗独善其身,敢于横渡而不随波逐流啊。
闭心自慎⑪,终不失过兮。	小心谨慎从不轻率,自始至终不犯过失啊。
秉德无私,参天地兮。	遵守道德毫无私心,真可与天地相比啊。
愿岁并谢⑫,与长友兮。	愿在万物凋零的季节,我与你结成知己啊。

淑离不淫，梗其有理兮[13]。	内善外美而不放纵，多么正直而富有做人原则啊。
年岁虽少，可师长兮。	你的年纪虽然不大，却可作人们的良师啊。
行比伯夷，置以为像兮[14]。	品行好比古代的伯夷，种在这里作我为人的榜样啊。

【正音辨义】

① 后：后土。皇：皇天。徕（lái）：同“来”。服：适应。

② 受命：受命于天，即天性。

③ 深固：根深蒂固。难徙：难以迁徙。壹：专一。

④ 素荣：白花。纷：繁盛之状。

⑤ 曾（céng）：同“层”。剡（yǎn）棘：指枝上尖利的刺。抟（tuán）：同“团”，圆美。

⑥ 文章：文采，指橘子的颜色。

⑦ 精色：鲜红的表皮。内白：白色的内瓤。

⑧ 纷缊：茂密。宜修：美好。姱（kuā）：美好。

⑨ 廓：指胸襟豁达。

⑩ 苏世：醒世，疏远俗世。横：横立世上，喻自我约束。流：流俗，喻随波逐流。

⑪ 闭心：不受外界诱惑。自慎：谨慎自重。

⑫ 岁：岁暮。并谢：百花一齐凋谢。

⑬ 淑：美，善。离：通“丽”，附丽。淫：过分，放纵。梗：正直。理：纹理。

⑭ 比：比美。伯夷：商末孤竹君长子。周灭商，伯夷与弟弟叔齐不食周粟，饿死在首阳山。后世把他看作有节操的人。置：植，立。像：榜样。

二、乐府古风

（一）汉代诗歌诵读指导

汉乐府诗歌主要是叙事诗，反映了广阔的社会现实，诵读时要加强有声语言的描述性；古诗十九首和汉末建安诗歌以抒情诗为主，诵读要从把握作品的情感基调入手。

1. 十五从军征

（汉乐府）

【诵读指导】 这首叙事诗叙述了一个十五岁参军、八十岁才退伍还乡的老兵，回家后得知亲人尽亡，目睹家园荒芜，不禁悲从中来而泪沾衣襟的情景，反映了他凄楚、迷惘的内心世界，揭露了战争带给人民的痛苦和灾难，批判了统治阶级穷兵黩武的政策和不合理的兵役制度。诵读时突出老兵凄楚、痛苦、孤寂的心情以及老无所依的悲凉处境，语速应缓慢，声音低沉、悲咽。

【原文】	【译文】
十五从军征，八十始得归。	十五岁就应征去参军，八十岁才退伍回故村。
道逢乡里人：“家中有阿谁？[1]”	路上碰到一个乡邻，问“我家里还有什么人？”

"遥望是君家,松柏冢累累[②]。"	"远远看过去是你家,松树柏树中一片墓坟。"
兔从狗窦入,雉从梁上飞[③]。	近看兔子从狗洞里出进,野鸡在屋脊上飞去飞来。
中庭生旅谷,井上生旅葵[④]。	院子里长着野生的谷子,野生的葵菜环绕着井台。
舂谷持作饭,采葵持作羹[⑤]。	捋些野谷舂米来做饭,摘下葵叶煮汤算是菜。
羹饭一时熟,不知贻阿谁[⑥]。	汤和饭一会儿都做好了,独自一人吃得很悲哀。
出门东向望,泪下沾我衣。	走出大门向着东方张望,老泪纵横洒落在征衣上。

【正音辨义】

① 乡里人:家乡人。阿:发语词。

② 冢:坟墓。累累:一个接一个的样子。

③ 窦:洞。雉:野鸡。梁:屋梁。

④ 中庭:庭中,即院子里。旅谷:野谷。旅:野生。葵:即冬葵,嫩叶可食。

⑤ 舂(chōng):去谷壳。羹:汤。

⑥ 一时:片刻、一会儿。贻:送给。

2. 饮(yìn)马长城窟行

(汉乐府)

【诵读指导】 《饮马长城窟行》选自《乐府诗集》,是《相和歌辞·瑟调曲》之一。《乐府诗集》卷三十八云:"一曰《饮马行》。长城,秦所筑以备胡者,其下有泉窟,可以饮马。古辞云:'青青河畔草,绵绵思远道。'言征戍之客,至于长城而饮其马,妇人思念其勤劳而作是曲也。"《水经注·河水》中,确有关于长城边土窟的记载,但与陈琳之作相近,而与此诗不甚相干。疑此诗是东汉时无名氏古诗,乐官配以《饮马长城窟》曲调歌唱,其本意与长城无关,只是征夫思妇之辞。诵读时要表现出思妇对征夫的挚爱情深,言辞的缠绵、关切,思念的绵长,读信的迫切、郑重。语速舒缓,音节拖长拉开。

【原文】	【译文】
青青河畔草,绵绵思远道[①]。	河边的青草连绵不绝,恰似我对远征丈夫的思念。
远道不可思,宿昔梦见之[②]。	相隔遥远思念有何用,只能相见在昨夜的梦里。
梦见在我傍,忽觉在他乡。	梦中看见丈夫在我身旁,忽然惊醒才知仍在远方。
他乡各异县,辗转不相见。	他身在远方飘忽不定,辗转各地不能相见。
枯桑知天风,海水知天寒[③]。	桑树枯叶看到了劲风力度,海水也感知到天的寒冷。
入门各自媚,谁肯相为言!	人们各自在家中相亲相爱,谁又来问候安慰我呢?
客从远方来,遗我双鲤鱼[④]。	忽然有位客人从远方来,捎来丈夫制成的鱼型书信。
呼儿烹鲤鱼,中有尺素书[⑤]。	急忙叫儿子把书信打开,从中取出绢做的书信。
长跪读素书,书中竟何如?	恭敬地常跪在地读书信,急于知道信中写了什么?
上言加餐食,下言长相忆。	首先嘱咐注意饮食冷暖,随后倾诉无尽的思念。

【正音辨义】

① 绵绵:长久不绝。

② 宿昔:昨夜。

③ "枯桑"句:枯桑虽然无枝,也当知道起风。"海水"句:海虽然广大,亦当感知天气变冷。

④ 遗(wèi):赠送。

⑤ 尺素：古人写文章或书信用长一尺左右的绢帛，称为“尺素”。素：生绢。书：书信。

3. 生年不满百

（古诗十九首）

【诵读指导】 这是一首感怀诗，感叹人生短暂，劝人及时行乐。开篇两句用“不满百”和“千岁忧”的对比嘲笑世人的荒谬。“昼短”四句点明主旨，劝慰人们尽情游乐、秉烛夜游的奇想令人惊叹。最后四句诗人否定了敛财和求仙两种人生态度，正面奉劝人们钱财生不带来死不带去，血肉之躯妄想成仙不过是白日做梦。此诗用不同的人生态度作对比，讽刺了贪图富贵的人不能达观。语言不事雕琢，平淡自然，没有矫揉造作之态。诵读语气宜凝重、感喟，后文略带嘲讽、劝勉，语音明朗、坚实、恳切。

【原文】

生年不满百[①]，常怀千岁忧[②]。
昼短苦夜长[③]，何不秉烛游[④]！
为乐当及时，何能待来兹[⑤]？
愚者爱惜费[⑥]，但为后世嗤[⑦]。
仙人王子乔[⑧]，难可与等期[⑨]。

【译文】

人生一世尚不满百年，常怀身后的种种烦忧。
苦于白昼太短夜太长，为什么不持灯烛夜游？
人生行乐就应当及时，怎么能空空等待来日？
愚蠢的人舍不得钱财，只能被后人嗤笑讽刺。
要想学那仙人王子乔，只怕难作同样的希冀。

【正音辨义】

① 生年：人的一生。
② 千岁忧：指身后的种种考虑。
③ 苦：此是兼昼短、夜长而言。
④ 秉：持、执。
⑤ 来兹：未来。
⑥ 爱惜：吝惜。费：费用，指钱财。
⑦ 嗤：耻笑。
⑧ 王子乔：传说中的仙者，见《列仙传》。
⑨ 等期：相等的期望。

4. 赠从弟[①]

（汉）刘桢

【诵读指导】 刘桢（？—217），字公干，作品流传很少，仅存十五首。他同孔融、陈琳、王粲、徐干、阮瑀、应玚并称“建安七子”。刘桢的诗风格劲挺，不重雕饰，俊逸而奇丽，他在当时甚有诗名，曹丕即称其“五言诗之善者，妙绝时人”。他性格豪迈，狂放不羁，钟嵘说他“仗气爱奇，动多振绝。贞骨凌霜，高风跨俗”。

刘桢的赠答诗中，最著名的是《赠从弟》三首。这三首诗分别用洪苹藻、松树、凤凰比喻坚贞高洁的性格，既是对其从弟的赞美，也是诗人的自我写照。本诗最佳，是其中第二首，写得豪迈凌厉，颇有“挺立自持”“高风跨俗”的气概。这是一首咏物诗，诗人紧紧扣住松柏经寒不衰、枝干坚劲的特征来描写，写出了松柏的凛然正气，成功地通过咏松柏来表现自己对高风亮节的赞美和追求。全诗格调劲健，语言质实，具有清刚之气。诵读时要了解诗中“风声一何盛，松枝一何劲”以句式的重复来突出狂风与劲松的对抗，语调紧促有力，诗情震荡，正显示了此诗以气胜的特色。全诗章法浑成，承转自然，尤其是结尾二句,以虚词设问,牵出全篇主旨,可谓收束得法,神完气足,应强收音结束。

【原文】	【译文】
亭亭山上松[②],瑟瑟谷中风[③]。	亭亭耸立的高山上的青松,瑟瑟作响的山谷中的疾风。
风声一何盛,松枝一何劲。	听那风声啊是多么的强盛,看那松枝啊是多么的遒劲!
冰霜正惨凄,终岁常端正。	冰结霜凝天气正寒冷严酷,松柏却一年到头端直刚正。
岂不罹凝寒[④]? 松柏有本性。	哪里是不曾遭受过严寒? 因松柏秉性坚贞有其本性。

【正音辨义】

① 从弟:堂弟。刘桢有《赠从弟》诗三首,都用比兴手法。这是第二首,作者以松柏为喻,勉励他的堂弟坚贞自守,不因外力压迫而改变本性。

② 亭亭:高貌。

③ 瑟瑟:风声。

④ 罹(lí):遭受。凝寒:严寒。

(二)魏晋南北朝诗诵读指导

"竹林七贤"中阮籍和嵇康是艺术成就较高的,左思的《三都赋》曾让"洛阳纸贵",第一个田园诗人陶渊明的隐逸诗作影响深远,四位诗人共同的特点是怀才不遇,以诗书怀,诵读要把握这种创作情绪。

1. 咏怀(其一)

(晋)阮籍

【诵读指导】 阮籍(210—263),字嗣宗,陈留尉氏(今河南省尉氏县)人,建安作家阮瑀之子。好学博览,尤慕老、庄,在文学上受屈原的影响较多。他反对名教,向往自然,旷达不拘礼俗。他对于新起的司马氏政权不愿合作,故而纵酒谈玄,不问世事,作消极的反抗。阮籍的五言《咏怀诗》八十二首,感慨很深,格调高浑,使他成为正始时代最重要的诗人。

《咏怀诗》是阮籍生平诗作的总题,不是一时所作。大多写生活的感慨,多为人生祸福无常,年寿有限,要求超脱利禄的圈子,放怀远大,也有对当时政治的刺讥,但写得很隐晦。此诗是八十二首《咏怀诗》中的第一首。诗歌表达了诗人内心愤懑、悲凉、落寞、忧虑等复杂的感情。这首诗采用动静相形的手法,取得了独特的艺术效果。"起坐弹鸣琴"是动;清风吹拂,月光徜徉,也是动。前者是人的动,后者是物的动,都示意着诗人内心的焦躁。然而这里的动是以如盘夜色为背景的。动,更衬出了夜的死寂,夜的深重。这茫茫夜色笼罩着一切,象征着政治形势的险恶和诗人心灵上承受着的重压。这首诗言近旨远,寄托幽深,耐人寻味。诵读语速缓慢、低沉,语气焦躁中蕴含着忧伤。

【原文】	【译文】
夜中不能寐,起坐弹鸣琴。	深更半夜我不能入眠,索性坐起拨响了琴音。
薄帷鉴明月[①],清风吹我襟。	月光照在单薄的帐幔,清风吹动着我的衣襟。
孤鸿号外野,翔鸟鸣北林[②]。	孤雁在田野之外哀号,飞鸟悲啼在北面树林。
徘徊将何见? 忧思独伤心[③]。	人与禽鸟徘徊何所见? 我忧愁思索独自伤心。

【正音辨义】

① 鉴:照。这句是说月光照于薄帷。

② 翔鸟：飞翔盘旋着的鸟。鸟在夜里飞翔正因为月明。

③ 此二句指人也兼指鸟，孤鸿、翔鸟和人一样都是在不寐时才徘徊，这时会看到些什么呢，一切都是叫人忧伤的景象。

2. 赠秀才从军(其十四)

(晋)嵇康

【诵读指导】 嵇康(223—262)，字叔夜，谯国铚县(今安徽宿县)人。三国时魏末诗人与音乐家，玄学家的代表人物之一。官至中散大夫。“竹林七贤”(阮籍、嵇康、山涛、刘伶、阮咸、向秀、王戎)的领袖人物。其诗以四言见长，风格清峻。有《嵇中散集》。

嵇康从小喜爱音乐，有极高的音乐天赋。《晋书·嵇康传》云：嵇康“学不师授，博览无不该通”，他精于笛，妙于琴，善于音律。他创作的《长清》《短清》《长侧》《短侧》四首琴曲被称为“嵇氏四弄”，是中国古代一组著名的琴曲，与东汉的“蔡氏五弄”合称“九弄”。隋炀帝曾把弹奏“九弄”作为取士的条件之一，足见其影响之大、成就之高。而《广陵散》更是成为我国十大古琴曲之一。他的《声无哀乐论》《难自然好学论》《太师箴》《明胆论》《释私论》《养生论》千秋相传。

《赠秀才从军》是嵇康送给他当兵的弟弟嵇喜的一组诗，想象嵇喜从军路上这么潇洒脱俗，其实是他自己向往的一种魏晋风度的高境界。“目送归鸿，手挥五弦”更成为后人称颂的佳句，要诵出洒脱和惬意。

【原文】	【译文】
息徒兰圃[①]，秣马华山[②]。	士兵休息兰草地，战马牧在花山坡。
流磻平皋[③]，垂纶长川[④]。	草泽平地射鸟雀，垂钩钓鱼在长河。
目送归鸿[⑤]，手挥五弦[⑥]。	目送大雁飞天际，手弹五弦奏一歌。
俯仰自得[⑦]，游心太玄[⑧]。	一俯一仰随心意，心游大道有所得。
嘉彼钓叟，得鱼忘筌[⑨]。	赞美钓鱼那老叟，得鱼忘筌诚可歌。
郢人逝矣[⑩]，谁与尽言。	郢人早已辞世去，有谁可以把道说。

【正音辨义】

① 息：停止。徒：步卒。兰圃：有兰草的野地。

② 秣(mò)马：喂马。华山：开着野花的山坡。

③ 磻(bō)：用丝绳系在箭上射鸟时，系在丝绳另一端的石块。皋：水边地。

④ 纶(lún)：钓丝。川：河流。

⑤ 鸿：大雁。

⑥ 五弦：乐器名，似琵琶而略小。

⑦ 俯仰：一抬头一低首，引申为随意四望。

⑧ 太玄：即自然。

⑨ 筌(quán)：捕鱼的竹器。

⑩ 郢：春秋时楚国的都城。

3. 咏史(其二)

(晋)左思

【诵读指导】 左思(250—305)，字太冲，临淄(今山东淄博)人，西晋时著名文学家。左思出身寒门,虽有大才,在当时的门阀制度下屡不得志,只好在诗中表述自己的抱负和对权贵的蔑视,歌颂隐士的清高。《三都赋》与《咏史》诗是其代表作。

本篇选自《咏史》诗八首,主要表现士族和寒门、豪门和贫士的对立情绪。由于门阀地位的限制,出身寒微的人,尽管才能出众也只好屈居下位;而士族子弟,不管才能如何低劣,只要凭借着祖宗和老子的权势,都可以获得高官厚禄。"上品无寒门,下品无世族";"世胄蹑高位,英俊沉下僚。"这一不平等的社会现象,在诗人的笔下,借助于"涧底松"和"山上苗","金、张"和"冯公"的对比,得到了生动的表现。诵读时要用重音突出"涧底松"与"山上苗"的对比性,强化诗人内心的愤懑不平。

【原文】	【译文】
郁郁涧底松,离离山上苗①;	茂盛的松树生长在山涧底,随风垂摇的小苗生长在山头上。
以彼径寸茎,荫此百尺条②。	(因地势高低不同)凭它径寸之苗,却能遮盖百尺之松。
世胄蹑高位③,英俊沉下僚;	贵族子弟登上高位获得权势,有才能的人却埋没在底层。
地势使之然,由来非一朝;	出身家世不同使之地位迥异,由来已久非一朝一夕造成。
金张藉旧业,七叶珥汉貂④;	汉代金张二家就是依靠祖上的遗业,子孙七代做了高官。
冯公岂不伟⑤?白首不见招!	汉代冯唐不算奇伟人才吗?可因出身低,白发仍不被重用。

【正音辨义】

① 离离:下垂貌。

② 径寸茎:直径仅一寸的茎干,指山上苗。荫:遮蔽。百尺条:指涧底松。

③ 世胄:世家子弟。

④ 金张:指西汉时金日(mì)磾(dī)、张安世两家。七叶:七代。珥(ěr):插。汉貂:汉代侍中等官都在冠旁插戴貂尾为饰。

⑤ 冯公:指冯唐,生于汉文帝时,在汉武帝时仍是一个小小郎官。

4. 杂诗(其一)

(晋)陶渊明

【诵读指导】 陶渊明(365—427),名潜,字元亮,浔阳柴桑(今九江西南)人。东晋著名的田园诗人。陶渊明《杂诗》共有十二首,此为第一首,当时陶渊明五十岁,距其辞官归田已有八年。这首诗起笔即命运之不可把握发出慨叹,读来使人感到迷惘、沉痛;继而稍稍振起,诗人执着地在生活中寻找着友爱,寻找着欢乐,给人一线希望;终篇慷慨激越,使人为之感奋。全诗用语朴实无华,取譬平常,质如璞玉,然而内蕴却极丰富,波澜跌宕,发人深省,感叹时间一去不复返,勉励人们应抓紧时间做有意义的事情。这首诗常用来鼓励年轻人,不要浪费光阴,必须及时努力,把握青春力求上进。诵读时把握慨叹、迷惘、希冀、振奋的线索转换情绪,注意过渡。

【原文】	【译文】
人生无根蒂,飘如陌上尘①。	人生在世如无根木无蒂花,如随风飘浮的尘土没有着落。
分散逐风转,此已非常身②。	命运变幻莫测人生漂泊不定,心随境变已不是最初的自我。
落地为兄弟③,何必骨肉亲!	来到世间的人都应视为兄弟,何必在意血缘关系骨肉亲情!
得欢当作乐,斗酒聚比邻④。	不如得欢乐时尽情享欢乐,美酒聚近邻,今朝有酒今朝醉。
盛年不重来⑤,一日难再晨。	美好岁月短暂易逝不复重来,一天之内难再有第二个早晨。
及时当勉励⑥,岁月不待人。	把握时机尽情享受生活的乐趣,因为岁月是不会等待人的。

【正音辨义】

① 蒂(dì):瓜、果、花与枝茎相连处都叫蒂。陌:东西的路,这里泛指路。这两句是说人生在世没有根蒂,漂泊如路上的尘土。

② 此:指此身。非常身:不是经久不变的身,即不再是盛年壮年之身。这句和上句是说生命随风飘转,此身历尽了艰难,已经不是原来的样子了。

③ 落地:刚生下来。这句和下句指,何必亲生的同胞弟兄才能相亲呢?意思是世人都应视同兄弟。

④ 斗(dǒu):酒器。比邻:近邻。这句和上句是说遇到高兴的事就应当作乐,有酒就要邀请近邻共饮。

⑤ 盛年:壮年。

⑥ 及时:趁盛年之时。这句和下句是说应当趁年富力强之时勉励自己,光阴流逝,并不等待人。

三、唐宋名篇

(一)唐宋古体诗诵读指导

古体诗指格律诗之外的古典诗歌,不讲究平仄、对仗和用韵,字数、句数不固定,形式较自由,便于抒发情感。诵读时要了解背景,诵出作品的内在情感和抑扬顿挫的韵律美。

1. 登幽州台歌[①]

(唐)陈子昂

【诵读指导】 诗人具有政治见识和政治才能,他直言敢谏,但没有被武则天所采纳,屡受打击,心情抑郁悲愤。诗写登上幽州的蓟北楼远望,悲从中来,并以“山河依旧,人物不同”来抒发自己“生不逢辰”的哀叹。语言奔放,富有感染力。在艺术表现上,前两句是俯仰古今,写出时间的绵长;第三句登楼眺望,写空间的辽阔无限;第四句写诗人孤单悲苦的心绪。诵读注意前后相互映照,凸显时空的旷远与内心的失落。句式长短参错,音节前紧后舒,声音抑扬变化,增强了艺术感染力。

前不见古人,后不见来者。
念天地之悠悠[②],独怆然而涕下[③]!

【正音辨义】

① 幽州:古十二州之一,现今北京市。

② 悠悠:渺远的样子。

③ 怆然:悲伤凄凉。涕:眼泪。

2. 春江花月夜

(唐)张若虚

【诵读指导】 张若虚(约660—720),扬州人,与贺知章、张旭、包融并称为“吴中四士”,以文词俊秀驰名于京都。其诗描写细腻,音节和谐,富有情韵,在初唐诗风的转变中有重要地位,但受六朝柔靡诗风影响,常露人生无常之感。诗作大部分散佚,《全唐诗》仅存2首,其一为《代答闺梦还》,另一首诗就是《春江花月夜》。《春江花月夜》是乐府《清商曲辞·吴声歌曲》旧题,由陈后主创制。本诗抒写了真挚感人的离别情绪和富有哲理意味的人生感慨,语言清新优美,韵律婉转悠扬,完全洗去了宫体诗的浓脂艳粉,给人以澄澈空明、清丽自然的感觉,被闻一多先生评为“顶峰上的顶峰”;有“以孤篇压倒全唐”之誉。

全诗紧扣春、江、花、月、夜的背景来写,而又以月为主体。“月”是诗中情景兼融之物,它跳动着诗人的脉搏,在全诗中犹如一条生命纽带,通贯上下,触处生神,诗情随着月轮的生落而起伏曲折。月在一夜之间经历了升起——高悬——西斜——落下的过程。在月的照耀下,江水、沙滩、天空、原野、枫树、花林、飞霜、白沙、扁舟、高楼、镜台、砧石、长飞的鸿雁、潜跃的鱼龙、不眠的思妇以及漂泊的游子,组成了完整的诗歌形象,展现出一幅充满人生哲理与生活情趣的画卷。这幅画卷在色调上是以淡寓浓,虽用水墨勾勒点染,但“墨分五彩”,从黑白相辅、虚实相生中显出绚烂多彩的艺术效果,宛如一幅淡雅的中国水墨画,体现出春江花月夜清幽的意境美。

《春江花月夜》在思想与艺术上都超越了以前那些单纯模山范水的景物诗,“羡宇宙之无穷,哀吾生之须臾”的哲理诗,抒儿女别情离绪的爱情诗。诗人将这些屡见不鲜的传统题材,注入了新的含义,融诗情、画意、哲理为一体,凭借对春江花月夜的描绘,尽情赞叹大自然的奇丽景色,讴歌人间纯洁的爱情,把对游子思妇的同情心扩大开来,与对人生哲理的追求、对宇宙奥秘的探索结合起来,从而汇成一种情、景、理水乳交融的幽美而邈远的意境。诗人将深邃美丽的艺术世界特意隐藏在惝恍迷离的艺术氛围之中,全诗仿佛笼罩在一片空灵而迷茫的月色里,吸引着读者去探寻其中美的真谛。

诵读要利用视像串联画面,体现出春江花月夜清幽的意境美;感情热烈、深沉,哲理深刻;韵律婉转和谐,三十六句诗,四句一换韵,共九韵,韵脚转换与诗情起伏变化呼应,节奏强烈而韵律优美。

春江潮水连海平,海上明月共潮生。滟滟[①]随波千万里,何处春江无月明。
江流宛转绕芳甸[②],月照花林皆似霰[③]。空里流霜不觉飞,汀上白沙看不见。
江天一色无纤尘,皎皎空中孤月轮。江畔何人初见月?江月何年初照人?
人生代代无穷已,江月年年只相似。不知江月待何人,但见长江送流水。
白云一片去悠悠,青枫浦上不胜愁[④]。谁家今夜扁舟子[⑤],何处相思明月楼?
可怜楼上月徘徊,应照离人妆镜台。玉户帘中卷不去,捣衣砧上拂还来。
此时相望不相闻,愿逐月华流照君。鸿雁长飞光不度,鱼龙潜跃水成文。
昨夜闲潭梦落花,可怜春半不还家。江水流春去欲尽,江潭落月复西斜。
斜月沉沉藏海雾,碣石[⑥]潇湘[⑦]无限路。不知乘月几人归,落月摇情满江树。

【正音辨义】

① 滟滟(yàn):水波明亮的样子。
② 芳甸:长满花草的原野。
③ 霰(xiàn):小冰粒,雪珠。
④ 青枫浦(pǔ):地名,这里泛指遥远的水边。浦:水边。
⑤ 扁(piān)舟子:飘荡江湖的旅人。
⑥ 碣石:山名,在河北昌黎西北。这里泛指北方。
⑦ 潇湘:水名,湘江的别称。这里泛指南方。

3. 蜀道难[①]

(唐)李白

【诵读指导】 李白(701—762),字太白,号青莲居士,我国唐代伟大的浪漫主义诗人,被后人尊称为“诗仙”，祖籍陇西成纪（今甘肃天水附近），幼时随父迁居绵州昌隆（今四川江油）青莲乡。李白的诗以抒情为主，杜甫有“笔落惊风雨，诗成泣鬼神”之评，是屈原之后我国最为杰出的浪漫主义诗人，著有《李太白集》。

《蜀道难》是李白拟古乐府中的长篇名作，描写了祖国山川的雄伟壮丽，也曲折地表达了作者对动乱时局的忧虑和关切。全诗以自秦（陕西）入蜀沿途的险境为线索，先从神话传说和地理形势叙说蜀道难；再用秦、蜀山川的高峻陡险，空山、鸟号、鹃啼等沿途艰畏情状，连峰、绝壁、急湍、惊崖等奇险壮观景象，具体描绘蜀道难；最后从山势的峥嵘到人情的叵测，突出蜀道难。

这首诗气势磅礴，雄奇豪放，具有浓厚的浪漫主义色彩。通篇采用丰富的想象、夸张手法，使草木禽鸟都具有鲜明生动的形象，描绘了蜀地山川景物动人心魄的奇险与壮伟，给人以回肠荡气之感。

诵读中要把握画面感：山高，水急，河山改观，林木荒寂，连峰绝壁险峻，皆有逼人之势，气象宏伟，境界阔大，变化极速，愈变愈奇，出人意料，使人目不暇接。诵出奔放的气势和豪情。

噫吁嚱②，危乎高哉！
蜀道之难，难于上青天！
蚕丛及鱼凫③，开国何茫然！
尔来四万八千岁④，不与秦塞⑤通人烟。
西当太白有鸟道⑥，可以横绝峨眉巅。
地崩山摧壮士死，然后天梯石栈相钩连⑦。
上有六龙回日之高标⑧，下有冲波逆折之回川⑨。
黄鹤之飞尚不得过，猿猱⑩欲度愁攀援。
青泥何盘盘⑪，百步九折萦岩峦。
扪参历井仰胁息，以手抚膺坐长叹⑫。

问君西游何时还？畏途巉岩⑬不可攀。
但见悲鸟号古木⑭，雄飞雌从绕林间。
又闻子规⑮啼夜月，愁空山，
蜀道之难，难于上青天！
使人听此凋朱颜！
连峰去天不盈尺，枯松倒挂倚绝壁。
飞湍瀑流争喧豗，砯崖转石万壑雷⑯。
其险也若此，嗟尔远道之人胡为乎来哉！

剑阁峥嵘而崔嵬，一夫当关，万夫莫开⑰。
所守或匪亲，化为狼与豺。
朝避猛虎，夕避长蛇，磨牙吮血，杀人如麻。
锦城虽云乐，不如早还家。
蜀道之难，难于上青天，侧身西望长咨嗟⑱！

【正音辨义】

①《蜀道难》：乐府旧题，属《相和歌辞・瑟调曲》中的调名，内容多写蜀道的艰险。李白此诗大约是在

长安送友人入蜀而作,本"蜀道难如此,功名讵可要"之意。

② 噫吁嚱(yīxūhū):蜀方言,表示惊叹声。

③ 蚕丛及鱼凫(fú):传说古蜀国两位国王的名字。

④ 尔来:尔,那,指开国之初,从那时以来。四万八千岁:极言时间之长,非确数。

⑤ 秦塞(sài):秦地。秦国自古称为四塞之国。塞:山川险要的地方。

⑥ 西当:西对。当:对着,向。太白:太白山,在长安西。鸟道:只有鸟能飞过的小路。

⑦ 地崩句:《华阳国志·蜀志》:"秦惠王知蜀王好色,许嫁五女于蜀。蜀遣五丁迎之。还到梓潼,见一大蛇入穴中。一人揽其尾掣之,不禁,至五人相助,大呼拽蛇,山崩时压杀五人及秦五女并将从,而山分为五岭。"

⑧ 六龙:相传太阳神坐由六条龙拉的车而行,被高标所阻而回车。

⑨ 冲波:水流冲击腾起的波浪,这里指激流。逆折:水流回旋。回川:有漩涡的河流。

⑩ 猿猱(náo):蜀山中最善攀援的猴类。从"西当太白有鸟道"至此,皆言蜀山之高。

⑪ 青泥:青泥岭,在今甘肃徽县南,陕西略阳县西北,岭上有入蜀通道。盘盘:曲折回旋的样子。

⑫ 扪参(shēn)历井:参、井,星宿名。扪:用手摸。历:经过。胁息:屏住呼吸。膺(yīng):胸。

⑬ 畏途:可怕的旅途。巉(chán)岩:高险的山石。

⑭ 号(háo):哭号。

⑮ 子规:即杜鹃鸟,蜀地最多,鸣声悲哀。《蜀记》曰:"昔有人姓杜名宇,王蜀,号曰望帝。宇死,俗说云宇化为子规。子规,鸟名也。蜀人闻子规鸣,皆曰望帝也。"

⑯ 喧豗(huī):水流轰响声。砯(pēng)崖:水撞岩石发出的巨大声响。转:使大石转动。

⑰ 一夫句:《文选》卷四左思《蜀都赋》:"一人守隘,万夫莫向"。《文选》卷五十六张载《剑阁铭》:"一人荷戟,万夫趑趄。形胜之地,匪亲勿居"。一夫当关:一人守关。莫开:不能打开。

⑱ 咨嗟:叹息。

4. 走马川行奉送封大夫出师西征

(唐)岑参

【诵读指导】 岑参(715—770),唐代著名边塞诗人。原籍南阳,移居江陵(今湖北荆沙)。少时读书于嵩山,后游京洛河朔,隐居终南别业。天宝三年进士及第,授右内率府兵曹参军。后赴安西高仙芝幕掌书记,复赴北庭封常清幕任职,对边塞生活深有体验。肃宗朝拜右补阙。长安收复后,转起居舍人,以上书指斥权佞,出为虢州长史。代宗朝入蜀,两任嘉州刺史。罢官后客居成都。其诗以边塞诗著称,写边塞风光及将士生活,气势磅礴,昂扬奔放,因而成为边塞诗派的代表。

岑参的边塞诗意奇语奇,或清新隽逸,或雄浑壮美。此诗雄奇豪壮,开篇极力渲染环境恶劣、风沙遮天蔽日;接着写匈奴借草黄马壮之机入侵,而封将军不畏天寒地冻,严阵以待;最后写敌军闻风丧胆,预祝凯旋。诗虽叙征战,却以叙寒冷为主,暗示冒雪征战之伟功。语句豪爽,如风发泉涌,真实动人。全诗句句用韵,三句一转,节奏急切有力,激越豪壮,别具一格。诵读基调以豪迈奔放为主。

君不见走马川行雪海边,平沙莽莽黄入天。
轮台九月风夜吼,一川碎石大如斗,随风满地石乱走。
匈奴草黄马正肥,金山[①]西见烟尘飞,汉家[②]大将西出师。
将军金甲夜不脱,半夜军行戈相拨,风头如刀面如割。
马毛带雪汗气蒸,五花连钱[③]旋作冰,幕中草檄砚水凝。
虏骑闻之应胆慑,料知短兵不敢接,车师[④]西门伫献捷。

【正音辨义】

① 金山：即阿尔泰山。

② 汉家：这里实借汉以指唐。

③ 连钱：马身上的斑纹。

④ 车师：唐安西都护府所在地，今新疆吐鲁番。

（二）唐宋格律诗诵读指导

格律诗成熟并兴盛于唐代，讲究平仄、对仗，用韵严格，字数、句数固定，富有声律的音乐美、句式的整齐美。诵读格律诗要把握五七言诗的节拍，处理好韵脚，情感饱满。

1. 望月怀远

（唐）张九龄

【诵读指导】 张九龄（678—740），唐玄宗时代官至宰相，因立太子事被贬为荆州长史。他的五言古诗语言质朴洗练，寄托深远，对改变初唐诗风贡献较大。

此诗乃望月怀思的名篇，写景抒情并举，情景交融。诗人望见明月，立刻想到远在天边的亲人，此时此刻正与我同望。有怀远之情的人，难免终夜相思，彻夜不眠。身居室内，灭烛望月，清光满屋，更觉可爱；披衣出户，露水沾润，月华如练，益加陶醉。如此境地，忽然想到月光虽美却不能采撷以赠远方亲人，倒不如回到室内，寻个美梦，或可期得欢娱的约会。诵读紧扣"怀"字抒情，节奏低沉舒缓，注意"灭""披"的动作和"怜""觉"的心理感受，最后一句的内心独白诵出深沉的感情来。

海上生明月，天涯共此时。
情人怨遥夜，竟夕起相思。
灭烛怜光满[①]，披衣觉露滋。
不堪盈手赠，还寝梦佳期。

【正音辨义】

① 灭烛两句：描写相思时心神恍惚，不觉从室内走到室外。爱月灭烛，露凉披衣，写尽无眠。

2. 月夜忆舍弟

（唐）杜甫

【诵读指导】 杜甫（712—770），字子美，自号少陵野老，世称杜工部、杜拾遗。天宝年间，杜甫到长安，仕进无门，困顿了十年，才获得右卫率府胄曹参军的小职。安史之乱开始，他流亡颠沛，竟为叛军所俘；脱险后，授官左拾遗。乾元二年他弃官西行，最后定居四川成都，一度在剑南节度使严武幕中任检校工部员外郎，晚年举家东迁，贫病而卒。杜甫生活在唐朝由盛转衰的历史时期，其诗多涉笔社会动荡、政治黑暗、人民疾苦，被誉为"诗史"。其人忧国忧民，人格高尚，诗艺精湛，一生写诗1400多首，被奉为"诗圣"。有《杜工部集》传世。

此诗作于759年，当时安史之乱尚未平定，诗人在战乱中颠沛流离，历尽国难家忧，心中满腔悲愤，望秋月而思念手足兄弟，寄托萦怀家国之情。"露从今夜白，月是故乡明"句，可见造句的神奇矫健。

诵读时把握悲愤忧怀的基调和安史之乱的背景，望月怀人，思乡忧国，韵脚字正腔圆，涵咏到位。

戍鼓断人行[1],边秋一雁声[2]。
露从今夜白,月是故乡明。
有弟皆分散,无家问死生。
寄书长不达[3],况乃未休兵。

【正音辨义】

① 戍鼓:戍楼上的更鼓。

② 边秋:一作"秋边",秋天的边境。

③ 长:一直,老是。

3. 山居秋暝[1]

(唐)王维

【诵读指导】 王维(701—761),字摩诘,盛唐时期山水田园诗派的代表诗人,在诗歌上的成就是多方面的,尤以山水诗成就最高,与孟浩然合称"王孟"。王维懂音律,又是著名的绘画大师,苏轼说他"诗中有画,画中有诗"。官至尚书右丞相,晚年无心仕途,专诚奉佛,故后人称其为"诗佛"。有《王右丞集》,存诗400首。

这首五言律诗是王维的后期作品,表达了诗人远离仕途之路,喜爱隐居山中过宁静生活的情感。诗中描绘的,便是诗人归隐在辋川别墅时所见到的秋日傍晚雨后山林的景色,表现了诗人乐于归隐的生活意趣。诗人笔下的秋景,清新而富有生气,一洗前人诗文中常见的悲凉感伤的情调和低沉灰暗的色彩。诵读时把握恬淡清新的情感基调,注意"静""幽"到"动""喧"的铺垫、转换。

空山新雨后,天气晚来秋。
明月松间照,清泉石上流。
竹喧归浣女[2],莲动下渔舟。
随意[3]春芳歇,王孙[4]自可留。

【正音辨义】

① 暝:夜,这里指傍晚。

② 浣女:洗衣服的姑娘。浣(huàn):洗。

③ 随意:任凭。

④ 王孙:原指贵族子弟,后来也泛指隐居的人,此处指诗人自己。

4. 遣悲怀

(唐)元稹

【诵读指导】 元稹(779—831),字微之,与白居易是莫逆之交,并称"元白",都是中唐时期"新乐府运动"的倡导者、实践者,有《元氏长庆集》。幼年丧父家贫,15岁明经及第,授校书郎。后授左拾遗,继任监察御史。因力图革新得罪宦官,被贬为江陵士曹。后妥协升迁,822年为宰相。不久,因时论不满出为刺史。831年死在武昌军节度使任上。

这是一首悼亡诗,主要写亡妻身后的纪念伤怀。起笔自然,毫不做作;接着写人亡物存,触目生悲;反复吟诵贫贱相交,情真意切。诵读基调哀伤深婉,语势平缓,语调低沉,情意无限。

昔日戏言身后事，今朝都到眼前来。
衣裳已施行看尽[①]，针线犹存未忍开。
尚想旧情怜婢仆[②]，也曾因梦送钱财。
诚知此恨人人有，贫贱夫妻百事哀。

【正音辨义】

① 施：施舍与人。行看尽：眼看不多了。行：快要。

② 怜婢仆：伸足“旧情”。

5. 自河南经乱兄弟离散望月有感

（唐）白居易

【诵读指导】 白居易（772—846），字乐天，号香山居士，中唐著名诗人，新乐府运动的倡导者。这是一首思念家人的抒情诗。贞元十五年（799）春，宣武节度使董晋死后部下叛乱，接着中、光、蔡等州节度使吴少诚又叛乱。唐朝廷分遣十六道兵马去攻打，战事发生在河南境内。当时南方漕运主要经过河南输送关内，由于“河南经乱”使得“关内阻饥”。全诗意在写经乱之后，怀念诸位兄弟姊妹。诗以白描手法，采用平易的家常话语，抒写人们所共有而又不是每个人俱能道出的真实情感。全诗言辞清丽，不加雕饰，句句扣紧主题，意蕴精深，情韵动人。诵读时要亲切自然，体现真情实感。

时难年荒世业空[①]，弟兄羁旅各西东[②]。
田园寥落干戈后[③]，骨肉流离道路中。
吊影分为千里雁，辞根散作九秋蓬[④]。
共看明月应垂泪，一夜乡心五处同。

【正音辨义】

① 世业：世代传下的产业。

② 羁旅：犹漂泊。

③ 寥落：冷落。干戈：本是两种武器，这里指战争。

④ 根：喻兄弟。

6. 喜见外弟又言别[①]

（唐）李益

【诵读指导】 李益（748—829），中唐边塞诗的代表诗人，“大历十才子”之一。字君虞，陕西姑臧（今甘肃武威）人，后迁河南郑州。大历四年（769）进士，官至礼部尚书。擅长绝句，尤工七绝，诗风豪放明快，尤以边塞诗有名，广为传唱。其边塞诗虽不乏壮词，但偏于感伤，主要抒写边地士卒久戍思归的怨望心情，不复有盛唐边塞诗的豪迈乐观情调。

这是一首写表兄弟因乱离阔别之后，忽然相逢又匆匆别离的诗。初问姓氏，心已惊疑，待知姓名，即忆起旧容，于是化惊为喜。叙谈伤乱感慨之情，寓之意中。全诗采用白描手法，以凝练的语言和生动的描写，再现了乱离中人生聚散的典型场面，抒发了真挚的至亲情谊，读来亲切感人。诵读把握“相逢”“长谈”“话别”三个层次，表现聚散造成的惊喜悲伤情绪变化，“惊”“忆”语言要带动作性。

十年离乱后，长大一相逢，
问姓惊初见，称名忆旧容。
别来沧海事②，语罢暮天钟。
明日巴陵道③，秋山又几重。

【正音辨义】

① 外弟:表弟。

② 沧海:比喻世事的巨大变化。

③ 巴陵:现湖南省岳阳市，即诗中外弟将去的地方。

7. 锦瑟

(唐)李商隐

【诵读指导】 李商隐(约812—约858)，晚唐著名诗人，有“七律圣手”之称。字义山，837年进士，授秘书省校书郎，但因处于牛李党争的夹缝之中，一生很不得志。死后葬于家乡沁阳，年仅47岁。诗作文学价值很高，他和杜牧合称“小李杜”，与温庭筠合称“温李”。李商隐的诗构思新奇，风格浓丽，尤其是一些爱情诗写得缠绵悱恻，为人传诵，但过于隐晦迷离，难于索解，以至有“诗家都爱西昆好，只恨无人作郑笺”之说。

这首《锦瑟》是李商隐的代表作，堪称最享盛名。诗题“锦瑟”，但并非咏物，不过是按古诗的惯例以篇首二字为题，实是借瑟以隐题的一首无题诗。首联以锦瑟弦弦柱柱所发之悲声兴起“思年华”，尾联以“成追忆”“已惘然”点醒思年华之感受，已显示此诗系闻瑟追年华往岁，不胜惘然之作。中二联，借助象征性意象，将弹瑟时所展现的各种音乐意境及由此触发的年华之思，化为四幅象征性图景，以概括年华所历之种种人生境界和感受，传达其迷惘、悲伤、清寂、虚无的心声情态。中间二联可解为身世遭遇如梦似幻，伤春忧世如杜鹃泣血，才而见弃如沧海遗珠，向往之事犹如蓝天玉烟，可望难及。上述象征性图景兼有音乐意境、画面形象和诗歌意象等多重暗示性，意蕴丰厚而境界朦胧。此诗最能代表李商隐诗意朦胧、情调伤感、富于象征暗示色彩等特点。颔联与颈联是全诗的中心，包含着作者对爱情与生命消失的伤感，诵读把握感伤哀叹、追忆深婉、低回缠绵的情感基调。

锦瑟无端五十弦，一弦一柱思华年①。
庄生晓梦迷蝴蝶②，望帝春心托杜鹃③。
沧海月明珠有泪④，蓝田日暖玉生烟⑤。
此情可待成追忆，只是当时已惘然⑥。

【正音辨义】

① 首联两句:《周礼·乐器图》:“雅瑟二十三弦，颂瑟二十五弦，饰以宝玉者曰宝瑟，绘文如锦者曰锦瑟。”《汉书·郊祀志上》:“秦帝使素女鼓五十弦瑟，悲，帝禁不止，故破其瑟为二十五弦。”古瑟大小不等，弦数亦不同。无端:没来由，无缘无故。此隐隐有悲伤之感，乃全诗之情感基调。此诗为晚年之作，诗人享年不足五十，故此借“五十弦”起兴暗喻生平，引发以下“一弦一柱”之思忆。

② 庄生句:引庄周梦蝶故事，以言人生如梦，往事如烟。

③ 望帝句:子鹃即杜鹃，又名子规。相传望帝死，其魂化为杜鹃鸟，叫声哀戚。

④ 沧海句:《博物志》:“南海外有鲛人，水居如鱼，不废绩织，其眼泣则能出珠。”

⑤ 蓝田句:《元和郡县志》:“关内道京兆府蓝田县:蓝田山，一名玉山，在县东二十八里。”《困学纪闻》卷十八:司空表圣云:“戴容州谓诗家之景，如蓝田日暖，良玉生烟，可望而不可置于眉睫之前也。李义山玉生

烟之句盖本于此。”

⑥ 尾联两句：拢束全篇，明白提出“此情”二字，与开端的“华年”相呼应。诗句是说：如此情怀，岂待今朝回忆始感无穷怅恨，即在当时早已是令人不胜惘然惆怅了。

8. 商山早行①

（唐）温庭筠

【诵读指导】 温庭筠(801—866)，唐代诗人、词人。本名岐，字飞卿，太原祁(今山西祁县)人，唐初宰相温彦博之后裔。年轻时苦心学文，才思敏捷，诗词兼工，诗与李商隐齐名，并称“温李”；词与韦庄齐名，并称“温韦”。《商山早行》是唐诗写羁旅之情的名篇，艺术水平很高，历来为诗词选家所重视，尤其是诗的第二联：“鸡声茅店月，人迹板桥霜”，更是脍炙人口，极受推崇。诵读时要把握游子思念家乡的主题，情感基调是羁旅的“悲”和“思”，表达舒缓含蓄，突出晨起的寂静无迹。

晨起动征铎②，客行悲故乡。
鸡声茅店月，人迹板桥霜。
槲叶落山路③，枳花明驿墙④。
因思杜陵梦⑤，凫雁满回塘⑥。

【正音辨义】

① 商山：也叫楚山，在今陕西商县东南。作者曾于唐宣宗大中末年离开长安，经过这里。

② 征铎(duó)：远行马车所挂的铃。

③ 槲(hú)：一种落叶乔木。

④ 枳(zhǐ)：一种落叶灌木或小乔木。驿：古代供传递政府文书的人中途更换马匹或休息、住宿的地方。枳花明驿墙，部分版本为“枳花照驿墙”。明：使……明艳。这句意为：枳花鲜艳地开放在驿站墙边。

⑤ 杜陵：地名，在今陕西西安东南。

⑥ 凫(fú)：野鸭。回塘：圆而曲折的池塘。

9. 和(hè)子由渑池怀旧①

（宋）苏轼

【诵读指导】 苏轼(1037—1101)，字子瞻，号东坡居士，北宋著名文学家，今存诗2700多首。1061年，作者赴任陕西路过渑池(今属河南)，其弟苏辙送作者至郑州，然后返回京城开封，但眷眷手足之情难遣，写了首《怀渑池寄子瞻兄》寄赠。本诗为作者的和诗，表达了对人生来去无定的怅惘和往事旧迹的深情眷念。前四句单行入律，用唐人旧格，散中有整，行文自然。“雪泥鸿爪”的比喻，老僧新塔、坏壁旧题的惊叹，含意丰富，意味隽永。全诗动荡明快，意境恣逸，是苏轼七律中的名篇。诵读此诗要把握哲理内涵和积极的人生态度：尽管人生无常，但不应放弃努力，艰难历程是人生的财富。

人生到处知何似？应似飞鸿踏雪泥②。
泥上偶然留指爪，鸿飞那复计东西？
老僧已死成新塔③，坏壁无由见旧题④。
往日崎岖还记否？路长人困蹇驴嘶⑤。

【正音辨义】

① 子由：苏轼弟苏辙字子由。渑池：今河南渑池县。这首诗是和苏辙《怀渑池寄子瞻兄》而作。

② “人生句”:此是和作,苏轼依苏辙原作中提到的雪泥引发出人生之感。

③ 老僧:即指奉闲。据苏辙原诗自注:“昔与子瞻应举,过宿县中寺舍,题老僧奉闲之壁。”

④ 坏壁:指奉闲僧舍。1056年,苏轼与苏辙赴京应举途中曾寄宿奉闲僧舍并题诗僧壁。

⑤ 蹇(jiǎn)驴:跛脚的驴。苏轼自注:“往岁,马死于二陵(按即崤山,在渑池西),骑驴至渑池。”

10. 书愤[①]

(宋)陆游

【诵读指导】 陆游(1125 —1210),字务观,号放翁,越州山阴(今浙江绍兴)人。南宋爱国诗人。著有《剑南诗稿》《渭南文集》等。他的作品前期多为爱国诗,诗风宏丽,豪迈奔放,慷慨激昂,充满悲壮的爱国激情。后期多为田园诗,风格清丽,平淡自然,在文坛上产生了深刻影响。

本诗是1186年春陆游闲居家乡山阴时所作。当时诗人已经六十一岁,但被黜,赋闲在乡,想到山河破碎,中原未收而“报国欲死无战场”,感于世事多艰,小人误国而“书生无地效孤忠”,于是,诗人郁愤之情便喷薄而出。“书愤”者,抒发胸中郁愤之情也。整首诗歌以愤而为,句句、字字是愤。全诗感情沉郁,气韵浑厚。中两联属对工稳,尤以颔联“楼船”“铁马”两句,雄放豪迈,广泛传诵。最后两句既是呼唤像诸葛亮那样的旷世英才挺身而出,力挽狂澜,同时也表明了自己决心效法诸葛亮,为恢复中原而献身的坚定信念。

诵读把握沉郁激愤的情感基调,从“早岁”“镜中”“千载”三个时间段切分诗人思绪,用词的色彩和语感硬度表现“早岁”的“壮”,列举抗金壮举;用低缓的语调表达“镜中”的“衰”,突出年事已高,有心报国,无力实现;用高亢的语调抒发对“千载”的神往和对时无英雄的感喟。

早岁那知世事艰,中原北望气如山[②]。
楼船夜雪瓜洲渡[③],铁马秋风大散关[④]。
塞上长城空自许[⑤],镜中衰鬓已先斑[⑥]。
《出师》一表真名世,千载谁堪伯仲间[⑦]。

【正音辨义】

① 书愤:抒发义愤。书:写。年轻时不知时势艰难,一心想恢复失去的山河,所以气涌如山。

② 早岁:早年,年轻时。

③ 楼船:一种大型战船,为三国魏发明。瓜洲渡:地名,今在镇江对岸,当时是边防重镇。

④ 大散关:在陕西宝鸡县西南,为宋金交界处。

⑤ 塞上长城:原为南朝宋时名将檀道济的自比,这里陆游用典借意自比。空自许:自许落空。

⑥ 衰鬓:苍老的鬓发。

⑦ 堪:能够。伯仲间:兄弟之间,意为相比。

四、词曲佳作

(一)词作名篇诵读指导

词是萌芽于唐、兴盛于宋的新的诗歌体裁,依曲填词,句式长短错落,比格律诗更便于抒发情感。词有豪放和婉约两种风格,诵读时要注意区分。

1. 浪淘沙令[①]

（五代）李煜

【诵读指导】 李煜(937—978)，五代十国时南唐国君，字重光，号钟隐，南唐元宗李璟第六子。961年继位，史称李后主，在位时间15年。975年，国破降宋，俘至汴京，被封为违命侯，实为阶下囚，后为宋太宗毒死。李煜精书法，善绘画，通音律，工诗文，尤以词的成就最高。李煜的词现存约32首，内容主要可分作两类：第一类为降宋之前所写，主要反映宫廷生活和男女情爱，题材较窄，风格柔靡；第二类为降宋后所写，反映亡国的伤痛，题材扩大，意境深远，感情真挚，可谓"神品"。其词主要收集在《南唐二主词》中。

这是李煜亡国被俘后，极度思念故国时所写的悲苦之词，言辞凄婉，成为绝笔词。残春、冷雨、寒夜、罗衾难耐——这是梦醒时囚徒生活的实感，而在梦中时竟忘了囚徒身份而贪恋着当年帝王的欢乐生活。这虚实、乐苦的强烈对比，更加触动了词人心头的伤痛。所以下阕首句就自下禁令："独自莫凭栏"，大好河山已无由再见，如流水落花一去无回，天上人间渺茫难觅，哪里还敢凭栏远眺呢！诵读时把握凄婉悲苦的情感基调，上阕叙梦境和梦醒，语态平徐，在三四句间留气口，然后一气贯通；下阕含深切的亡国之痛，在"莫""江山""去"处用颤音诵读，表达留恋和痛惜，无奈而不甘。

帘外雨潺潺[②]，
春意阑珊[③]。
罗衾[④]不耐五更寒。
梦里不知身是客[⑤]，
一晌贪欢[⑥]。

独自莫凭栏[⑦]，
无限江山[⑧]。
别时容易见时难。
流水落花春去也，
天上人间[⑨]。

【正音辨义】

① 此词原为唐教坊曲，又名《卖花声》等。唐人多用七言绝句入曲，南唐李煜始演为长短句。双调，五十四字(宋人有稍作增减者)，平韵，此调又由柳永、周邦彦演为长调《浪淘沙漫》，是别格。

② 潺潺：形容雨声小而不停状。

③ 阑珊：衰残。

④ 罗衾(qīn)：绸被子。不耐：受不了。

⑤ 身是客：指被拘汴京，形同囚徒。

⑥ 一晌贪欢：指贪恋梦境中一时的欢乐。

⑦ 莫凭栏：不要靠着栏杆，即不要登高远眺。

⑧ 江山：指南唐故国的疆土。

⑨ "流水"句："流水""落花""春"既指实际物候，也喻指他所思念的故国和帝王生活一去不复返，今昔对比，差别之大如同天堂和人间一样。

2. 蝶恋花

(宋)晏殊

【诵读指导】 晏殊(991—1055),字同叔,抚州临川(今江西抚州)人。七岁能文,十五岁赐进士。词风闲雅婉丽,风流蕴藉,造句工巧流利,是宋代婉约派主将。范仲淹、欧阳修等皆出其门下。所著文集多已散佚,存有《珠玉词》一卷。

晏殊的这首词被后世引为婉约派的经典之作。词的上阕曲婉,下阕悲壮中包含着哀婉,在众多婉约词中最负盛名。《宋词名篇赏析》认为:这首《蝶恋花》写出了闺中人秋日怀人的气氛,而没有堆金垛玉、铺排锦绣,是诗人深婉含蓄、"风流蕴藉"词风的一首代表作。王国维《人间词话》认为:晏同叔之"昨夜西风凋碧树,独上高楼,望尽天涯路",是"古今之成大事业大学问者"必须经过的三种境界中的"第一境"(这是用来作比喻,说对于大事业大学问,须有百折不挠的精神,才能有所成就)。诵读时把握哀婉的感情基调,抓住"愁""泣""苦"等情绪词汇,重读"双飞"和"独上"等富有张力的对比性词语,渲染"兰菊""西风""凋碧树"的晚秋肃杀氛围,表达"离恨苦"的主旨。

槛①菊愁烟兰泣露,
罗幕②轻寒,燕子双飞去。
明月不谙③离恨苦,
斜光到晓穿朱户④。

昨夜西风凋碧树,
独上高楼,望尽天涯路。
欲寄彩笺兼尺素⑤,
山长水阔知何处?

【正音辨义】

① 槛(jiàn):栏杆。

② 罗幕:古人居室内垂挂由罗纱制作的帷幕,习称罗幕,后人以此指居室。

③ 谙(ān):熟悉。

④ 朱户:朱红色的门户,指富豪人家。

⑤ 彩笺(jiān):彩绘的笺纸,指题诗词的诗笺。尺素:一尺见方的纸,指书信。

3. 渔家傲·秋思

(宋)范仲淹

【诵读指导】 范仲淹(969—1052),字希文,吴县(今江苏苏州)人,谥文正,世称范文正公。范仲淹是北宋前期政治改良的领袖,也是著名的文学家,工于诗、词、散文。一生论著甚丰,词仅有5首传世,风格清新刚劲,开宋代豪放词先河。

这首词是北宋词坛上描写边塞生活的名篇。全词描写边塞的荒凉和将士的劳苦,抒发了作者守边御敌、报国立功的壮烈情怀,同时也反映了久居边塞的将士们思乡忧国的复杂而又矛盾的情绪。诵读上阕豪迈奔放,下阕思乡忧怀,略低沉。整篇诵读时气息充沛,咬字顿挫有力度,雄壮苍劲。

塞下秋来风景异，
衡阳雁去无留意。
四面边声连角起①。
千嶂里②，长烟落日孤城闭。

浊酒一杯家万里，
燕然未勒归无计③。
羌管悠悠霜满地。
人不寐，将军白发征夫泪。

【正音辨义】

① 边声：马嘶风号之类的边地荒寒肃杀之声。

② 嶂：像屏障一样并列的山峰。

③ 燕（yān）然：山名，即今蒙古境内之杭爱山。勒：刻石记功。东汉窦宪追击北匈奴，出塞三千余里，至燕然山刻石记功而还。

4. 蝶恋花

（宋）柳永

【诵读指导】 柳永（987 —1053），原名三变，字耆卿，又称柳七。官至屯田员外郎，故世称柳屯田。崇安（今福建崇安县）人。早年屡试不第，自称“奉旨填词柳三变”，一生仕途失意，但通晓乐律，熟悉市民，成为以描写城市风貌见长的婉约派的代表词人。柳永是北宋第一个专力写词的作家，他的词工于羁旅行役和离情别绪，反映了失意文人仕途潦倒的愤懑和沦落漂泊的哀伤。写词善于铺叙，运用白描，写景抒情密切结合，语言通俗易懂，音律和谐优美。柳词在宋元时期流传最广，相传当时“凡有井水饮处，即能歌柳词”。有词集《乐章集》。

这是一首情人苦恋的抒情词，采用“曲径通幽”的表现方式，巧妙地把漂泊异乡的落魄感受，同怀恋意中人的缠绵情思融为一体。词妙在紧扣“春愁”即“相思”，却又迟迟不肯说破，扑朔迷离，千回百折，直到最后真相大白，在相思感情达到高潮的时候戛然而止，激情回荡，感染力更强。“衣带渐宽终不悔，为伊消得人憔悴”一句成为千古佳唱。原词本表现作者对爱的艰辛和爱的无悔，王国维在《人间词话》中把“伊”字理解为词人所追求的理想和毕生从事的事业，以此来说明成大事业、大学问者，必须坚定不移，经过一番辛勤劳动，废寝忘食，孜孜以求，直至人瘦带宽也不后悔。

诵读本词抓住“愁”和“不悔”，表现相思之苦和苦恋的执著坚决，弱起强收，曲婉动人。

伫倚危楼风细细①，
望极春愁，黯黯生天际②。
草色烟光残照里，
无言谁会凭阑意？

拟把疏狂图一醉③，
对酒当歌，强乐还无味④。
衣带渐宽终不悔，
为伊消得人憔悴⑤。

【正音辨义】

① 伫(zhù):久立。危楼:高楼。

② 黯黯:阴暗。

③拟把疏狂:打算不拘礼俗,粗疏狂放一下。

④ 强(qiǎng)乐:强打精神去寻欢作乐。还(huán):仍然。

⑤伊:她。消得:值得。

5. 临江仙

(宋)晏几道

【诵读指导】 晏几道(1038—1110),北宋词人。字叔原,号小山,北宋临川(今属南昌进贤)人 。晏殊第七子。历任颍昌府许田镇监、乾宁军通判、开封府判官等。性孤傲,晚年家境中落。词风哀感缠绵、清壮顿挫。有《小山词》。

本词是感旧怀人的名篇,当为作者别后怀思歌女小苹所作。词之上阕写"春恨",描绘梦后酒醒、落花微雨的情景。下阕写相思,追忆"初见"及"当时"的情况,表现词人苦恋之情、孤寂之感。全词在怀人的同时,也抒发了人世无常、欢娱难再的淡淡哀愁。诵读把握"怀人"的苦恋情感,"忆"牵动全篇,故语意轻柔、舒缓。表达春恨和相思的哀怨、孤寂,用低缓、感喟的语调。领字"记得"要拉长音节表达出怀人感旧的思绪,领起下阕全部内容。"去年""当时"这些时间词表现出回忆性。

梦后楼台高锁,
酒醒帘幕低垂。
去年春恨却来时,
落花人独立,
微雨燕双飞。

记得小苹[①]初见,
两重心字罗衣。
琵琶弦上说相思。
当时明月在,
曾照彩云归。

【正音辨义】

① 小苹(píng):歌女。

6. 定风波

(宋)苏轼

【诵读指导】 苏轼(1037—1101),字子瞻,号东坡居士,眉州眉山(今四川眉山)人。北宋著名文学家、书画家、诗人,豪放派词人代表。

苏轼艺术上多才多艺,政治上失意一生。在诗歌上,与黄庭坚并称"苏黄";在词的创作上,苏轼开辟了豪放词风,同辛弃疾并称为"苏辛";在书法方面成就极大,与黄庭坚、米芾、蔡襄并称"宋四家";在文赋创作上,苏轼与父亲苏洵、弟弟苏辙同列为唐宋八大家。元丰二年,苏轼罹"乌台诗案",次年被贬为黄州团练使。"欢愉之辞难工",本词便是苏轼被贬黄州期间创作的优秀诗词之一。

这是一首即兴感怀之作:通过冒风雨前行的活动经历,悟出人生哲理,表明处世态度。当时苏轼因"乌台诗案"被贬在黄州已整整两年,处境险恶,生活困窘,但仍旧坦然乐观。从这首词里,就能看到他旷达的胸怀、开朗的性格以及超脱的人生观。诵读把握旷达超脱的情感基调,声朗音重,酣畅淋漓。

三月七日沙湖①道中遇雨。雨具先去,同行皆狼狈②,余不觉。已而遂晴,故作此。

莫听穿林打叶声,
何妨吟啸③且徐行。
竹杖芒鞋④轻胜马,
谁怕?一蓑烟雨⑤任平生。

料峭⑥春风吹酒醒,
微冷,山头斜照却相迎。
回首向来萧瑟⑦处,
归去,也无风雨也无晴。

【正音辨义】

① 沙湖:湖北黄冈县东南三十里处,又名螺蛳店。
② 狼狈:形容处境困窘、难堪。
③ 吟啸:吟诗长啸。
④ 芒鞋:草鞋。
⑤ 烟雨:烟波风雨。
⑥ 料峭:形容风力寒冷、尖利。
⑦ 萧瑟:风雨穿林打叶声。

7. 南乡子·登京口北固亭有怀

(宋)辛弃疾

【诵读指导】 辛弃疾(1140—1207),字幼安,自号"稼轩居士",历城(今山东济南)人,南宋伟大的豪放派词人、爱国者、军事家和政治家。强烈的爱国主义思想和战斗精神是辛词的基本思想内容,抗金复国是其作品之主旋律,其中不乏英雄失路的悲叹与壮士闲置的愤懑,具有鲜明的时代特色。其词题材广阔,风格沉雄豪迈又不乏细腻柔媚之处,开拓了词的思想意境,提高了词的文学地位,后人遂以"苏辛"并称。辛弃疾存词 600 多首,有《稼轩长短句》。

这首词是辛弃疾晚年做江苏镇江知府时写的,作者借古讽今,借写东吴作战不屈,委婉地暗示对于当时朝廷的不满。整首词时空纵横开阖,气势宏大,寄情委婉深沉,达到很高的艺术境界。词人把写景和抒情、议论密切结合起来,远眺只写风光无际,近处只写滚滚流水,抒情则只集中于慨叹"千古兴亡"的悠远难追,议论也仅仅赞扬在京口开创伟业的少年英雄孙权,气魄极其宏大雄壮。结构上,全词的层次极为分明,整篇三问三答,互相呼应,创前所未有的意境。作者还善于融化古人语言入词,曹操的两句话被巧妙地安排在下阕,很自然地形成一问一答,活用典故成语,毫无斧凿痕迹,融经铸史,驱遣自如,达到了出神入化的境地。诵读把握三次问答的情感语调,体现苍凉悲愤的基调。

何处望神州[①]?
满眼风光北固楼。
千古兴亡多少事?
悠悠,不尽长江滚滚流!

年少万兜鍪[②],
坐断[③]东南战未休。
天下英雄谁敌手?
曹刘[④],生子当如孙仲谋[⑤]!

【正音辨义】

① 神州:这里指中原地区。

② 兜鍪(móu):即头盔,此处借指士兵。

③ 坐断:占据、割据。

④ 曹刘:指曹操与刘备。

⑤ 生子当如孙仲谋:曹操率大军南下,见孙权的军队威武雄壮,感叹道:"生子当如孙仲谋!"仲谋,孙权的字。

8. 钗头凤

(宋)陆游

【诵读指导】 陆游(1125—1210),南宋伟大的爱国诗人。字务观,自号放翁,越州山阴(今浙江绍兴)人。陆游一生坚持抗金主张,虽多次遭受投降派的打击,但爱国之志始终不渝,死时还念念不忘国家的统一。他勤于创作,一生写诗60年,保存下来的就有9300多首。

陆游20岁时与唐琬结婚,但陆母不喜欢唐氏,二人被迫离异。陆游31岁时,在沈园遇到赵士程、唐琬夫妇,别后百感交集,以词题壁,通过叙写与旧日情侣不堪的重逢,抒发了二人深挚的爱情和难以解脱的愁怀,表达了对封建礼教的不满与抗议。可谓字字血,声声泪,令读者为之怆然!全词语言质朴,平易自然;抒情缠绵悱恻,如泣如诉,千百年来一直脍炙人口,传诵不衰。上阕开始写婚后美好生活,接着写封建势力拆散他们夫妇,使他满怀愁怨,真是错上加错!下阕写夫妻离异后的哀痛,春景依然而唐氏却格外消瘦,泪水被胭脂染红,将丝绢浸透。桃花凋谢,园林冷落,虽彼此钟情,却连互通书信也不可能,一切都成了过去。诵读上阕抓住"错"的根源,表达出对悲剧制造者的不满;下阕抓住"莫"的内容,表现出极大的克制和深入骨髓的哀痛。三个"错"和"莫"要感情充沛、到位。

红酥手[①],黄縢酒,
满城春色宫墙柳[②]。
东风恶,欢情薄。
一怀愁绪,几年离索。
错、错、错。

春如旧,人空瘦,
泪痕红浥鲛绡透。

桃花落，闲池阁。
山盟虽在，锦书难托③。
莫、莫、莫！

【正音辨义】

① 红酥手：红润而白嫩的手。

② 宫墙柳：宫墙里边的柳树。

③ 锦书：书信。难托：难寄。唐琬已另嫁人，照例不能再通书信，故云。

9. 摸鱼儿

(金)元好问

【诵读指导】 元好问(1190—1257)，金末元初最有成就的作家和历史学家。字裕之，号遗山，世称遗山先生。工诗文，是金元之际在文学上承前启后的桥梁，被誉为“一代宗师”。著有《元遗山先生全集》。

1205年，金国15岁的少年元好问赴并州赶考，途中碰到一个捕雁的人说，他今天捕杀了一只雁，另一只逃脱的雁悲鸣不止，最后竟然投地而死。少年听后非常感动，从猎人手里买回了那只殉情的雁，把它葬在了汾河边上，立碑刻下“雁丘”二字，并即兴感怀写出一首传世之作《摸鱼儿》。

这是一首咏物抒情之作，作者驰骋丰富的想象，运用比喻、拟人等艺术手法，对大雁殉情而死的故事展开了深入细致的描绘，再加以充满悲剧气氛的环境描写的烘托，塑造了忠于爱情、生死相许的大雁的艺术形象，谱写了一曲凄婉缠绵、感人至深的爱情悲歌。元好问的词作历来以雄浑博大见长，但在这首词中词人以健笔写柔情，熔沉雄之气韵与柔婉之情肠于一炉，确实为柔婉沉雄之至的佳作。清人刘熙载评元好问词时说“疏快之中，自饶深婉，亦可谓集两宋之大成者矣”(《艺概·词曲概》)。这首《雁丘词》正是摧刚为柔，“疏快之中，自饶深婉”的范例。诵读时要饱含深情，把握哀婉动人的感情基调，语调低沉、婉转，诵出感喟和悲叹，诵出柔情和缠绵。

太和五年乙丑岁，赴试并州，道逢捕雁者云：“今旦获一雁，杀之矣。其脱网者悲鸣不能去，竟自投于地而死。”予因买得之，葬之汾水之上，累石为识，号曰雁丘。时同行者多为赋诗，予亦有《雁丘词》。

问世间①，情是何物，直教生死相许？
天南地北②双飞客，老翅③几回寒暑。
欢乐趣，离别苦，就中④更有痴儿女。
君应有语：渺万里层云，千山暮雪，只影向谁去？

横汾路⑤，寂寞当年箫鼓⑥，荒烟依旧平楚。
招魂楚些⑦何嗟及，山鬼⑧暗啼风雨⑩。
天也妒，未信与，莺儿燕子俱黄土。
千秋万古，为留待骚人，狂歌痛饮，来访雁丘处。

【正音辨义】

① 世间：人世间，世界上。

② 天南地北：比喻距离很远。

③ 老翅：鸟类及昆虫的翼，通常用来飞行。

④ 就中:于此。

⑤ 横汾(fén)路:汾河岸,当年汉武帝巡幸处,帝王游幸欢乐的地方。见刘彻的《秋风辞》。

⑥ 箫鼓:用排箫与建鼓合奏,一般也用作仪仗音乐,有时乐工可以坐在鼓车中演奏。

⑦ 楚些:《楚辞·招魂》中多以"些"为句末助词,如:"魂兮归来,南方不可以止些。"后以楚些为楚辞或招魂的代称。

⑧ 山鬼:楚地(今湖南、湖北)民间传说中的一位美丽女神,即巫山神女。巫山是楚国境内的名山,巫山神女是楚民间最喜闻乐道的神话。

⑨ 风雨:指《诗经》中《郑风·风雨》,共三章,首章二句为:"风雨凄凄,鸡鸣喈喈。"根据诗序:"风雨,思君子也。乱世则思君子不改其度焉。"或亦指男女幽会之诗。

10. 临江仙

(明)杨慎

【诵读指导】 杨慎(1488—1559),明代文学家。二十四岁时,殿试第一,即状元,授翰林修撰。耿直的个性使他无法施展政治抱负,世宗继位后逾越法度,杨慎带领百官"逼宫",以静跪示威。结果龙颜大怒,两次杖击,九死一生,最后被充军云南永昌卫三十年。杨慎关心人民疾苦,不忘国事;多才多艺,勤于著述,著作涉及很多领域。《明史》本传曰:"明世记诵之博,著作之富,推慎第一。"

此词为咏史之作,借叙述历史兴亡抒发人生感慨。基调慷慨悲壮,读来令人荡气回肠、回味无穷,平添万千感慨。《临江仙》原是杨慎晚年所著历史通俗说唱之作《廿一史弹词》中第三段《说秦汉》的开场词,后被清初的毛宗冈移置到《三国演义》的卷首而名扬四海。诵读基调由苍凉悲壮转换为淡泊宁静,语气中蕴含着人生的无限感喟,强化历史的兴衰变迁与自然万物的永恒存在的哲理思考对照。

滚滚长江东逝水,
浪花淘尽英雄①。
是非成败转头空,
青山依旧在,几度夕阳红。

白发渔樵江渚上②,
惯看秋月春风。
一壶浊酒喜相逢③,
古今多少事,都付笑谈中。

【正音辨义】

① 淘尽:荡涤一空。

② 渔樵:渔父和樵夫。渚:水中的小块陆地。

③ 浊酒:用糯米、黄米等酿制的酒,较混浊。

(二)散曲诵读指导

元曲分杂剧和散曲两种。散曲有小令和套数之分。小令与诗词一样篇幅短小、抒情言志,更便于吟诵和流传。诵读元曲要把握其语言的通俗性、抒情的直白性,理解元代语气词的用法,用口语化语气表达,读出抑扬顿挫、参差变化的音乐美。

1.【越调】天净沙·秋[①]

(元)白朴

【诵读指导】 白朴(1226—1306),元杂剧作家,代表作为《梧桐雨》、《墙头马上》。白朴是元曲四大家(关汉卿、马致远、白朴、郑光祖)之一,散曲内容大多是叹世、咏景和闺怨之作。曲词秀丽清新,小令颇有民歌特点。白朴幼年时值金国覆亡,饱经兵乱,诗人元好问多方扶持,并教他读书。金亡后流寓真定(今河北正定)。在大都时曾和关汉卿共同参加过玉京书会,到过汴梁、杭州等戏剧演出较盛的地方,晚年寄居南京。

《天净沙》这组小令共四首,分别选择春夏秋冬富有时令特点的典型景物,结合自己的观察和体验,写出了新的意境。和煦明丽的春天,清凉爽快的夏季,绚丽斑斓的秋天,幽静闲适的冬季,皆各具特色,不落俗套。小令采用白描手法,疏淡隽永,亦自成一格。本曲是第三首,描绘了多彩的秋景。诵读时要表达出对秋的喜爱与赞颂,"青""绿""白""红""黄"这些色彩词语重读,突出秋的绚丽明朗。

孤村落日残霞[②],
轻烟老树寒鸦[③],
一点飞鸿影下[④]。
青山绿水,
白草[⑤]红叶黄花。

【正音辨义】

① 天净沙:曲牌名。

② 残霞:晚霞。

③ 寒鸦:天寒归林的乌鸦。

④ 飞鸿:天空中的鸿雁。飞鸿影下:雁影掠过。

⑤ 白草:白茅,其花穗为银白色。

2.【双调】沉醉东风·咫尺的天南地北

(元)关汉卿

【诵读指导】 关汉卿(约1234—1300),元曲四大家之首,称为"曲圣";元杂剧的奠基人之一,贾仲明《录鬼簿》悼词称他为"驱梨园领袖,总编修师首,捻杂剧班头"。杂剧《窦娥冤》《救风尘》《望江亭》《拜月亭》《单刀会》是他的代表作。

相比宋词,元曲写送别风格畅快泼辣,语言明白如话,感情真挚动人。本曲开篇两句从时空的角度极写离别瞬间的悲哀,空灵洒脱,以虚带实,奠定全曲的情感基调。三、四句以对句的形式具体写女主人公的送别,充实一、二句的内涵。最后三句在引出女主人公告别之语的同时,突出其复杂的心理变化,极其本色地表达出不能自持的痛苦情态。整个曲子在真切中恰如其分地把握了送别女子时而含蓄时而坦率的情感,刻画出一个声泪俱下、依依不舍的痴情女子形象。此曲刻画入微处,率真透彻。

诵读时要把握伤别离的情感基调,语调婉转低沉,"好去者"前安排气口,语气由悲转换为祝愿。

咫尺的天南地北①,
霎时间月缺花飞②。
手执着饯行杯,
眼阁着别离泪③。
刚道得声"保重将息"④,
痛煞煞教人舍不得⑤。
"好去者⑥。望前程万里!"

【正音辨义】

① 咫(zhǐ)尺:形容距离近,此处借指情人的亲近。咫:八寸。

② 月缺花飞:比喻情人的分离。古人常用"花好月圆"来比喻亲人团聚的欢娱,"月缺花飞"与之相对,用以比喻离别的凄苦。

③ 阁(gē):同"搁",放置,这里指含着。

④ 将息:养息、休息,调养身体。

⑤ 痛煞煞:非常悲痛。

⑥ 好去者:好好地去吧。

3.【中吕】山坡羊·骊山怀古

(元)张养浩

【诵读指导】 张养浩(1270—1329),字希孟,号云庄,山东济南人。历任县尹、监察御史、礼部尚书,以直言敢谏著称。弃官归隐后,因关中大旱,复出治旱救灾,到任四月即劳瘁而死。能诗善曲,朱权称"张云庄之词如玉树临风"(《太和正音谱》),散曲集有《云庄休居自适乐府》,多写寄情林泉之乐,亦有关怀民瘼之作。

张养浩的散曲如"玉树临风",但广为传诵的却是他的怀古小令。作者登临骊山,放眼四顾,感慨丛生:这座见证了众多历史沧桑的名山,历史遗迹甚多,但只有阿房宫最能引领作者、读者的思绪。可惜它已被项羽付之一炬,当年的豪华奢侈都不复存在,呈现在眼前的只有"萧疏"的"荒草","弯曲萦回"的"河水"。作者感时伤怀的情绪被触动,体验到历史更迭的无情和必然。朝代更替的"遗恨",就如眼前烟锁迷离的树林,哪里还找得到"列国"中"周、齐、秦、汉、楚"的影子!在历史的长河中,多少帝王为了天下征战杀伐,"赢"的如何?"输"的如何?还不"都变做了土"!正如张养浩在同调《北邙山怀古》中所写的"便是君,也唤不应;便是臣,也唤不应",都做了"北邙山下尘"。

诵读时把握沉郁苍凉的基调,中等语速;重音强调,凸显"赢"与"输"的对比,强起强收;后一个"变做了土"适当拉开兜住,尾音"土"要在半高时扯平拉长,余味无穷,发人深省。

骊山①四顾,阿房一炬②,
当时奢侈今何处?
只见草萧疏,水萦纡③。
至今遗恨迷烟树。
列国④周齐秦汉楚,
赢,都变做了土;输,都变做了土。

【正音辨义】

① 骊(lí)山：在今陕西临潼县东南。杜牧《阿房宫赋》："骊山北构而西折，直走咸阳。"

② 阿房一炬：阿房宫，秦宫殿名，故址在今陕西西安市西南阿房村。《史记·秦始皇本纪》："先作前殿阿房，东西五十步，南北五十丈，上可以坐万人，下可以建五丈旗。"后项羽引兵屠咸阳，"烧秦宫室，火三月不灭"。(见《史记·项羽本纪》)故杜牧有"楚人一炬，可怜焦土"(《阿房宫赋》)之叹。

③ 萦纡(yíngyū)：形容水流回旋迂曲。

④ 列国：各国，即周、齐、秦、汉、楚。

4.【南吕】干荷叶

(元) 刘秉忠

【诵读指导】 刘秉忠(1216—1274)，元代政治家、作家、城市规划专家。字仲晦，原名侃。邢州(今河北邢台市)人。曾为僧，法名子聪。后任光禄大夫等职，元世祖忽必烈对他言无不听，宠任益隆，曾经位至三公，官居太保。自幼好学，常吟咏自娱，疏离名利，自号藏春散人。有《藏春散人集》。

《干荷叶》又名《翠盘秋》，原作八首，这是第一首。这首小令，是一幅深秋败荷图，通过写景，抒发了作者感叹世道的沧桑、老境的凄楚，让我们感受到了诗人那老境逼人的苍凉情怀。但"都因昨夜一场霜"笔锋一转，写出了诗人不甘寂寞的心，虽然时光邈远，人世飘零，但春天会来临的，谁也阻挡不了大自然的发展规律，谁也挡不住历史的发展，历史的车轮永远是滚滚向前的。诵读时把握苍凉但不消沉的情感基调，感喟中蕴含积极，凄楚中透着硬朗，注意韵脚发声字正腔圆，有韵味。

干荷叶，色苍苍①，
老柄②风摇荡。
减了清香，
越添黄。
都因昨夜一场霜，
寂寞在秋江上。

【正音辨义】

① 苍苍：苍老的样子。

② 老柄：老茎。

第八章

国学经典诵读技巧

第一节 古代文赋的特征

一、散文

古代散文指用文言书写的除韵文和骈文之外的散体文章,凡不押韵、不重排偶的概称散文,包括经、史、子、集在内。它一般具有如下特点:

第一,具有较强的史料价值。无论历史散文,还是其他类别的散文,都或多或少记载了翔实的历史资料,保存了许多珍贵的历史文献。

第二,具有一定的思想价值。诸子散文及以人物传记为主的纪传体散文都有着各家各派先贤思想的光芒和哲理的色彩。

第三,在文体上具有开创意义。从先秦诸子散文的语录体、对话体到专题议论文,无论历史散文是编年体、国别体还是纪传体,无论史传散文是通史还是断代史,在文体上不断创新,才有了今天多样的文学体裁。

第四,语言清新质朴,较少束缚。散文不像韵文那样声律华美,不像骈文那样字斟句酌,无论是"春秋笔法",还是《史记》的"秉笔直书",都是"史家之绝唱,无韵之离骚"。正因为少有束缚,所以题材广泛,思想深刻,便于应用和流传。

《孟子》说理严谨、词锋犀利、气势磅礴,是诸子散文的代表作。试诵读以下选文:

人和至上

孟子曰:"天时不如地利,地利不如人和。三里之城,七里之郭,环而攻之而不胜。夫环而攻之,必有得天时者矣,然而不胜者,是天时不如地利也。

城非不高也,池非不深也,兵革非不坚利也,米粟非不多也,委而去之,是地利不如人和也。故曰:域民不以封疆之界,固国不以山溪之险,威天下不以兵革之利。得道者多助,失道者寡助。寡助之至，亲戚畔之。多助之至，天下顺之。以天下之所顺，攻亲戚之所畔，故君子有不战，战必胜矣。”(《公孙丑下》第一章)

二、赋

赋，起源于战国，形成于汉代，是由楚辞衍化而来的一种具有诗歌特点的文体。战国后期赵人荀卿《赋篇》最早以“赋”名篇，“赋”开始被用作文体的名称。汉人把屈原、宋玉的辞和荀卿的赋统称为辞赋，并把屈原看做辞赋之祖。最初的诗词曲都能歌唱，而赋却不能歌唱，只能诵读。赋外形似散文，内部又有诗的韵律，是一种介于诗歌和散文之间的文体。总体而言，赋是吸收了散文的章法、诗歌的韵律节奏而形成的一种独特文体。其特点一般包括：

表现内容上，着力“体物”，也注意到“写志”，即通过摹写事物来抒发情志。

形式结构上，主要有南北东西式和主客问答式结构。

艺术手法上，以铺排手法为主，注重铺陈，讲究辞藻华丽和音韵和谐，铺张直陈，描绘细腻，文采华丽。它多以设辞问答的形式展开。在句式上，韵散相间，排比对偶。赋不拘字数，以四言、六言为主，并且多夹杂散文句式。赋的用韵，有的是句句押韵，有的隔句押韵，有的还不押韵，比较自由。由于赋的篇幅较长，往往要换韵，换韵一般是与内容段落相一致的。此外，赋趋于散文化，经常使用排比、对偶的整齐句法，既自由又谨严，兼具诗歌和散文的性质。

下面试诵读屈原的《渔父》。屈原被看做辞赋之祖，诵读时注意体会赋与楚辞的渊源。

楚辞·渔父(fǔ)

(战国)屈原

屈原既放，游于江潭，行吟泽畔，颜色憔悴，形容枯槁。渔父(fǔ)见而问之，曰：“子非三闾大夫与？何故至于斯！”

屈原曰：“举世皆浊我独清，众人皆醉我独醒，是以见放。”渔父曰：“圣人不凝滞于物，而能与世推移。世人皆浊，何不淈(gǔ)其泥而扬其波？众人皆醉，何不哺(bǔ)其糟而啜(chuò)其醨(lí)？何故深思高举，自令放为？”

屈原曰：“吾闻之，新沐者必弹冠(guān)，新浴者必振衣。安能以身之察察，受物之汶汶(mén)者乎？宁赴湘流，葬身于江鱼之腹中。安能以皓皓之白，而蒙世俗之尘埃乎？”

渔父莞(wǎn)尔而笑，鼓枻(yì)而去，乃歌曰：“沧浪之水清兮，可以濯(zhuó)吾缨。沧浪之水浊兮，可以濯吾足。”遂去，不复与言。

第二节　古代文赋的类型

古代散文分为诸子散文、历史散文、史传散文、政论散文、游记散文等；赋分为骚体赋、汉赋、骈赋、律赋、文赋等。

一、散文

我国古代,为了区别于韵文和骈文,把凡不押韵、不重排偶的散体文章,包括经、史、子、集在内,一律称为散文。

(一)先秦散文

先秦散文分为诸子散文和历史散文。

诸子散文:先秦诸子有儒、道、墨、法、名、农、杂、阴阳、纵横、小说十家。诸子散文偏重说理,儒家有《论语》言简意赅、《孟子》言辞雄辩、《荀子》论证缜密;道家有《道德经》思想深邃、《庄子》想象奇特;墨家有《墨子》讲究逻辑;法家有《韩非子》犀利峻峭;杂家有《吕氏春秋》兼容并蓄。

历史散文:历史散文偏重记事,内容丰富、形式多样。编年体的有《春秋》《左传》,国别体的有《国语》《战国策》。

(二)汉代散文

汉代散文主要有史传散文和政论散文。

史传散文:《史记》是司马迁首创的以人物传记为中心的纪传体通史;《汉书》是班固撰写的纪传体断代史。此外,后世还有范晔的《后汉书》、陈寿的《三国志》、司马光的《资治通鉴》等。

政论散文:西汉贾谊的《过秦论》、晁错的《论贵粟疏》,说理透辟,逻辑严密,气势汹涌,词句铿锵有力,对后代散文影响很大。鲁迅曾说贾谊与晁错的文章"皆为西汉鸿文,沾溉后人,其泽甚远"。

(三)唐宋古文

唐宋古文主要有论说散文和游记散文。

唐宋古文八大家韩愈、柳宗元、欧阳修、苏洵、苏轼、苏辙、王安石、曾巩,反对六朝以来绮靡文风,倡导恢复先秦两汉的儒家思想和质朴文风。

论说散文:主要有推究事理、阐发见解的"原、辨、说、论"四种和疏、表、策、谏等奏章类议论文,比如韩愈的《师说》、苏洵的《六国论》、苏轼的《留侯传》。

游记散文:例如柳宗元的《小石潭记》、欧阳修的《醉翁亭记》、王安石的《游褒禅山记》。

(四)明清小品文

明清小品文主要有论说类和游记类散文。

除明代前后七子的复古派、反对复古的唐宋派、主张性灵的公安派及清代的桐城派之外,明清小品文大多是篇幅短小精悍、格调清新自然、独抒性灵、情趣盎然的散文,如张岱的《湖心亭看雪》。此外,晚清资产阶级文化启蒙散文有龚自珍的《病梅馆记》、梁启超的《少年中国说》等。

下面请诵读司马迁的《报任安书》,体会散文的特点。

报任安书(节选)

(汉)司马迁

古者富贵而名摩灭，不可胜记，唯倜傥非常之人称焉。盖文王拘而演《周易》；仲尼厄而作《春秋》；屈原放逐，乃赋《离骚》；左丘失明，厥有《国语》；孙子膑脚，《兵法》修列；不韦迁蜀，世传《吕览》；韩非囚秦，《说(shuì)难》《孤愤》；《诗》三百篇，大底圣贤发愤之所为作也。此人皆意有所郁结，不得通其道，故述往事，思来者。乃如左丘无目，孙子断足，终不可用，退而论书策，以舒其愤，思垂空文以自见(xiàn)。

仆窃不逊，近自托于无能之辞，网罗天下放失(yì，同"佚")旧闻，略考其行事，综其终始，稽其成败兴坏之纪，上计轩辕，下至于兹，为十表，本纪十二，书八章，世家三十、列传七十，凡百三十篇。亦欲以究天人之际，通古今之变，成一家之言。草创未就，会遭此祸，惜其不成，是以就极刑而无愠色。仆诚已著此书，藏之名山，传之其人，通邑大都，则仆偿前辱之责(zhài，同"债")，虽万被戮(lù)，岂有悔哉！然此可为智者道，难为俗人言也。

二、赋

赋除源头楚辞阶段外，还经历了汉赋、骈赋、律赋、文赋几个阶段，其中汉赋最具影响。赋的流变大体经历了从屈原、宋玉的骚赋，到以贾谊、枚乘、司马相如为代表的汉赋，魏晋南北朝流行的骈赋，唐代科举考试专用的律赋，唐宋时期趋向散文化的文赋等阶段。

(一)骚体赋

贾谊是汉初赋作家中当之无愧的先驱者，他的《吊屈原赋》悼屈原，抒胸怀，铺排叙典，集骚体赋之大成。骚体赋具有较强的倾诉性。

(二)汉大赋

枚乘是汉代大赋的开创者，代表作《七发》，铺陈夸张，辞藻华丽炫目，是汉大赋正式形成的标志。司马相如为汉赋顶峰，代表作《子虚赋》《上林赋》为典型的宫廷文学，汉大赋雄踞两汉文坛四百年，标志着赋体文学的成熟。

(三)抒情小赋

汉大赋向抒情小赋的转折，以东汉张衡的《归田赋》为标志。抒情小赋篇幅短小，感情真挚，不同于"为文而造情"的汉大赋。

(四)骈赋

魏晋南北朝时，赋向骈文方向发展，形成骈赋。骈赋篇幅短小，以"上四下六"句式为主，称为"四六文"或"四六骈文"，代表作是江淹的《别赋》《恨赋》和庾信的《哀江南赋》。

(五)律赋

唐朝盛行的律赋,是在骈赋的基础上更加注重对仗和用韵,代表作包括王勃的《滕王阁序》。

(六)文赋

文赋是散文化的赋,也是赋的变体。文赋不拘骈偶,多为主客问答形式。文赋从晚唐开始发展,一般认为最早的文赋是杜牧的《阿房宫赋》,代表作是欧阳修的《秋声赋》和苏轼的《赤壁赋》。宋代文赋是赋发展到终极阶段的标志。

下面请诵读杜牧的《阿房宫赋》,体会赋的特点。

阿房宫赋

(唐)杜牧

六王毕,四海一,蜀山兀,阿房出。覆压三百余里,隔离天日。骊(lí)山北构而西折,直走咸阳。二川溶溶,流入宫墙。五步一楼,十步一阁;廊腰缦回,檐牙高啄;各抱地势,钩心斗角。盘盘焉,囷囷(qūn)焉,蜂房水涡,矗不知其几千万落。长桥卧波,未云何龙?复道行空,不霁何虹?高低冥迷,不知西东。歌台暖响,春光融融;舞殿冷袖,风雨凄凄。一日之内,一宫之间,而气候不齐。

妃嫔(pín)媵(yìng)嫱(qiáng),王子皇孙,辞楼下殿,辇来于秦。朝歌夜弦,为秦宫人。明星荧荧,开妆镜也;绿云扰扰,梳晓鬟也;渭流涨腻,弃脂水也;烟斜雾横,焚椒兰也。雷霆乍惊,宫车过也;辘辘远听,杳不知其所之也。一肌一容,尽态极妍,缦立远视,而望幸焉;有不得见者三十六年。燕赵之收藏,韩魏之经营,齐楚之精英,几世几年,剽(piāo)掠其人,倚叠如山;一旦不能有,输来其间。鼎铛(chēng)玉石,金块珠砾,弃掷逦迤(lǐyǐ),秦人视之,亦不甚惜。

嗟乎!一人之心,千万人之心也。秦爱纷奢,人亦念其家。奈何取之尽锱铢(zīzhū),用之如泥沙?使负栋之柱,多于南亩之农夫;架梁之椽,多于机上之工女;钉头磷磷,多于在庾(yǔ)之粟粒;瓦缝参差,多于周身之帛缕;直栏横槛(jiàn),多于九土之城郭;管弦呕哑,多于市人之言语。使天下之人,不敢言而敢怒。独夫之心,日益骄固。戍卒叫,函谷举,楚人一炬,可怜焦土。

呜呼!灭六国者六国也,非秦也;族秦者秦也,非天下也。嗟夫!使六国各爱其人,则足以拒秦;使秦复爱六国之人,则递三世可至万世而为君,谁得而族灭也?秦人不暇自哀,而后人哀之;后人哀之而不鉴之,亦使后人而复哀后人也。

第三节　古代文赋的诵读方法

古代文赋更适宜诵读,诵读古文赋能增加文化底蕴,培养字正腔圆的良好语感。诵读古诗是要吟的,古文是要诵的,古诗文吟诵的方法现今已经很少有人了解。古诗文吟诵所具有的共同特点,就是把节奏放慢,用悦耳动听的乐音来诵读出文本自身声调的抑扬顿挫,以及文章结构的起承转合来,并在诵读的过程中对文本进行思索、领会、理解和欣赏。

一、散文的诵读方法

请诵读梁启超的《少年中国说》，体会古今散文不同的诵读技巧。

任公曰：造成今日之老大中国者，则中国老朽之冤业也。制出将来之少年中国者，则中国少年之责任也。彼老朽者何足道，彼与此世界作别之日不远矣，而我少年乃新来而与世界为缘……使举国之少年而果为少年也，则吾中国为未来之国，其进步未可量也。使举国之少年而亦为老大也，则吾中国为过去之国，其澌（sī）亡可翘足而待也。故今日之责任，不在他人，而全在我少年。少年智则国智，少年富则国富；少年强则国强，少年独立则国独立；少年自由则国自由，少年进步则国进步；少年胜于欧洲则国胜于欧洲，少年雄于地球则国雄于地球。红日初升，其道大光；河出伏流，一泻汪洋；潜龙腾渊，鳞爪飞扬；乳虎啸谷，百兽震惶；鹰隼（sǔn）试翼，风尘吸张；奇花初胎，矞矞（yù）皇皇；干将发硎（xíng），有作其芒。天戴其苍，地履其黄。纵有千古，横有八荒。前途似海，来日方长。美哉，我少年中国，与天不老！壮哉，我中国少年，与国无疆！

古文的诵读和今文也有很大的不同，最适合诵读的文章是辞、赋、骈文。先秦诸子散文、历史散文因为多数是彻头彻尾的"散文"，不讲句式排列，不讲声调抑扬，所以也就没有"气段"，不便于上腔上调。但唐宋以后的古文大多是能诵的。韩愈虽说是"文起八代之衰"，似乎是接续了古文的传统，但是从八大家以下，行文注重句式的排比和错落、文章的气势、声调的抑扬，与先秦古文已迥然不同。文章内容的段落，往往也是文气与声调的段落。所以念诵古文时，把段落称为"气段"，要用声音的起落表现出文章的"气段"来。从前还有一句俗语："之乎者也矣焉哉，用得好了是秀才"，虽是一句俗语，却也说明了文言虚字的重要作用。同时，正是因为这些虚字常用在句尾，各有不同的声调，各自表达了不同的语气、情感和情绪，所以诵读文章要在这些虚字上下功夫。

韩愈是唐代古文运动的倡导者，主张学习先秦两汉的散文语言，破骈为散，扩大文言文的表达功能。宋代苏轼称他"文起八代之衰"，明人推他为唐宋八大家之首。《师说》阐述教师的重要作用、从师学习的必要性以及择师的原则，抨击当时士大夫之族耻于从师的错误观念，倡导从师而学的风气，同时也是对那些诽谤者的一个公开答复和严正驳斥。诵读要字正腔圆，观点鲜明，读出内在的逻辑力量。

师　说

（唐）韩愈

古之学者必有师。师者，所以传道受业解惑也。人非生而知之者，孰能无惑？惑而不从师，其为惑也，终不解矣。生乎吾前，其闻道也固先乎吾，吾从而师之；生乎吾后，其闻道也亦先乎吾，吾从而师之。吾师道也，夫庸知其年之先后生于吾乎？是故无贵无贱，无长无少，道之所存，师之所存也。

嗟乎！师道之不传也久矣！欲人之无惑也难矣！古之圣人，其出人也远矣，犹且从师而问焉；今之众人，其下圣人也亦远矣，而耻学于师。是故圣益圣，愚益愚；圣人之所以为圣，愚人之所以为愚，其皆出于此乎！爱其子，择师而教之，于其身也，则耻师焉，惑矣！彼童子之师,授之书而习其句读者,非吾所谓传其道解其惑者也。句读之不知,惑之不解,或师焉,或不焉,小学而大遗,吾未见其明也。巫医乐师百工之人,不耻相师;士大夫之族,曰师曰弟子云者,则群聚而笑之。问之,则曰:“彼与彼年相若也,道相似也。位卑则足羞,官盛则近谀。”呜呼!师道之不复可知矣。巫医乐师百工之人,君子不齿,今其智乃反不能及,其可怪也欤!

圣人无常师。孔子师郯子、苌弘、师襄、老聃。郯子之徒,其贤不及孔子。孔子曰:“三人行,则必有我师。”是故弟子不必不如师,师不必贤于弟子。闻道有先后,术业有专攻,如是而已。

李氏子蟠,年十七,好古文,六艺经传,皆通习之,不拘于时,学于余。余嘉其能行古道,作《师说》以贻之。

二、赋的诵读方法

请诵读苏轼的《赤壁赋》,把握作者的情感线索,由喜至悲转而旷达超脱;品读诗化语言,以视像描摹赤壁美景,感悟人物心灵,深悟哲理。

赤壁赋

(宋)苏轼

壬戌之秋,七月既望,苏子与客泛舟,游于赤壁之下。清风徐来,水波不兴。举酒属(zhǔ)客,诵明月之诗,歌窈窕之章。少焉,月出于东山之上,徘徊于斗(dǒu)牛之间。白露横江,水光接天。纵一苇之所如,凌万顷之茫然。浩浩乎如冯(píng)虚御风,而不知其所止;飘飘乎如遗世独立,羽化而登仙。

于是饮酒乐甚,扣舷(xián)而歌之。歌曰:“桂棹(zhào)兮兰桨,击空明兮溯流光。渺渺兮予怀,望美人兮天一方。”客有吹洞箫者,倚歌而和(hè)之。其声呜呜然,如怨如慕,如泣如诉,余音袅袅,不绝如缕。舞幽壑之潜蛟,泣孤舟之嫠(lí)妇。

苏子愀(qiǎo)然,正襟危坐,而问客曰:“何为其然也?”客曰:“‘月明星稀,乌鹊南飞。’此非曹孟德之诗乎?西望夏口,东望武昌。山川相缪(liǎo),郁乎苍苍,此非孟德之困于周郎者乎?方其破荆州,下江陵,顺流而东也,舳舻(zhúlú)千里,旌旗蔽空,酾(shī)酒临江,横槊(shuò)赋诗,固一世之雄也,而今安在哉?况吾与子渔樵于江渚之上,侣鱼虾而友麋(mí)鹿。驾一叶之扁舟,举匏(páo)樽以相属。寄蜉蝣于天地,渺沧海之一粟。哀吾生之须臾,羡长江之无穷。挟飞仙以遨游,抱明月而长终。知不可乎骤得,托遗响于悲风。”

苏子曰:“客亦知夫水与月乎?逝者如斯,而未尝往也。盈虚者如彼,而卒莫消长也。盖将自其变者而观之,则天地曾不能以一瞬。自其不变者而观之,则物与我皆无尽也,而又何羡乎?且夫天地之间,物各有主。苟非吾之所有,虽一毫而莫取。惟江上之清风,与山间之明月,耳得之而为声,目遇之而成色。取之无禁,用之不竭,是造物者之无尽藏(zàng)也,而吾与子之所共适。”

客喜而笑,洗盏更酌(gēngzhuó)。肴核既尽,杯盘狼籍。相与枕藉乎舟中,不知东方之既白。

古文赋的诵读要达到审美要求才称得上是“美读”艺术。陈少松教授曾认为古诗文吟诵要符合三个方面的要求：字正腔圆、因声入境和显示个性。“字正”，就是要求吐字发音准确、清楚、响亮；“腔圆”，就是要求声音饱满、圆润、优美和腔调婉转、圆活、动听；“因声入境”，就是随着诵读时声音的抑扬顿挫、语速的疾徐变化和腔调的婉转曲折走进作品的意境之中。诵读作为一种创造性的艺术鉴赏活动，其突出的标志就是能充分地显示诵读者的不同个性。诵读者的个性首先表现在对作品意境的再创造上，还要通过诵读时的声音表现出来。

第四节　古代文赋文本的诵读指导

一、传统蒙学

传统蒙学是很好的练声素材。《弟子规》《百家姓》以及《三字经》《千字文》多为韵文，采用三言、四言的句式，朗朗上口，非常适合童蒙吟诵。但因时代和观念的差异，诵读首先要解决的是正音辨义问题，也就是读准、理解对，这样才能深入地学习；其次是领悟其思想内涵，联系学习、生活实际，古为今用；最后，要培养批判的思维，对古代文化要扬弃，而不是厚古薄今、全盘吸收，这才是一个有思想的现代人应有的文化素质。

1. 弟子规

【诵读指导】《弟子规》这篇文章是清朝康熙年间秀才李毓(yù)秀创作的。李毓秀，山西绛州人，字子潜，平生只考中过秀才，主要活动是教书。李毓秀根据传统文化对童蒙的要求，并结合自己的教学实践，将《论语》学而篇第六条“弟子，入则孝，出则悌，谨而信，泛爱众而亲仁。行有余力，则以学文”的文义分为五个部分，以三字一句、两句一韵加以演述，编纂成《训蒙文》。该文具体列举出为人弟子在家、出外、待人接物及求学应遵循的礼仪与规范，讲求家庭教育与生活教育的完美结合，实用而有文采。乾隆年间经贾存仁修订改名为《弟子规》。

《弟子规》所讲的道理，正是圣人的训诲，从入则孝、出则弟(tì)、谨而信、泛爱众、亲仁及余力学文着手，从日常生活中的伦常做起，经家庭扩展到学校、社会，最能孕育出正人君子的品行。所以这篇文章应该认真反复读诵，深入内心，当成个人反省的镜子及行为的指针。诵读时只需注意口齿清楚即可。

总　叙

弟子规　圣人训　首孝悌　次谨信
泛爱众　而亲仁　有余力　则学文

入则孝

父母呼　应(yìng)勿缓　父母命　行勿懒
父母教(jiào)　须敬听　父母责　须顺承
冬则温　夏则凊(qìng)　晨则省(xǐng)　昏则定
出必告　返必面　居有常　业无变
事虽小　勿擅为　苟擅为　子道亏
物虽小　勿私藏　苟私藏　亲心伤
亲所好　力为具　亲所恶　谨为去
身有伤　贻亲忧　德有伤　贻亲羞

亲爱我　孝何难　亲憎我　孝方贤
亲有过　谏使更　怡吾色　柔吾声
谏不入　悦复谏　号泣随　挞无怨
亲有疾　药先尝　昼夜侍　不离床
丧三年　常悲咽　居处变　酒肉绝
丧尽礼　祭尽诚　事死者　如事生

出 则 弟(tì 悌)

兄道友　弟道恭　兄弟睦　孝在中
财物轻　怨何生　言语忍　忿自泯
或饮食　或坐走　长者先　幼者后
长呼人　即代叫　人不在　己即到
称尊长　勿呼名　对尊长　勿见(xiàn)能
路遇长　疾趋揖　长无言　退恭立
骑下马　乘下车　过犹待　百步余
长者立　幼勿坐　长者坐　命乃坐
尊长前　声要低　低不闻　却非宜
进必趋　退必迟　问起对　视勿移
事诸父　如事父　事诸兄　如事兄

谨

朝起早　夜眠迟　老易至　惜此时
晨必盥　兼漱口　便溺(niào)回　辄净手
冠必正　纽必结　袜与履　俱紧切
置冠服　有定位　勿乱顿　致污秽
衣贵洁　不贵华　上循分(fèn)　下称家
对饮食　勿拣择　食适可　勿过则
年方少　勿饮酒　饮酒醉　最为丑
步从容　立端正　揖深圆　拜恭敬
勿践阈(yù)　勿跛倚　勿箕(jī)踞　勿摇髀(bì)
缓揭帘　勿有声　宽转弯　勿触棱
执虚器　如执盈　入虚室　如有人
事勿忙　忙多错　勿畏难　勿轻略
斗闹场　绝勿近　邪僻事　绝勿问
将入门　问孰存　将上堂　声必扬
人问谁　对以名　吾与我　不分明
用人物　须明求　倘不问　即为偷
借人物　及时还　后有急　借不难

信

凡出言　信为先　诈与妄　奚可焉

话说多　不如少　惟其是　勿佞(nìng)巧
奸巧语　秽污词　市井气　切戒之
见未真　勿轻言　知未的(dí)　勿轻传
事非宜　勿轻诺　苟轻诺　进退错
凡道字　重且舒　勿急疾　勿模糊
彼说长　此说短　不关己　莫闲管
见人善　即思齐　纵去远　以渐跻(jī)
见人恶　即内省　有则改　无加警
唯德学　唯才艺　不如人　当自砺
若衣服　若饮食　不如人　勿生戚
闻过怒　闻誉乐　损友来　益友却
闻誉恐　闻过欣　直谅士　渐相亲
无心非　名为错　有心非　名为恶
过能改　归于无　倘掩饰　增一辜

泛爱众

凡是人　皆须爱　天同覆　地同载
行高者　名自高　人所重　非貌高
才大者　望自大　人所服　非言大
己有能　勿自私　人所能　勿轻訾(zǐ)
勿谄富　勿骄贫　勿厌故　勿喜新
人不闲　勿事搅　人不安　勿话扰
人有短　切莫揭　人有私　切莫说
道人善　即是善　人知之　愈思勉
扬人恶　即是恶　疾之甚　祸且作
善相劝　德皆建　过不规　道两亏
凡取与　贵分晓　与宜多　取宜少
将加人　先问己　己不欲　即速已
恩欲报　怨欲忘　报怨短　报恩长
待婢仆　身贵端　虽贵端　慈而宽
势服人　心不然　理服人　方无言

亲　仁

同是人　类不齐　流俗众　仁者稀
果仁者　人多畏　言不讳　色不媚
能亲仁　无限好　德日进　过日少
不亲仁　无限害　小人进　百事坏

余力学文

不力行　但学文　长(zhǎng)浮华　成何人
但力行　不学文　任己见　昧理真

读书法	有三到	心眼口	信皆要
方读此	勿慕彼	此未终	彼勿起
宽为限	紧用功	工夫到	滞塞(sè)通
心有疑	随札(zhá)记	就人问	求确义
房室清	墙壁净	几案洁	笔砚正
墨磨偏	心不端	字不敬	心先病
列典籍	有定处	读看毕	还原处
虽有急	卷束齐	有缺坏	就补之
非圣书	屏(bǐng)勿视	敝聪明	坏心志
勿自暴	勿自弃	圣与贤	可驯致

2. 百家姓

【诵读指导】《百家姓》是我国流行时间最长、流传地域最广的一种蒙学教材,本是北宋初年钱塘(杭州)的一个书生编撰的蒙学读物,将常见的姓氏编成四字一句的韵文,像一首四言诗,便于诵读和记忆,因此,流传至今,影响极深。《百家姓》本来收集411个姓,后增补到508个姓,其中单姓449个,复姓59个。

《百家姓》的成书和普及要早于《三字经》。据南宋学者王明清考证,该书前几个姓氏的排列是有讲究的:赵是指赵宋,既然是国君的姓理应为首;其次是钱姓,钱是五代十国中吴越国王的姓氏;孙为当时国王钱俶的正妃之姓;李为南唐国王李氏。他判断《百家姓》"似是两浙钱氏有国时小民所著"。所谓"有国"据史书记载,吴越在宋太祖开国后,还存在一段时间,至宋太宗兴国二年才率土归降。可见这篇文章是北宋初年问世的。《百家姓》采用四言体例,句句押韵,虽然它的内容没有文理,但读来顺口,易学好记,与《三字经》《千字文》相配合,成为中国古代蒙学中的固定教材。《百家姓》是中国独有的文化现象,流传至今,影响极深;它所辑录的几个姓氏,体现了中国人对宗脉与血缘的强烈认同感。姓氏文化或谱牒文化,是中国文化的重要组成部分,中国人是世界上"寻根意识"最重的族群。《百家姓》在历史的衍化中,为人们寻找宗脉源流,建立血亲意义上的归属感,帮助人们认识传统的血亲情结,提供了重要的文本依据,它是中国人认识自我与家族来龙去脉不可缺少的文化文献基础蓝本。2009年,《百家姓》被中国世界纪录协会收录为中国最早的姓氏书。诵读时要注意文中带*的为复姓,其余为单姓。读准字音,发音到位。

赵钱孙李	周吴郑王	冯陈褚(chǔ)卫	蒋沈韩杨
朱秦尤许	何吕施张	孔曹严华	金魏陶姜
戚谢邹喻	柏水窦章	云苏潘葛	奚范彭郎
鲁韦昌马	苗凤花方	俞任袁柳	酆(fēng)鲍史唐
费廉岑薛	雷贺倪汤	滕殷罗毕	郝邬安常
乐(yùe)于时傅	皮卞(biàn)齐康	伍余元卜(bǔ)	顾孟平黄
和穆萧尹	姚邵湛(zhàn)汪	祁毛禹狄	米贝明臧
计伏成戴	谈宋茅庞	熊纪舒屈	项祝董梁
杜阮蓝闵(mǐn)	席季麻强	贾路娄危	江童颜郭
梅盛林刁	钟徐邱骆	高夏蔡田	樊胡凌霍
虞万支柯	昝(zǎn)管卢莫	经房裘缪(miào)	干(gān)解应(yīng)宗

丁宣贲(bēn)邓　郁单(shàn)杭洪　包诸左石　崔吉钮龚
程嵇(jī)邢滑　裴陆荣翁　荀羊於(yū)惠　甄麴(qū)家封
芮(ruì)羿储靳　汲邴(bǐng)糜松　井段富巫　乌焦巴弓
牧隗(kuí)山谷　车侯宓(mì)蓬　全郗(xī)班仰　秋仲伊宫
宁仇(qiú)栾暴　甘钭(dǒu)厉戎　祖武符刘　景詹束龙
叶幸司韶　郜(gào)黎蓟薄　印宿(sù)白怀　蒲邰(tái)从鄂
索咸籍赖　卓(zhuó)蔺屠蒙　池乔阴郁　胥(xū)能(nài)苍双
闻莘(shēn)党翟　谭贡劳逄(páng)　姬申扶堵　冉宰郦雍
郤(xì)璩(qú)桑桂　濮(pú)牛寿通　边扈燕(yān)冀　郏(jiá)浦尚农
温别庄晏　柴瞿(qú)阎充　慕连茹习　宦艾鱼容
向古易慎　戈廖庾(yǔ)终　暨居衡步　都(dū)耿满弘
匡国文寇　广禄阙(què)东　欧殳(shū)沃利　蔚(yù)越夔隆
师巩厍(shè)聂　晁勾敖融　冷訾(zǐ)辛阚(kàn)　那(nā)简饶空
曾毋沙乜(niè)　养鞠须丰　巢关蒯(kuǎi)相　查(zhā)后荆红
游竺(zhú)权逯(lù)　盖(gě)益桓公　*万(mò)俟(qí)*司马　*上官*欧阳
*夏侯*诸葛　*闻人*东方　*赫连*皇甫(fǔ)　*尉(yù)迟*公羊
*澹(tán)台*公冶　*宗政*濮阳　*淳于*单于　*太叔*申屠
*公孙*仲孙　*轩辕*令(líng)狐　*钟离*宇文　*长孙*慕容
*鲜(xiān)于*闾丘　*司徒*司空　*亓(qí)官*司寇　*仉(zhǎng)督*子车(jū)
*颛(zhuān)孙*端木　*巫马*公西　*漆雕*乐(yuè)正　*壤驷(sì)*公良
*拓拔*夹谷　*宰(zǎi)父(fǔ)*谷梁　晋楚闫法　汝鄢(yān)涂钦
*段干(gān)*百里　*东郭*南门　*呼延归海　*羊舌*微生
岳帅缑(gōu)亢　况后有琴　*梁丘*左丘　*东门*西门
商牟(móu)佘佴(nà)　伯赏*南宫　墨哈(hǎ)谯笪(dá)　年爱阳佟
*第五言福　百家姓终

二、诸子风采

先秦散文主要有诸子散文和历史散文两种，其中诸子散文蕴含着先哲的智慧，在春秋社会巨变中诞生，在战国百家争鸣中成熟，光照中华乃至亚洲的思想史，深入炎黄子孙的精神气质，成为我们生命的一部分。诵读诸子散文，与两千多年前的先哲对话，见贤思齐，沉淀智慧，能滋养精神气质。“我生本无乡，心安是归处。”被功利物欲侵染的现代人，在诸子思想智慧的启迪下，定能重塑精神家园，找到心灵归所。

1.《老子》两章

老子，春秋时期思想家，道家学派创始人。世代为史官，后因避乱归隐故里。有《道德经》传世，共八十一章，约五千字左右，分上下两篇，前三十七章为道经，后四十四章为德经，用简洁优美的文字完整地构建了一个朴素、自然、豁达、飘逸的宇宙观、人生观，但也包括某些辩证法思想。老子文章娓娓道来,于平淡的阐述中蕴含着深刻的道理。诵读老子文章要读出恬淡中蕴含的哲思,语气舒缓温婉,语势起伏不大,语音柔和悦耳,情感恬静安适、淡泊明志。

上善若水

【诵读指导】 老子在第八章以自然界的水来喻人、教人。首先用水性来比喻高尚品德者的人格,认为他们的品格像水那样,一是柔,二是停留在卑下的地方,三是滋润万物而不与争。最完善的人格也应该具有这种心态与行为,不但做有利于众人的事情而不与争,而且愿意去众人不愿去的卑下的地方,愿意做别人不愿做的事情。他可以忍辱负重,任劳任怨,能尽其所能地贡献自己的力量去帮助别人,而不会与别人争功争名争利,这就是老子"善利万物而不争"的著名思想。

上善若水①。水善利万物而不争,处众人之所恶②,故几于道③。居,善地;心,善渊④;与,善仁⑤;言,善信;政,善治⑥;事,善能;动,善时⑦。夫唯不争,故无尤⑧。

【正音辨义】

① 上善若水:上善,最善。这里老子以水的形象来说明"圣人"是道的体现者,因为圣人的言行有类于水,而水德是近于道的。

② 处众人之所恶(wù):即居处于众人所不愿去的地方。

③ 几于道:几(jī),接近,即接近于道。

④ 渊:沉静、深沉。

⑤ 与,善仁:与,交友、待人。善仁:指有修养。

⑥ 政,善治:为政善于治理国家,从而取得政绩。

⑦ 动,善时:行为动作善于把握有利的时机。

⑧ 尤(yóu):过失、罪过。

信言不美

【诵读指导】 本章是第八十一章,也是《道德经》的最后一章,应该是全书正式的结束语。本章采用了与九章、十章、十五章、二十章、三十三章、四十五章、六十四章、七十六章相类似的格言警句的形式,前三句讲人生的主旨,后两句讲治世的要义。本章的格言,可以作为人类行为的最高准则,例如信实、讷(nè)言、专精、利民而不争。人生的最高境界是真、善、美的结合,而以真为核心。本章含有朴素的辩证法思想,是评判人类行为的道德标准。

信言①不美,美言不信。善者不辩②,辩者不善。知者不博,博者不知③。圣人不积④,既以为人,己愈有⑤,既以与人,己愈多⑥。天之道,利而不害⑦。圣人之道⑧,为而不争。

【正音辨义】

① 信言:真实可信的话。

② 善者:言语行为善良的人。辩:巧辩、能说会道。

③ 博:广博、渊博。知(zhì):通"智"。

④ 圣人不积:有道的人不自私,没有占有的欲望。

⑤ 既以为人,己愈有:已经把自己的一切用来帮助别人,自己反而更充实。

⑥ 多:与"少"相对,此处意为"丰富"。

⑦ 利而不害:使万物得到好处而不伤害万物。

⑧ 圣人之道:圣人的行为准则。

2.《孟子》两章

（战国）孟轲

【诵读指导】 孟子（公元前372—公元前289），名轲，字子舆。战国时期鲁国人，儒家学派代表人物，中国古代著名思想家、教育家。孟子远祖是鲁国贵族孟孙氏，后家道衰微，从鲁国迁居邹国。据说，孟子三岁丧父，孟母艰辛地将他抚养成人，孟母管束甚严，其“孟母三迁”“断机教子”等故事，成为千古美谈，是后世母教之典范。孟子著有《孟子》七篇传世，篇目为：《梁惠王》上、下；《公孙丑》上、下；《滕文公》上、下；《离娄》；《万章》上、下；《告子》上、下；《尽心》上、下。其学说出发点为性善论，提出“仁政”“王道”，主张德治。南宋时朱熹将《孟子》与《论语》《大学》《中庸》合在一起称“四书”。

“吾养吾浩然之气”。文如其人，孟子的文章力透纸背地塑造出一个傲然的儒者形象，让人“高山仰止，景行行止”。诵读孟子文章要读出浩然之气，读出傲然儒者的伟丈夫形象；读出气势，读出气概，读到酣畅。语势起伏较大，语气坚定、果敢、铿锵有力，声音洪亮、自信，节律分明，抑扬顿挫。

生于忧患　死于安乐

舜发于畎亩之中①，傅说举于版筑之间②，胶鬲举于鱼盐之中③，管夷吾举于士④，孙叔敖举于海⑤，百里奚举于市⑥。故天将降大任于是人也，必先苦其心志，劳其筋骨，饿其体肤，空乏其身，行拂乱其所为⑦，所以动心忍性，增益其所不能。人恒过，然后能改；困于心，衡于虑，而后作；征于色，发于声，而后喻。入则无法家拂士⑧，出则无敌国外患者，国恒亡。然后知生于忧患而死于安乐也。（《告子》下）

【正音辨义】

① 畎亩：田间。畎（quǎn）：田地中间的沟。

② 傅说（yuè）：传说是商代一位贤人，因罪服刑，在傅险筑墙，后被商王武丁访求到而提拔为相。版筑：古代筑墙的方法，用两版相夹，填入泥土，用杵捣实，拆版后即成土墙。

③ 胶鬲：传说是商纣王的臣，他怎么被提拔、被谁提拔，已不见于记载。

④ 管夷吾：即管仲，原是齐国公子纠的家臣，纠与公子小白（即后来的齐桓公）争夺君位，失败后逃至鲁国而被杀，管仲也被鲁人囚禁，押回齐国。后由鲍叔牙推荐，被桓公提拔为相。

⑤ 孙叔敖：楚国隐士，后被楚庄王提拔为令尹。

⑥ 百里奚：春秋时期虞国大夫，虞王被俘后，他由晋入秦，又逃到楚，后来秦穆公用五羖（gǔ，黑色公羊）羊皮把他赎出来，用为大夫。

⑦ 拂：违背，不顺。

⑧ 拂（bì）：通“弼”，辅佐。

何为大丈夫

景春①曰：“公孙衍②、张仪③岂不诚大丈夫哉？一怒而诸侯惧，安居而天下熄④。”

孟子曰：“是焉得为大丈夫乎？子未学礼乎？丈夫之冠也⑤，父命之；女子之嫁也，母命之，往送之门，戒之曰：‘往之女⑥家，必敬必戒，无违夫子！’以顺为正者，妾妇之道也。居天下之广居⑦，立天下之正位，行天下之大道；得志，与民由之；不得志，独行其道。富贵不能淫，贫贱不能移，威武不能屈，此之谓大丈夫。”（《滕文公》下）

【注释】

① 景春:人名,纵横家的信徒。

② 公孙衍:人名,即魏国人犀首,著名的说客。

③ 张仪:魏国人,纵横家的主要代表,致力于以“连横”说服秦国,与苏秦“合纵”相对。

④ 熄:指战火熄灭,天下太平。

⑤ 丈夫之冠(guān)也,父命之:古代男子到二十岁叫作成年,行加冠礼,父亲开导他。

⑥ 女(rǔ):通“汝”,你。

⑦ 广居、正位、大道:朱熹注释为:广居,仁也;正位,礼也;大道,义也。

3. 孙子兵法·谋攻篇

(春秋)孙武

【诵读指导】 孙子,名武,字长卿,春秋末期齐国乐安(今山东惠民县)人。生卒年代不详,大约与儒学创始人孔子(公元前551—公元前479)属于同时代而略晚。孙子是齐国贵族和名将的后裔,因齐国政局动荡不安,而由齐国到了吴国。经伍子胥引荐,以自著兵法十三篇觐见吴王阖闾,得到吴王的重用,任为将军,帮助吴王经国治军。

《孙子兵法》又称《孙武兵法》《吴孙子兵法》,简称《孙子》,是中国古代最伟大的兵书,也是现存最早的一部兵书,宋代朝廷颁定的“武经七书”之一。它系由孙武草创,后经其门弟子整理而成,约成书于春秋战国之交,原书十三篇,约五千九百字。《孙子兵法》自问世以来,对中国古代军事学术的发展产生了巨大而深远的影响,三国时著名的政治家、军事家曹操第一个为《孙子兵法》作了系统的注解,为后人研究运用《孙子兵法》打开了方便之门。《孙子兵法》在唐朝时传到日本,18世纪传到了欧洲,目前世界各国大都有自己的译本,被推崇为“兵学圣典”“武经的冠冕”,在世界军事史上占有突出的地位。

本篇贯穿一条“全胜”的战略思想原则,战争力求全胜,从这个目标出发,就要从政治上降服敌人,从军事上战胜对手。“不战而屈人之兵”是最好的战略。战场上的全胜方法,本篇提出六条用兵之法,即敌我兵力对比不同情况下的不同作战方法。诵读时节律要分明,多连少停,语速略快,语气畅达。

孙子曰:夫(fú)用兵之法,全国为上,破国次之;全军为上,破军次之;全旅为上,破旅次之;全卒为上,破卒次之;全伍为上,破伍次之。是故百战百胜,非善之善者也;不战而屈人之兵,善之善者也。

故上兵伐谋,其次伐交,其次伐兵,其下攻城;攻城之法,为不得已。修橹轒辒(fénwēn)、具器械,三月而后成;距堙(yīn),又三月而后已。将不胜其忿,而蚁附之,杀士卒三分之一,而城不拔者,此攻之灾也。

故善用兵者,屈人之兵,而非战也;拔人之城,而非攻也;毁人之国,而非久也。必以全争于天下,故兵不顿而利可全,此谋攻之法也。故用兵之法,十则围之,五则攻之,倍则分之,敌[①]则能战之,少则能逃之,不若[②]则能避之。故小敌之坚,大敌之擒也。

夫将者,国之辅也,辅周则国必强,辅隙则国必弱。故君之所以患于军者三:不知军之不可以进,而谓之进;不知军之不可以退,而谓之退;是谓縻[③]军。不知三军之事,而同三军之政,则军士惑矣。不知三军之权,而同三军之任,则军士疑矣。三军既惑且疑,则诸侯之难至矣,是谓乱军引胜。

故知胜有五:知可以战与不可以战者胜;识众寡之用者胜;上下同欲者胜;以虞待不虞者胜;将能而君不御者胜。此五者,知胜之道也。

故曰：知彼知己，百战不殆[④]；不知彼而知己，一胜一负；不知彼，不知己，每战必败。

【正音辨义】

① 敌：势均力敌。

② 不若：兵力不如敌人。

③ 縻(mí)：系住，束缚。

④ 殆：危殆，失利，失败。

4.《礼记》两篇

【诵读指导】《礼记》是一部先秦儒家讨论礼制的论文集，多为孔子的弟子或再传、三传弟子所记，间有讲述礼仪的古书。后来成为儒家经典之一，唐代被列为"九经"之一，到宋代，被列入"十三经"之中，成为士人必读之书。相传为西汉礼学家戴圣编纂，故又称《小戴记》或《小戴礼记》。全书分《曲礼》《檀弓》《中庸》《大学》《礼运》《乐记》《杂记》等四十九篇。

《礼记》二十卷四十九篇，包含了从孔子到孟、荀各家各派的论著，内容驳杂而丰富，对研究古代社会状况、文物典章制度及法律实践活动，具有重要的参考价值。其中不少名篇，上可探索阴阳，穷析物理，推本性命，下而及于修身齐家，民生日用。《礼记》与《仪礼》《周礼》合称"三礼"，对中国文化产生过深远影响，各个时代的人都从中寻找思想资源。

诵读重点是正音辨义、理解内涵，处理好停连、轻重音，语势较平稳，中速，语气肯定、笃信。

大学之道

大学之道[①]，在明明德[②]，在亲民[③]，在止于至善[④]。知止[⑤]而后有定，定而后能静，静而后能安，安而后能虑，虑而后能得[⑥]。物有本末[⑦]，事有终始，知所先后[⑧]，则近道矣。

古之欲明明德于天下者，先治其国；欲治其国者，先齐其家[⑨]；欲齐其家者，先修其身[⑩]；欲修其身者，先正其心；欲正其心者，先诚其意；欲诚其意者，先致其知[⑪]；致知在格物[⑫]。

物格而后知至，知至而后意诚，意诚而后心正，心正而后身修，身修而后家齐，家齐而后国治，国治而后天下平。

自天子以至于庶人[⑬]，壹是[⑭]皆以修身为本。其本乱[⑮]而末治[⑯]者，否矣！其所厚者薄[⑰]，而其所薄者厚，未之有也[⑱]！(《礼记・大学》第一章第四十二)

【正音辨义】

① 道：指道理、原理、原则、纲领，含有人生观、世界观、政治主张和思想体现。

② 明明德：前一个"明"为动词，即"使……显明"，后一个"明"为形容词，清明的、光明的之意。

③ 亲(xīn)民：亲，当做"新"，为动词，即"使……革新"。

④ 至善：最好的思想境界，善的最高地步。

⑤ 知止：能够知道所当止的地步，指上文所说的"止于至善"。

⑥ 得：获得(至善)。《孟子・告子上》："心之官则思，思则得之，不思则不得也。"

⑦ 本末：指树的根本与树梢。

⑧ 知所先后：意指能够知道和把握道德修养的先后次序。

⑨ 先齐其家：齐，有治理之意；家，指家族。意为使家族齐心协力、和睦平安。

⑩ 修其身：指修养好自身的品德。

⑪ 先致其知：致，至；知，认识。先使认识达到明确。

⑫ 格物：推究事物的原理。据朱熹解释："言欲致吾之知，在即物而穷其理也。"(《四书集注》)

⑬ 庶人:西周起称农业生产者,春秋时,其地位在士以下,工商皂隶之上,秦汉以后泛指没有官爵的平民。

⑭ 壹是:一切、一律、一概。壹:一。

⑮ 本乱:意为本性败坏。乱:紊乱、破坏。

⑯ 末治:意指家齐、国治、天下平。

⑰ 其所厚者薄:厚,重视、尊重;薄,轻视、轻蔑。

⑱ 未之有也:即未有之也。之:代词。

教(jiào)学相长(zhǎng)

玉不琢,不成器;人不学,不知道。是故古之王者,建国君民[①],教学为先。《兑命》[②]曰:念终始典于学[③]。其此之谓乎。

虽有嘉肴[④],弗食,不知其旨也[⑤];虽有至道[⑥],弗学,不知其善也。是故学然后知不足,教然后知困[⑦]。知不足,然后能自反也[⑧];知困,然后能自强[⑨]也。故曰:教学相长也。《兑命》曰:学学半[⑩]。其此之谓乎。

古之教者,家有塾[⑪],党有庠[⑫],术有序[⑬],国有学[⑭]。比年入学[⑮],中年考校[⑯]。一年视离经辨志[⑰],三年视敬业乐群,五年视博习亲师,七年视论学取友,谓之小成[⑱];九年知类通达,强立而不反,谓之大成[⑲]。夫然后足以化民易俗,近者说服[⑳],而远者怀之[㉑],此大(tài)学之道也。《记》[㉒]曰:"蛾子时术之[㉓]。"其此之谓乎。(《礼记·学记第十八》节录)

【正音辨义】

① 君:这里的意思是统治。

② 兑(yuè)命:《古文尚书》中的篇名,也作《说命》。

③ 念终:始终想着。

④ 肴:带骨头的肉。

⑤ 旨:甘美的味道。

⑥ 至道:好到极点的道理。

⑦ 困:不通。

⑧ 自反:反躬自省。

⑨ 强:勉励。

⑩ 学(xiáo)学半:意思是说教人是学习的一半。

⑪ 家:这里指"闾",二十五户人共住一巷称为闾。塾:闾中的学校。

⑫ 党:五百户为党。庠(xiáng):设在党中的学校,即古代的乡学。

⑬ 术(suì):同"遂",一万二千五百家为遂。序:设在遂中的学校。

⑭ 国:京城。学:太学。

⑮ 比(bì)年:每年。

⑯ 中(zhòng)年:每隔一年。中:通"仲",中间的。

⑰ 离经:给经书断句。

⑱ 小成:小有成就。

⑲ 大成:大有成就。

⑳ 说(yuè):同"悦"。

㉑ 怀:向往。

㉒ 记:记言、记得失的书。

㉓ 蛾(yǐ)子:小蚂蚁。蛾,同“蚁”。术:学习。

三、中华美文

赋是产生于战国、兴盛于汉魏、发展于唐宋的一种文体,特别是南北朝的骈赋和唐代的律赋,平仄相对,音律和谐;互文对仗,四六句式;多用典故,讲究藻饰;“铺采摛文,体物写志”;句式整齐,文质兼美;兼具诗歌与散文的优势,产生了大量优秀作品。诵读辞赋能提高辩才,能丰富词汇,能了解典故和声律,能抒情言志……总之,赋能带给我们审美的愉悦和口齿的芬芳。

中国古代散文可谓千古佳作,许多名家散文经过岁月的荡涤依然传诵至今,不仅文采斐然、沁人心脾,而且闪烁着思想的光芒,蕴含着先贤的智慧,诵读古文佳作能陶冶情操、启迪智慧,了解历史、洞穿未来。

1. 洛神赋(并序)[①]

(魏)曹植

【诵读指导】 曹植(192—232),字子建,曹操第三子,封陈王,谥曰思,世称陈思王。曹植自幼颖慧,深得曹操的宠信,几次想要立为太子,终因“任性而行,不自彫”而罢。后曹丕、曹叡相继为帝,曹植备受猜忌,虽屡次上疏欲为国效力而不得,终郁郁寡欢发疾而卒,年仅四十一岁。曹植的文学成就甚高,其诗以五言为主,题材广,形式多,意象生动,语言精美,是建安诗作的杰出代表。《诗品》称其“骨气奇高,词采华茂”。其赋婉丽多姿,或言神寄情,或托物寓意,对魏晋南北朝抒情小赋的兴盛起了重要的倡导作用。其文以前期书信、杂论及后期表疏为佳,叙事议论大多文采斐然,妙趣横生。后世文人对曹植极为推重,谢灵运评其“才高八斗”。有《曹子建集》十卷。

《洛神赋》原名《感鄄(juàn)赋》,魏明帝改题为《洛神赋》。此赋以幻觉形式,叙写人神相恋,终因人神道殊,含情痛别。有人认为此文假托洛神,寄心文帝,抒发衷情不能相通的政治苦闷。全赋多方着墨,极力描绘洛神之美,生动传神。曹植用“其形也,翩若惊鸿,婉若游龙,荣曜秋菊,华茂春松。仿佛兮若轻云之蔽月,飘飖兮若流风之回雪”来形容洛神之美,语句优美,广为传诵。相遇、互慕、苦恋三幕场景构成了全篇的框架。文章形象鲜明、辞藻华美、描写传神,表现了青年贵族男女对爱情渴求而不得的矛盾复杂心理。格调凄艳哀伤,辞采华茂。诵读注意相遇、互慕、苦恋三幕场景的情感转换,感情基调哀婉、凄美、悲怆。

黄初三年,余朝京师,还济洛川。古人有言:“斯水之神名曰宓妃。”感宋玉对楚王说神女之事,遂作斯赋。其词曰:

余从京域,言归东藩,背伊阙,越轘辕[②],经通谷,陵景山。日既西倾,车殆马烦。尔乃税驾乎蘅皋[③],秣驷[④]乎芝田,容与乎阳林,流眄乎洛川。于是精移神骇,忽焉思散,俯则未察,仰以殊观。睹一丽人,于岩之畔。乃援御者而告之曰:“尔有觌[⑤]于彼者乎?彼何人斯?若此之艳也!”御者对曰:“臣闻河洛之神,名曰宓妃,然则君王之所见也,无乃是乎?其状若何?臣愿闻之。”

余告之曰:“其形也,翩若惊鸿,婉若游龙,荣曜秋菊,华茂春松。仿佛兮若轻云之蔽月,飘飖[⑥]兮若流风之回雪。远而望之,皎若太阳升朝霞;迫而察之,灼若芙蕖出渌波[⑦]。秾纤得衷[⑧],修短合度,肩若削成,腰如约素。延颈秀项,皓质呈露,芳泽无加,铅华弗御。云髻峨峨,修眉联娟,丹唇外朗,皓齿内鲜。明眸善睐[9],辅靥承权[10],瑰姿艳逸,仪静体闲。柔情绰态,媚于语言,奇服旷世,骨像应图。披罗衣之璀粲兮,珥[11]瑶碧之华琚。戴金翠之首饰,缀明珠以耀躯。践远游之文履,曳雾绡之轻裾[12],微幽兰之芳蔼兮,步踟蹰于山隅。于是忽焉纵体,以遨以嬉,左倚采旄[13],右荫桂旗,攘[14]皓腕于神浒兮,采湍濑之玄芝。"

余情悦其淑美兮,心振荡而不怡,无良媒以接欢兮,托微波而通辞。愿诚素之先达兮,解玉佩以要之[15]。嗟佳人之信修兮,羌习礼而明诗。抗琼珶以和予兮[16],指潜渊而为期。执眷眷之款实兮,惧斯灵之我欺,感交甫之弃言兮,怅犹豫而狐疑。收和颜而静志兮,申礼防以自持[17]。

于是洛灵感焉,徙倚[18]彷徨,神光离合,乍阴乍阳。竦[19]轻躯以鹤立,若将飞而未翔,践椒涂之郁烈,步蘅薄而流芳,超长吟以永慕兮,声哀厉而弥长。

尔乃众灵杂遝[20],命俦啸侣,或戏清流,或翔神渚,或采明珠,或拾翠羽。从南湘之二妃,携汉滨之游女,叹匏瓜之无匹兮,咏牵牛之独处[21]。扬轻袿之猗靡兮[22],翳修袖以延伫[23]。体迅飞凫[24],飘忽若神,凌波微步,罗袜生尘。动无常则,若危若安,进止难期,若往若还。转眄流精,光润玉颜,含辞未吐,气若幽兰。华容婀娜,令我忘餐。

于是屏翳[25]收风,川后静波,冯夷[26]鸣鼓,女娲清歌。腾文鱼以警乘,鸣玉鸾以偕逝[27],六龙俨其齐首,载云车之容裔[28],鲸鲵踊而夹毂[29],水禽翔而为卫。于是越北沚,过南冈,纡素领,回清扬[30],动朱唇以徐言,陈交接之大纲,恨人神之道殊兮,怨盛年之莫当,抗罗袂以掩涕兮,泪流襟之浪浪,悼良会之永绝兮,哀一逝而异乡,无微情以效爱兮,献江南之明珰[31]。虽潜处于太阴,长寄心于君王。忽不悟其所舍,怅神宵而蔽光。

于是背下陵高,足往神留,遗情想像,顾望怀愁。冀灵体之复形,御轻舟而上溯,浮长川而忘返,思绵绵而增慕。夜耿耿而不寐,霑繁霜而至曙。命仆夫而就驾,吾将归乎东路,揽騑辔以抗策[32],怅盘桓而不能去。

【正音辨义】

① 洛神:洛水女神,传为古帝宓羲氏之女宓(fú)妃淹死洛水后所化。

② 轘(huán)辕:山名,在今河南偃师市东南。山路险阻,凡十二曲,将去复还,故叫轘辕。

③ 税驾:停车。税(tuō):通"脱",放开,解下。蘅皋(gāo):生长杜蘅香草的河岸。

④ 秣驷(mòsì):喂马。秣:喂食料。驷:拉同一车的四匹马,此指马。芝田:种芝草的田野。

⑤ 觌(dí):见。

⑥ 飘飖(yáo):飘动摇曳貌。回:旋转。以上二句写神女若隐若现,体态轻盈。

⑦ 灼:鲜明。渌(lù):清澈。

⑧ "秾纤"(nóngxiān)二句:神女肥瘦高矮,恰到好处。秾:肥。纤:细瘦。修:长。

⑨ 眸:瞳子。睐(lài):旁视。

⑩ 辅靥(yè)承权:面颊上有美丽的酒窝。辅靥:应作"靥辅"。辅:通"酺",面颊。靥:酒窝。

⑪ 珥(ěr):此指佩戴。瑶碧:美玉。华琚(jū):有花纹的玉佩。

⑫ 曳:拖着。雾绡(xiāo):轻纱。裾(jū):衣襟,此指衣裙。

⑬ 采旄(máo):彩旗。旄:旄牛尾,此指旗杆上的装饰品。

⑭ 攘(rǎng):挽起衣袖。浒(hǔ):水边。

⑮ 要(yāo):通"邀"。

⑯ 抗:举。琼珶(dì):美玉名。和(hè):应答。

⑰ 申:强调。礼防:礼法的约束。自持:自我控制。持:原作"恃",误。
⑱ 徙(xǐ)倚:流连徘徊。
⑲ 竦(sǒng):同"耸"。
⑳ 杂遝(tà):众多貌。
㉑ "叹匏(páo)瓜"二句:匏瓜,星名,不与它星相接;牵牛,星名,与织女星隔天河相对而处。
㉒ 袿(guī):女子上衣。猗(yǐ)靡:轻柔飘忽貌。
㉓ 翳(yì):遮蔽。延伫(zhù):久立。
㉔ 凫(fú):野鸭。
㉕ 屏翳(yì):风神名。
㉖ 冯(píng)夷:河神名。
㉗ 玉銮(luán):玉制的鸾鸟形的车铃。偕逝:一起前驰。
㉘ 云车:神以云为车。容裔(yì):车行时起伏貌。
㉙ 鲸鲵(ní):水栖哺乳动物,形体巨大,似鱼,雄性为鲸,雌性为鲵。踊:跳跃。毂(gǔ):车轴,此代指车。
㉚ "纡(yū)素领"二句:回头相视。纡:回。素领:白颈。清扬:眉目之间,此指清秀的眉目。
㉛ 明珰(dāng):用明珠制作的耳坠。
㉜ 騑(fēi):驾车的服马外侧拉套的马。辔(pèi):马缰绳。抗策:扬鞭。

2. 别　赋

（南朝·梁）江淹

【诵读指导】 江淹(444—505),南朝文学家。字文通,济阳考城(今河南兰考县)人。少孤贫,后任中书侍郎、金紫光禄大夫,历仕宋、齐、梁三代。少年时以文章著名,晚年才思减退,传为梦中还郭璞五色笔,尔后作诗,遂无美句,世称"江郎才尽"。诗善刻画模拟,小赋遣词精工,尤以《别赋》《恨赋》脍炙人口,今有《江文通集》传世。

这是一篇著名的抒情小赋。齐梁之际,赋摆脱传统板滞凝重的形式向抒情言志的小赋发展过渡,并用以描写日常生活中的各种感受。这篇赋便以浓郁的抒情笔调,以环境烘托、情绪渲染、心理刻画等艺术方法,通过对戍人、富豪、侠客、游宦、道士、情人别离的描写,生动具体地反映出齐梁时代社会动乱的侧影。结构上,首以"黯然销魂者,唯别而已矣"定一篇之基调;中以"故别虽一绪,事乃万族"铺陈各种别离之情,状写特定人物同中有异的别离之情;末以"别方不定,别理千名"打破时空的方法归结,在以悲为美的艺术境界中,概括出人类别离的共有感情。诵读时要辨清对象,按总分总的结构顺序描摹各种类型的离情别绪,把握以悲为美的特点,以"黯然销魂"为全篇的感情基调。

黯然销魂者[①],唯别而已矣。况秦吴兮绝国,复燕宋兮千里[②];或春苔兮始生,乍秋风兮蹔起[③]。是以行子肠断,百感凄恻。风萧萧而异响,云漫漫而奇色。舟凝滞于水滨,车逶迟于山侧,棹容与而讵前[④],马寒鸣而不息。掩金觞而谁御,横玉柱而霑轼[⑤]。居人愁卧,怳若有亡[⑥]。日下壁而沈彩[⑦],月上轩而飞光。见红兰之受露,望青楸之离霜[⑧]。巡曾楹而空揜,抚锦幕而虚凉[⑨]。知离梦之踯躅,意别魂之飞扬[⑩]。

故别虽一绪,事乃万族:

至若龙马银鞍,朱轩绣轴[⑪],帐饮东都,送客金谷[⑫]。琴羽张兮箫鼓陈,燕赵歌兮伤美人[⑬];珠与玉兮艳暮秋,罗与绮兮娇上春。惊驷马之仰秣,耸渊鱼之赤鳞[⑭]。造分手而衔涕,感寂漠而伤神[⑮]。

乃有剑客惭恩,少年报士[16],韩国赵厕[17],吴宫燕市[18],割慈忍爱,离邦去里,沥泣共诀,抆血相视[19]。驱征马而不顾,见行尘之时起。方衔感于一剑,非买价于泉里[20]。金石震而色变[21],骨肉悲而心死[22]。

或乃边郡未和,负羽从军[23]。辽水无极,雁山参云[24]。闺中风暖,陌上草薰。日出天而耀景,露下地而腾文[25],镜朱尘之照烂,袭青气之烟煴[26]。攀桃李兮不忍别,送爱子兮霑罗裙[27]。

至如一赴绝国,讵相见期[28]。视乔木兮故里,决北梁兮永辞[29]。左右兮魂动,亲宾兮泪滋。可班荆兮赠恨,惟尊酒兮叙悲[30]。值秋雁兮飞日,当白露兮下时。怨复怨兮远山曲,去复去兮长河湄[31]。

又若君居淄右,妾家河阳[32]。同琼佩之晨照,共金炉之夕香[33],君结绶兮千里,惜瑶草之徒芳[34]。惭幽闺之琴瑟,晦高台之流黄[35]。春宫閟此青苔色,秋帐含兹明月光,夏簟清兮昼不暮,冬釭凝兮夜何长[36]!织锦曲兮泣已尽,迴文诗兮影独伤[37]。

傥有华阴上士,服食还山[38]。术既妙而犹学,道已寂而未传[39]。守丹灶而不顾,炼金鼎而方坚[40]。驾鹤上汉,骖鸾腾天[41]。蹔游万里,少别千年[42]。惟世间兮重别,谢主人兮依然[43]。

下有芍药之诗,佳人之歌[44]。桑中卫女,上宫陈娥[45]。春草碧色,春水渌波[46],送君南浦[47],伤如之何!至乃秋露如珠,秋月如珪[48],明月白露,光阴往来,与子之别,思心徘徊。

是以别方不定,别理千名,有别必怨,有怨必盈,使人意夺神骇,心折骨惊。虽渊云之墨妙,严乐之笔精[49],金闺之诸彦,兰台之群英[50],赋有凌云之称,辩有雕龙之声[51],谁能摹暂离之状,写永诀之情者乎!

【正音辨义】

① 黯然:心神沮丧,形容惨戚之状。销魂:即丧魂落魄。

② 秦吴:古国名,秦在今陕西一带,吴在今江苏、浙江一带。绝国:相隔极远的邦国。燕宋:古国名,燕在今河北一带,宋在今河南一带。

③ 蹔(zàn):同"暂"。

④ 逶迟:徘徊不行的样子。棹(zhào):船桨,这里指代船。容与:缓慢荡漾不前的样子。讵前:滞留不前。此处化用屈原《九章·涉江》:"船容与而不进兮,淹回水而疑滞"句意。

⑤ 掩:覆盖。觞(shāng):酒杯。御:进用。横:横持;阁置。玉柱:琴瑟上的系弦之木,这里指琴。轼:车前的横木。

⑥ 怳(huǎng):丧神失意的样子。

⑦ 沈彩:日光西沉。沈:同"沉"。

⑧ 楸(qiū):落叶乔木,枝干端直,高达三十米,古人多植于道旁。离:即"罹",遭受。

⑨ 曾楹(yíng):高高的楼房。曾:同"层"。楹:屋前的柱子,此指房屋。揜(yǎn):同"掩"。锦幕:锦织的帐幕。二句写行子一去,居人徘徊旧屋的感受。

⑩ 踯躅(zhízhú):徘徊不前的样子。意:同"臆",料想。飞扬:飞散而无着落。

⑪ 龙马:据《周礼·夏官·廋人》载,马八尺以上称"龙马"。朱轩:贵者所乘之车。绣轴:绘有彩饰的车轴,此指车驾之华贵。

⑫ 帐饮:古人设帷帐于郊外以饯行。东都:指东都门,长安城门名。金谷:晋石崇在洛阳西北金谷所造金谷园。史载石崇拜太仆,出为征虏将军,送者倾都,曾帐饮于金谷园。

⑬ 羽:五音之一,声最细切,宜于表现悲戚之情。琴羽:指琴中弹奏出羽声。张:调弦。燕赵:《古诗》有"燕赵多佳人,美者颜如玉"句,后因以美人多出燕赵。

⑭ 驷马：古时四匹马拉的车驾称驷，马称驷马。仰秣(mò)：抬起头吃草。语出《淮南子·说山训》："伯牙鼓琴，驷马仰秣。"原形容琴声美妙动听，此反其意。耸：因惊动而跃起。鳞：指渊中之鱼。语出《韩诗外传》："昔者瓠巴鼓瑟而潜鱼出听，伯牙鼓琴而六马仰秣。"

⑮ 造：等到。衔涕：含泪。寂漠：即"寂寞"。

⑯ 惭恩：自惭于未报主人知遇之恩。报士：心怀报恩之念的侠士。

⑰ 韩国：指战国时侠士聂政为韩国严仲子报仇，刺杀韩相侠累一事。赵厕：指战国初期，豫让因自己的主人智氏为赵襄子所灭，乃变姓名为刑人，入宫涂厕，挟匕首欲刺死赵襄子一事。

⑱ 吴宫：指春秋时专诸置匕首于鱼腹，在宴席间为吴国公子光刺杀吴王一事。燕市：指荆轲与朋友高渐离等饮于燕国街市，因感燕太子恩遇，藏匕首于地图中，至秦献图刺秦王未成，被杀，高渐离为了替荆轲报仇，又一次入秦谋杀秦王事。

⑲ 沥泣：洒泪哭泣。抆(wěn)：擦拭。抆血：言泣泪以尽继之以血。

⑳ 衔感：怀恩感遇。衔：怀。买价：指以生命换取金钱。泉里：黄泉。

㉑ 金石震：钟、磬等乐器齐鸣。句本《燕丹太子》："荆轲与武阳入秦，秦王陛戟而见燕使，鼓钟并发，群臣皆呼万岁，武阳大恐，面如死灰色。"

㉒ "骨肉"句：语出《史记·刺客列传》，聂政刺杀韩相侠累后，屠肠毁容自杀，以免牵累。韩国当政者暴尸于市，悬赏千金。其姐聂嫈云："妾其奈何畏殁身之诛，终灭贤弟之名！"遂扬其弟义举，伏尸而哭，自杀其旁。骨肉：指死者亲人。

㉓ 负羽：挟带弓箭。

㉔ 辽水：辽河，在今辽宁省西部，流经营口入海。雁山：雁门山，在今山西原平县西北。

㉕ 耀景：闪射光芒。腾文：指露水在阳光下反射出绚烂的色彩。

㉖ 镜：照。朱尘：红色的尘霭。照烂：鲜明绚烂之色。袭：扑入。青气：春天草木上腾起的烟霭。烟煴(yīnyūn)：同"氤氲"，形容烟或云气浓郁。

㉗ 爱子：爱人，指征夫。

㉘ 讵(jù)：岂有。

㉙ 乔木：高大的树木。王充《论衡·佚文》："睹乔木，知旧都。""决北"句：语出《楚辞·九怀》。

㉚ 班：铺设。荆：树枝条。据《左传·襄公二十六年》，楚国伍举与声子相善，伍举将奔晋，遇声子于郑郊。"班荆相与食，而言复故。"后遂以"班荆道故"喻亲旧惜别之悲痛。尊：同"樽"，酒器。

㉛ 湄：水边。

㉜ 淄右：淄水西面，在今山东境内。河阳：黄河北岸。

㉝ 琼佩：琼玉之类的佩饰。二句回忆昔日朝夕共处的爱情生活。

㉞ 绶：系官印的丝带。结绶：谓出仕做官。瑶草：仙山中的芳草，此喻闺中少妇。徒芳：喻虚度青春。

㉟ 晦：昏暗不明。流黄：黄色丝绢，这里指黄绢做成的帷幕。本句谓为免伤情，不敢卷起帷幕远望。

㊱ 春宫：指闺房。闷(bì)：关闭。簟(diàn)：竹席。釭(gāng)：灯。以上四句写居人春、夏、秋、冬四季相思之苦。

㊲ 织锦"二句：据武则天《璇玑图序》载："前秦苻坚时，窦滔镇襄阳，携宠姬赵阳台之任，断妻苏蕙音问。蕙因织锦为回文，五彩相宣，纵横八寸，题诗二百余首，计八百余言，纵横反复，皆成章句，名曰《璇玑图》以寄滔。"一说窦滔被徙沙漠，妻苏蕙遂织锦为回文诗寄赠(《晋书·列女传》)。以上写游宦别离和闺中思妇的恋念。

㊳ 傥(tǎng)：同"倘"。华阴：即华山，在今陕西渭南县南。上士：道士；求仙的人。服食：道家以为服食丹药可以长生不老。还山：即成仙，一作"还仙"。

㊴ 寂：进入微妙之境。传：至，最高境界。

㊵ 丹灶：炼丹炉。不顾：不顾问尘俗之事。炼金鼎：在金鼎里炼丹。

㊶ 骖(cān):三匹马驾车称“骖”。鸾:古代神话传说中凤凰一类的鸟。

㊷ 少(shǎo)别:小别,与“暂游”相对。

㊸ 谢:告辞,告别。以上写学道炼丹者的离别。

㊹ 下:下土。与“上士”相对。芍药之诗:语出《诗经·郑风·溱洧》:“维士与女,伊其相谑,赠之以芍药。”佳人之歌:指李延年歌:“北方有佳人,绝世而独立。”

㊺ 桑中:卫国地名。上宫:陈国地名。卫女、陈娥:均指恋爱中的少女。《诗经·鄘风·桑中》:“云谁之思?美孟姜矣。期我乎桑中,要我乎上宫。”

㊻ 渌(lù)波:清澈的水波。

㊼ 南浦:《楚辞·九歌·河伯》:“子交手兮东行,送美人兮南浦。”后以“南浦”泛指送别之地。

㊽ 珪(guī):一种洁白晶莹的圆形美玉。

㊾ 渊:王褒。云:扬雄。严:严安。乐:徐乐。四人都是汉代著名的辞赋文章家。

㊿ 金闺:指汉代长安金马门,是聚集才识之士以备汉武帝诏询的官署。彦:有学识才干的人。兰台:汉代朝廷中藏书和讨论学术的地方。

(51) 凌云:据《史记》载,司马相如作《大人赋》,汉武帝誉为“飘飘有凌云之气,似游天地之间意”。雕龙:喻善于修辞,据《史记·孟子荀卿列传》载,驺奭(zōushì)作文善闳辩,故齐人称颂为“雕龙奭”。

3. 滕王阁序

(唐)王勃

【诵读指导】 王勃(650—676),唐代诗人,字子安,绛州龙门(今山西河津)人。王勃与杨炯、卢照邻、骆宾王以诗文齐名,并称“初唐四杰”。王勃才华早露,14岁即被司刑太常伯刘祥道赞为神童,向朝廷表荐,对策高第,授朝散郎。16岁为沛王李贤征,为王府侍读,两年后因戏为《檄英王鸡》文,被高宗怒逐出府。22岁补虢州参军,因擅杀官奴当诛,遇赦除名。其父亦受牵累贬为交趾令。675年王勃南下探亲,676年渡海溺水,惊悸而死。

滕王阁是唐高祖的儿子滕王李元婴都督洪州时修建的,落成之日,诏封他为滕王,故名滕王阁。后来阎伯屿接任都督,重新加以修整。675年春天,王勃从龙门老家南下,前往交趾看望父亲。一路经洛阳、扬州、江宁,九月初到了洪州。恰逢阎公在阁上大宴宾客,王勃参加宴会,留下了《滕王阁序》这一传世名篇,全称《秋日登洪府滕王阁饯别序》,亦名《滕王阁诗序》,是一篇精彩的骈体文。通篇辞彩绚烂,对仗工整,而气势自然奔放。文中描绘滕王阁四周景色壮丽和宴会盛况,抒发了怀才不遇的愤懑和壮志难酬的苦闷,也表现了他等待时机有所作为的远大抱负。因文辞华美典雅,诵读时节奏舒缓平稳,吐字发声要字音轻弹、珠圆玉润,气随情动、声随情走,诵出韵律美、画面美。

豫章故郡,洪都新府,星分翼轸[①],地接衡庐[②],襟三江而带五湖[③],控蛮荆而引瓯越[④]。物华天宝[⑤],龙光射牛斗之墟;人杰地灵,徐孺下陈蕃之榻[⑥]。雄州雾列,俊彩[⑦]星驰,台隍枕夷夏之交,宾主尽东南之美。都督阎公之雅望,棨戟遥临[⑧];宇文新州之懿范,襜帷暂驻[⑨]。十旬休假[⑩],胜友如云;千里逢迎,高朋满座。腾蛟起凤,孟学士之词宗;紫电清霜,王将军之武库。家君作宰,路出名区;童子何知,躬逢胜饯。

时维九月,序属三秋[⑪]。潦水尽而寒潭清,烟光凝而暮山紫。俨骖騑于上路,访风景于崇阿;临帝子[⑫]之长洲,得天人之旧馆。层峦耸翠,上出重霄;飞阁流丹,下临无地。鹤汀凫渚,穷岛屿之萦回;桂殿兰宫,即冈峦之体势。

披绣闼,俯雕甍,山原旷其盈视,川泽纡其骇瞩。闾阎扑地,钟鸣鼎食之家[⑬];舸舰弥津,青雀黄龙之舳[14]。云销雨霁，彩彻[15]区明。落霞与孤鹜齐飞，秋水共长天一色。渔舟唱晚，响穷彭蠡[16]之滨；雁阵惊寒，声断衡阳[17]之浦。

遥襟甫[18]畅，逸兴遄飞。爽籁[19]发而清风生，纤歌凝而白云遏[20]。睢园绿竹[21]，气凌彭泽之樽；邺水朱华[22]，光照临川之笔。四美[23]具，二难并；穷睇眄于中天，极娱游于暇日。天高地迥，觉宇宙之无穷；兴尽悲来，识盈虚之有数。望长安于日下[24]，目吴会于云间[25]，地势极而南溟深，天柱高而北辰远[26]。关山难越，谁悲失路之人？萍水相逢，尽是他乡之客。怀帝阍[27]而不见，奉宣室以何年[28]？

嗟乎！时运不齐，命途多舛；冯唐易老[29]，李广难封[30]。屈贾谊于长沙，非无圣主[31]；窜梁鸿于海曲，岂乏明时[32]？所赖君子见机[33]，达人知命[34]。老当益壮，宁移白首之心？穷且益坚，不坠青云之志。酌贪泉而觉爽[35]，处涸辙[36]以犹欢。北海虽赊，扶摇可接[37]；东隅已逝，桑榆非晚[38]。孟尝高洁，空余报国之情[39]；阮籍猖狂，岂效穷途之哭[40]！

勃，三尺[41]微命，一介书生。无路请缨，等终军之弱冠[42]；有怀投笔，慕宗悫之长风[43]。舍簪笏于百龄[44]，奉晨昏于万里；非谢家之宝树[45]，接孟氏之芳邻。他日趋庭，叨陪鲤对[46]；今兹捧袂，喜托龙门[47]。杨意不逢，抚凌云而自惜[48]；钟期既遇，奏流水以何惭[49]？

呜乎！胜地不常，盛筵难再；兰亭已矣，梓泽丘墟。临别赠言，幸承恩于伟饯；登高作赋，是所望于群公。敢竭鄙怀，恭疏短引；一言均赋，四韵俱成。请洒潘江，各倾陆海云尔[50]。

滕王高阁临江渚，佩玉鸣鸾罢歌舞。
画栋朝飞南浦云，珠帘暮卷西山雨。
闲云潭影日悠悠，物换星移几度秋。
阁中帝子今何在？槛外长江空自流。

【正音辨义】

① 星分翼轸：古人习惯以天上星宿与地上区域对应，称为“某地在某星之分野”。据《晋书·天文志》，豫章属吴地，吴越扬州当牛斗二星的分野，与翼轸二星相邻。翼、轸：星宿名，属二十八宿。

② 衡庐：衡，衡山，此代指衡州（治所在今湖南省衡阳市）；庐，庐山，此代指江州（治所在今江西省九江市）。

③ 襟三江：泛指长江中下游的江河。襟：以……为襟。带五湖：南方大湖的总称。带：以……为带。

④ 蛮荆：古楚地，今湖北、湖南一带。瓯越：古越地。古东越王建都于东瓯（今浙江永嘉县）。

⑤ 物华天宝：据《晋书·张华传》，晋初，牛、斗二星之间常有紫气照射，据说是宝剑之精，上彻于天。张华命人寻找，果然在丰城（今江西省丰城县，古属豫章郡）牢狱的地下掘出龙泉、太阿二剑。后这对宝剑入水化为双龙。

⑥ 徐孺下陈蕃之榻：据《后汉书·徐稚传》，东汉名士陈蕃为豫章太守，不接宾客，唯徐稚来访时，才设一睡榻，徐稚去后又悬置起来。徐孺：徐孺子的省称。徐孺子名稚，东汉豫章南昌人，当时隐士。

⑦ 俊彩：指人才。

⑧ 都督：掌管督察诸州军事的官员，唐代分上、中、下三等。阎公：名未详。棨戟：外有赤黑色缯作套的木戟，古代大官出行时用，这里代指仪仗。

⑨ 宇文新州：复姓宇文的新州（在今广东境内）刺史，名未详。襜帷：车上的帷幕，这里代指车马。

⑩ 十旬休假：唐制，十日为一旬，遇旬日则官员休沐，称为“旬休”。

⑪ 三秋：古人称七、八、九月为孟秋、仲秋、季秋，三秋即季秋，九月。

⑫ 帝子、天人：都指滕王李元婴。

⑬ 闾阎:里门,这里代指房屋。钟鸣鼎食:古代贵族鸣钟列鼎而食。

⑭ 舸:《方言》:"南楚江、湘,凡船大者谓之舸。"青雀黄龙:船的装饰形状。舳(zhú):船尾把舵处,这里代指船只。

⑮ 彩:日光。彻:通贯。

⑯ 彭蠡:古代大泽,即今鄱阳湖。

⑰ 衡阳:今属湖南省,境内有回雁峰,相传秋雁到此就不再南飞,待春而返。

⑱ 甫(fǔ):刚、顿时。

⑲ 爽籁:管子参差不齐的排箫。

⑳ 白云遏:形容音响优美,能驻行云。《列子·汤问》:"薛谭学讴于秦青,未穷青之技,自谓尽之,遂辞归。秦青弗止,饯于郊衢。抚节悲歌,声振林木,响遏行云。"

㉑睢园绿竹:睢园,即汉梁孝王菟园。

㉒ 邺水:在邺下(今河北省临漳县)。邺下是曹魏兴起的地方。朱华:荷花。曹植《公宴诗》:"秋兰被长坂,朱华冒绿池。"

㉓ 四美:指良辰、美景、赏心、乐事。二难:指贤主、嘉宾难得。另一说,四美:音乐、饮食、文章、言语之美。刘琨《答卢谌诗》:"音以赏奏,味以殊珍,文以明言,言以畅神。之子之往,四美不臻。"谢灵运《拟魏太子邺中集诗序》:"天下良辰、美景、赏心、乐事,四者难并。"王勃说"二难并"活用谢文,良辰、美景为时地方面的条件,归为一类;赏心、悦目为人事方面的条件,归为一类。

㉔ 望长安于日下:《世说新语·夙惠》:"晋明帝数岁,坐元帝膝上。有人从长安来,元帝因问明帝:'汝意谓长安何如日远?'答曰:'日远,不闻人从日边来,居然可知。'元帝异之。明日集群臣宴会,告以此意,更重问之,乃答曰:'日近。'元帝失色曰:'尔何故异昨日之言邪?'答曰:'举目见日,不见长安。'"

㉕ 吴会(kuài):吴郡,治所在今江苏省苏州市。云间:江苏松江县(古华亭)的古称。《世说新语·排调》:"陆云(字士龙)华亭人,未识荀隐,张华使其相互介绍而不作常语,云因抗手曰:'云间陆士龙。'"

㉖ 地势极而南溟深:南溟,南方的大海。(见《庄子》)《神异经》:"昆仑之山,有铜柱焉。其高入天,所谓天柱也。"北辰:《论语·为政》:"为政以德,譬如北辰,居其所而众星共(拱)之。"

㉗ 帝阍(hūn):天帝的守门人。屈原《离骚》:"吾令帝阍开关兮,倚阊阖而望予。"

㉘ 奉宣室以何年:贾谊迁谪长沙四年后,汉文帝复召他回长安,于宣室中问鬼神之事。宣室:汉未央宫正殿,为皇帝召见大臣议事之处。

㉙ 冯唐易老:《史记·冯唐列传》:"(冯)唐以孝著,为中郎署长,事文帝。拜唐为车骑都尉,主中尉及郡国车士。七年,景帝立,以唐为楚相,免。武帝立,求贤良,举冯唐。唐时年九十余,不能复为官。"

㉚ 李广难封:李广,汉武帝时名将,多次与匈奴作战,军功卓著,却始终未获封爵。

㉛ 屈贾谊于长沙:贾谊在汉文帝时被贬为长沙王太傅。圣主:指汉文帝。

㉜ 窜梁鸿于海曲:梁鸿,东汉人,因得罪章帝,避居齐鲁、吴中。明时:指章帝时代。

㉝ 君子见机:《易·系辞下》:"君子见几(机)而作。"

㉞ 达人知命:《易·系辞上》:"乐天知命故不忧。"

㉟ 酌贪泉而觉爽:据《晋书·吴隐之传》,廉官吴隐之赴广州刺史任,饮贪泉之水,并作诗说:"古人云此水,一歃怀千金。试使(伯)夷(叔)齐饮,终当不易心。"贪泉:在广州附近的石门,传说饮此水会贪得无厌。

㊱ 处涸辙:《庄子·外物》有鲋鱼处涸辙的故事。涸辙比喻困厄的处境。

㊲ 北海二句:语意本《庄子·逍遥游》。

㊳ 东隅二句:《后汉书·冯异传》:"失之东隅,收之桑榆。"东隅:日出处,表示早晨。桑榆:日落处,表示傍晚。

㊴ 孟尝二句:孟尝字伯周,东汉会稽上虞人,曾任合浦太守,以廉洁奉公著称,后因病隐居。桓帝时,虽有人屡次荐举,终不见用。事见《后汉书·孟尝传》。

㊵ 阮籍二句：阮籍字嗣宗，晋代名士。《晋书·阮籍传》：籍“时率意独驾，不由径路。车迹所穷，辄恸哭而反。”

㊶ 三尺：指幼小。

㊷ 无路二句：据《汉书·终军传》，终军字子云，汉代济南人。武帝时出使南越，自请“愿受长缨，必羁南越王而致之阙下”，时仅二十余岁。等：相同，用作动词。弱冠：古人二十岁行冠礼，表示成年，称“弱冠”。

㊸ 投笔：用汉班超投笔从戎的故事，事见《后汉书·班超传》。慕宗悫（què）句：宗悫字元干，南朝宋南阳人，年少时向叔父自述志向，云“愿乘长风破万里浪”。

㊹ 簪笏（hù）：冠簪、手版，官吏用物，这里代指官职地位。百龄：百年，犹“一生”。

㊺ 非谢家之宝树：《世说新语·言语》：“谢太傅（安）问诸子侄‘子弟亦何预人事，而正欲使其佳？’诸人莫有言者。车骑（谢玄）答曰：‘譬如芝兰玉树，欲使其生于庭阶耳。’”

㊻ 他日二句：《论语·季氏》：“（孔子）尝独立，（孔）鲤趋而过庭。（子）曰：‘学诗乎？’对曰：‘未也。’‘不学诗，无以言。’鲤退而学诗。他日，又独立，鲤趋而过庭。（子）曰：‘学礼乎？’对曰：‘未也。’‘不学礼，无以立。’鲤退而学礼。”鲤：孔鲤，孔子之子。

㊼ 捧袂（mèi）：举起双袖，表示恭敬的姿势。喜托龙门：《后汉书·李膺传》：“膺以声名自高，士有被其容接者，名为登龙门。”

㊽ 杨意二句：据《史记·司马相如列传》，司马相如经蜀人杨得意引荐，方能入朝见汉武帝。又云：“相如既奏《大人》之颂，天子大悦，飘飘有凌云之气。”杨意：杨得意的省称。凌云：指司马相如作《大人赋》。

㊾ 钟期二句：《列子·汤问》：“伯牙善鼓琴，钟子期善听。伯牙鼓琴……志在流水，钟子期曰：‘善哉！洋洋兮若江河。’”钟期：钟子期的省称。

㊿ 请洒二句：钟嵘《诗品》：“陆（机）才如海，潘（岳）才如江。”

4. 六国论

（宋）苏洵

【诵读指导】 苏洵（1009—1066），字明允，号老泉，汉族，眉州眉山（今属四川眉山）人，北宋文学家，与其子苏轼、苏辙合称“三苏”，均被列入“唐宋八大家”。据说苏洵27岁才发愤读书，经过十多年的闭门苦读，学业大进。仁宗嘉祐元年（1056），他带领苏轼、苏辙到汴京，谒翰林学士欧阳修。欧阳修很赞赏他的《权书》《衡论》《几策》等文章，认为可与贾谊、刘向相媲美，于是向朝廷推荐。一时公卿士大夫争相传诵，文名因而大盛。嘉祐三年，仁宗召他到舍人院参加考试，他推托有病，不肯应诏。嘉祐五年，任为秘书省校书郎。后与陈州项城（今属河南）县令姚辟同修礼书《太常因革礼》。书成不久，即去世，追赠光禄寺丞。苏洵长于散文，尤擅政论，议论明畅，笔势雄健，有《嘉祐集》传世。

《六国论》是苏洵政论文的代表作品。本文提出并论证了六国灭亡“弊在赂秦”的精辟论点，“借古讽今”，抨击宋王朝对辽和西夏的屈辱政策，告诫北宋统治者要吸取六国灭亡的教训，以免重蹈覆辙。其子苏轼、苏辙及清代李桢也作《六国论》，阐述个人观点。诵读时要体现作品的逻辑力量，读出论辩的气势；判断句咬字有力度，轻重音分明、抑扬顿挫；舒缓张弛随情感变化，突出痛惜之情。

六国破灭，非兵不利，战不善，弊在赂秦。赂秦而力亏，破灭之道也。或曰：六国互丧，率赂秦耶？曰：不赂者以赂者丧，盖失强援，不能独完。故曰：弊在赂秦也。

秦以攻取之外，小则获邑，大则得城。较秦之所得，与战胜而得者，其实百倍；诸侯之所亡，与战败而亡者，其实亦百倍。则秦之所大欲，诸侯之所大患，固不在战矣。思厥先祖父，暴霜露，斩荆棘，以有尺寸之地[①]。子孙视之不甚惜，举以予人，如弃草芥。今日割五城，明日割十城，然后得一夕安寝。起视四境，而秦兵又至矣。然则诸侯之地有限，暴秦之欲无厌[②]，奉之弥繁,侵之愈急[3]。故不战而强弱胜负已判矣。至于颠覆,理固宜然[4]。古人云:“以地事秦,犹抱薪救火,薪不尽,火不灭。”此言得之[5]。

齐人未尝赂秦,终继五国迁灭[6],何哉?与嬴[7]而不助五国也。五国既丧,齐亦不免矣。燕赵之君,始有远略,能守其土,义不赂秦。是故燕虽小国而后亡,斯用兵之效也。至丹以荆卿为计,始速祸焉。赵尝五战于秦,二败而三胜。后秦击赵者再,李牧连却之。洎牧以谗诛[8],邯郸为郡,惜其用武而不终也。且燕赵处秦革灭殆尽[9]之际,可谓智力[10]孤危,战败而亡,诚不得已。向使三国各爱其地,齐人勿附于秦,刺客不行,良将犹在,则胜负之数,存亡之理,当与秦相较,或未易量[11]。

呜呼!以赂秦之地,封天下之谋臣,以事秦之心,礼天下之奇才,并力西向,则吾恐秦人食之不得下咽也[12]。悲夫!有如此之势,而为秦人积威之所劫,日削月割,以趋于亡。为国者无使为积威之所劫哉!

夫六国与秦皆诸侯,其势弱于秦,而犹有可以不赂而胜之之势。苟以天下之大,而从六国破亡之故事,是又在六国下矣。

【正音辨义】

① 思厥先祖父,暴(pù)霜露,斩荆棘,以有尺寸之地:想想他们的祖先不避霜露,披荆斩棘,才有了这点土地。厥先祖父:他们的先人祖辈父辈。厥:其。先:先人。尺寸:形容少。

② 厌:通“餍”,满足。

③ 奉之弥繁,侵之愈急:你送给他越多,他侵略你越厉害。“奉之”的“之”代秦,“侵之”的“之”代赂秦的国家。

④ 理固宜然:道理本来应该这样。然:这样。

⑤ 此言得之:这话对了。得之:得其理。之:代上边说的道理。

⑥ 迁灭:灭亡。和下文说的“革灭”同义,迁和革都是改变的意思。

⑦ 与嬴:结交秦国。与:相与,相友,结交。嬴(yǐng):秦王的姓,指秦国。

⑧ 洎(jì)牧以谗诛,邯郸为郡:到了李牧因谗言被杀,赵国就灭亡了。洎:及,到了。诛:杀。

⑨ 革灭殆尽:把别的国家灭得差不多了。

⑩ 智力:智慧和力量。

⑪ 当(tǎng)与秦相较,或未易量:假如跟秦国相比较,(在哪一方面)或者还不容易判定。当:倘,若。量:分,判断。

⑫ 秦人食之不得下咽也:秦国的人吃饭都吃不下去的。这是比喻的说法。食:动词。之:等于“而”。不得下咽:咽不下去。

第九章 现当代诗歌诵读技巧

第一节　现当代诗歌的特征

诗歌是一种运用高度凝练而形象的语言来反映社会生活、抒发感情的文学体裁。要诵读好诗歌，就必须突出两个特征：意境美和音乐美。

一、再现诗歌深邃的意境美

意境是诗歌的精髓，“意”是指诗歌表达的思想感情，“境”是指诗歌中描写的客观事物情景。诗歌中情与景的有机交融，汇合成诗歌的深邃意境，给诗歌带来了艺术的魅力。解读现代诗歌要关注诗歌意象的创造，所谓“意象”，是指融入了诗人主观情思的客观物象。艾青的《我爱这土地》以“土地”“河流”“风”“黎明”四组意象，生动地抒写了大地遭受的苦难，人民的悲愤和嫉恨，对光明的向往和希冀。徐志摩的《再别康桥》通过“金柳”“青荇”“榆荫下的一潭”等意象，创造出一种空灵、飘逸的意境，展现了康桥的秀丽风光，表达了诗人对康桥的依依惜别之情。

二、生动表达诗歌的音乐美

诗歌的音乐美表现在鲜明的节奏和响亮的韵脚上。分析诗歌的节奏，应着重划分好每行诗的节拍。节拍是诗行中有规律的停顿，每个节拍包含几个音节，是根据各行诗的内容和语法结构确定的。传统格律诗中的五言诗，每个诗行两个节拍，即二三形式，七言诗每个诗行三个节拍，即二二三形式。自由诗的节拍不像格律诗那样固定整齐，一般是两字或三字一拍，也有四字一拍的。如：

大堰河，| 是我的 | 保姆。
她的名字 | 就是 | 生她的 | 村庄的名字，
她是 | 童养媳，
大堰河，| 是我的 | 保姆。

第二节 现当代诗歌的类型

现当代诗歌按体裁分为自由体诗歌、新格律诗、民谣体诗歌等,按表达方式分为抒情诗、哲理诗、叙事诗,按题材内容分为政治诗、爱情诗、朦胧诗、哲理诗、叙事诗等,其中政治诗和爱情诗都是抒情诗的一种。

一、抒情诗

抒情诗指直接抒发作者情感,或通过思想感情的抒发反映社会生活,而不作完整的情节叙述和人物描绘,涉及景物时不是单纯描绘景物,而是借景抒情或寓情于景。简而言之,以抒情为主旨便是抒情诗。抒情诗的题材范围很广,爱情、亲情、友情、师生情、故乡情以及社会政治题材都可涉猎,喜、怒、忧、思、悲、恐、惊七情变化多端,构成了抒情诗斑斓多姿的情感世界。《你是人间的四月天》的慈爱之情,《等你,在雨中》的热恋之情,《祖国啊,我亲爱的祖国》的爱国之情,《把牢底坐穿》的革命豪情……不同的情感底色,配合相应的情态语感,刚柔相济、浓淡相宜,虚实结合、顿挫变化,情感饱满,沁人心脾。

绝大部分抒情佳作是缘情言志、情中寓理的,有的直抒胸臆,有的借景抒情,有的托物言志,意境深邃,意蕴丰厚,曲尽其意。诵读者要深入理解,寻脉探幽,把握理趣,不对作品进行浅表的激昂、缠绵、痴醉等情感的处理,而是找到情感强有力的理性支撑作灵魂的骨架,使诵读产生应有的艺术震撼力。比如于右任的《望大陆》表达了海峡对岸台湾同胞叶落归根、回归故土的热望:

望大陆

于右任

葬我于高山之上兮,望我故乡;
故乡不可见兮,永不能忘。

葬我于高山之上兮,望我大陆;
大陆不可见兮,只有痛哭。

天苍苍,野茫茫,山之上,国有殇。

此外,政治抒情诗诵读时要有激情,要饱满,音高、音值、音强要丰富,用层层推进的方式宣泄内心的激情,如贺敬之的《雷锋之歌》、海涅的《我是剑,我是火焰》;爱情诗诵读时要声音柔美、情感细腻,声音不要过高,如余光中的《等你,在雨中》。

二、哲理诗

哲理诗是以阐述事理、赋人哲思、启人心智为主题内容的诗,朦胧诗也是其中一种,如北岛的《回答》、食指的《相信未来》。哲理诗大多篇幅短小,意蕴深厚,富有情趣和理趣,甚而成为鉴时察事、醒世激俗的千古名言。比如顾城的《一代人》:“黑夜给了我黑色的眼睛,我却用它寻找光明”,以象征手法高度概括了动乱岁月“一代人”的内心世界(“黑暗”使一代人觉醒,产生强烈的寻找光明的愿望与毅力),语言凝练,极富张力。北岛《回答》中“卑鄙是卑鄙者的通行证,高尚是高尚者的墓志铭”,同样因其警策性和启迪性,成为口口相传的哲理名言。顾城的《远和近》阐发了一种被扭曲的人际关系:人与人显得那么孤寂而不可接近;人与自然反而拉近了距离,显得十分亲近。

你/一会看我/一会看云,
我觉得/你看我时很远/你看云时很近。

朦胧诗、哲理诗由于内容凝练隽永、意象鲜明生动,所以诵读时情感表达要深沉持重,声音对比幅度不要太大,语速缓慢、多停少连,留给听众回味、思考的空间。

三、叙事诗

叙事诗是一种有较完整的故事情节和人物形象,并通过对具体的生活画面的描写来表达作品思想感情的诗歌。其特征是采用诗的形式描述事件、塑造人物,有较完整的故事情节和人物塑造,但不强调细致的描写,而是注重表现诗人对故事中人物的感受及情感的表述;一般兼有叙事和抒情的双重手法。叙事诗有故事诗、寓言诗、民族史诗、英雄颂歌等种类,长短差异大。《阿诗玛》《刘三姐》与长达一万行的《荷马史诗》比是短诗,《嘎达梅林》《格萨尔王》比《王贵与李香香》《大堰河,我的保姆》容量大得多。叙事诗人物形象生动、情节曲折感人,诵读时要把握叙事线索,借鉴生活化口语风格,平实自然,真挚感人,强调“叙说”的交流性和写意性,达到引人入胜的艺术效果。如袁水拍写于1947年2月5日的《老母刺瞎亲子目》采用农民熟悉的民谣体,直接援引民谚俚语入诗,表达了对反动派的斥责,增强了诗歌对民众的艺术感染力。

老母刺瞎亲子目

袁水拍

导墅(shù)区永新乡梅家村农民因被征兵,其母乘子不备时,刺其双目,顿即失明。(上海《文汇报》一月七日丹阳通信)

大雪落纷纷,
河里结了冰,
打完国仗又打自己人。
抽丁抽不到有钱人,
抽到我孩儿二十零啊!

叫天天不应,
叫地地不灵,
求人人无情,
眼泪哭干怕天明,
天明我孩儿要启程啊!

趁我孩儿睡,
四邻没人声,
我的孩儿啊,
莫怪你娘心太狠,
莫怪你娘心太狠啊!

拿起了钢针,
钢针儿两根,
刺进我孩儿的眼睛!
一声惨叫鲜血喷!
孩儿啊!他们不要瞎子去当兵!

第三节　现当代诗歌的诵读方法

现当代诗歌的特点是感情饱满,想象丰富,意境深邃,韵律和谐,诗歌的诵读当然就需要把这些特点都淋漓尽致地表现出来。现当代诗歌主要分为格律诗和自由诗两种,诵读的方法也不尽相同。

一、新格律体诗歌

诗人闻一多在20世纪20年代曾提倡现代诗歌的“音乐的美”“绘画的美”“建筑的美”,新月派诗人以新格律体诗歌创作来践行“三美”。《再别康桥》是“三美”兼备的佳作,堪称徐志摩诗作中的绝唱。下面我们以徐志摩的《再别康桥》为例分析现当代新格律诗歌的诵读方法。

再别康桥

徐志摩

轻轻的我走了,
　正如我轻轻的来;
我轻轻的招手,
　作别西天的云彩。

那河畔的金柳,
　是夕阳中的新娘;
波光里的艳影,
　在我的心头荡漾。

软泥上的青荇,
　油油的在水底招摇;
在康河的柔波里,
　我甘心做一条水草!

那榆荫下的一潭,
　不是清泉,是天上虹;
揉碎在浮藻间,
　沉淀着彩虹似的梦。

寻梦?撑一支长篙,
　向青草更青处漫溯,
满载一船星辉,
　在星辉斑斓里放歌。

但我不能放歌,
　悄悄是别离的笙箫;
夏虫也为我沉默,
　沉默是今晚的康桥!

悄悄的我走了,
　正如我悄悄的来;
我挥一挥衣袖,
　不带走一片云彩。

《再别康桥》是一首优美的抒情诗，宛如一曲优雅动听的轻音乐。1928年秋，诗人再次到英国访问，旧地重游，诗兴勃发，缕缕情思都融汇在康桥美丽的景色中。

全诗以“轻轻的”“走”“来”“招手”“作别云彩”起笔，接着用虚实相间的手法，描绘了一幅幅流动的画面，构成了一处处美妙的意境，细致入微地将诗人对康桥的眷恋、对往昔生活的憧憬、对眼前离愁的无奈，表现得真挚、浓郁、隽永。

《再别康桥》表现出诗人高度的艺术技巧。诗人将具体景物与想象糅合在一起构成诗的鲜明生动的艺术形象，巧妙地把气氛、感情、景象融汇为意境，达到景中有情，情中有景。诗的结构形式严谨整齐，错落有致。全诗七节，每节四行，组成两个平行台阶；一、三行稍短，二、四行稍长，每行六至八字不等，诗人似乎有意把格律诗与自由诗二者的形式糅合起来，使之成为一种新的诗歌形式，富有民族化、现代化的建筑美。诗的语言清新秀丽，节奏轻柔委婉、和谐自然，伴随着情感的起伏跳跃，犹如一曲悦耳徐缓的散板，轻盈婉转，拨动着读者的心弦。

二、自由体诗歌

自由诗的诵读要深入心灵，激起诗情，运用技巧表现诗情。自由诗用韵不像格律诗那么严整，因而不能把格律诗的诵读方法完全套用在自由诗的诵读上，这样才能够发挥出自由诗诵读那种豪放不羁、跳脱奔腾的特点。

（一）把握诗歌的情感基调

艾青认为“丰富的、强烈的感情是写诗的第一条件”，情感基调，是诵读的前提。每首诗都有一定的情感倾向，雄浑豪迈、哀婉悲伤、喜悦欢乐、愤慨恼恨都形成了诗歌的情感基调。余光中的《乡愁》以民谣的形式，倾吐了对祖国统一的强烈愿望，基调是深沉而忧郁的。

（二）理清诗歌的结构层次

余光中的《乡愁》采用我国民歌层层递进、对比互衬的写作手法，“小小”“窄窄”“矮矮”“浅浅”分别修饰着邮票、船票、坟墓、海峡，十六行诗八个“头”，显示出鲜明的层次感。汪国真的《感谢》每节结构相似，“让我怎样感谢你，当我走向你的时候，我原想……你却给了我……”回环往复，增强了诗歌的抒情色彩。舒婷的《祖国啊，我亲爱的祖国》在句法上借鉴了苏联诗人沃兹涅夫斯基《戈雅》的圆周句式，以“我是……我是……——祖国啊！”的句法结构，抒写我与祖国的关系，强化了痛苦和挚爱的深度。

（三）用想象营造诗歌的意境美

无论是叙事诗、抒情诗，还是讽刺诗，如果没有意境，就不能算是好诗。而表达不出诗的意境，也就算不得好的诵读。那种虽然有着声音外在的跌宕起伏，却情浮意浅、没有意境的诵读，难以调动听众的想象和情感，也就无法产生诵诗的感染力。

营造诗歌的意境美需要丰富的想象力，“思接千载，视通万里”，树立内心视像，身临诗境，“状难写之境如在目前”。如诵读贺敬之的《桂林山水歌》，利用图片和文字材料来丰富对桂林山水的想象，仿佛看到“青山”“绿水”“白帆”“红旗”这些画面的绚丽色彩，饱览桂林山水的秀美风景。诵读者还要善于渲染诵读语调,使声音生动传神,成为“言语画师”,让听众产生移觉,给人身临其境的感受。

(四)读出诗歌的节奏和韵律美

自由诗的音步,不如格律诗那么固定、均等,但诗意中就包含着情感的律动,只要诗情需要语气做出停顿,就可以分出一个音步。一个包含音节较多的音步,节奏就要紧凑一些;音节少的就舒缓一些。诗味,就是从这种抑扬顿挫的节奏中展现出来的,不仅展现出音韵美,而且显示着意境美。自由诗的音乐美要通过诵读技巧来呈现:

首先,延长音节,读出意蕴。“长音”能把诗中蕴藏的情感内容表现出来,能诵出意境和神韵。如瞿弦和与张筠英诵读《风流歌》的一段是这样处理节奏的:

我是一个人——有血——有肉——,
我有一颗心——会喜——会愁——。
我要人的尊严——要心的美好——,
不愿像丑类一般——鼠窃狗偷——。
我爱松的高洁——爱兰的清幽——,
绝不学苍蝇一样——追腥逐臭——。

其次,确定停连,划分节拍。新诗较自由,没有像旧体诗那样规范、固定的节拍,而是根据内容,随着情感的变化来确定节拍的位置。如艾青的《我爱这土地》末两句:

为什么|我的眼里|常含泪水?
因为|我对这土地|爱得深沉。

再次,重读韵脚,显示节奏。韵脚要稍强调一些,让人听起来和谐优美、委婉动听,显示诗歌的音乐美。如徐志摩的《沙扬娜拉——赠日本女郎》押 ou 韵,要读出声韵美。

最是那一低头的温柔,
　像一朵水莲花不胜凉风的娇羞,
道一声珍重,道一声珍重,
　那一声珍重里有蜜甜的忧愁——
沙扬娜拉!

自由诗诵读中的韵律和节奏是通过浓烈的感情色彩表现出来的,跌宕起伏,张弛有度,抒发出感人肺腑、动人心弦的艺术效果。比如舒婷的《致橡树》别具一格地选择了“木棉”与“橡树”两个中心意象,热情而坦诚地歌唱了伟大爱情应有共同的伟岸和高尚,有共鸣的思想和灵魂,扎根于同一块根基上,同甘共苦、冷暖相依。

致橡树

舒婷

我如果爱你——
绝不像攀援的凌霄花,
借你的高枝炫耀自己;
我如果爱你——

绝不学痴情的鸟儿，
为绿荫重复单调的歌曲；
也不止像泉源，
常年送来清凉的慰藉(jiè)；
也不止像险峰，
增加你的高度，衬托你的威仪。
甚至日光。
甚至春雨。
不，这些都还不够！
我必须是你近旁的一株木棉，
做为树的形象和你站在一起。
根，紧握在地下；
叶，相触在云里。
每一阵风过，
我们都互相致意，
但没有人，
听懂我们的言语。
你有你的铜枝铁干，
像刀，像剑，
也像戟；
我有我红硕的花朵，
像沉重的叹息，
又像英勇的火炬。
我们分担寒潮、风雷、霹雳；
我们共享雾霭、流岚、虹霓。
仿佛永远分离，
却又终身相依。
这才是伟大的爱情，
坚贞就在这里：
爱——
不仅爱你伟岸的身躯，
也爱你坚持的位置，足下的土地。

这首诗一开始就用了两个假设和六个否定性比喻，表达出了自己的爱情观："我如果爱你——绝不像……甚至日光，甚至春雨"。她既不想高攀对方，借对方的显赫来炫耀虚荣，也不是淹没在对方冷漠的浓荫下。"我必须是你近旁的一株木棉，做为树的形象和你站在一起"，诗人鲜明地表示她不当附属品，只成为对方的陪衬和点缀，而必须和对方平等地立于天地间。这段诗句的诵读既要凸显对比效果，同时又需要用和谐抒情的语调来加以深情地表现。"根，紧握在地下；叶，相触在云里；每一阵风过，我们都互相致意，但没有人，听懂我们的言语"，理想爱情中的情侣，应该如并肩而立的橡树和木棉，并肩携手、息息相通、心心相印、志同道合，深深懂得各自的特点和价值，充分发挥各自的特长。诗人肯定橡树的男性美和阳刚气概，豪壮挺拔，锋芒毕露，也对自身女性的柔韧气质做了赞美：那丰硕的红花不正是青春美和女性美的标志？

诵读者应该充分表达出女性对独立人格、坚贞爱情的向往和追求，表达出那种不被世俗所羁绊，对理想爱情的憧憬："我们分担寒潮、风雷、霹雳；我们共享雾霭、流岚、虹霓"。真正的爱情，当然应同甘共苦，他们表面上"仿佛永远分离"，实质上却根叶纠结，"终身相依"。只有这样的爱情，"坚贞就在这里：爱——不仅爱你的伟岸身躯，也爱你坚持的位置，足下的土地"。舒婷在这里对爱情的"坚贞"提出了她独特的见解：爱情的坚贞，不只在于使自己忠实于对方的"伟岸的身躯"，而是更进一步，把对方的事业追求、理想信念也纳入自己爱的怀抱，从精神上完全相融和相互占有。他们彼此在思想感情上达到完美的结合，站在同一个阵地，拥有相同的生活信念，追求同一种目标，才算得上"伟大的爱情"。

第四节　现当代诗歌文本的诵读指导

一、现代新诗

1. 梦与诗

胡适

【诵读指导】 胡适(1891—1962),安徽绩溪上庄村人,现代著名学者、诗人、历史学家、文学家、哲学家。发表《文学改良刍议》,因提倡文学革命而成为五四新文化运动的领袖之一。胡适历任北京大学文学院院长、辅仁大学教授及董事、国民政府驻美国大使、美国国会图书馆东方部名誉顾问、北京大学校长、中央研究院院士、普林斯顿大学葛思德东方图书馆馆长、台湾"中央研究院"院长等职。著作有《胡适文存》《胡适论学近著》《胡适学术文集》《胡适自传》等。1902年3月出版的《尝试集》,是文学史上第一部白话新诗集。《终身大事》是第一部用白话写作的独幕剧,确立了现代话剧的新形式。

本诗用灵动的语言把梦与诗、生活感悟与诗人的特殊关系形象地表述出来,语言平实却富有诗意,直白如话但文学理论深刻,诗节整齐且言近意远。诵读时把握胡适白话诗平中见奇、明白晓畅的特点。

都是平常经验
都是平常影像
偶然涌到梦中来
变幻出多少新奇花样!

都是平常情感
都是平常言语
偶然碰着个诗人
变幻出多少新奇诗句!

醉过才知酒浓
爱过才知情重
你不能做我的诗
正如我不能做你的梦!

2. 教我如何不想她

刘半农

【诵读指导】 刘半农(1891—1934)是语言学家、诗人、小说家、翻译家,还是五四新文化运动的先锋人物,中国白话诗的带头人。他在语音学方面的成就,主要是对汉语四声的实验。在文字学方面,他的突出贡献是创造了汉字中作为女性第三人称代词的"她"字。

《教我如何不想她》收在诗集《扬鞭集》，是刘半农 1920 年 8 月在伦敦时写的一首白话诗，1926 年赵元任将此诗谱曲，成为在 30 年代中国青年知识分子中广泛流行的一首中国艺术歌曲。

据刘半农的儿子回忆，这首诗倾诉的是家国之思，与郭沫若的《炉中煤》写于同一年，《炉中煤》诞生于日本，应在当年年初。《教我如何不想她》和《炉中煤》风格截然不同，郭诗激越奔放，如狂风急雨，但过于直白，读起来让人脸红心热；刘诗婉转低徊，如淡云微月，不惮繁复。无论在节奏、结构还是意象经营上，刘诗都胜郭诗一筹。这首诗在国内发表后，经由赵元任谱曲，悄悄脱离原意，至今仍是中国现代一曲经典的情歌。诵读语调轻柔优美，低回、婉转、悠扬，表现出对祖国深深的眷恋之情。

天上飘着些微云，
地上吹着些微风。
啊！
微风吹动了我头发，
教我如何不想她？

月光恋爱着海洋，
海洋恋爱着月光。
啊！
这般蜜也似的银夜，
教我如何不想她？

水面落花慢慢(mànmān)流，
水底鱼儿慢慢游。
啊！
燕子你说些什么话？
教我如何不想她？

枯树在冷风里摇，
野火在暮色中烧。
啊！
西天还有些儿残霞，
教我如何不想她？

3. 祈　祷

闻一多

【诵读指导】 闻一多(1899—1946)，原名闻家骅，现代著名诗人、学者。闻一多早年参加新月社，主张新诗格律化，发表了许多有影响的新诗。1946 年 7 月 15 日在悼念李公朴先生大会上，愤怒斥责国民党暗杀李公朴的罪行，发表了著名的《最后一次讲演》，当天下午即被国民党特务杀害。

《祈祷》这首诗作于诗人从美国留学回来后不久。他在国外日夜思念祖国，对祖国寄予无限希望，可回来后却发现祖国的残破与黑暗，内心非常痛苦。这首诗表达了诗人对祖国古老文化的深切怀念，对民族命运的深切忧虑。面对现实的苦难与黑暗,“谁是真正的中国人”这一答案,诗人不能从现实中找到,而只能从历史的记忆中去寻求。这首诗引用大量的历史人物,其用意就是要让读者想起古老中华的民族精神和文化传统。诗人多用反问的形式表达肯定的情感判断。诘问谁心里有尧舜的心,谁的血是荆轲、聂政的血,谁是神农、黄帝的遗孽,正是以此鞭挞那些忘了自己是炎黄子孙的人。诗中以反问的形式,把神话传说掺入诗句,增加了几分神秘、朦胧的色彩,引人进入诗境。在形式上,本诗运用的是四句一节的新格律体,并采用了随韵,即二句一韵的手法,在视觉上给人以整齐和谐之感,听觉上亦使人体味到那错落有致的音韵美。诵读要深入诗人的心灵,表现出内心的苦痛和强烈的爱国情怀,语势起伏较大,感情激越。

请告诉我谁是中国人,
启示我,如何把记忆抱紧;
请告诉我这民族的伟大,
轻轻的告诉我,不要喧哗!

请告诉我谁是中国人,
谁的心里有尧舜的心,
谁的血(xiě)是荆轲聂政的血,
谁是神农黄帝的遗孽。

告诉我那智慧来得离奇,
说是河马献来的馈礼;
还告诉我这歌声的节奏,
原是九苞凤凰的传授。

谁告诉我戈壁的沉默,
和五岳的庄严?又告诉我
泰山的石溜(liù)还滴着忍耐,
大江黄河又流着和谐?

再告诉我,那一滴清泪
是孔子吊唁(yàn)死麟的伤悲?
那狂笑也得告诉我才好,——
庄周,淳于髡(kūn),东方朔的笑。

请告诉我谁是中国人,
启示我,如何把记忆抱紧;
请告诉我这民族的伟大,
轻轻的告诉我,不要喧哗!

4. 老　马

臧克家

【诵读指导】 臧克家(1905—2004)，山东诸城人，中国第一个真正意义上的农民诗人。他的诗歌当中有一种苦涩的凝重和不可言状的痛苦与悲凉，他把当时破败的乡村和悲苦的农民形象引入新诗当中，引起了中国知识界的广泛共鸣。朱自清指出：以臧克家为代表的诗歌出现后，"中国才有了有血有肉的以农民为题材的诗歌"。

这首诗创作于1927年大革命失败后，作为青年知识分子的诗人苦闷彷徨，不知路在何方。国家不幸，人民遭殃，诗人曾目睹一匹可怜的老马，在沉重的压力下默默地挣扎，引发了他深切的同情。作为爱国的知识分子，他和农民血脉相通，让人自然联想到老马即是农民，臧克家是贫苦农民的代言人。诵读情感深重，有声语言富于描述性，表现出旧中国农民的苦难与不幸。

总得叫大车装个够，
它横竖不说一句话，
背上的压力往肉里扣，
它把头沉重地垂下。

这刻不知道下刻的命，
它有泪只往心里咽(yàn)，
眼里飘来一道鞭影，
它抬起头望望前面。

二、当代诗歌

1. 桂林山水歌

贺敬之

【诵读指导】 贺敬之(1924—)，山东峄县人，以新歌剧《白毛女》而闻名天下。曾任中共中央宣传部副部长、文化部代部长、中国作家协会副主席和鲁迅文学院院长等职，为中国文艺的发展做了卓有成效的工作。著有《乡村的夜》《放歌集》《贺敬之诗选》等诗集。代表诗作如《翻身道情》《南泥湾》《回延安》《放声歌唱》《雷锋之歌》《桂林山水歌》《西去列车的窗口》。他的诗可分为两类：一类是政治抒情诗，代表作是《放声歌唱》《雷锋之歌》等，这类作品气势磅礴，洋溢着政治激情，有强烈的宣传鼓动作用，形式上多采用马雅可夫斯基的"阶梯式"和热情奔放、约束较少的自由体。另一类是抒情短诗，常用群众喜闻乐见的民歌体，代表作有运用陕北民歌"信天游"的调子创作的《桂林山水歌》，语言清新，音韵和谐，有如行云流水，便于吟咏歌唱。

贺敬之对美丽的桂林山水情有独钟。1959年7月，他第一次来到桂林，就创作了被人们称为"中国当代第一山水诗"的《桂林山水歌》。作品从现实生活的具体情景出发，表现了诗人具体、真实的感受；在艺术上，这首诗采用比兴、对偶、排比等手法，并且韵脚密布，具有浓郁的民歌风味。

这是一首优美的山水诗，又是一曲深情的祖国颂。诗的开篇就把读者引向一种让人神往的艺术境界，神姿仙态，如情如梦，山环水绕，令人陶醉。诗句既抓住了桂林山水的自然特征，又富有浪漫主义传奇色彩。全诗采用清新明快、委婉抒情的民歌体,以构成一种近于咏叹调的形式来歌咏桂林山水。诗句均由两行一节组成,语言自然流畅,有如行云流水,音韵节奏和谐。诵读应最大限度地表现出该诗的音律和节奏,舒展自如地表达赞美祖国山河的真实情感,情感热烈,真挚深沉,感叹与赞叹结合,一句扬一句抑,抑扬变化,节奏分明,富于音乐美。

云中的神呵,雾中的仙,
神姿仙态桂林的山!

情一样深啊,梦一样美,
如情似梦漓江的水!

水几重啊,山几重?
水绕山环桂林城……

是山城啊,是水城?
都在青山绿水中……

啊!此山此水入胸怀,
此时此身何处来?

……黄河的浪涛塞外的风。
此来关山千万重。

马鞍上梦见沙盘上画:
"桂林山水甲天下"……

啊!是梦境啊,是仙境?
此时身在独秀峰!

心是醉啊,还是醒?
水迎山接入画屏!

画中画——漓江照我身千影,
歌中歌——山山应我响回声……

招手相问老人山,
云罩江山几万年?

——伏波山下还珠洞,

宝珠久等叩门声……

鸡笼山一唱屏风开，
绿水白帆红旗来！

大地的愁容春雨洗，
请看穿山明镜里——

啊！桂林的山来漓江的水——
祖国的笑容这样美！

桂林山水入胸襟，
此景此情战士的心——

江山多娇人多情，
使我白发永不生！

对此江山人自豪，
使我青春永不老！

七星岩去赴神仙会，
招呼刘三姐啊打从天上回……

人间天上大路开，
要唱新歌随我来！

三姐的山歌十万八千箩，
战士呵，指点江山唱祖国……

红旗万梭织锦绣，
海北天南一望收！

塞外的风沙啊黄河的浪，
春光万里到故乡。

红旗下：少年英雄遍地生——
望不尽：千姿万态“独秀峰”！

——意满怀呵,情满胸,
恰似漓江春水浓!

啊!汗雨挥洒彩笔画:
桂林山水——满天下!……

2. 我是青年

杨牧

【诵读指导】 杨牧,1944年生,四川渠县人。初中辍学后流浪到新疆,1980年发表《我是青年》一诗,引起很大反响。出版的诗集有《绿色的星》《复活的海》《野玫瑰》《夕阳和我》《雄风》,神话长诗《塔格莱丽赛》,还著有自传体长篇纪实小说《天狼星下》。杨牧的创作之根深植于大西北,他描写边塞风光、大漠奇景、多浪河畔的深情牧女、新疆的民族风情,鲜明的地域特色使其诗作在新时期诗坛上独树一帜,而诗人也由此成为"新边塞诗派"的突出代表。除边塞诗外,使杨牧在读者中产生强烈反响的还有一部分贴近现实、反映时代生活的诗作。

这是诗人杨牧的代表作,选自《诗刊》1980年12月号,曾获全国中青年诗人优秀作品奖。人到中年的诗人以嘲讽的口气吟叹:"我是青年",首句就充满了自我解嘲的意味,奠定了全诗的基调。事实上"我"已不再年轻,青春岁月蹉跎在那个特定的年代,诗人失落无奈的压抑之情溢于言表,诵读时要准确把握。但诗人是豁达的,当改革开放的春天到来时,又开始欢笑:"哈,我是青年",此时语气可略上扬一些,体现出重生的欣慰感。诗人时悲时喜,感情沉浮变换,但始终逃不掉自我解嘲的基调,不停地用嘲讽的语气变化诗歌的内容,诵读时情感也应随着变化,从静到动,由低到高,跌宕起伏,变幻无穷,充分展现作者的感情变化。诵读时用调侃、自嘲的口吻表达诗人的无奈和悲哀,用告白式的宣言表明自己的决心和信念。

作者自我简介:生于1944年,36岁,属猢狲。因久居沙漠,前额已刻有三道长纹并两道短纹,因脑血热,额顶已秃去25%左右的长发。

人们还叫我青年……
哈……我是青年!

我年轻啊,我的上帝!
感谢你给了我一个不出钢的熔炉,
把我的青春密封、冶炼;
感谢你给了我一个冰箱,
把我的灵魂冷藏、保管;
感谢你给了我烧山的灰烬,
把我的胚(pēi)芽埋在深涧;
感谢你给了我理不清的蚕丝,
让我在岁月的河边作茧。
所以我年轻——当我的诗句

　　出现在人们面前的时候，
竟像哈萨克牧民的羊皮口袋里
发酵(jiào)的酸奶子一样新鲜！

……哈，我是青年！

我年轻啊，我的胡大！
就像我无数年轻的同伴——
青春曾在沙漠里丢失，
只有叮咚的驼铃为我催眠；
青春曾在烈日下曝(pù)晒，
只留下一个难以辨清滋味的杏干。
荒芜的秃额，也许正是早被弃置的土丘，
弧形的皱纹，也许是随手划出的抛物线。
所以我年轻——当我们回到
春天的时候，
你看看我，我看看你，
哈……我们都有了一代人的特点！

我以青年的身份
参加过无数青年的会议，
老实说，我不怀疑我青年的条件。
三十六岁减去“十”，
正好……不，团龄才超过仅仅一年！
《呐喊》的作者
那时还比我们大呢；
比起长征途中那些终身不衰老的
年轻的战士，
我们还不过是“儿童团”！

……哈，我是青年！

嘲讽吗？那就嘲讽自己吧，
苦味儿的辛辣——带着咸。
祖国哟！
是您应该为您这样的儿女痛楚，
还是您的这样的儿女，
应该为您感到辛酸？

我,常常望着天真的儿童,
素不相识,我也抚抚红润的小脸。
他们陌生地瞅着我,歪着头,
像一群小鸟打量着一个恐龙蛋。
他们走了,走远了,
也许正走向青春吧,
我却只有心灵的脚步微微发颤……
……不!我得去转告我的祖国:
世上最为珍贵的东西,
莫过于青春的自主权!

我爱,我想,但不嫉(jí)妒。
我哭,我笑,但不抱怨。
我羞,我愧,但不自弃。
我怒,我恨,但不悲叹。
既然这个特殊的时代
酿成了青年特殊的概念,
我就要对着蓝天说:我是——青年!

我是青年——
我的血管永远不会被泥沙堵塞(sè);
我是青年——
我的瞳仁永远不会拉上雾幔。
我的秃额,正是一片初春的原野,
我的皱纹,正是一条大江的开端。
我不是醉汉,我不愿在白日说梦;
我不是老妇,絮絮叨叨地叹息华年;
我不是猢狲,我不会再被敲锣者戏耍;
我不是海龟,昏昏沉睡而益寿延年。
我是鹰——云中有志!
我是马——背上有鞍!
我是骨——骨中有钙!
我是汗——汗中有盐!

祖国啊!
既然你因残缺太多
把我们划入了青年的梯队,
我们就有青年和中年——双重的肩!

3. 相信未来

食 指

【诵读指导】 食指，原名郭路生，当代诗人，山东鱼台人。食指之所以取名为“食指”，一是因为：“食指”——时维元(诗人的母亲)“时之子”，二是因为：“在中国，作为诗人，无论是写作还是生活都存在无形的压力”，但别人在背后的指指点点绝损伤不了一个人格健全的诗人。他1948年出生，1969年高中毕业赴山西汾阳杏花村插队务农，1971年应征入伍，历任舟山警备区战士，北京光电研究所研究人员。1982年开始发表作品，1997年加入中国作家协会，职业作家。著有诗集《相信未来》(1988)、《食指·黑大春现代抒情诗合集》(1993)、《诗探索金库·食指卷》(1998)。

著名诗歌包括：《鱼儿三部曲》(1967)、《海洋三部曲》(1964)、《这是四点零八分的北京》(1968)、《人生舞台》(1989)、《疯狗》(1978)、《热爱生命》(1979)、《我的心》(1982)、《落叶与大地的对话》(1985—1986)等。

这首诗写于1968年“文革”前期，具有思想的前瞻性和信念的坚定性。当时对时局有清醒认识、真正看到光明和希望的人不多，那些为了正义和人的尊严以死抗争的时代俊彦，因为看不到希望才悲壮地走向“宁为玉碎，不为瓦全”的结局，比如老舍、傅雷夫妇等。“相信未来”是那个时代最需要也最缺乏的呼唤。诵读要正确理解诗歌的象征意象，表现出特定年代坚持理想和信念的难能可贵，处理好节奏。

当蜘蛛网无情地查封了我的炉台，
当灰烬的余烟叹息着贫困的悲哀，
我依然固执地铺平失望的灰烬，
用美丽的雪花写下：相信未来。

当我的紫葡萄化为深秋的露水，
当我的鲜花依偎在别人的情怀，
我依然固执地用凝霜的枯藤，
在凄凉的大地上写下：相信未来。

我要用手指那涌向天边的排浪，
我要用手掌那托住太阳的大海，
摇曳着曙光那枝温暖漂亮的笔杆，
用孩子的笔体写下：相信未来。

我之所以坚定地相信未来，
是我相信未来人们的眼睛——
她有拨开历史风尘的睫毛，
她有看透岁月篇章的瞳孔。

不管人们对于我们腐烂的皮肉，
那些迷途的惆怅、失败的苦痛，
是寄予感动的热泪、深切的同情，

还是给(gěi)以轻蔑的微笑、辛辣的嘲讽。

我坚信人们对于我们的脊(jǐ)骨,
那无数次的探索、迷途、失败和成功,
一定会给(jǐ)予热情、客观、公正的评定。
是的,我焦急地等待着他们的评定。

朋友,坚定地相信未来吧,
相信不屈不挠的努力,
相信战胜死亡的年轻,
相信未来,热爱生命。

4. 回答

北岛

【诵读指导】 北岛,1949年出生,本名赵振开,生于北京。1978年同诗人芒克创办民间诗歌刊物《今天》。1990年旅居美国,曾任教于加利福尼亚州戴维斯大学。曾获得诺贝尔文学奖提名,被选为美国艺术文学院终身荣誉院长。2008年,他接受香港中文大学的聘请,定居香港。代表作有诗集《北岛诗选》等。

《回答》被誉为"朦胧诗的压卷之作",是一首政治抒情诗,运用了象征手法反映了整整一代青年觉醒的心声,他的诗刺穿了乌托邦的虚伪,呈现出了世界的本来面目。一句"我不相信"的呐喊,震醒了茫茫黑夜酣睡的人们,是与已逝的一个历史时代彻底告别的宣言书。诵读要体现英雄主义的悲壮美,表达出对现实的清醒认识和强烈不满,语调压抑低缓,语势起伏较大,注意涵咏韵脚的音韵美。

卑鄙(bǐ)是卑鄙者的通行证,
高尚是高尚者的墓志铭,
看吧,在那镀金的天空中,
飘满了死者弯曲的倒影。

冰川纪过去了,
为什么到处都是冰凌?
好望角发现了,
为什么死海里千帆相竞?

我来到这个世界上,
只带着纸、绳索和身影,
为了在审判之前,
宣读那些被判决的声音:

告诉你吧,世界,

我——不——相——信！
纵使你脚下有一千名挑战者，
那就把我算作第一千零一名。

我不相信天是蓝的，
我不相信雷的回声，
我不相信梦是假的，
我不相信死无报应。

如果海洋注定要决堤，
就让所有的苦水都注入我心中，
如果陆地注定要上升，
就让人类重新选择生存的峰顶。

新的转机和闪闪星斗，
正在缀满没有遮拦的天空。
那是五千年的象形文字，
那是未来人们凝视的眼睛。

5. 风流歌(节选)

纪宇

【诵读指导】 纪宇是1948年出生于青岛本土的一位诗人，1968年，20岁的纪宇被分配进青岛卷烟厂当壮工，凭借着对文学与生俱来的热爱，他一直坚持诗歌创作。1973年，已经在诗坛小有名气的纪宇调到青岛市文化局戏剧创作工作室，从此走上了专业文学创作的道路。1978年诗人正好30岁，创作《风流歌》这首长诗是他情感的一次喷发。当时的纪宇夫妇和父母住在一间十几平米的小房子里，1980年4月的一个晚上，灵感突至的纪宇坐在床上就着昏黄的灯光写下了这首影响一代人的作品《风流歌》。《风流歌》被刊登在1981年8月1日的《人民日报》上，不久，中央人民广播电台的《文学之窗》栏目播出了由瞿弦和与张筠英诵读的版本。《青年文摘》等刊物和全国的100多家电台纷纷转载或转播。《风流歌》引起轰动之后，纪宇又续写了《风流歌》之二和之三。

这首诗以火一般的激情，准确而形象地回答了20世纪80年代青年正在思考的人生的意义和价值问题。原诗四章，此为第一部分，主要突出青年一代渴望风流、追求风流的心愿，并肯定这个追求是正确的。因此，诵读时表达是启发式的，积极向上、朝气蓬勃。诵读此节前一部分要表达出问句引发的思考，后一部分体现出在不同物象化的答案中不懈地找寻探索，表现出一代人的精神追求和思想成长史。这首诗情感含量较大，有时庄重，有时妩媚，有时高亢，有时低回，最好采用分角色男女对诵或集体诵读的方式进行。

一、什么是风流

风流哟，风流，什么是风流？
我心中的情丝像三春的绿柳；

风流哟,风流,谁不爱风流?
我思索的果实像仲秋的石榴。

我是一个人,有血,有肉,
我有一颗心,会喜,会愁;

我要人的尊严,要心的颖秀,
不愿像丑类一般鼠窃狗偷!

我爱松的高洁,爱兰的清幽,
决不学苍蝇一样追腥逐臭;

我希望生活过得轰轰烈烈,
我期待事业终能有所成就。

我年轻,旺盛的精力像风在吼,
我热情,澎湃的生命似水在流。

风流呵,该怎样把你理解?
风流呵,我发誓将你追求;

清晨——我询问朝阳,
夜晚——我凝视北斗……

遐想时,我变成一只彩蝶:
“啊,风流莫非指在春光里嬉游?”
朦胧中,我化为一只蜜蜂:
“啊,风流好似是在花丛中奔走。”

我飘忽的思潮汇成大海,
大海说:“风流是浪上一只白鸥。”

我幻想的羽翼飞向明月,
明月说:“风流是花下一壶美酒。”

于是,我做了一个有趣的梦,
梦见人生中的许多朋友——

他们都来回答我的问题，
争辩着，在八十年代谁最风流。

理想说："风流和成功并肩携手。"
青春说："风流与品貌不离左右。"

友谊(yí)说："风流是合欢花蕊的柱头。"
爱情说："风流是并蒂(dì)莲下的嫩藕。"

道德说："风流是我心田的庄稼。"
时代说："风流是我脑海的金秋。"

风流哟，风流，请你回答：
这样的理解是不是浅陋？

风流哟，风流，请你开口：
你有没有不变的标准让我恪(kè)守？

6. 乡　愁

(中国·台湾)席慕蓉

【诵读指导】 席慕蓉(1943—)，女，著名诗人、散文家、画家，祖籍内蒙古察哈尔盟明安旗。出版的诗集有《七里香》《无怨的青春》《时光九篇》《边缘光影》《迷途诗册》《我折叠着我的爱》等。新作《席慕蓉和她的内蒙古》用优美的文字和亲手拍摄的照片，记录了席慕蓉自1989年与"原乡"邂逅后，17年来追寻游牧文化的历程。2002年受聘为内蒙古大学名誉教授。

对故土的眷恋可以说是人类共同而永恒的情感。远离故乡的游子、漂泊者、流浪汉，即使在耄耋之年，也希望能叶落归根。抓住"歌""面貌"回忆故乡，以"年轮"诵读出深入骨髓的乡愁苦痛。

故乡的歌是一支清远的笛
总在有月亮的晚上响起
故乡的面貌却是一种模糊的怅惘
仿佛雾里的挥手别离

别离后
乡愁是一棵没有年轮的树
永不老去

7. 错　误

(中国·台湾)郑愁予

【诵读指导】 郑愁予(1933—),台湾诗人,本名郑文韬,原籍河北,生于山东济南,1949年赴台。他的诗婉约犹如李商隐,但豪放起来酷似李白,贯穿着两种互补的气质神韵:一种是豪放、爽快、豁达的"仁侠"精神,另一种则是曲折动人、情意绵绵、欲语还羞的婉约情韵,这两种气质充分显示了诗人深厚的古典文学修养。正是这种修养使他避免了台湾现代诗派的缺点,把中国的传统意识和西方现代派的表现技巧结合得浑然一体,使他成为地地道道的"中国的中国诗人"。名作《错误》被誉为"现代抒情诗的绝唱"。著作有《郑愁予诗集》。代表作品如《梦土上》《衣钵》《窗外的女奴》《燕人行》《莳华刹那》《错误》等。郑愁予比较有名的诗作,比如《错误》《水手刀》等,大多都是以旅人为抒情主人公的,因此他被称为"浪子诗人"。诵读抓住思妇心理微妙的变化,语调曲婉动人。

我打江南走过
那等在季节里的容颜如莲花的开落

东风不来,三月的柳絮不飞
你的心如小小寂寞的城
恰若青石的街道向晚
跫(qióng)音不响,三月的春帷不揭
你的心是小小的窗扉紧掩

我达达的马蹄是美丽的错误
我不是归人,是个过客……

8. 一片槐树叶

(中国·台湾)纪弦

【诵读指导】 纪弦(1913—2013),台湾现代诗派的创始人。1913年生于河北清苑,原名路逾,笔名路易士。1933年苏州美专毕业后,到南京举办画展。第二年改行写诗,到上海创办《火山》诗刊。1935年,结识刚从法国归来的现代派诗人戴望舒,"晤谈甚欢"。1936年秋,与徐迟、戴望舒合作,创办《新诗》月刊。1938年到香港,编辑《国民日报》副刊《新垒》,后入国际通讯社任日文翻译。1945年起使用笔名纪弦。1948年参与组织异端社,出版《异端》诗刊,同年离沪到台湾,任《平言日报》主笔兼副刊《热风》编辑、成功中学国文教师。1951年主编《自立晚报》新诗周刊,创办《诗志》。1953年2月,将《诗志》改办为《现代诗》季刊,提倡新现代主义。1956年发起成立现代派诗社,被称为台湾现代派诗人的"旗手"。1976年底移居美国,常住加州。著有诗集《飞扬的时代》《无人岛》《摘星的少年》等,诗歌评论集《纪弦诗论》《纪弦论现代诗》等。

一枝一叶总关情,是因为乡思深埋在心底。采自故国的一片槐树叶,长久地夹在古老诗集中,偶然翻到勾起了诗人浓浓的乡愁,那"淡淡的槐花香"永存在诗人的记忆深处。诵读语调舒缓、轻柔、深婉。

这是全世界最美的一片，
最珍奇，最可贵的一片，
而又是最使人伤心，最使人流泪的一片，
薄(báo)薄的，干的，浅灰黄色的槐树叶。

忘了是在江南，江北，
是在哪一个城市，哪一个园子里捡来的了。
被夹在一册古老的诗集里，
多年来，竟没有些微的损坏。

蝉翼般轻轻滑落的槐树叶，
细看时，还沾着那些故国的泥土啊。
故国呦，要到何年何月何日
才能让我再回到你的怀抱里
去享受一个世界上最愉快的
飘着淡淡的槐花香的季节？……

三、外国诗歌

1. 我来到这个世界

(俄)巴尔蒙特

【诵读指导】 巴尔蒙特(1867—1942)，俄罗斯诗人、评论家、翻译家。童年时代大量阅读，尤其对诗歌感兴趣，尝试自己写诗。1890 年以后出版了三本诗集：《在北方的天空下》(1894)、《在无穷之中》(1895)、《静》(1898)，它们不仅确立了巴尔蒙特的诗人地位，也是俄罗斯象征主义诗歌的奠基之作。此后诗人笔耕不辍，创作了大量诗篇。1906—1913 年居住在法国，多次旅行。巴尔蒙特不接受十月革命，1920 年举家迁往法国，并在国外继续从事创作。1937 年出版了最后一本诗集。著名诗句有："为了看见阳光，我来到世上。为了成为阳光，我祈祷于世上。""贫穷而能静静地听着风声也是幸福的。"

诵读基调要乐观、积极向上，主旨句"我来到这个世界，为了看见太阳"四次重复要诵出层次和变化。

我来到这个世界，为了看见太阳，
和苍茫无际的蓝天。
我来到这个世界，为了看见太阳，
和巍巍群山的峰巅。

我来到这个世界，为了看见太阳，
和峡谷的烂漫色彩。
我将那众多的星球尽收眼底，

我是至上的主宰。

我不再兴趣索然,冷若冰霜,
却激起新颖的幻想。
我时刻徜徉于新的意境,
永远歌唱。

是爱情的歌谣激起我的幻想,
人们因而喜爱我的诗章。
悠扬的旋律谁能媲美?
它是那么富有动人的力量。

我来到这个世界,为了看见太阳,
如果白昼竟然消亡,
我还要歌唱……我还要歌唱太阳,
在我生命弥留的时光!

2. 假如生活欺骗了你

(俄)普希金

【诵读指导】 普希金(1799—1837),19世纪俄国浪漫主义文学主要代表,同时也是现实主义文学的奠基人。他诸体皆擅,创立了俄罗斯民族文学和文学语言,在诗歌、小说、戏剧乃至童话等各个领域都给俄罗斯文学提供了典范。普希金还被高尔基誉为"一切开端的开端"。1837年,普希金在和丹特斯的决斗中身负重伤不治身亡,年仅37岁。他的早逝令俄国进步文人曾经这样感叹:"俄国诗歌的太阳沉落了。"普希金作品崇高的思想性和完美的艺术性使他具有世界性的重大影响。他的作品被译成全世界所有主要的语言。普希金在他的作品中所表现出的对自由、对生活的热爱,对光明必能战胜黑暗、理智必能战胜偏见的坚定信仰,他的"用语言把人们的心灵燃亮"的崇高使命感和伟大抱负深深感动着一代又一代的人。

这首诗写于1925年,是写在叶夫普拉克西娅·尼·武尔弗的纪念册上的,她是三山村女主人普·亚·奥西波娃的小女儿,年方15岁。此诗写于普希金被沙皇流放的岁月。当时俄国革命如火如荼,诗人却被迫与世隔绝。在这样艰难的处境下,诗人没有丧失希望,依然热爱生活,坚守正义,执著地追求理想,憧憬美好未来,表现了积极乐观的人生态度。这首诗是诗人人生经验的总结,也是生活的真谛。诗句热烈深沉、清新质朴而富含哲理,诵读时应表达出诗人真诚博大的胸怀和坚强乐观的思想情绪。因为诗歌是题在15岁女孩纪念册上的,诵读时要娓娓道来,体现出对晚辈的关切、劝勉之情。

假如生活欺骗了你,
不要忧郁,也不要愤慨!
不顺心时暂且克制自己,
相信吧,快乐之日就会到来。

我们的心儿憧憬着未来，
现今总是令人悲哀：
一切都是暂时的，转瞬即逝，
而那逝去的将变为可爱。

3. 我愿意是急流

（匈牙利）裴多菲

【诵读指导】 裴多菲·山陀尔(1823—1849)，匈牙利伟大的革命诗人，也是匈牙利民族文学的奠基人，资产阶级革命民主主义者。1842 年发表诗歌《酒徒》，开始写作生涯，多采用民歌体写诗，创作了许多优秀诗篇。他认为“只有人民的诗，才是真正的诗”。早期作品中有《谷子成熟了》《我走进厨房》《傍晚》等 50 多首诗，被李斯特等作曲家谱曲传唱，已经成了匈牙利的民歌。1846 年底，整理诗稿，准备出版诗歌全集，并在自序中写下著名箴言诗《自由与爱情》，其中“生命诚可贵，爱情价更高；若为自由故，两者皆可抛”成为诗人走向革命的标志，也是他向革命迈进的誓言。1849 年 7 月 31 日，裴多菲在瑟克什堡大血战中同沙俄军队作战时牺牲，年仅 26 岁。裴多菲短暂的一生对匈牙利文学的发展具有重大影响，他一生中写下了 800 多首抒情诗和 8 部长篇叙事诗，此外还有 80 多万字的小说、政论、戏剧和游记，且有相当部分在战火中完成，这样的高产量，在欧洲文学史上是非常罕见的。

《我愿意是急流》是裴多菲蜚声中外的一首爱情诗，诗人借助急流、荒林、废墟、草屋、云朵等一系列自然物象自喻，表达诗人为所爱的人甘愿献出一切，这种无私的奉献精神和伟大的爱情使此诗广为传诵。1846 年 9 月，23 岁的裴多菲在舞会上结识了伊尔诺茨伯爵的女儿森德莱·尤丽娅。这位身材修长、有浅蓝色眼睛的美丽姑娘的清纯和率真，使年轻诗人一见倾心，拥有大量土地、庄园的伯爵却不肯把女儿嫁给裴多菲这样的穷诗人。面对阻力，裴多菲对尤丽娅的情感仍不可抑制，在半年时间里发出了一首首情诗，如《致尤丽娅》《我是一个怀有爱情的人》《你爱的是春天》《凄凉的秋风在树林中低语》《一下子给我二十个吻吧》等。这些诗鼓动尤丽娅冲破父亲和家庭的桎梏，在一年后同裴多菲走进了婚礼的殿堂。此刻，欧洲大地已涌起革命洪流，匈牙利人民起义也如涌动的岩浆。蜜月中的裴多菲欢乐与忧郁交织，他不愿庸碌地沉溺于私家生活，写下了著名箴言诗《自由与爱情》，此后百年间一直是激励世界进步青年的动人诗句。裴多菲牺牲时仅 26 岁，身后留下 22 岁的妻子和 1 岁半的幼子。

全诗五节围绕同一主题反复咏唱、回环往复，情真意切的爱情誓言酣畅奔放、感人肺腑，深情款款地表达了诗人对妻子尤丽娅的挚爱深情。诵读的基调应该是炽热、奔放的，语气应为倾诉式，满含深情。

我愿意是急流，
山里的小河，
在崎岖的路上、
岩石上经过……
只要我的爱人
是一条小鱼，
在我的浪花中
快乐地游来游去。

我愿意是荒林，
在河流的两岸，

对一阵阵的狂风,
勇敢地作战……
只要我的爱人
是一只小鸟,
在我的稠密的
树枝间做窠(kē)鸣叫。

我愿意是废墟,
在峻峭的山岩上,
这静默的毁灭
并不使我懊丧……
只要我的爱人
是青青的常春藤,
沿着我荒凉的额
亲密地攀援上升。

我愿意是草屋,
在深深的山谷底,
草屋的顶上
饱受风雨的打击……
只要我的爱人
是可爱的火焰,
在我的炉子里
愉快地缓缓闪现。

我愿意是云朵,
是灰色的破旗,
在广漠的空中
懒懒地飘来飘去,
只要我的爱人
是珊瑚似的夕阳,
傍着我苍白的脸
显出鲜艳的辉煌。

4. 未选择的路

(美)罗伯特·弗罗斯特

【诵读指导】 罗伯特·弗罗斯特(1874—1963),美国著名田园诗人。1874年出生于旧金山,11岁时丧父。1897 年秋，弗罗斯特入哈佛大学，以便成为中学拉丁文和希腊文教师，但不到两年因肺病中断学业，在农场养鸡。1915 年 2 月返回美国，适逢他最初的两部诗集在纽约出版。他的诗受到美国读者的热烈欢迎，从此，他名气大增，先后在阿默斯特学院、密歇根大学和哈佛大学等院校执教或做研究工作。罗伯特·弗罗斯特四次获得普利策奖：1924 年的《新罕布什尔》、1931 年的《诗歌选集》、1937 年的《又一片牧场》和 1943 年的《一棵作证的树》。在罗伯特·弗罗斯特 75 岁和 85 岁诞辰时，美国参议院都曾向他表示敬意。他在约翰·肯尼迪总统 1961 年的就职仪式上十分引人注目，诵读了他特地为这一场合写的诗篇《全才》。1963 年 1 月 29 日，弗罗斯特在波士顿去世。

《未选择的路》是一首哲理抒情诗，诗人选择人们司空见惯的林中岔道，阐发如何抉择人生道路这一生活哲理。诗的前三节似乎仅在平直地描写林中那两条路的不同，但其中却蕴涵着极大的比喻意义，第四节诗人笔锋一转，从林中之路跃到描写人生之路，"而我选择了人迹更少的一条，/从此决定了我一生的道路。"这结句寄寓着诗人无限的人生感慨，具有深刻的象征性和哲理性。诗人是以朴素自然的语言和韵律来表现自己对人生的思索，通过优美的意境创造和浓郁的抒情表达把哲理隐含其中并传递给读者的，深化了诗的意蕴，沁人心脾，给人以丰富的启迪。诵读本诗要着力表现含蓄清新、质朴无华的风格，用舒缓的语调体现其丰厚的意蕴，启发读者去填充其中的内容，回顾自己的人生之路，从而受到触动并引发深深的思索。

黄色的树林里分出两条路，
可惜我不能同时去涉足，
我在那路口久久伫立，
我向着一条路极目望去，
直到它消失在丛林深处。

但我却选了另外一条路，
它荒草萋萋，十分幽寂，
显得更诱人，更美丽；
虽然在这条小路上，
很少留下旅人的足迹。

那天清晨落叶满地，
两条路都未经脚印污染。
啊，留下一条路等改日再见！
但我知道路径延绵无尽头，
恐怕我难以再回返。
也许多少年后在某个地方，
我将轻声叹息将往事回顾：
一片树林里分出两条路——
而我选择了人迹更少的一条，
从此决定了我一生的道路。

5. 当你老了

(爱尔兰)叶芝

【诵读指导】 威廉·帕特勒·叶芝(1865—1939),爱尔兰著名诗人、戏剧家和散文家,爱尔兰文艺复兴的领导人之一。叶芝一生都在对诗歌创作进行不断探索,他的诗歌"汲取浪漫主义和唯美主义的抒情而不流于铺张,融合现代派的新颖和奇幻而不失之晦涩",对现代诗歌产生了巨大的影响,被著名诗人托马斯·艾略特称为"20世纪英语世界最伟大的诗人",并于1923年被授予诺贝尔文学奖。

《当你老了》是叶芝1893年写给爱尔兰独立运动领导人、戏剧演员毛特·冈的求爱诗。"那是我二十三岁那年",叶芝后来在《自传》中深情回忆他与毛特·冈的第一次见面,"我从来都没有想到会在一个活着的女人身上看到这样超凡绝伦的美。这样的美属于名画,属于诗,属于某个过去的时代。"此后,终其一生,叶芝的生命历程就是向毛特·冈马拉松式的求婚过程,而同样深爱着诗人的毛特·冈对叶芝"非同凡俗"的回报便是两个字:拒绝。

这场兼容着古典主义和浪漫主义的千古艳遇导致了一桩世俗婚姻的流产和一位诗歌大师的诞生。叶芝给毛特·冈写了大量的求爱诗,在诗中把毛特·冈比作玫瑰、天鹅、女神和海伦。《当你老了》就是其中最著名的一首:"只有一个人爱你那朝圣者的灵魂,爱你衰老了的脸上痛苦的皱纹……"诗中的"你"何尝不是诗神、真理、上帝……这一系列形而上的精神形象的化身?叶芝晚年收到毛特·冈的信说,"世界最终会因为她没有嫁给"叶芝"而感谢她"。诵读语调舒缓,曲婉动人,执著热烈而略带哀怨感伤。

当你老了,头白了,睡思昏沉,
炉火旁打盹,请取下这部诗歌,
慢慢读,回想你过去眼神的柔和,
回想它们昔日浓重的阴影;

多少人爱你青春欢畅的时辰,
爱慕你的美丽,假意或真心,
只有一个人爱你那朝圣者的灵魂,
爱你衰老了的脸上痛苦的皱纹;

垂下头来,在红光闪耀的炉子旁,
凄然地轻轻诉说那爱情的消逝,
在头顶的山上它缓缓踱(duó)着步子,
在一群星星中间隐藏着脸庞。

6. 做一个最好的你

(美)道格拉斯·玛拉赫

【诵读指导】 人生来就是有差异的,如同世界上没有完全相同的两片树叶,人的素质不可能一样,能力有大小,水平有高低,智能优势也各不相同,但每个人如果都能尽自己最大的努力,达到自己所能达到的最好程度,那他就是最好的。做最好的自己既是目标又是过程,既是一种精神又是一种境界,既是一种理想的激情又是一种平和的心态。诵读此诗首先划分音步，“如果”后较长停延，“高松”与“小树”，“船长”与“水手”这些阐述价值观的对比性词语要重读，语调舒缓、平稳、中肯。

如果你不能成为山顶上的高松，
那就当棵山谷里的小树吧，
——但要当一棵溪边最好的小树。

如果你不能成为一棵大树，
那就当丛小灌木；
如果你不能成为一丛小灌木，
那就当一片小草地。

如果你不能是一只麝(shè)香鹿，
那就当一尾小鲈鱼
——但要当湖里最活泼的小鲈鱼。

我们不能全是船长，必须有人来当水手。
这里有许多事让我们去做，
有大事，有小事，
——但最重要的是我们身旁的事。

如果你不能成为大道，
那就当一条小路；
如果你不能成为太阳，
那就当一颗星星。

决定成败的不是你尺寸的大小，
——而在做一个最好的你。

第十章 现当代散文诵读技巧

第一节 现当代散文的特征

散文是指篇幅短小、题材多样、形式自由、情文并茂且富有意境的文章体裁,其特点是通过叙述、描写、抒情、议论等各种表现手法,创造出一种自由灵活、形散神凝、生动感人的艺术境界。

散文,可以泛指韵文以外所有的文章,包括小说和议论文,但是也可以特指以抒发作者个人感受为主的文章,一般称为"抒情散文",用做诵材的多半是这类散文。散文总是从作者的主观视点来观察世界万物,从中有所感悟,于是有感而发,抒发自己的感想。读散文,听散文,是一个跟着作者去看、去想、去感悟的过程。所以,散文诵读的基调是平缓的,没有太大的起伏,即使是在作品的高潮,也不会像演讲那样异峰突起,慷慨激昂。在诵读时要用中等的速度,柔和的音色,一般用拉长而不加重的方法来处理强调重音。

散文虽然不像诗歌那样有规整的节奏和严格的韵律,但是也讲究节奏和韵律美。散文的局部和某些句子也有对称结构,例如"风,轻悄悄的;草,软绵绵的"。在诵读时,我们可以用相同的语调来读这句话,使文中的韵律美表现出来。

下文是登载在1989年10月22日《中国青年报》上的一篇散文,后来《读者文摘》《青年文摘》也都转载了它,有趣的是《语文报》还专门评论:"文章不只是爱情的寓意,还可以设定为生活、希望、追求等等。"诵读下文,体会散文的节奏和韵律美。配乐:《爱的协奏曲》。

有谁是你

夏凡

我把泪水和欢乐留给你,我把梦想和追求留给你,我把早晨和黄昏留给你,我把我的一半留给你。我知道这个世界上必定有你的存在,必定有你成为我的一半、我的太阳,必定有你容纳我并拥抱我的一切……

虽然有时候我很孤独、很寂寞,甚至有时候想尽快寻觅你、得到你,想向你倾吐我的思恋、敞开我的情怀，向你挥霍我的欢颜，但为了来日如期的温馨，我必须凝聚我的渴望、我的热情。

我知道你是一定在的，一定在前方某个路口或某个站台等我，我相信你最终会出其不意地走过来，出其不意地和我相识并相知。

就这样，我很孤独很快乐地走在这条路上。我的目光总是坚定不移，总是向着前方，而且全然不顾荆棘如林，险壑遍地。

我时常检查自己的脚步是否坚定，时常希望跨度大些再大些；我老是想象即将与你相会的日子，老是回味你，我甚至感觉到了你的呼吸。我已经看到你在前方不远的地方正挥动双臂向我频频致意、频频呼唤……

所有的阳光都洒满了这条路。有一种充满魅力的幸福在牵引着我。

就这么走向你，满是尘土、满是疲倦；

就这么走向你，泪流满面、笑容满面，

纵然不知道——

现在有你是谁，究竟有谁是你？

第二节　现当代散文的类型

广义上讲，韵文以外的文章都是散文；狭义上讲，散文是与诗歌、小说、戏剧并列的一种文体。散文在结构上的特点是形散神聚，即散文的笔法自由，但中心思想集中、明确，结构严谨，脉络清楚。诵读散文，应注意把握诵读基调，感情真挚饱满。

散文有不同的类型，按表达方式大致分为抒情散文、叙事散文和哲理散文。杂文、书信、演讲词也可以算作散文。

一、抒情散文

抒情散文有直接抒情和间接抒情两种，间接抒情又分为借景抒情、托物言志等类型。拿朱自清的散文为例，《匆匆》是直接抒情的散文，《春》《绿》和《荷塘月色》是借景抒情的散文。贾平凹的《丑石》和茅盾的《白杨礼赞》是托物言志的散文。

抒情散文以抒发作者的感受为主，不写具体的人和事，比如朱自清的散文《荷塘月色》《匆匆》，虽然文章中也会描述事物，但都是虚写而非实写，是概括而非翔实。例如《春》中通过描写、赞美春天，发出“一年之计在于春”的感想，从而激发了对生活的热爱。文章感情基调是热情愉快的，我们应该用明朗甜美的嗓音去读。有的文章中虽然有山水，有花鸟，还有人，但都不是具体的，诵读这类散文时，完全可以以作者的感受为线索。例如诵读《春》时，一开始是一种殷切期盼的情感，在诵读“山，朗润起来了；水，涨起来了；太阳的脸，红起来了”时，要把三个层次读出来，把春天越来越近，人们越来越欣喜的心情读出来。中间的部分从各个方面描写春天，也表现了作者对春天的热爱，我们可以用减低速度、降低音量的方法把描写和抒情区别开来。最后的三小节，用娃娃、姑娘、青年来比喻春天，体现了人们对新的一年的憧憬和希望,情绪也随之转向高昂,音量、语速也应随之步步提高。

抒情散文中还有一类具有诗歌的韵律和节奏的美文被称为散文诗,散文诗具有音乐美的特质。散文诗抛弃了一切外在的形式,它的音乐美从作者内在的情绪的涨落和语言节奏的有机统一中自然地流露出来。亨特认为:"虽是散文,有时也显出节奏之充分存在,因而它岔出了它的名义上的类型,而取得了'散文诗'的名义,就是在诗的领域里的一种半节奏的作品。"朱自清的《匆匆》、屠格涅夫的《门槛》都是这种"半节奏的作品"。黎巴嫩文学家纪伯伦就是写作散文诗的高手。

下面请诵读纪伯伦的《春》,体会散文诗的韵律美和诗化的情感美。配乐:《清晨》或《春之歌》。

春

(黎巴嫩)纪伯伦

来吧,我亲爱的姑娘!让我们在高坡上徜徉。冰雪已经消融,生命已经苏醒,在河谷里、山坡上巡行。和我一起走吧!让我们一起追随春天的足迹,在广袤(mào)的田野里漫步。来吧!让我们爬上山冈(gāng),眺望四周原野上碧绿的波涛。

啊!春的黎明,已经展示了冬夜折起的霓裳(cháng)。桃树、苹果树,都已披上了盛装,显得像是命运之夜的新娘。葡萄已经醒来,枝蔓(wàn)依偎缠绕,像热恋的人儿一样。岩石间,溪水涓涓流过,把欢乐的歌儿反复吟唱。恰似大海中飞溅出的泡沫,鲜花从大自然的心中绽裂怒放。

来吧!让我们从水仙的花萼(è)中饮吮(shǔn)雨水残留的泪珠,让我们心田响彻鸟儿欢乐的歌唱,让我们吮吸熏风的芳香。

让我们坐在那块背后生长着紫罗兰的岩石旁,让我们共赏美丽的春光!

二、哲理散文

哲理散文又称为议论性散文,是以发表议论、阐发哲理为主的散文。

现实生活中种种复杂的社会现象,总会引发人们理性的思考。在文学作品中,这种思考往往演化为感性的具象,并从中折射出对人生的睿智的领悟。

哲理散文与抒情散文一样注重情感的抒发,不同的是哲理散文偏重于理智,抒情散文偏重于感情。哲理散文又不同于一般的议论文用事实和逻辑来说理,而主要用文学形象来说话,是一种文艺性的议论文。哲理散文与一般议论文的表达方式不同:议论文是一种用逻辑推理的方式明辨是非、论说道理的文体,要有论点、论据和严密的推理过程,要用事实和逻辑来说理;哲理散文是作者对现实生活的一点领悟,是人的思想火花在人生过程中的瞬间表现,它无需靠论点、论据、论证"三论"来推理论证,而是借助于感性具象的点拨,用文学形象来说话。

诵读哲理散文要注意把握哲理散文体现出的象征、联想、情感三种思维方式,体悟哲理散文蕴藏的深厚的文化底蕴和文化积淀,吸纳哲理散文中作者对人生的参悟、对万物的感怀,以及庸常中的睿智、平凡中的深邃。

哲理散文诵读要区别于一般议论文和演讲，不必过于慷慨激昂，而应采用亲切的语气，循循善诱，推心置腹，竭诚相告，比如培根的《论求知》、里克特的《两条路》等。

罗斯金的哲理散文《痕迹》精短但意蕴丰厚，诵读时语气应亲切、诚恳。

痕 迹

(英)罗斯金

把每一个黎明看做你生命的开始，把每一个黄昏看做你生命的小结。

让每一个这样短短的生命，都能为自己留下一点儿可爱的事业的脚印，和你心灵得到充实的痕迹。

三、叙事散文

叙事散文是以记人叙事来反映社会生活的散文。根据该类散文内容的侧重点不同，又可将它区分为记事散文、写人散文、游记性散文，诵读时要准确、鲜明、生动、感人。

这类散文叙事较完整，人物形象鲜明，描写景物往往倾注作者的情感，与短篇小说相似，但又有明显的区别。就叙事而言，散文所述的事件不要求情节完整，更不追求曲折变化，而小说对叙事的要求要较散文高得多；另外，散文在叙事的时候需要饱蘸情感，小说的情感则主要由人物体现出来，不需作者明确抒发。就写人而言，小说要求努力塑造典型人物形象，典型人物是作者虚构出来的，而散文中的人物则是在真人真事的基础上进行某些剪裁加工，注重对人物进行写意式的描绘。游记性散文的内容十分广泛，山川景色、风俗民情、名胜古迹都属记游范围，主要特点是：作品所描写的景物必须完全真实，不允许夸饰和虚构，但又不是照相似的实录，而是作者融情于物，达到情景交融，如朱自清的《桨声灯影里的秦淮河》。

叙事散文中穿插着一些人和事，正是这些人和事给了作者启示，进而产生了感慨，所以，应把其人其事作为散文的一个组成部分，而不是把它们作为一个故事来读。比如冰心的《小桔灯》、朱自清的《背影》、鲁迅的《一件小事》等，叙述片段中分别有一个小姑娘、父亲和车夫的形象，在揭示作品主旨方面起着重要作用，但与小说、故事不同，没有完整的情节和高潮的设定，没有对人物、事件的工笔描绘、精雕细刻。散文写人叙事是在写意中刻画，是围绕主旨，将一个个人物、事件的片段在“散珠”中穿缀，“形散而神不散”。

下面请诵读张爱玲的散文《爱》，体会叙事散文的文体特征。配乐：《乱红》或《逝去的诺言》。

爱

张爱玲

这是真的。

有个村庄的小康之家的女孩子，生得美，有许多人来做媒，但都没有说成。那年她不过十五六岁吧，是春天的晚上，她立在后门口，手扶着桃树。她记得她穿的是一件月白的衫子。对门住的年轻人同她见过面，可是从来没有打过招呼的，他走了过来，离得不远，站定了，轻轻地说了一声：“噢，你也在这里吗？”她没有说什么，他也没有再说什么，站了一会，各自走开了。

就这样就完了。

后来这女子被亲眷拐子卖到他乡外县去作妾,又几次三番地被转卖,经过无数的惊险的风波,老了的时候她还记得从前那一回事,常常说起,在那春天的晚上,在后门口的桃树下,那年轻人。

于千万人之中遇见你所遇见的人,于千万年之中,时间的无涯的荒野里,没有早一步,也没有晚一步,刚巧赶上了,那也没有别的话可说,惟有轻轻地问一声:"噢,你也在这里吗?"

张爱玲这篇300多字的散文以一个旁观者的角度叙写,先叙事后议论,升华主题,画龙点睛,寓意深刻。它依附记人、记事,借鉴小说技巧对人物深入刻画,传情达意,情韵悠长,涵蕴无穷,极富感染力。

此外,书信类散文和演讲词也应归属散文大类,根据具体内容分别可以划入叙事类、抒情类、哲理类散文。只是书信类散文诵读时要加强对话性和倾诉性,演讲类散文语势起伏较大,或慷慨激昂或感人肺腑,有声语言动作性强,掷地有声,音量较大,鼓动性强。

第三节　现当代散文的诵读方法

诵读现当代散文时要理清线索,摸准神韵,表达细腻,点染得体。语气要轻柔,抒情要真挚,文辞美,音韵美,叙事要清楚、诱人,有感情,议论时要带情而议。诵读散文要注意三个问题:

一、感情要真实

诵读散文应力求展示作者倾注在作品中的"情感",充分表现作品中的人格意象。散文是心灵的体现,是真情流露,诵读时要充分把握不同主题、结构和风格。如茅盾的《白杨礼赞》,热情地赞美了白杨树,进而赞美了北方的农民,赞美我们民族在解放斗争中所不可缺的质朴、坚强以及力求上进的精神,诵读时要充分把握这种感情基调。

二、表达要有变化

散文语言自由、舒展,表达细腻生动,抒情、叙述、描写、议论相辅相成,显得生动、明快,对不同语体风格要区别处理。叙述性语言的诵读要语气舒展,声音明朗轻柔,娓娓动听;描写性语言要生动、形象、自然、贴切;抒情性语言要自然亲切、由衷而发;议论性语言要深沉含蓄、力透纸背。诵读者应把握文章的语言特点,恰如其分地处理好语气的高低、强弱,节奏的快慢、急缓,力求真切地把作者的"情"抒发出来,把握"形散神聚"的特点。

三、语脉要清晰

散文的结构式样很多,写法多样,但无论什么散文都是形散神聚的,要么有一条清晰的线索贯穿全文,统领全篇,要么自始至终有一种充沛的激情来描写感人肺腑的人和事,使全文浑然一体。例如魏巍的《谁是最可爱的人》,作者向人展现的是一种激昂的爱国主义、国际主义之情,而柯岩的《岚山情思》,就是以周总理病重时一句情深意切的话为主旨进行构思的。

诵读时应根据文章的主题和发展线索,用停顿的长短来显示文章的结构变化及语脉发展,用重音和语调来突出主题,使语脉清晰,聚而不散。

下面我们以朱自清先生的《匆匆》为例,进行散文诵读的具体分析。配乐:《且听风吟》。

匆　匆

朱自清

燕子去了,有再来的时候;杨柳枯了,有再青的时候;桃花谢了,有再开的时候。但是,聪明的,你告诉我,我们的日子为什么一去不复返呢?——是有人偷了他们罢:那是谁?又藏在何处呢?是他们自己逃走了罢:现在又到了哪里呢?

我不知道他们给了我多少日子;但我的手确乎是渐渐空虚了。在默默里算着,八千多日子已经从我手中溜去;像针尖上一滴水滴在大海里,我的日子滴在时间的流里,没有声音,也没有影子。我不禁头涔涔(cén)而泪潸潸(shān)了。

去的尽(jǐn)管去了,来的尽管来着;去来的中间,又怎样地匆匆呢?早上我起来的时候,小屋里射进两三方斜斜的太阳。太阳他有脚啊,轻轻悄悄地挪移了;我也茫茫然跟着旋转。于是——洗手的时候,日子从水盆里过去;吃饭的时候,日子从饭碗里过去;默默时,便从凝然的双眼前过去。我觉察他去的匆匆了,伸出手遮挽时,他又从遮挽着的手边过去,天黑时,我躺在床上,他便伶伶俐俐地从我身上跨过,从我脚边飞去了。等我睁开眼和太阳再见,这算又溜走了一日。我掩着面叹息。但是新来的日子的影儿又开始在叹息里闪过了。

在逃去如飞的日子里,在千门万户的世界里的我能做些什么呢?只有徘徊罢了,只有匆匆罢了;在八千多日的匆匆里,除徘徊外,又剩些什么呢?过去的日子如轻烟,被微风吹散了,如薄雾,被初阳蒸融了;我留着些什么痕迹呢?我何曾留着像游丝样的痕迹呢?我赤裸裸来到这世界,转眼间也将赤裸裸的回去罢?但不能平的,为什么偏要白白走这一遭啊?

你聪明的,告诉我,我们的日子为什么一去不复返呢?

朱自清的散文诗《匆匆》写于 1922 年 3 月 28 日,“五四”落潮期的作者在彷徨中并不甘心沉沦,执著地追求着生活中的意义和价值。全文在淡淡的哀愁中透出作者心灵不平的低诉,反映了“五四”落潮期知识青年的普遍情绪。

《匆匆》叠字的运用也使它的语言具有节奏美,阳光是“斜斜”的,它“轻轻悄悄”地挪移,“我”“茫茫然”旋转,时间去得“匆匆”,它“伶伶俐俐”跨过,等等。这些叠字的运用,使文章不仅达到视觉的真实性,而且达到听觉的真实性,即一方面状时间流逝之貌,另一方面又写出时间迈步之声。同时,诗人一方面状客观之事,另一方面又达主观之情,现实的影响引起诗人情绪的波动,通过语言的音响表现出来,情和景自然地融合在一起。我们还可以看到叠字自然匀称地分布在各句中,以显出它的疏隐绵远的节奏来,这契合了作者幽微情绪的波动。

复沓的运用,也是散文诗维持其音乐特点通常运用的手段。“只有徘徊罢了,只有匆匆罢了;在八千多日的匆匆里,除徘徊外,又剩些什么呢?”“徘徊”“匆匆”等字眼反复出现,一种幽怨之情反复回荡。“我留着些什么痕迹呢?我何曾留着像游丝样的痕迹呢?”相同的意思句子字数的变化,使感情层层推进,在参差中又显出整齐的美。结句的反复,强化作品的主旋律,引发感情起伏的波澜。复沓的运用,反复吟咏,起到了一唱三叹的效果。

《匆匆》是朱自清的感兴之作,由眼前的春景,引动自己情绪的激发,借助想象表现出来。想象"使未知的事物成形而现,诗人的笔使它们形象完整,使空灵的乌有,得着它的居处,并有名儿可唤。"(莎士比亚《仲夏夜之梦》)朱自清把空灵的时间、抽象的观念,通过现象来表示,而随着个人情绪的线索,去选择、捕捉那鲜明的形象。情绪随着时间从无形到有形、从隐现到明晰的一组不断变化的画面而呈现出起伏的浪花。

时间是怎样的"匆匆"呢?作者并没有作抽象的议论,他把自己的感觉、潜在的意识通过形象表现出来。"早上我起来的时候,小屋里射进两三方斜斜的太阳。太阳他有脚啊,轻轻悄悄地挪移了……"太阳被人格化了,像一位青春年少的姑娘迈起脚步来了,悄悄地从身边走过。接着,用一系列排比句展示了时间飞逝地流。吃饭、洗手、默思,是人们日常生活的细节,作者却敏锐地看到时间的流过。当他企图挽留时,它又伶俐地"跨过",轻盈地"飞去",悄声地"溜走",急速地"闪过"了,时间步伐的节奏越来越快。用活泼的文字,描写出时间的形象是在不断地变化之中,给人一个活生生的感觉,我们听到了时间轻悄、活泼的脚步声,也听到了心灵的颤动。

作为散文诗,《匆匆》是"诗的领域里的半节奏的作品",具有诗的节奏感和音乐美。《匆匆》表现作者追寻时间踪迹而引起情绪的飞快流动,全篇格调统一在"轻悄"上,节奏疏隐绵运,轻快流利。为谐和情绪的律动,作者运用了一系列排比句:"洗手的时候,日子从水盆里过去;吃饭的时候,日子从饭碗里过去;默默时……"相同的句式成流线型,一缕情思牵动活跃而又恬静的画面迅速展开,使我们仿佛看到时间的流动。而且句子大多是短句,五六字一句,显得轻快流畅。它的音乐性不是在字音的抑扬顿挫上着力,而是在句的流畅轻快上取胜。作者并没有刻意雕琢,而只是"随随便便写来,老老实实写来",用鲜明生动的口语,把诗情不受拘束地表现出来,语言的节奏和情绪的律动自然吻合,达到匀称和谐。

第四节　现当代散文文本的诵读指导

一、抒情散文

1. 雨的随想

汪国真

【诵读指导】 汪国真,当代诗人、散文家、画家。祖籍厦门,1956年6月22日生于北京。1982年毕业于暨南大学中文系。毕业后分配在中国艺术研究院,后任《中国文艺年鉴》编辑部副主任。1985年开始进行诗歌创作,1990年出版第一部诗集《年轻的潮》,以后又出版了《年轻的风》《年轻的潇洒》等多部诗集,在90年代掀起一股"汪国真热"。汪国真被称为"诗坛王子",其诗文集被列为十大畅销书之一,1990年在出版界被称为"汪国真年"。

汪国真的作品不仅有青年人的生活和那种明白畅晓的表达方式,更主要的是一种超然、豁达、平易、恬淡的人生态度,是对中国自宋元以来传统诗歌那种豁达、飘逸、潇洒、超脱的人生哲学的创造性转化，所以备受青年读者欢迎。“心晴的时候，雨也是晴；心雨的时候，晴也是雨。”王国维云：“一切景语皆情语”，雨是一种景致，也是一种情致。当一个人由心生情，以情观景，对雨产生的感受也是不一样的。诵读时要把握“心雨”的特殊内涵，读出语言的诗意，读出哲思的独到，读出灵动美感。配乐：*The Rain*。

有时，外面下着雨心却晴着；又有时，外面晴着心却下着雨。世界上许多东西在对比中让你品味。心晴的时候，雨也是晴；心雨的时候，晴也是雨。

不过，无论什么样的故事，一逢上下雨便难忘。雨有一种神奇：它能弥漫成一种情调，浸润成一种氛围，镌(juàn)刻成一种记忆。当然，有时也能瓢泼成一种灾难。

春天的风沙，夏天的溽(rù)闷，秋天的干燥，都使人们祈盼着下雨。一场雨还能使空气清新许多，街道明亮许多，“春雨贵如油”，对雨的渴盼不独农人有。

有雨的时候既没有太阳也没有月亮，人们却多不以为忤(wǔ)。或许因为有雨的季节气候不冷，让太阳一边凉快会儿也好。有雨的夜晚则另有一番月夜所没有的韵味，有时不由让人想起李商隐“何当共剪西窗烛，却话巴山夜雨时”的名句。

在小雨中漫步，更有一番难得的惬(qiè)意。听着雨水轻轻叩击大叶杨或梧桐树上那阔大的叶片时沙沙的声响，那种滋润到心底的美妙，即使是理查德·克莱德曼钢琴下流淌出的《秋日私语》般雅致的旋律也难以比较。大自然鬼斧神工般的造化，真是无与伦比。

一对恋人走在小巷里，那情景再寻常不过。但下雨天手中魔术般又多了一把淡蓝色的小伞，身上多了件米黄色的风衣，那效果便又截然不同。一眼望去，雨中的年轻是一幅耐读的图画。

在北方，一年365天中，有雨的日子并不很多。于是若逢上一天，有雨如诗或有诗如雨，便觉得好奇。

2. 青春

(美)塞缪尔·厄尔曼

【诵读指导】 塞缪尔·厄尔曼(1840—1924)，生于德国，后移居美国。70岁才开始写作，本文是他丰富的社会阅历和人生体验对“青春”的最好诠释，深受人们喜爱，曾被翻译成20多种文字，二战时期一位将军曾把它挂在墙上反复看。一位资深的日本问题观察家说，在日本实业界，只要有成就者，没有哪一个不熟知这篇美文的，就连松下电器的创始人松下幸之助几十年来也把《青春》当做他的座右铭。还有这么一件趣事，足以证明《青春》在日本的魅力。一天，美国影片销售协会主席罗森菲尔德参加日本实业界的聚会，晚宴之前谈话时他随意说了一句：“《青春》的作者，便是我的祖父。”在座的各位实业界领袖大为惊讶，其中有一位一边激动地说“我一直随身带着它呢”，一边从口袋里掏出了《青春》。

《青春》是一篇优美的散文诗，作者以理性深沉的思考、凝练而诗化的语言对青春做了完美的诠释。诵读时应把握激越高亢的感情基调，激发人们热爱生命、执著追求理想的情绪。配乐：《地平线》/《爱在深秋》。

青春不是年华，而是心境；青春不是桃面、丹唇、柔膝(xī)，而是深沉的意志、恢宏的想象、炽(chì)热的感情；青春是生命的深泉在涌流。

青春气贯长虹，勇锐盖过怯懦，进取压倒苟安。如此锐气，二十后生(青年)有之，六旬男子则更多见。年岁有加，并非垂老；理想丢弃，方堕暮年。

岁月悠悠，衰微只及肌肤；热忱抛却，颓唐必致灵魂。忧烦、惶恐、丧失自信，定使心灵扭曲,意气如灰。

无论年届花甲,抑或二八芳龄,心中皆有生命之欢乐,奇迹之诱惑,孩童般天真久盛不衰。

人的心灵应如浩淼瀚海,只有不断接纳美好、希望、欢乐、勇气和力量的百川,才能青春永驻、风华长存。

一旦心海枯竭,锐气便被冰雪覆盖,玩世不恭、自暴自弃油然而生,即便年方二十,实已垂垂老矣;然则只要虚怀若谷,让喜悦、达观、仁爱充盈其间,你就有望在八十高龄告别尘寰时仍觉年轻。

3. 体育颂

(法)皮埃尔·德·顾拜旦

【诵读指导】 皮埃尔·德·顾拜旦(1863—1937),法国史学家、教育家,现代奥林匹克运动创始人。他担任国际奥委会主席之职长达27年之久,终生倡导奥林匹克精神,被誉为“奥林匹克之父”。创办了《体育评论》杂志,著有《运动心理学试验》(1913)和《竞技运动教育学》(1919)。

《体育颂》(Ode to Sport)是顾拜旦以霍罗德和艾歇巴赫的笔名创作的散文诗,在1912年斯德哥尔摩第五届奥运会“缪斯五项艺术比赛”中获得奥林匹克文学艺术比赛金奖。诵读时应充满激情,用高亢、嘹亮、激越、优美的语调讴歌赞美体育,韵脚归音要到位,读出韵味。配乐:《奥林匹克风》/《夜的钢琴曲》。

啊,体育,天神的欢娱,生命的动力。你以神的旨意降临在灰蒙蒙的林间空地,受难者激动不已。你像是容光焕发的使者,向人们微笑致意。你像高山之巅出现的晨曦,照亮了昏暗的大地。

啊,体育,你就是美丽!你塑造的人体,变得高尚还是卑鄙(bǐ),要看它是被可耻的欲望引向堕落,还是由健康的力量悉心培育。没有匀称协调,便谈不上什么美丽。你的作用无与伦比,可使人体运动富有节律,动作变得优美,柔中含有刚毅。

啊,体育,你就是正义!你体现了社会生活中追求不到的公平合理。任何人不可超过时限一分一秒,逾越规则一分一厘。取得成功的关键,只能是体力与精神融为一体。

啊,体育,你就是勇气!肌肉用力的全部含义是为成功而搏击。若不为此,敏捷、坚强有何用?肌肉发达有何益?我们所说的勇气,不是冒险家押上全部赌注的蛮干,而是经过慎重的深思熟虑。

啊,体育,你就是荣誉!荣誉的赢得要公正无私,反之便毫无意义。有人耍弄见不得人的诡计,以此达到欺骗同伴的目的,但他内心深处却受着耻辱的折磨。有朝一日被人识破,便会落得名声扫地。

啊,体育,你就是乐趣!想起你,内心充满欢喜,血液循环加剧,思路更加开阔,条理更加清晰。你可使忧伤的人散心解闷,你可使快乐的人生活更加甜蜜。

啊,体育,你就是培育人类的沃地!你通过最直接的途径,增强民族体质,矫正畸(jī)形躯体,防病患于未然,让后代长得茁壮有力,继往开来,夺取桂冠的胜利。

啊,体育,你就是进步!为人类自身的发展,身体和精神的改变要同时抓起,你规定良好的生活习惯,要求人们对过度行为引起警惕。你告诫人们遵守规则,发挥人类最大的能力,而又无损健康的肌体。

啊，体育，你就是和平！你在各民族间建立愉快的联系。你在有节制、有组织、有技艺的体力较量中产生，使全世界的青年学会相互尊重和学习，使不同民族特质成为高尚而和平竞赛的动力！

4. 雨之歌

（黎巴嫩）纪伯伦

【诵读指导】 纪伯伦（1883—1931），黎巴嫩诗人、散文作家、画家，是阿拉伯近代文学史上第一个使用散文诗体的作家，为发展阿拉伯新文学作出过重大贡献。他用阿拉伯文发表的作品有散文诗集《泪与笑》（1913），用英文写的散文诗集有《先知》（1923）、《沙与沫》（1926）等。《先知》被认为是他的代表作，作者以智者临别赠言的方式，论述了人生和社会问题，充满比喻和哲理，具有东方色彩，纪伯伦还自绘了充满浪漫情调和深刻寓意的插图。

纪伯伦认为诗人的职责是唱出“母亲心里的歌”。他的作品多以“爱”和“美”为主题，通过大胆的想象和象征的手法，表达深沉的感情和高远的理想。他的思想受尼采哲学影响较大。他的作品常常流露出愤世嫉俗的态度或表现某种神秘的力量。他的作品已被译成世界多种文字，受到各国读者的欢迎。他的作品最先介绍到中国来的是《先知》（冰心译，1931）。从 20 世纪 50 年代起，他的其他作品也逐渐为中国读者所了解。

作品以第一人称抒写了雨的颂歌，清新优美、生动传神，表现了作者对生活细腻的感受和极强的文字驾驭能力。诵读时把握轻灵、明快、愉悦的基调，语言表达舒缓、含蓄而优美，空灵且充满诗意。配乐：*Kiss The Rain*。

我是根根晶亮的银线，神把我从天穹撒下人间，于是大自然拿我去把千山万壑装点。

我是颗颗璀璨的珍珠，从阿施塔特女神（希伯来语：土地丰饶和人口生育）王冠上散落下来，于是清晨的女儿把我偷去，用以镶嵌绿野大地。

我哭，山河却在欢乐；我掉落下来，花草却昂起了头，挺起了腰，绽开了笑脸。

云彩和田野是一对情侣，我是他们之间传情的信使：这位干渴难耐，我去解除；那位相思成病，我去医治。

雷声隆隆闪似剑，在为我鸣锣开道；一道彩虹挂青天，宣告我行程终了。尘世人生也是如此：开始于盛气凌人的物质的铁蹄之下，终结在不动声色的死神的怀抱。

我从湖中升起，借着以太（古希腊哲学家设想的一种无所不在的物质）的翅膀翱翔行进。一旦我见到美丽的园林，便落下来，吻着花儿的芳唇，拥抱着青枝绿叶，使得草木更加清润迷人。

在寂静中，我用纤（xiān）细的手指轻轻地敲击着窗户上的玻璃，于是那敲击声构成一种乐曲，启迪那些敏感的心扉。

我是大海的叹息，是天空的泪水，是田野的微笑。这同爱情何其酷肖：它是感情大海的叹息，是思想天空的泪水，是心灵田野的微笑。

二、哲理散文

1. 生命的路

鲁迅

【诵读指导】 鲁迅(1881—1936),现代思想家、文学家、革命家。原名周樟寿(后改名周树人),字豫山,后改为豫才。浙江绍兴人,1918年5月首次以"鲁迅"作笔名发表了中国文学史上第一篇白话小说《狂人日记》。他的作品以小说、杂文为主,代表作有小说集《呐喊》《彷徨》《故事新编》等,散文集《朝花夕拾》,散文诗集《野草》,杂文集《坟》《热风》《华盖集》《南腔北调集》《三闲集》《二心集》《而已集》等16部。鲁迅的作品被译成英、日、俄、西、法、德等50多种文字,在世界各地拥有广大读者。

《生命的路》最初发表于1919年11月的《新青年》上。文章对人的生存发展这一重大问题做了精练的阐述,思想含量很丰厚,表达出作者对人类、对生命的挚爱,对崇高的思想境界和完善人格的追求。"死亡"在鲁迅的进化论思路里找到了合乎理论逻辑的目的、理由和意义,与"生命"一样是对某种更高更根本之存在的完成,并负有同样的使命。人的生和死在进化的"索子"上变成了有各自意义与价值的行为,"生"要欢天喜地,"死"也应该欢天喜地。在进化论思路里的"生"与"死"的矛盾统一还使鲁迅更清楚地看到了民族国家的生存危机,并遵循着进化论式的历史理性精神,自觉地肩负起这个痛苦又艰难的拯救使命,即鲁迅所谓的"肩住黑暗的闸门"和"完结四千年旧账"。

诵读时语调舒缓深沉又昂扬壮美,语气富有哲思和力度,表达出生命不断进化发展的积极意义。配乐:《尊敬》。

想到人类的灭亡是一件大寂寞大悲哀的事,然而若干人们的灭亡,却并非寂寞悲哀的事。

生命的路是进步的,总是沿着无限的精神三角形的斜面向上走,什么都阻止它不得。

自然赋予人们的不调和还很多,人们自己萎缩堕落退步的也还很多,然而生命决不因此回头。无论什么黑暗来防范思潮,什么悲惨来袭击社会,什么罪恶来亵(xiè)渎人道,人类的渴仰完全的潜力,总是踏了这些铁蒺藜(jílí)向前进。

生命不怕死,在死的面前笑着跳着,跨过了灭亡的人们向前进。

什么是路?就是从没路的地方践踏出来的,从只有荆棘的地方开辟出来的。

以前早有路了,以后也该永远有路。

人类总不会寂寞,因为生命是进步的,是乐天的。

昨天,我对我的朋友L说,"一个人死了,在死者自身和他的眷属是悲惨的事,但在一村一镇的人看起来不算什么,就是一省一国一种……"

L很不高兴,说,"这是Nature(自然)的话,不是人们的话。你应该小心些。"

我想,他的话也不错。

2. 论求知

(英)培根

【诵读指导】 弗兰西斯·培根(1561—1626),英国哲学家、思想家、作家和科学家。他推崇科学、发展科学的进步思想和崇尚知识的进步口号"知识就是力量"一直推动着社会的进步。这位一生追求真理的思想家，被马克思称为“英国唯物主义和整个现代实验科学的真正始祖”。他在逻辑学、美学、教育学方面也提出许多思想。著有《新工具》《论说随笔文集》等。后者收入58篇随笔，从各个角度论述广泛的人生问题，精妙、有哲理，拥有很多读者。

《论求知》选自《培根论说文集》。全文可分为三部分：首先提出正确地对待知识，然后重点论述怎样对待求知，最后从知识能对人的能力和精神面貌产生影响这一角度鼓舞人们去求知。诵读时切莫在“论”上发愣，“求知”固然是一个“重大问题”，可是文章的道理都是由此及彼、由表及里、深入浅出地娓娓道来，因此，只有用亲切的语气表达出来，人们才会洗耳恭听，认真领会。每句中的核心词要放慢语速清晰重读，排比句要读得如行云流水，警策而富有诗意。配乐：班得瑞《雪之梦》。

求知可以作为消遣，可以作为装潢，也可以增长才干。

当你孤独寂寞时，阅读可以消遣。当你高谈阔论时，知识可供装潢。当你处世行事时，求知可以促成才干。有实际经验的人虽能够办理个别性的事务，但若要综观整体、运筹全局，却唯有掌握理论知识方能办到。

求知太慢会弛惰，为装潢而求知是欺人自欺，只会照书本条条办事会变成偏执的呆子。

求知可以改进人的天性，而实验又可以改进知识本身。人的天性犹如野生的花草，求知学习好比修剪移栽。实习尝试则可检验修正知识本身的真伪。

狡诈者轻鄙学问，愚鲁者羡慕学问，唯聪明者善于运用学问。知识本身并没有告诉人怎样运用它，运用的方法乃在书本之外。这是一门技艺。不经实验就不能学到。求知时不可专为挑剔辩驳去读书，但也不可轻易相信书本。求知的目的不是为了吹嘘炫耀，而应该是为了寻找真理、启迪智慧。

有的知识只要浅尝即可，有的知识只要粗知即可。只有少数专门知识需要深入钻研、仔细揣摩。所以，有的书只读其中一部分即可，有的书只知其中梗概即可，而对于少数好书，则要精读、细读、反复地读。

有的书可以请人代读，然后看他的笔记摘要就行了。但这只限于质（zhì）量粗劣（liè）的书。否则一本好书将像已被蒸馏过的水，变得淡而无味了！

读书使人的头脑充实，讨论使人明辨是非，做笔记则能使知识准确。

因此，如果一个人不愿做笔记，他的记忆力就必须强而可靠。如果一个人只愿孤独探索，他的头脑就必须格外锐利。如果有人不读书又想冒充博学多知，他就必定是一个狡黠的家伙。

读史使人明智，读诗使人聪慧，演算使人精密，哲理使人深刻，伦理学使人有修养，逻辑修辞使人长于思辨。总之，“知识能改变人的性格”。

不仅如此，精神上的各种缺陷，还都可以通过求知来改善——正如身体上的缺陷，可以通过运动来改善一样。例如打球有利于腰肾，射箭可扩胸利肺，散步则有助于消化，骑术使人反应敏捷，等等。同样，一个思维不集中的人，他可以研习数学，因为数学稍不仔细就会出错。缺乏分析判断力的人，他可以研习经院哲学，因为这门学问最讲究繁琐辩证。不善于推理的人，可以研习法律学，如此等等。这种种头脑上的缺陷，是都可以通过求知来治疗的。

3. 我就是最大的奇迹

（美）奥格·曼狄诺

【诵读指导】 奥格·曼狄诺（1924—1996）是当今世界撰写自我帮助方面的书籍最流行、最有灵感的作家。他著有14本书,销量超过3000万册,被译成18种语言。成千上万的来自生活中各行各业的人,都盛赞奥格·曼狄诺改变了自己的生活,从他的书中得到了神奇的力量。他的书充满智慧、灵感和爱心。他的著作包括《世界上最伟大的奇迹》《世界上最伟大的推销员》《世界上最伟大的成功》《羊皮卷》等。《羊皮卷》是从世界上最伟大的文献中摘选并整理出来的,内容几乎涉及有关成功学的方方面面。《羊皮卷》影响了美国人近一个世纪的行为方式及思维模式,上至美国总统,下至美国企业员工及军官士兵,都视它为走向成功的必修课。

《我就是最大的奇迹》更像倡导张扬个性的宣言,里面包含着人的自我意识、生命意识和人格意识。为了强调自我意识,文章写到了"我"的独特性,这是对自我的肯定和标榜,是生命意识的基础。生命意识在文中表现为"我是珍奇的人",这种珍奇使"我"价值连城。对"自我"和"生命"的清醒认识,又自然而然地形成了强烈的人格意识。清晰的逻辑,充沛的内在张力,正是这篇宣言的魅力所在。诵读前文语气肯定坚决、铿锵有力、充满自信,后文清醒深沉,表现出思想深度和人格魅力。配乐:范吉利斯《征服天堂》。

我是造物主的最大奇迹。

自从开天辟地以来,世界上就没有人有我这种精神,有我这种心胸,有我这种眼睛,有我这种耳朵,有我这双手,有我这种头发,有我这种嘴巴。完全像我一样能走、能说、能动、能想的人,以前没有,现在没有,将来也不会有。四海之内皆兄弟也,但是,我却与众不同。我是独一无二的造化。

我内心里燃烧着经过无数代传下来的火焰。它的热度,不断地刺激我的精神,要我成为比我现在,以及比我将来更好的我。我要扇起这个不满足之火,我要向世界宣布我的独特性。

没有人能够复制我的字体,没有人能够做我凿刻出来的标志,没有人能创造出我的成果,实际上,也没有人能拥有完全像我的推销能力。从今以后,我要将这不同之点大书特书,因为这是使我达到完美之境的一种资产。

我不再徒劳无用地模仿别人。相反的,我要把我的独特性拿到市场上去展览。我不但要宣扬它,而且还要推销它。我要从现在开始,强调我的不同点,隐藏我的相似点。所以,对于我推销的货品,我也要应用此原则。推销员和货物都与众不同,我以这种不同为荣。

我是珍奇的人。凡是珍奇的东西都是无价之宝,所以,我的价值也无法估量。我是千万年进化而来的成品,所以,我在精神和身体两方面,都比以前的所有帝王和圣贤强得多。

但是,我的技巧、我的精神、我的心胸,以及我的身体都会污浊、腐烂和死亡,我必须将它们善加利用。我有无尽的潜(qián)力。我只使用了小部分头脑;我只弯曲了少许筋骨。但是,我能够使我昨天的成就增加一百倍或一百倍以上。我愿意这么做,从今天就开始。

我以后将永远不再对昨天的成就感到满意,也不再对我微小的事业任意自我宣扬。我能完成的工作,远比我现有的和将来的为多。为什么创造我的那个奇迹,随着我的出生而结束呢?为什么我不能使那个奇迹延伸到我今天的事业上去呢?

我是造物主的最大奇迹。

我不是偶然来到尘世的。我来到这里是为了一个目的,那个目的就是想长成一座高山,而非缩成一颗沙粒。从今以后,我要竭尽一切力量去成为一座最高的山,将我的潜力发挥到最大限度。

4. 两条路

(德)里克特

【诵读指导】 让·保尔·里克特(1763—1825),德国散文家,原名弗里德利希·里克特,让·保尔·里克特是他的笔名,被誉为德国"穷人的歌者"。里克特的散文典雅精致,《两条路》是其散文名篇。文章通过梦境生动地表现了一位垂暮之年的老人因荒废光阴而产生的悔恨之情,从而唤起人们对时光的珍爱,对生命真谛的追求。

本文按"梦中""梦后"的顺序可以分为两部分:1—5自然段用时光倒流法表现了一位老人的追悔;6—7自然段告诫人们要珍惜青春,否则悔之晚矣。诵读时要注意感情的变化:梦境前部分路途险恶,表述要生动,突出虚度年华、荒废青春的可怕后果;梦境后部分突出"青春一去不复返"的绝望和悔恨,两处呼告感情酝酿要到位;梦后部分表达出庆幸和悔悟,及"浪子回头金不换"的现实警戒意义。配乐:悲伤大提琴曲《往事》。

新年的夜晚,一位老人伫(zhù)立在窗前。他悲戚(qī)地举目遥望苍天,繁星宛若玉色的百合漂浮在澄静的湖面上。老人又低头看看地面,几个比他自己更加无望的生命正走向它们的归宿——坟墓。老人在通往那块地方的路上,也已经消磨掉六十个寒暑了。在那旅途中,他除了有过失和懊悔之外,再也没有得到任何别的东西。他老态龙钟,头脑空虚,心绪忧郁,一把年纪折磨着老人。

年轻时代的情景浮现在老人眼前,他回想起那庄严的时刻,父亲将他置于两条道路的入口——一条路通往阳光灿烂的升平世界,田野里丰收在望,柔和悦耳的歌声四方回荡;另一条路却将行人引入漆黑的无底深渊,从那里涌流出来的是毒液而不是泉水,蛇蟒满处蠕动,吐着舌箭。

老人仰望昊(hào)天,苦悸(jì)地失声喊道:"青春啊(na),回来!父亲哟,把我重新放回人生的入口吧,我会选择一条正路的!"可是,父亲以及他自己的黄金时代却一去不复返了。

他看见阴暗的沼泽地上空闪烁着幽光,那光亮游移明灭,瞬息即逝了。那是他轻抛浪掷的年华。他看见天空中一颗流星陨落下来,消失在黑暗之中。那就是它自身的象征。徒然的懊丧像一支利箭射穿了老人的心脏。他记起了早年和自己一同踏入生活的伙伴们,他们走的是高尚、勤奋的道路,在这新年的夜晚,载(zài)誉而归,无比快乐。

高耸的教堂钟楼鸣钟了,钟声使他回忆起儿时双亲对他这浪子的疼爱,他想起了启蒙时父母的教诲,想起了父母为他的幸福所作的祈祷。强烈的羞愧和悲伤使他不敢再多看一眼父亲居留的天堂。老人的眼睛黯然失神,泪珠儿泫(xuàn)然坠下,他绝望地大声呼唤:"回来,我的青春!回来呀!"

老人的青春真的回来了。原来,刚才那些只不过是他在新年夜晚打盹儿时做的一个梦。尽(jǐn)管他确实犯过一些错误,眼下却还年轻。他虔(qián)诚地感谢上天,时光仍(réng)然是属于他自己的,他还没有堕入漆黑的深渊,尽(jǐn)可以自由地踏上那条正路,进入福地洞天,丰硕的庄稼在那里的阳光下起伏翻浪。

依然在人生的大门口徘徊逡(qūn)巡,踌躇着不知该走哪条路的人们,记住吧,等至岁月流逝,你们在漆黑的山路上步履踉跄(liàngqiàng)时,再来痛苦地叫喊,"青春啊,回来!还我韶华!"那只能是徒劳的了。

三、叙事散文

1. 留住她的温暖

【诵读指导】 本文记叙了一位台湾母亲因手机语音升级丢失了已过世女儿的手机留言而伤心,电信公司费尽周折,找回录音并拷贝成光盘赠送给她的感人故事。文章具体而生动地突出了电信公司寻找手机录音的时间之长,难度之大,从而体现了公司给予客户的持久耐心和绵密关怀,诵读中注意把握这个叙述重点。配乐:《下雨的时候》。

在台湾,有一位六十多岁的妈妈,每天都给女儿打电话。她听到的总是语音信箱的留言:“对不起,我现在很忙,有事请留言哦!”那轻俏活泼的声音,让妈妈禁不住笑容满面。明知女儿不在电话那头,她仍会慈爱地回答:“好,你去忙,妈妈明天再给你打!”

而事实上,这声音的主人已在一年前因车祸去世。这句熟悉而亲切的留言,是母亲找到女儿的唯一方式。它像一把神奇的钥匙,可以随时开启一扇通向秘密花园的门。那里,盛开着有关女儿的所有温柔的记忆。

女儿走后,这个手机再也无人使用,可母亲仍然按时交纳着月租费。每天听着这句留言,她觉得女儿并未远走,还在从前的那家公司上班。

母亲仿佛就坐在女儿身边,微笑地看着她,看女儿灵巧的手指敲击着键盘,看女儿在会议室与同事侃侃而谈,看女儿将一份文件放进复印机……

在这甜蜜的遐想里,母亲挨过了漫漫的长夜,挨过了一寸一寸的疼痛。在茫茫复茫茫的海上,有时只需一句话,就能摆渡一颗柔软的心。

可是,有一天,当她又习惯性地拨打这个电话时,那个留言竟消失了!她听见的是对方已关机的提示音。惊慌失措的母亲,恍如失掉了整个世界。

她费尽周折,找到了女儿手机的客服电话。电话接通的一瞬,她泪眼蒙蒙,语不成句。对方听清她的问题后,耐心地向她做了解释。

原来,电信公司已通过短信告知客户,语音系统即将升级,请大家将旧的语音留言与欢迎词,转换到新的系统保存,否则会丢失。而这位母亲从未看过手机短信,所以在新系统上线一周后,她失去了这个珍贵的留言。

母亲彻底崩溃了:“这是我过世女儿的留言,以后,我该怎么办……”这位六十多岁的老人哽咽着,像个无助的孩子。

客服人员立即将此事通报给主任,主任又迅速汇报给公司资讯部门。工作人员花了一个月的时间,从数百万用户的上百万个旧的语音信箱中,找到了她女儿的录音。

他们立即开始研究,如何让原音重现。工作人员用原始的方式,使用公司内部的电话,打入她女儿的手机,取得了那句至关重要的留言,再从客服中心的录音系统中,将这句话转录出来,汇入新的语音系统。

日夜盼望的母亲,终于又听到那活泼轻俏的声音。这一瞬,她开心得笑起来:“听到了!听到了!”仿佛那个眉眼乖巧的女孩,又亲昵地偎在她的身旁,一伸手,就可以抱到她。

为了永远不再遗失这条留言,公司人员将这段录音拷贝到光盘里,赠送给这位母亲。

也许我们都是普通人，无法阻止地震、车祸、海啸的发生，可我们能够用持久的耐心和绵密的关怀，去缝合一位母亲破碎的心，留住她的温暖。

2. 养大的儿子成了客

【诵读指导】 本文摘自《南国都市报》，记叙了婚礼现场来自湖北乡下的新郎父亲尴尬窘迫的处境，以及“乡下养儿子是为养老，其实，我把儿子都养成别人家的儿子了，养成我家里的客”的无奈、失落与自豪交织的矛盾心理。诵读时注意捕捉人物心理，可模拟角色语气进行表达。配乐：韩国音乐家July的钢琴曲《忧伤还是快乐》（原名 *My Soul*）。

有一个朋友是做婚庆服务的，那天人手不够，找我帮忙。

婚礼过程中，我负责泡泡机，在司仪活跃婚礼现场的气氛时，赶在每一次掌声响起之前释放肥皂泡。所以，我坐在靠近婚礼舞台的宴席上，同新郎的亲戚一道进餐。

这对新人，是城里女儿乡下郎。新娘是本城人，新郎来自湖北乡下。宴席上的来宾，主要是女方亲友。其实，不用司仪介绍，从外貌特征和衣着来看，我也知道，坐在我旁边的就是新郎的来自乡下的父亲。

婚礼现场，总有那么一种热闹而又带着浪漫的气氛，但是，我感觉到，新郎的父亲似乎受到冷落。和各位来宾不相熟，又不了解城里的风俗人情，由于方言缘故，交流也不畅通，所以，他只在我们这一桌上频频举杯，邀请大家一道喝酒。到后来，只剩下我和新郎父亲相互之间敬酒。

新郎父亲知道我也来自乡下后，每次碰杯，都和我说很多话。他说，新郎的母亲晕车，家里也需要照看，她不能来参加孩子的婚礼，就他一个人来。

他憨厚地笑着说：“你看我今天是娶儿媳妇，我感觉我是嫁儿子。他们小两口，在这边，一年还能回几趟老家？以后，我和他妈在乡下，没什么大事情，也不会轻易开口让他们回家的，他们都有自己的生活。”

“儿子养大了，我心里高兴。乡下养儿子是为养老，其实，我把儿子都养成别人家的儿子了，养成我家里的客。”老汉喝酒之后，指了指新郎说，“他从读高中开始，就常年住在学校里，后来读大学，又读了研究生，离家越来越远，在家的时间越来越少。他每次回家，我都感觉是客人来了。现在，又在外面成了家，回去得更少了，就更是客人了。”

新娘、新郎来向老汉敬酒的时候，老汉已经醉了。

但我知道，纵使是把儿子养成客人，老汉还是打心眼里为儿子高兴，因为他刚刚说过，他还在努力把小儿子养成客人。

3. 向中国人脱帽致敬

钟丽思

【诵读指导】 钟丽思是1988年赴法国留学的女作家，现为法国巴黎阿拉贝电影制片厂编导，兼为《天下华人》法国主笔、《看世界》杂志专栏作家。这是一篇文学性很强的特写，通过留法学生和法国教授之间剑拔弩张、扣人心弦的唇枪舌剑，表现了“我”机智敏捷、不卑不亢，以强烈的爱国责任感和出色的新闻素养维护了国格，赢得了外国教授的尊敬。读者可通过分角色诵读身临其境地感悟思考。配乐：《忆》。

记得那是12月,我进入巴黎十二大学。

我们每周都有一节对话课,为时两个半钟头。在课堂上,每个人都必须提出或回答问题。问题或大或小,或严肃或轻松,千般百样,无奇不有。

入学前,云南省《滇池》月刊的一位编辑,向我介绍过一位上对话课的教授:“他留着大胡子而以教学严谨闻名于全校。有时,他也提问,且问题刁钻古怪得很。总而言之你小心,他几乎让所有的学生都从他的课堂上领教了什么叫做‘难堪’……”

我是插班生,进校时,别人已上了两个多月课。我上第一节对话课时,就被教授点着名来提问:“作为记者,请概括一下您在中国是如何工作的?”

我说:“概括一下来讲,我写我愿意写的东西。”

我听见班里有人窃笑。

教授弯起一根食指顶了顶他的无边眼镜:“我想您会给我这种荣幸:让我明白您的主编是如何工作的。”

我说:“概括一下来讲,我的主编发他愿意发的东西。”

全班“哄”地一下笑起来。那个来自苏丹王国的阿卜杜勒鬼鬼祟祟地朝我竖大拇指。

教授两只手都插入裤袋,挺直了胸膛问:“我可以知道您是来自哪个中国的吗?”

班上当即冷场。我慢慢地对我的教授说:“先生,我没有听清楚您的问题。”

他清清楚楚一字一句,又重复一遍。我看着他的脸。那脸,大部分掩在浓密的毛发下。我告诉那张脸,我对法兰西人的这种表达方式很陌生,不明白“哪个中国”一说可以有什么样的解释。

“那么,”教授说,“我是想知道:您是来自台湾中国还是北京中国。”

雪花在窗外默默地飘。在这间三面墙壁都是落地玻璃的教室里,我明白地感觉到了那种突然冻结的沉寂。几十双眼睛,蓝的绿的褐的灰的,骨碌碌瞪大了盯着三个人来回看,看教授,看我,看我对面那位台湾同学。

“只有一个中国。教授先生,这是常识。”我说。马上,教授和全班同学一起,都转了脸去看那位台湾人。那位黑眼睛黑头发黄皮肤的同胞正视了我,连眼皮也不眨一眨,冷冷地慢慢道来:“只有一个中国,教授先生。这是常识。”

话音才落,教室里便响起了一片松动椅子的咔咔声。

教授先生盯牢了我,又递来一句话:“您走遍了中国吗?”

“除台湾省外,先生。”

“为什么您不去台湾呢?”

“现在还不允许,先生。”

“那么,”教授将屁股放了一边在讲台上,搓搓手看我,“您认为在台湾问题上,该是谁负主要责任呢?”

“该是我们的父辈,教授先生。那时候他们还年纪轻轻呢!”

教室里又有了笑声。教授先生却始终不肯放过我:“依您之见,台湾问题应该如何解决呢? 如今。”

“教授先生,我们的父辈还健在哩!”我说,“我没有那种权力去剥夺父辈们解决他们自己的难题的资格。”

我惊奇地发现，我的对话课的教授思路十分敏捷，他不笑，而是顺理成章地接了我的话去："我想，您不会否认邓小平先生该是你们的父辈。您是否知道他想如何解决台湾问题?"

"我想，如今摆在邓小平先生桌面的台湾问题并非最重要的。"

教授浓浓的眉毛好像一面旗子展了开来，向上升起："什么问题才是最重要的呢，在邓小平先生的桌面上。"

"依我之见，如何使中国尽早富强起来是他最迫切需要考虑的。"

教授将他另一边屁股也挪上了讲台，换了个更舒服的姿势坐好，依然对我穷究下去："我实在愿意请教：中国富强的标准是什么？这儿坐了二十几个国家的学生，我想大家都有兴趣弄清楚这一点。"

我突然一下感慨万千，竟恨得牙根儿发痒，狠狠用眼戳(chuō)着这个刁钻古怪的教授，站了起来对他说，一字一字地："最起码的一条是：任何一个离开国门的我的同胞，再也不会受到像我今日承受的这类刁难。"

教授倏地离开了讲台向我走来，我才发现他的眼睛很明亮，笑容很灿烂，他将一只手掌放在我的肩上，轻轻说："我丝毫没有刁难您的意思，我只是想知道，一个普通的中国人是如何看待他们自己国家的。"然后，他两步走到教室中央，大声宣布："我向中国人脱帽致敬。下课。"

出了教室，台湾同胞与我并排走。好一会儿后，两人不约而同看着对方说："一起喝杯咖啡好吗?"

四、演讲书信类散文

1. 人格是最高的学位

白岩松

【诵读指导】 白岩松，蒙古族，中央电视台新闻评论部主持人。1968 年生于内蒙古海拉尔市，1985 年考入北京广播学院(现中国传媒大学)新闻系，1989 年毕业后被分配到中央人民广播电台《中国广播报》工作，1993 年起参与创办中央电视台《东方时空》栏目，出任总主持人。1997 年开始，他主持了香港回归、三峡大江截流、国庆五十周年庆典、澳门回归、第 27 届奥运会等大型现场直播节目。他还参与策划并主持了《焦点访谈》《中国之路》等节目。由于他亲自参与策划并负责大多数节目的撰稿，从而使其主持的节目风格深刻而不呆板，活泼而不媚俗，告别了简单播报与表演形式，成为新一代电视人的代表之一，曾获"金话筒"奖。

《人格是最高的学位》是一篇演讲稿，这是白岩松参加"演讲与口才杯"全国新闻界"做文与做人"演讲比赛时所作的演讲。这篇演讲融事、情、理为一体，立意深远，构思巧妙，通篇闪耀着理性的光彩，在强手如林的比赛中独占鳌头，获得特等奖的殊荣，可说是当之无愧。

诵读可采用模拟演讲法，将演讲的特点表现出来：前三自然段由平和的叙述开始入题，引起听众深深思索，到小高潮处点题；之后叙述冰心、季羡林学生的故事，将老一代知名人物的人格魅力和影响表达得具体生动；最后反思自己，启发新闻人把做人放在首位，把老一辈的优良品质发扬光大，做"大写的人。"

很多很多年前，有一位学大提琴的年轻人去向本世纪最伟大的大提琴家卡萨尔斯讨教：

我怎样才能成为一名优秀的大提琴家?卡萨尔斯面对雄心勃勃的年轻人,意味深长地回答:先成为优秀而大写的人,然后成为一名优秀和大写的音乐人,再然后就会成为一名优秀的大提琴家。

听到这个故事的时候,我还年少,老人回答时所透露出的含义我还理解不多,然而随着采访中接触的人越来越多,这个回答就在我脑海中越印越深。

在采访北大教授季美林的时候,我听到一个关于他的真实故事。有一个秋天,北大新学期开始了,一个外地来的学子背着大包小包走进了校园,实在太累了,就把包放在路边。这时正好一位老人走来,年轻学子就拜托老人替自己看一下包,而自己则轻装去办理手续。老人爽快地答应了。近一个小时过去,学子归来,老人还在尽职尽责地看守着。谢过老人,两人分别。几日后是北大的开学典礼,这位年轻的学子惊讶地发现,主席台上就座的北大副校长季美林正是那一天替自己看行李的老人。

我不知道这位学子当时是一种怎样的心情,但在我听过这个故事之后却强烈地感觉到:人格才是最高的学位。

这之后我又在医院采访了世纪老人冰心。我问先生,您现在最关心的是什么?老人的回答简单而感人:是老年病人的状况。当时的冰心已接近自己人生的终点,而这位在八十年前到五四爆发那一天开始走上文学创作之路的老人,心中对芸芸众生的关爱之情历经近八十年的岁月而仍然未老。这又该是怎样的一种传统!

冰心的身躯并不强壮,即使年轻时也少有飒爽英姿的模样,然而她这一生却用自己当笔,拿岁月当稿纸,写下了一篇关于爱是一种力量的文章,然后在离去之后给我们留下了一个伟大的背影。

今天我们纪念五四,八十年前那场运动中的呐喊、呼号、血泪都已变成一种文字停留在典籍中,每当我们这些后人翻阅的时候,历史都是平静地看着我们,这个时候,我们觉得八十年前的事已经距今太久了。然而,当你有机会和经过五四或受过五四影响的老人接触后,你就知道,历史和传统其实一直离我们很近。

世纪老人在陆续地离去,他们留下的爱国心和高深的学问却一直在我们心中不老。但在今天,我还想加上一条,这些世纪老人所独具的人格魅力是不是也该作为一种传统被我们向后延续?

前几天我在北大听到一个新故事,清新而感人。

一批刚刚走进校园的年轻人,相约去看季美林先生,走到门口,却开始犹豫,他们怕冒失地打扰了先生。最后决定,每人用竹子在季老家门口的土地上留下问候的话语,然后才满意地离去。

这该是怎样美丽的一幅画面!在季老家不远,是北大的博雅塔在未名湖中留下的投影,而在季老家门口的问候语中,是不是也有先生的人格魅力在学子心中留下的投影呢?只是在生活中,这样的人格投影在我们的心中还是太少。

听多了这样的故事,便常常觉得自己是只气球,仿佛飞得很高,仔细一看,却是被浮云托着;外表看上去也还饱满,但肚子里却是空空。这样想着就有些担心啦,怎么能走更长的路呢?

于是,“渴望年老”四个字对于我就不再是幻想中的白发苍苍或身份证上改成六十岁,而是如何在自己还年轻的时候,便能吸取优秀老人身上所具有的种种优秀品质。

于是，我也更加知道了卡萨尔斯回答中所具有的深义。怎样才能成为一个优秀的主持人呢？心中有个声音在回答：先成为一个优秀的人，然后成为一个优秀的新闻人，再然后是自然地成为一名优秀的节目主持人。

我知道，这条路很长，但我将执著地前行。

2. 稻子熟了，妈妈我想您了

袁隆平

【诵读指导】 袁隆平，1930 生于北京，1953 年毕业于西南农学院，被分配到湖南安江农校任教，1964 年开始杂交水稻研究，1971 年调入湖南省农业科学院，1978 年晋升为研究员，被评为全国劳动模范，1995 年当选为中国工程院院士，现任国家杂交水稻工程技术研究中心主任。袁隆平的籼型杂交水稻研究获我国迄今唯一的特等发明奖，湖南省委、省政府授予袁隆平“功勋科学家”称号，我国发现的国际编号为 8117 的小行星被命名为“袁隆平星”，他先后荣获联合国教科文组织“科学奖”和联合国粮农组织“粮食安全保障荣誉奖”等八项国际奖励。2001 年获得首届国家最高科技奖。

此文是袁隆平在 80 岁生日晚会上的致辞。首届中国杂交水稻大会在长沙召开之际，也正值“杂交水稻之父”袁隆平院士的 80 华诞，他在 80 岁生日晚会上的致辞，是一篇不可多得的催人泪下的美文，表达了袁隆平对母亲的深深思念与内疚。而这封饱含深情的“信”也打动了现场的每一位观众，人们热泪盈眶，用热烈的掌声感谢袁隆平为世界杂交水稻研究所作出的牺牲与贡献。本文让我们看到了这位了不起的科学家柔情的一面，还让我们知道了这位科学巨人是站在谁的肩上，才成长得如此伟岸。

诵读要深刻理解作者母子两代的牺牲与奉献，把握倾诉的语气，情真意切、感人肺腑、催人泪下，但要控制情感，使表达清晰，而不是哽咽、泣不成声。配乐：大提琴曲《往事》。

妈妈，您在安江，我在长沙，隔得很远很远。我在梦里总是想着您，想着安江这个地方。

人事难料啊，您这样一位习惯了繁华都市的大家闺秀，最后竟会永远留在这么一个偏远的小山村。

还记得吗？1957 年前，我要从重庆的大学分配到这儿，是您陪着我，脸贴着地图，手指顺着密密麻麻的细线，找了很久，才找到地图上这么一个小点点。当时您叹了口气说：“孩子，你到那儿，是要吃苦的呀……”

我说：“我年轻，我还有一把小提琴。”

没想到的是，为了我，为了帮我带小孩，把您也拖到了安江。最后，受累吃苦的，是妈妈您哪！您哪里走得惯乡间的田埂！我总记得，每次都要小孙孙牵着您的手，您才敢走过屋前屋后的田间小道。

对于一辈子都生活在大城市里的您来说，70 岁了，一切还要重新来适应。我从来没有问过您有什么难处，我总以为会有时间的，会有时间的，等我闲一点一定好好地陪陪您……哪想到，直到您走的时候，我还在长沙忙着开会。

那天正好是中秋节，全国的同行都来了，搞杂交水稻不容易啊，我又是召(zhào)集人，怎么着也得陪大家过这个节啊，只是儿子永远亏欠妈妈您了……其实我知道，那个时候已经是您的最后时刻。我总盼望着妈妈您能多撑两天。谁知道，即便是天不亮就往安江赶，可是我还是没能见上妈妈您最后一面。

太晚了，一切都太晚了，我真的好后悔，妈妈当时您一定等了我很久，盼了我很长，您一定有很多话要对儿子说,有很多事要交代。可我怎么就那么糊涂呢!这么多年哪,为什么我就不能少下一次田,少做一次试验,少出一天差,坐下来静静地好好陪陪您。哪怕,哪怕就一次。

妈妈,每当我的研究取得成果,每当我在国际讲坛上谈笑风生,每当我接过一座又一座奖杯,我总是对人说,这辈子对我影响最深的人就是妈妈您啊!

无法想象,没有您的英语启蒙,在一片闭塞(sè)中,我怎么能够用英语阅读世界上最先进的科学文献,用超越那个时代的视野,去寻访遗传学大师孟德尔和摩尔根?无法想象,在那个颠沛流离的岁月中,从北平到汉口,从桃源到重庆,没有您的执著和鼓励,我怎么能够获得系统的现代教育,获得在大江大河中自由翱翔的胆识?无法想象,没有您在我的摇篮前跟我讲尼采,讲这位昂扬着生命力、意志力的伟大哲人,我怎么能够在千百次的失败中坚信,必然有一粒种子可以使万千民众告别饥饿?他们说,我用一粒种子改变了世界。我知道,这粒种子,是妈妈您在我幼年时种下的!

稻子熟了,妈妈,您能闻到吗?安江可好?那里的田埂是不是还留着熟悉的欢笑?隔着 21 年的时光啊,我依稀看见,小孙孙牵着您的手,走过稻浪的背影;我还要告诉您,一辈子没有耕种过的母亲,稻芒划过手掌,稻草在场(cháng)上堆积成垛,谷子在阳光中哔啵(bìbo)作响,水田在西晒下泛出橙黄的颜色。这都是儿子要跟您说的话,说不完的话啊。

3. 致法军上尉巴特勒的回信

(法)维克多·雨果

【诵读指导】 维克多·雨果(1802—1885),法国浪漫主义作家,人道主义的代表人物,19 世纪前期积极浪漫主义文学运动的代表作家,法国文学史上卓越的资产阶级民主作家,被人们称为“法兰西的莎士比亚”。雨果几乎经历了 19 世纪法国所有的重大事件,一生写过 26 卷诗歌、20 卷小说、12 卷剧本、21 卷哲理论著,合计 79 卷之多,给法国文学和人类文化宝库增添了一份十分辉煌的文化遗产。其代表作包括长篇小说《巴黎圣母院》《悲惨世界》《海上劳工》《笑面人》《九三年》、诗集《光与影》等。

本文是以英法联军侵华战争为背景写作的,巴特勒上尉本想利用雨果的显赫声望,让他为远征中国的所谓“胜利”捧场,但雨果这位正直的作家,没有狭隘的民族主义情绪,代表了人类的良知,在这封信中强烈谴责了英法联军火烧圆明园的强盗行径。雨果的难能可贵之处在于,他的立场不是狭隘的民族主义,而是人类的立场,他公开斥责强盗政府颠倒黑白,不以为耻,反以为荣;还在于他珍视人类文明成果,尊重人类文明的创造者。他指出“岁月创造的一切都是属于人类的”这种见解,是非常透彻的。他盛赞中华民族是一个“超人的民族”,表达了对中国人民的同情和尊敬。诵读把握前文赞颂和后文怒斥两种感情变化,宜用对话口吻,批评客气而有力。

先生:

您征求我对远征中国的意见。您认为这次远征是体面的,出色的。多谢您对我的想法予以重视。在您看来,打着维多利亚女王和拿破仑皇帝双重旗号对中国的远征,是由法国和英国共同分享的光荣,而您想知道,我对英法的这个胜利会给予多少赞誉?

既然您想了解我的看法,那就请往下读吧:

在世界的某个角落,有一个世界奇迹,这个奇迹叫圆明园。艺术有两个来源,一是理想,理想产生欧洲艺术;一是幻想,幻想产生东方艺术。圆明园在幻想艺术中的地位就如同巴特农神庙在理想艺术中的地位。一个几乎是超人的民族的想象力所能产生的成就尽在于此。和巴特农神庙不一样,这不是一件稀有的、独一无二的作品;这是幻想的某种规模巨大的典范,如果幻想能有一个典范的话。请您想象有一座言语无法形容的建筑,某种恍若月宫的建筑,这就是圆明园。请您用大理石,用玉石,用青铜,用瓷器建造一个梦,用雪松做它的屋架,给它上上下下缀满宝石,披上绸缎,这儿盖神殿,那儿建后宫,造城楼,里面放上神像,放上异兽,饰以琉璃,饰以珐琅,饰以黄金,施以脂粉。请同是诗人的建筑师建造一千零一夜的一千零一个梦,再添上一座座花园,一方方水池,一眼眼喷泉,加上成群的天鹅、朱鹭和孔雀,总而言之,请假设人类幻想的某种令人眼花缭乱的洞府,其外貌是神庙、是宫殿,其实是一个世间独一无二的奇迹,那就是这座名园。为了创建圆明园,曾经耗费了两代人的长期劳动。这座大得犹如一座城市的建筑物是世世代代的结晶。为谁而建?为了各国人民。因为,岁月创造的一切都是属于人类的。过去的艺术家、诗人、哲学家都知道圆明园,伏尔泰就谈起过圆明园。人们常说:希腊有巴特农神庙,埃及有金字塔,罗马有斗兽场,巴黎有圣母院,而东方有圆明园。要是说,大家没有看见过它,但大家梦见过它。这是某种令人惊骇而不知名的杰作,在不可名状的晨曦中依稀可见,宛如在欧洲文明的地平线上瞥见的亚洲文明的剪影。

这个奇迹已经消失了。

有一天,两个来自欧洲的强盗闯进了圆明园。一个强盗洗劫,另一个强盗放火。似乎得胜之后,便可以动手行窃了。他们对圆明园进行了大规模的劫掠,赃物由两个胜利者均分。我们看到,这整个事件还与额尔金(额尔金父子是著名的英国殖民主义者,小额尔金曾任英国驻加拿大总督,是英法联军火烧圆明园的罪魁之一。老额尔金曾任外交官员,参加毁坏希腊雅典巴特农神庙的行动,并掠走该神庙的精美大理石雕像)的名字有关,这名字又使人不能不忆起巴特农神庙。从前对巴特农神庙怎么干,现在对圆明园也怎么干,只是更彻底,更漂亮,以至于荡然无存。我们所有大教堂的财宝加在一起,也许还抵不上东方这座了不起的富丽堂皇的博物馆。那儿不仅仅有艺术珍品,还有大堆的金银制品。丰功伟绩!收获巨大!两个胜利者,一个塞满了腰包,这是看得见的,另一个装满了箱箧(qiè)。他们手挽手,笑嘻嘻地回到欧洲。这就是这两个强盗的故事,多么滑稽!

我们欧洲人是文明人,中国人在我们眼中是野蛮人。这就是文明对野蛮所干的事情。将受到历史制裁的这两个强盗,一个叫法兰西,另一个叫英吉利。不过,我要抗议,感谢您给了我这样一个抗议的机会。治人者的罪行不是治于人者的过错;政府有时会是强盗,而人民永远也不会,不可能是强盗。

法兰西帝国吞下了这次胜利的一半赃物,今天,帝国居然还天真地以为自己就是真正的物主,把圆明园富丽堂皇的破烂拿来展出。我希望有朝一日,解放了的干干净净的法兰西会把这份战利品归还给被掠夺的中国,那才是真正的物主。

现在,我证实,发生了一次偷窃,有两名窃贼。

尊敬的巴特勒先生,以上就是我对远征中国的全部赞誉。

维克多·雨果
1861 年 11 月 25 日于高城居

第十一章

小说故事的诵读技巧

第一节 小说故事的特征

小说是通过人物、情节和环境的具体描绘来反映社会生活的文学体裁。人物、情节和环境是小说的三要素,其中,人物是小说的核心,情节由人物性格发展而推进,环境是人物活动展开的场所。因此,小说的基本特征是细致入微的人物刻画、曲折离奇的故事情节、具体生动的环境描写三个方面,它们彼此相互依存,互相作用。

诵读小说应注意以下几点:追求生活化,言语要自然,要注意与听众的交流;把握好情绪转换,处理好叙述顺序,表现情节从开端、发展、高潮到结局的起伏变化;描绘社会环境要浓淡结合,描述自然环境应情景交融,描绘场面要形神兼备,刻画人物形象应生动传神;要注意区别叙述语言和人物语言,读叙述语言语调略低,读人物语言语调略高一些;突出人物的个性,根据角色和语境设计声音造型。

准确把握小说的特征,诵读陈启佑的小说《永远的蝴蝶》。

永远的蝴蝶

陈启佑

那时候刚好下着雨,柏油路面湿冷冷的,还闪烁着青、黄、红颜色的灯火。我们就在骑楼下躲雨,看绿色的邮筒孤独地站在街的对面。我白色风衣的大口袋里有一封要寄给在南部的母亲的信。

樱子说她可以撑伞过去帮我寄信。我默默点头,把信交给她。

“谁叫我们只带来一把小伞哪。”她微笑着说,一面撑起伞,准备过马路去帮我寄信。从她伞骨滑下来的小雨点溅在我眼镜玻璃上。

随着一阵拔尖的刹车声,樱子的一生轻轻地飞了起来,缓缓地,飘落在湿冷的街面,好像一只夜晚的蝴蝶。

虽然是春天,好像已是深秋了。

她只是过马路去帮我寄信。这简单的动作,却要叫我终生难忘了。我缓缓睁开眼,茫然站在骑楼下,眼里裹着滚烫的泪水。世上所有的车子都停了下来,人潮涌向马路中央。没有人知道那躺在街面的,就是我的蝴蝶。这时她只离我五公尺,竟是那么遥远。更大的雨点溅在我的眼镜上,溅到我的生命里来。

为什么呢? 只带一把雨伞?

然而我又看到樱子穿着白色的风衣,撑着伞,静静地过马路了。她是要帮我寄信的,那,那是一封写给在南部的母亲的信,我茫然站在骑楼下,我又看到永远的樱子走到街心。其实雨下得并不大,却是一生一世中最大的一场雨。而那封信是这样写的,年轻的樱子知不知道呢?

妈:我打算在下个月和樱子结婚。

第二节　小说故事的类型

小说按篇幅分有长篇小说、中篇小说、短篇小说、微型小说等;就题材分有言情小说、武侠小说、公案小说、谴责小说、侦探小说、科幻小说、神魔小说等;按语言分有文言小说、白话小说、诗体小说;按流派分有古典主义小说、讽刺主义小说、现实主义小说、批判现实主义小说、浪漫主义小说、自然主义小说、形式主义小说、表现主义小说、存在主义小说、意识流小说、新小说派、魔幻现实主义等;按表现形式分有书信体小说、日记体小说、对话体小说、自传体小说。

长、中、短篇小说的区别,不仅就字数而言,主要是由作品反映生活的范围、作品的容量来决定的。适于诵读的除短篇或微型小说外,就是中长篇的节选。

一、长篇小说

长篇小说多在六万字或十万字以上,篇幅长,容量大,情节复杂,人物众多,结构宏伟,适于表现广阔的社会生活和人物的成长历程,并能反映某一时代的重大事件和历史面貌。在篇章结构上,长篇小说一般根据故事情节的发展,分成许多章节;篇幅特别长的,还可以分为若干卷或部、集等。代表作有托尔斯泰的《战争与和平》、巴尔扎克的《人间喜剧》、曹雪芹的《红楼梦》、陈忠实的《白鹿原》、阿来的《尘埃落定》等。长篇小说有三大特点:

第一,广泛地反映社会生活。“开谈不说《红楼梦》,读尽诗书也枉然”,可见小说《红楼梦》的社会影响。

第二,多方面地描写人物性格。英雄传奇类小说《水浒传》人物个性鲜明、栩栩如生。

第三,有复杂的情节和结构。历史演义类小说《三国演义》,情节跌宕起伏。

二、中篇小说

中篇小说多在三万至六万字,容量大小、篇幅长短、人物多寡、情节繁简等均介于长篇小说和短篇小说之间,通常只是截取主人公某个时期或某一段生活的典型事件来塑造形象,反映社会生活的某个方面,线索比较单一,矛盾斗争不如长篇小说复杂,人物较少,如《边城》

《百万英镑》《羊脂球》《第六病室》等。字数的多少,是区别长篇、中篇、短篇小说的因素之一,但不是唯一的因素。

三、短篇小说

短篇小说一般在三千至三万字,特点是篇幅短小、情节简洁、人物集中、结构精巧。它往往选取和描绘富有典型意义的生活片段,着力刻画主要人物的性格特征,反映生活的某一侧面,使读者“借一斑略知全豹”。正如茅盾所说:“短篇小说主要是抓住一个富有典型意义的生活片段,来说明一个问题或表现比它本身广阔得多也复杂得多的社会现象。”因此多要求文笔洗练,且受西洋三一定律一时一地一物观念影响,使其更生动翔实,但也限制了其发展。代表作如美国作家欧·亨利的《麦琪的礼物》《警察与赞美诗》,俄国作家契科夫的《变色龙》《套中人》,鲁迅的《阿Q正传》《故乡》等。

四、微型小说

微型小说或者叫小小说、超短篇小说、一分钟小说等,字数一般在千字左右。微小说在写作上追求的特点是四个字:微、新、密、奇。

“微”指篇幅微小,不超过一千五百个字,构思和行文时必须注意字句的凝练,不允许作品中有赘词冗句。如马克·吐温的《丈夫支出账本中的一页》全文只有七行字,却具有长篇小说的全部情节。

“新”指的是立意新颖,风格清新。例如美国著名科幻作家弗里蒂克·布朗写的一篇被称为世界上最短的科学幻想小说:“地球上最后一个人独自坐在房间里,这时忽然响起了敲门声……”就写得十分别致而耐人寻味。

“密”指的是结构严密。微型小说的作者在结构上,应力求时间、场所、人物都尽可能地压缩、集中,使作品结构简练、精巧,如同微雕工艺品那样。因此,作者特别要在选材、剪裁和布局上下功夫。

“奇”指的是结尾要新奇巧妙,出人意料。微型小说的特点多半在于一个“奇”字。中外作家的许多优秀作品就常在结尾处使人拍案叫绝。如邵宝健的《永远的门》《浮生萦云》,星新一的《喂——出来》的结尾就出人意料。

微小说三篇

5岁:“妈妈,烧红烧肉吧”。“行,烧。”

15岁:“妈妈,别烧红烧肉了,换换味道”。“行,买别的菜。”

35岁:“儿子,啥时候回家吃一顿啊?妈给做红烧肉”。“不行,最近忙。”

50岁:“妈妈今天路过你家,给你带红烧肉”。“不行,今不在家。”

70岁:“妈,我想吃红烧肉。”那边,已经没有了妈妈的声音。

他向她求婚时,只说了三个字:相信我;她为他生下第一个女儿的时候,他对她说:辛苦了;女儿出嫁异地那天,他搂着她的肩说:还有我;他收到她病危通知的那天,重复地对她说:

我在这；她要走的那一刻，他亲吻她的额头轻声说：你等我。这一生，他没对她说过一次“我爱你”，但爱，从未离开过。

那年她高考失利，灰心丧气，家中死气沉沉。一天午后她坐在院中摇椅上午睡，感觉自己伴着仙乐飘摇，久违的轻快。母亲：“她笑了她笑了，她小时候一听到摇篮曲就算睡着也会笑，没想到现在还是。”“小声点儿，这孩子很多天没笑了，你别停啊。”——刚睡醒的她闭眼含泪继续微笑：十八年了，我都忘了。

第三节　小说故事的诵读方法

一、从情感入手，抓住基调，确定诵读者的身份

欧·亨利的短篇小说被人们誉为“美国生活的幽默的百科全书”，他的作品常常通过合乎情理的艺术夸张，以出乎意料的故事结局，收到“含泪的笑”的艺术效果。比如《警察与赞美诗》，小说的主人公苏比是一个无家可归的流浪汉，严冬将至，他最大的奢望是被警察逮捕送到布莱克威尔岛上的监狱里去，他六次为非作歹，但警察都没有理会他。正当苏比被教堂的赞美诗的音乐声感化，而决定弃旧图新、重新做人的时候，却莫名其妙地被警察逮捕了。“含泪的笑”是小说的感情基调，幽默讽刺是欧·亨利小说的最大特点。因此，诵读者的身份可以确定为一个理性的旁观者，诵读者的旁白可适度采用调侃的语气，人物语言有对白和独白两种，苏比与警察之间的对白宜采用讽刺幽默的语调，苏比的内心活动采用舒缓的语调，用声可以虚一些。

诵读《警察与赞美诗》时，由于中西文化及信仰的差异，最大的理解难点是“赞美诗”对流浪汉苏比的感召，要深入理解作品主题，以发现问题、提出问题的形式来激发思维，进行诵读的艺术再创造。“警察”代表的是国家机器，带有强制性；而“赞美诗”是感化人的灵魂、塑造人的心灵的，具有感召性，把看似矛盾的二者放在一起，在矛盾中设疑，在设疑中体现出小说的艺术风格——“含泪的笑”，深刻表达对社会制度的抨击。

二、从情节入手，掌握主旨，选择诵读方式

开端、发展、高潮、结局构成了小说情节的四部分，诵读小说要把握主旨，从情节入手选择恰当的诵读方式。莫泊桑的小说《项链》从借项链、丢项链、赔项链到发现项链是假的，构成了一个离奇故事的完整情节，中间一波三折、跌宕起伏，揉搓着听众的心灵，却在情节推进到高潮处戛然而止。诵读时要把握节奏和听众心理，注意情节的起承转合与时空转换。

此外，小说情节叙述中，节奏、语调的变化要有总体的设计，并有合理的快慢对比和明暗变化，这样才能吸引听众的注意力。譬如，表现回忆的语气应是虚拟、暗淡的，节奏舒缓一些，把大家的思绪带入遥远的年代，当叙述显现实景时，语气就应该是实在、明快的，语言节奏也随之由慢转快。节选内容诵读要通览全篇，充分认识节选部分和全篇的关系。每一种

小说的诵读方法要有所区别,诵读方式也要有所选择。如鲁迅小说《祝福》中祥林嫂第一次和最后一次出现在鲁镇反差强烈,要在停顿上留意:

“头上扎着白头绳,/乌裙,蓝夹袄,月白背心,//年纪大约二十六七,//脸色青黄,但两颊却还是红的。”

“她一手提着竹篮,/内中一个破碗,/空的;//一手拄着一支比她更长的竹竿,/下端开了裂:///她分明已经纯乎是一个乞丐了。”

三、从语言入手,分清叙述语言和人物语言,重点把握人物语言

小说通过叙述语言交代环境、推进情节发展、揭示人物内心世界,通过人物语言表现角色鲜明个性、塑造形象。诵读描述环境的语言要烘云托月、营造氛围,给人如临其境的感受;诵读情节介绍的语言要找准线索、条分缕析、脉络清晰,还要跌宕起伏、一波三折;人物内心变化要通过叙述语言表现,与内心独白有所不同,是站在旁观者的角度对人物表现进行剖析,要生动传神,给人如见其人的感受。人物语言要从性格、主题、情节三个角度分析把握,要伴随着人物的成长而变化,要以生活为依据,为不同情境下的人物声音进行造型。譬如体力劳动者声音多粗犷豪放,脑力劳动者声音多温文尔雅;外向的声高气朗,内向的谨言慎行;老年人声音混浊、低沉、沙哑,年轻人声音清亮、爽朗、活泼。诵读时要根据主题和语境来选择表达方式。

澳大利亚作家泰格特的微型小说《窗》,描述了发生在两位病人之间的故事,在虚无与存在、利己与利人、生存与死亡等矛盾冲突中,展示“描述者”和“聆听者”不同的性格特征,批判了狭隘自私的阴暗心理。小说没有人物对白,完全是叙述的口吻,但“描述者”呈现的窗外虚无的景象是他积极乐观的内心世界的写照,诵读时要舒缓、柔和、自然,富有生活气息。“聆听者”的内心语言可采用独白的方式,表现出由共同参与话题、充分享受下午难得的两个小时,到由于心理阴暗、自私偏狭而由妒生恨、由恨而见死不救,再到彻底绝望的心路历程。诵读时语气低沉生硬,声音暗哑冰冷,旁白要带有鲜明的爱憎。

下面请诵读泰格特的微型小说《窗》,注意情节的推进和人物情绪的转换:“开端”是一间病房,两个病人;“发展”是一人临窗描述窗外美景,一人聆听产生嫉妒心理;“高潮”是一人病重,一人见死不救;“结局”是一人死去,一人占据临窗的床位,但意外地看到窗外“只是光秃秃的一堵墙”!

窗

(澳)泰格特

在一家医院的病房里,曾住过两位病人,他们的病情都很严重。这间病房十分窄小,仅能容得下他们两人。病房设有一扇门和一个窗户,门通向走廊,透过窗户可以看到外界。

其中一位病人经允许,可以分别在每天上午和下午扶起身来坐上一个小时。这位病人的病床靠近窗口。

而另一位病人则不得不日夜躺在病床上。

每天上午和下午,时间一到,靠近窗户的病人就被扶起身来,开始一小时的仰坐。每当

这时，他就开始为同伴描述起他所见到的窗外的一切。渐渐地，每天的这两个小时，几乎就成了他和同伴生活中的全部内容了。

很显然，这个窗户俯瞰着一座公园，公园里面有一泓湖水，湖面上照例漫游着一群群野鸭、天鹅。公园里的孩子们有的在扔面包喂这些水禽，有的在摆弄游艇模型。一对对年轻的情侣手挽着手在树荫下散步。公园里鲜花盛开，主要有玫瑰花，但四周还有五彩斑斓、争相斗艳的牡丹花和金盏草。在公园那端的一角，有一块网球场，有时那儿进行的比赛确实精彩，不时也有几场板球赛，虽然球艺够不上正式决赛的水平，但是，有的看总比没有强。那边还有一块用于玩滚木球的草坪。公园的尽头是一排商店，在这些商店的后边，闹市区隐约可见。

躺着的病人津津有味地听这一切。这个时刻的每一分钟对他来说都是一种享受。描述仍在继续：一个孩童怎样差一点跌入湖中，身着夏装的姑娘是多么美丽动人。接着又是一场扣人心弦的网球赛。他听着这栩栩如生的描述，仿佛亲眼看到了窗外所发生的一切。

一天下午，当他听到靠窗的病人说到一名板球队员正慢悠悠地把球击得四处皆是时，不靠窗口的病人，突然产生了一个想法：为什么偏偏是挨着窗户的那个人，有幸能观赏到窗外的一切？为什么自己不应得到这种机会呢？他为自己会有这种想法而感到惭愧，竭力不再这么想。可是，他愈加克制，这种想法却变得愈加强烈，直至几天以后，这个想法已经进一步变为紧挨着窗口的为什么不该是我呢？

他白昼无时不为这一想法困扰，晚上，又彻夜难眠。结果，病情一天天加重了，医生们对其病因不得而知。

一天晚上，他照例睁着双眼盯着天花板。这时，他的同伴突然醒来，开始大声咳嗽，呼吸急促，时断时续，液体已经充塞了他的肺腔，他两手摸索着，在找电铃的按钮，只要电铃一响，值班的护士就立即赶来。

但是，另一位病人却纹丝不动地看着。心想，他凭什么要占据窗口那张床位呢？

痛苦的咳嗽声打破了黑夜的沉静。一声又一声……卡住了……停止了……直至最后呼吸声也停止了。

另一位病人仍然盯着天花板。

第二天早晨，医护人员送来了漱洗水，发现那个病人早已咽气了，他们静悄悄地将尸体抬了出去。

稍过了几天，似乎这时开口已经正当得体。剩下的这位病人就立刻提出是否能让他挪到窗口的那张床上去。医护人员把他抬了过去，将他舒舒服服地安顿在那张病床上。

医生刚一离开，这位病人就十分痛苦地挣扎着，用一只胳膊支起了身子，口中气喘吁吁。他探头朝窗口望去。

他看到的只是光秃秃的一堵墙。

第四节　小说故事文本的诵读指导

1. 打往天堂的电话

蔡　成

【诵读指导】 本文选自2004年《读者》第15期,记叙了一位到深圳打工的女孩去居民小区旁边的报刊亭,借助一根电话线和一个根本就不存在的电话号码给远在天堂的妈妈打电话的故事,表达了女孩对亲人及家乡的思念之情,同时表现了报刊亭主人心地善良、乐于助人。诵读时控制情绪,重点把握好女孩和文叔流泪时泣语的表现技巧。配乐:《我的生命你来过》。

一个夏日的下午,报亭主人文叔正悠闲地翻着杂志,这时一个身穿红裙子、十五六岁的小姑娘走到报亭前,她四处张望着,似乎有点不知所措,看了看电话机,又悄悄地走开了,然而——不一会,她又来到报亭前。她忐忑不安的神情引起了文叔的注意,他抬头看了看女孩并叫住了她:"小姑娘,你要买杂志吗?"

"不,叔叔,我……我想打电话……"

"哦,那你打吧。"

"谢谢叔叔,长途电话也能打吗?"

"当然可以!"小女孩小心翼翼地拿起话筒,认真地拨着号码,电话终于打通了:"妈……妈妈!我是小菊,您好吗!我随叔叔来到了乌镇,上个月叔叔发工资了,叔叔给了我50块钱,我已经把钱放在了枕头下面,等我凑足了500块,就寄回去给弟弟交学费,给爸爸买化肥。"

小女孩想了一下又说:"妈,我告诉你,我叔叔的工厂里每天都可以吃上肉呢,我都吃胖了,妈妈你放心吧,我能够照顾自己的。哦,对了,妈妈,前天这里一位阿姨给了我一条红裙子,现在我就是穿着这条红裙子给你打的电话……"

突然小女孩的语调变了,不停地用手揩着眼泪,"妈,你的胃还经常痛吗?家旁边的蔷薇花开了吗?我好想家,想弟弟,想爸爸,也想你,妈,我真的真的好想你,做梦都经常梦到你呀!妈妈……"女孩再也说不下去了。

文叔爱怜地抬头看着她……女孩慌忙放下话筒。

"姑娘啊,想家了吧?别哭了,有机会就回家去看看爸爸妈妈。"

"嗯,叔叔,电话费多少钱呀?"

"没有多少,你可以跟妈妈多说一会,我少收你一点钱。"

文叔习惯性地往柜台上的话机望去,天哪,他突然发现话机的显示屏上竟然没有收费显示,女孩的电话根本没有打通!"哎呀,姑娘,你得重新打,刚才呀,你的电话没有接通。"

"嗯,我知道,叔叔。其实……其实我的家乡根本就没有通电话。"

文叔疑惑地问道:"那你刚才不是和你妈妈说话了吗?"

小女孩终于哭出了声:"其实我没有了妈妈,我妈妈死了已经四年多了……每次看到叔叔和他的同伴给家里打电话,我真羡慕他们,我就是想和他们一样,给家里打电话,跟妈妈说说话……”

听了小女孩这番话，文叔禁不住用手抹了抹眼镜后面的泪花：“好孩子别难过，刚才你说的话，你妈妈她一定听到了，她也许正在看着你呢，有你这么懂事、这么孝顺的女儿，她一定会高兴的。你以后每星期六都可以来，就在这里给你妈妈打电话，叔叔不收你的钱。”

从此，这个乡下小女孩和这个古镇的报亭主，结下了一段“情缘”。

每周六下午，文叔就在这里等候小女孩，让小女孩借助一根电话线和一个根本不存在的电话号码，实现了把人间和天堂、心灵与心灵连接起来的愿望！

2. 第六枚戒指

（美国）简·伯特

【诵读指导】 本文记叙了美国经济大萧条时期成百失业者争夺一个就业机会，出身贫寒的珠宝店临时员工艾艾由于忙乱不小心把六枚钻石戒指掉到地上，她找到五枚，最后一枚从一个衣着寒酸的顾客手中机智地取回，塑造了艾艾机智、沉着、善良、富有同情心的人物形象。通过讲述艾艾以宽容、尊重驱散高个子男人内心的邪念，唤醒男子内心良知的故事，表达了作者对人类善良本性的赞美。诵读时要注重外貌、神态、动作、心理描写语言的表现力，用语气表现出情节中伏笔和悬念的铺垫。配乐：《风的呢喃》。

我 17 岁那年，好不容易找到一份临时工作。母亲喜忧参半：家有了指望，但又为我的毛手毛脚操心。

工作对我们孤女寡母太重要了。我中学毕业后，正赶上经济大萧条，一个差事会有几十、上百的失业者争夺。多亏母亲为我的面试赶做了一身整洁的海军蓝衣服，才得以被一家珠宝行录用。

在商店的一楼，我干得挺欢。第一周，受到领班的称赞。第二周，我被破例调到楼上。

楼上珠宝部是商场的心脏，专营珍宝和高级饰物。整层楼排列着气派很大的展品橱窗，还有两个专供客人看购珠宝的小屋。

我的职责是管理商品，在经理室外帮忙和传接电话。要干得热情、敏捷，还要防盗。

圣诞节临近，工作日趋紧张、兴奋，我也忧虑起来。忙季过后我就得走，恢复往昔可怕的奔波日子。然而幸运之神却来临了。一天下午，我听到经理对总管说：“艾艾那个小管理员很不赖，我挺喜欢她那个快活劲。”

我竖起耳朵听到总管回答：“是，这姑娘挺不错，我正有留下她的意思。”

这让我回家时蹦跳了一路。

翌日，我冒雨赶到店里。距圣诞节只剩下一周时间，全店人员都绷紧了神经。

我整理戒指时，瞥见那边柜台前站着一个男人，高个头，白皮肤，约莫三十岁。但他脸上的表情吓我一跳，他几乎就是这不幸年代的贫民缩影。一脸的悲伤、愤怒、惶惑，有如陷入了他人置下的陷阱。剪裁得体的法兰绒服装已是褴褛不堪，诉说着主人的遭遇。他用一种永不可及的绝望眼神，盯着那些宝石。

我感到因为同情而涌起的悲伤。但我还牵挂着其他事，很快就把他忘了。

小屋打来要货电话，我进橱窗最里边取珠宝。当我急急地挪出来时，衣袖碰落了一个碟子，六枚精美绝伦的钻石戒指滚落到地上。

总管先生激动不安地匆匆赶来,但没有发火。他知道我这一天是在怎样干的,只是说:"快捡起来,放回碟子。"

我弯着腰,几欲泪下地说:"先生,小屋还有顾客等着呢。"

"去那边,孩子。你快捡起这些戒指!"

我用近乎狂乱的速度捡回五枚戒指,但怎么也找不到第六枚。我寻思它是滚落到橱窗的夹缝里,就跑过去细细搜寻。没有!我突然瞥见那个高个男子正向出口走去。顿时,我领悟到戒指在哪儿了。碟子打翻的一瞬,他正在场!

当他的手就要触及门柄时,我叫道:"对不起,先生。"

他转过身来。漫长的一分钟里,我们无言对视。我祈祷着,不管怎样,让我挽回我在商店里的未来吧。跌落戒指是很糟,但终会被忘却;要是丢掉一枚,那简直不敢想象!而此刻,我若表现得急躁——即便我判断正确——也终会使我所有美好的希望化为泡影。

"什么事?"他问。他的脸肌在抽搐。

我确信我的命运掌握在他手里。我能感觉得出他进店不是想偷什么。他也许想得到片刻温暖和感受一下美好的时辰。我深知什么是苦寻工作而又一无所获。我还能想象得出这个可怜人是以怎样的心情看这社会:一些人在购买奢侈品,而他一家老小却无以果腹。

"什么事?"他再次问道。猛地,我知道该怎样作答了。母亲说过,大多数人都是心地善良的。我不认为这个男人会伤害我。我望望窗外,此时大雾弥漫。

"这是我头回工作。现在找个事儿做很难,是不是?"我说。

他长久地审视着我,渐渐,一丝十分柔和的微笑浮现在他脸上。"是的,的确如此。"他回答,"但我能肯定,你在这里会干得不错。我可以为你祝福吗?"

他伸出手与我相握。我低声地说:"也祝您好运。"他推开店门,消失在浓雾里。

我慢慢转过身,将手中的第六枚戒指放回了原处。

3. 爱从不卑微

【诵读指导】 本文选自《青年文摘》中刘俊丽翻译的小说,记叙了美国西雅图一位普通家庭主妇朱莉亚在遭遇丧偶伤痛时,在邻居和儿子比利帮助下用爱撑起一片蓝天。单亲母亲朱莉亚对孩子的亲人死亡后教育方式、邻居老人的爱心奉献、儿子比利的童心关爱让人动容。诵读时把握角色年龄特点,拟声表达。配乐:《微风山谷》。

"红玫瑰象征着爱情。每年情人节,爸爸都会送给妈妈一束玫瑰,然后妈妈的笑容就像玫瑰花一样灿烂。"

一月的西雅图冰天雪地。对朱莉亚而言,这个冬天过得尤其冰冷而漫长。

礼拜五的下午,写字楼里的文员朱莉亚和平常一样下了班,在办公室里等着丈夫罗伊开车接她回家。她答应周末带七岁的儿子比利去滑雪场的,所以她必须赶快回家准备好旅行包,顺便还要让罗伊拐到密斯特街的超级市场去采购一些食物。她的脑海中浮现出比利那张粉嫩的小脸,脸上不由得荡起了温馨的微笑:有这么可爱的儿子和这么体贴的丈夫相伴左右,真是幸福!

时针指向了六点半,窗外的天空已经黑了下来,可是罗伊还是没到。她正在纳闷,办公桌上的电话忽然响了："请问是库克太太吗？这里是中心警署。半小时前，您的丈夫罗伊·库克在驾车途中因雪天路滑，不幸发生车祸，请您……"朱莉亚眼前一黑，便倒在了办公桌上……

朱莉亚不知如何面对比利，如何向这个扑闪着蓝色大眼睛的男孩解释这一悲剧。对于七岁的小比利而言，一个光明而美好的世界才刚刚向他敞开了大门，他幼小的心灵将如何承受这个残酷的现实？

"妈妈，爸爸到哪里去了？"比利不解地望着母亲。

"他，嗯，他要暂时离开我们一阵子。他去了另外一个世界，但和我们一样幸福地生活着。"朱莉亚强忍着泪水，微笑着回答。

"那是什么地方啊？我可以去找他吗？"比利天真地问道。

"那个地方叫天堂，那里鲜花遍地、阳光普照。你爸爸变成了天使，他可以自由自在地去任何一个地方。只要你想他，他就会飞入你的睡梦中，和你一起玩耍。"

"是吗？那爸爸岂不是神通广大了，他是不是可以满足我的任何愿望呢？"

"是啊，"朱莉亚抚摸着比利金黄色的头发，深情地说，"天使所到之处，天空会挂起彩虹，大地会遍野绽放花朵，鸟儿会在林中轻声吟唱，人们都会感受到阳光般的幸福。比利，你要明白亲情不是时间和空间能够阻隔开的，你依然是爸爸的孩子，而且你还是天使的孩子。"

"真的吗？我真高兴做天使的孩子。"比利扬起小脸，望着妈妈，露出纯真的笑容。

失去了丈夫的朱莉亚没能马上从悲痛中解脱出来，家里的每一件物品都让她睹物思人：那个蓝色的陶瓷花瓶是罗伊送给她的生日礼物，他每年情人节送她的玫瑰花都会插在那个瓶子里；还有比利的小木凳，是罗伊在休息日为儿子做的。房间里的每一丝空气都浸透着罗伊的味道。

她希望能换一个环境来放松一下自己，可以全心全意地抚养他们的孩子。十天后，朱莉亚带着比利搬到城市北部住宅区的一幢两层的楼房里，开始了他们新的生活。这幢房子已经很长时间没人住过了，小院里杂草丛生。朱莉亚忙于工作，一时没顾得上修剪，这倒让比利乐开了花，他每天都在草坪上又跑又跳，玩得不亦乐乎。

一天，玩得满头大汗的比利抱着球跑进客厅，却没有看见母亲的身影。

他隐隐约约听见楼上传来母亲的啜泣声。比利轻轻地推开房门，看见母亲背对着他坐在书桌前，手里拿着嵌有父亲照片的相框，正在一个人暗自伤心。

"妈妈，你为什么哭啊？"比利轻声问道。朱莉亚忙擦干泪水，回头对儿子说："我只是有点儿想你爸爸了。""妈妈，你不是说只要你很想爸爸，他就会飞到你身边吗？那你为什么还要哭呢？"朱莉亚无言以对，她亲亲比利的小脸蛋，说："你去外面玩一会儿，妈妈想一个人待着。"

比利无精打采地下了楼，外面的天空阴云密布，好像又快下雪了。忽然，他发现院子边上竖着一个木梯，站在上面可以看到邻居家的院子。比利兴奋地爬了上去。正巧，邻居家的一位老人从院子中间的花房里走出来，抬头便看见了墙头上的小男孩。他笑着跟比利打招呼："嗨，墙上的小鬼，你是谁家的孩子啊？"

"我叫比利，住在这里，我和妈妈刚刚搬过来。""那你爬在墙头干什么啊？"比利指着院子里的花房说："我在看那个玻璃房子，那里面是什么？"

老人笑呵呵地解释道："那是我的花房啊；里面开满了康乃馨、郁金香、百合花、紫罗兰，还有红玫瑰。"比利叫道:"我妈妈也很喜欢鲜花!我们以前的房子里摆满了鲜花。"

"那你可以选一束花给你妈妈啊。百合花象征着纯洁和优雅,紫罗兰象征着永恒的美,百里香象征着活力,仙人掌象征着温暖,还有红玫瑰……"

"这个我知道,"比利得意地说,"红玫瑰象征着爱情。每年情人节,爸爸都会送给妈妈一束玫瑰,然后妈妈的笑容就像玫瑰花一样灿烂。"

老人点点头说:"明天就是情人节了,我的玫瑰花都是卖给相爱的人的。你知道吗?红玫瑰天生就有一种其他花卉不可替代的魅力,它让每一颗平凡的心灵感受到爱情的魔力。在它面前,灰姑娘会在一瞬间变成白雪公主。"

"可是我担心妈妈明天收不到玫瑰花了,因为爸爸已经很久没有回家了。我妈妈说爸爸是个天使,他住在天堂里。我和妈妈都很想念他。"

老人听了这个母亲对孩子说的善意的谎言后,不由得对孩子生出一丝爱怜之情。

"还有,"比利耷拉着小脑袋说,"刚刚我看见妈妈在哭,手里还拿着爸爸的照片。她好像一直都不怎么开心。"

"原来是这样啊,"老人若有所思地点点头,"孩子,等你再长大一点,你就会明白你妈妈的用心了。她现在最希望看到的,是你快快长成一个男子汉!"

"我想我能做到的。爸爸不在家,我就是家里的男子汉!如果明天妈妈能收到爸爸的玫瑰花,她一定会像从前一样开心的!可是……"

"我想,你一定会有办法的,小男子汉!"老人狡黠地向比利眨了眨眼睛,"老园丁愿随时为你效劳!"

晶莹的雪花开始飘落下来,地上的积雪越来越厚。下了一夜的鹅毛大雪终于在清晨停了,阳光如碎金般一缕缕地洒进了朱莉亚的卧室。

"妈妈,妈妈,快醒醒!"小比利的声音唤醒了熟睡的朱莉亚,"天哪,爸爸给你送玫瑰花了!噢,天哪!"小比利手舞足蹈地把母亲拉到了窗边。

朱莉亚从阳台上向下望去,眼前的一切让她不禁屏住了呼吸。小院早已变成了银装素裹的世界,白雪皑皑的草坪上,画着一个红红的"LOVE",在阳光的映衬下,熠熠发光。细细一看,那竟是由许多枝鲜艳的红玫瑰拼接而成的!

"噢,妈妈,我听到了爸爸在对你说'情人节快乐'呢!"朱莉亚吃惊地望着儿子,"比利,这不可能,你爸爸他……"

"是真的,"比利兴奋地望着母亲,"是天使,不,是爸爸来过了。你不是说在他路过的地方,一夜之间会绽放出美丽的鲜花吗?我在梦里还听见他对我说,他每年都会送玫瑰花给你,希望你的脸上永远挂满笑容。"

朱莉亚若有所思地打量着儿子,她看见小比利的鞋子上沾满了泥水,裤子和袖子上也湿迹斑斑。她明白了:昨天夜里,有一个小小的男子汉冒着漫天的风雪,为他的母亲种下了满园的玫瑰!

"谢谢你,儿子!"

"不,这是天使送给你的礼物。"小比利的脸涨得通红。

"可是你,我的孩子,你才是天使送给我的最好的礼物!"

朱莉亚紧紧地抱着比利,脸上绽放出了灿烂的笑容。

第十二章
剧本台词诵读技巧

第一节　剧本台词的特征

戏剧是一种综合运用文学、音乐、舞蹈、美术等手段塑造人物形象，反映社会生活的舞台艺术。在中国，戏剧是戏曲、话剧、歌剧等的总称，也常常专指话剧。剧本是构成戏剧的最基本、最重要的因素，剧本作为一种文学体裁，通常称之为戏剧文学。戏剧文学由戏剧冲突和戏剧语言构成。戏剧冲突表现为剧中人物的性格冲突。戏剧语言由人物语言和舞台说明两部分构成。人物语言要个性化，具备动作性、精练性(潜台词)，舞台说明包括布景设计和人物的服装、动作、表情和上下场等。戏剧文学的基本特征是：

一、人物、事件、场景和时间的高度集中

要在有限的时间和场景中，表现一段完整的故事情节，塑造较完整的人物形象，就必须具有高度的集中性，又称为“三一律”。比如《雷雨》剧情发生在夏日的某一天，地点集中在周家客厅与鲁家，人物是周鲁两家，但展示的内容时间跨越三十年的恩怨纠葛，空间连贯煤矿工人的罢工活动，冲突、巧合都集中在有限的时空表达，戏剧性很强。

二、尖锐、集中的戏剧冲突是成败的关键

戏剧冲突指生活中的矛盾冲突经过集中提炼在剧本中的反映。尖锐集中的戏剧冲突不仅是戏剧艺术反映生活的必然要求，也是戏剧刺激读者或观众审美心理，吸引人的魅力所在。曹禺的话剧《雷雨》第二幕的两组矛盾在这里交汇：周朴园和鲁侍萍的家庭矛盾冲突、周朴园和鲁大海的劳资矛盾冲突。

三、用人物语言塑造艺术形象

戏剧文学故事情节的发展、人物的塑造都要靠人物语言和动作来完成。因此，人物语言

必须高度个性化,含蓄精练,有着丰富的潜台词。如:

唐铁嘴:听说后面改了公寓,租给我一间屋子,好不好?

王利发:唐先生,你那点嗜好,在我这儿恐怕……

唐铁嘴:我已经不吃大烟了!

王利发:真的?你可要发财了!

唐铁嘴:我改抽"白面"啦。(指墙上的香烟广告)你看,哈德门烟是又长又松,(掏出烟来表演)一顿就空出一大块,正好放"白面儿"。大英帝国的烟,日本的"白面儿",两大强国侍候我一个人,这点福气还小吗?

老舍先生的话剧《茶馆》中这段对白,让我们感受到风气衰败、百业凋零的时代氛围。畸形的社会诞生了人格扭曲的茶客唐铁嘴,他潦倒落魄而又自甘堕落,愚昧又带有几分无赖气,他的语言、他的存在让观众认识到殖民侵略的深入和民众的麻木愚昧。

四、要有紧凑、严谨的戏剧结构

戏剧文学受舞台演出的时空限制,必须精心选择、提炼和巧妙安排剧情,剧本结构必须紧凑、严谨。《雷雨》第二幕节选部分地点在周公馆的客厅,表现了周朴园和鲁侍萍"相认"、周朴园与鲁大海"斗争"两个场面,"相认"以周朴园的心理为线索表现了认出前、后的四个情感波澜,"斗争"以鲁大海看复工电报和合同前后的表现,展示矛盾的激化过程以及周鲁两家人的反应。剧情结构安排精练、传神、紧凑、严谨。

第二节　剧本台词的类型

戏剧根据不同的划分标准,可以分为不同的类型。根据表演形式分为话剧、歌剧、舞剧,如《雷雨》《白毛女》《丝路花雨》。根据篇幅分为独幕剧、多幕剧,如《三块钱国币》《茶馆》。根据题材分为现代剧和历史剧,如《雷雨》《屈原》。按戏剧冲突的性质分为悲剧、喜剧、正剧,如《窦娥冤》《威尼斯商人》《沙家浜》。

一、悲剧

悲剧是最古老也是最常见的一种戏剧题材,主要是以剧中主人公与现实之间不可调和的冲突及其悲惨的结局构成基本内容的作品。它的主人公大都是人们理想、愿望的代表者。悲剧以悲惨的结局,来揭示生活中的罪恶,从而激起观众的悲愤及崇敬,达到提高思想情操的目的。鲁迅先生对悲剧有一句精辟的概括:悲剧是把人生有价值的东西毁灭给人看。悲剧揭露人类的生活丑态,也改变人们很多乐观的想法,从而使人们不得不面对现实。悲剧的经典题材是男女相恋却不能结合、英雄的悲壮人生、家庭破碎、社会问题和国家覆灭等。

世界最早的悲剧是古希腊悲剧。古希腊三大悲剧诗人是:欧里庇得斯、索福克勒斯和埃斯库罗斯("悲剧之父"),古希腊悲剧有:《被缚的普罗米修斯》《俄狄浦斯王》《安提戈涅》《美狄亚》等。以莎士比亚为代表的欧洲文艺复兴时期戏剧家把悲剧艺术推向高峰。莎士比亚四大悲剧是《哈姆雷特》《麦克白》《奥赛罗》《李尔王》，著名的悲剧还有《罗密欧与朱丽叶》。我国古典戏曲中也曾涌现出很多杰出的悲剧作品，如《窦娥冤》《桃花扇》《梁山伯与祝英台》等，都是屡演不衰的优秀悲剧作品。

悲剧有三大类型：

英雄悲剧：这类悲剧往往表现政治斗争、阶级斗争、民族斗争中的重大题材。如古希腊悲剧《被缚的普罗米修斯》，主人公盗天火给人间，勇敢地反抗众神之父宙斯。中国古典戏曲《清忠谱》《赵氏孤儿》等也可归于英雄悲剧。

家庭悲剧：表现家庭之间、家族内部各种复杂的伦理关系及不同的人生价值观念、道德法则酿成的激烈矛盾冲突。古希腊悲剧《复仇神》《美狄亚》就是这类悲剧。此外很多表现爱情悲欢离合的悲剧也近似于"家庭悲剧"，如莎士比亚的《罗密欧与朱丽叶》、中国戏曲《牡丹亭》、《梁山伯与祝英台》及曹禺的话剧《雷雨》等。

命运悲剧：命运悲剧所表现的矛盾冲突贯穿整个人类社会生活，表达了人类对自由的向往和追求以及对理想社会的渴望，并力图认识、掌握、驽驭自然、社会及人自身，展现着人类从必然王国走向自由王国的艰难历程，如古希腊悲剧《俄狄浦斯王》、歌德的《浮士德》、尤内斯库的《椅子》、贝克特的《等待戈多》。在这类悲剧中，悲剧人物的对面是异己的自然力、社会力，人就是与这些无形而又无不存在的力量顽强斗争着，这是人类社会生活中最深层次的矛盾冲突。

二、喜剧

喜剧是以夸张的手法、巧妙的结构、诙谐的台词及对喜剧性格的刻画，从而引发人对丑的、滑稽的予以嘲笑，对正常的人生和美好的理想予以肯定的戏剧类型。

喜剧表现生活的范围十分宽广，既可以表现生活中丑恶、腐朽的事物，也可以讴歌美好的事物，表现绚丽的梦幻理想，抒发赞颂与欢乐的心情，还可以反映人生悲痛、苦难的一面。

喜剧有以下类型：

讽刺喜剧：以社会生活中的否定事物为对象，失去历史的真实性和现实意义的喜剧活动，便是滑稽的，足称之为讽刺。如莫里哀的《伪君子》、果戈理的《钦差大臣》。

幽默喜剧：在幽默喜剧中人物所追求的目的有其正当性、合理性，甚至旨趣是高尚的、有积极意义的，但是他为达到目的而从事的活动本身却与目的背道而驰，他的行动恰恰使他的目的落空。如阿里斯托芬的《阿卡奈人》《妇女国》，中国古典戏曲中的《李逵负荆》。

欢乐喜剧：强调人的价值，提倡个性解放，反对禁欲主义，在欧洲文艺复兴时期形成一股强大的思想潮流。莎士比亚的喜剧作品有《仲夏夜之梦》《第十二夜》《温莎的风流娘儿们》《驯悍记》等。

正喜剧：正喜剧与正剧比较接近，它的特点在于：从表现生活中的否定方面变为表现生活中的肯定方面，笑不再用来针砭人的恶习、缺点、卑下，而主要用来赞颂人的美德、才智、自信。18 世纪意大利戏剧家哥尔多尼的《一仆二主》《女店主》，法国戏剧家博马舍的《费加罗的婚姻》，中国戏曲《玉簪记》都是正喜剧中较成功的作品。

荒诞喜剧：在现代西方社会中，把人生最深层的苦难与死之最终被扭曲，送进颠倒的喜剧王国，便构成荒诞喜剧或怪诞喜剧。如迪伦马特的《老妇还乡》、贝克特的《等待戈多》是荒诞喜剧的代表作。

闹剧:闹剧又译为笑剧,属于粗俗喜剧,通过逗乐的举动和蠢笨的戏谑引人发笑,而缺少较深刻的旨趣意蕴。最有名的是《巴特兰闹剧》。

三、正剧

正剧又称“严肃剧”,是出现较晚的戏剧类型,在悲剧与喜剧之后形成的第三种戏剧体裁。黑格尔把这种戏剧体裁界定为“把悲剧的掌握方式和喜剧的掌握方式调解成为一个新的整体的较深刻的方式”。正剧不拘泥于悲剧和喜剧的划分,灵活利用了两者的有利因素,加强了表现生活的能力,适应了戏剧发展的要求。在正剧中,生活的肯定方面和否定方面往往同时作为表现的对象,正剧主人公也像悲剧人物那样把历史的必然要求作为自己的目的,具有明确的自觉意识,但都可以通过自己的行动使这种要求有实现的可能性,喜剧人物把失去合理性和意义的要求作为现实的目的去追求,在正剧中,这种要求则被否定。正因为如此,人物的命运、事件的结局在正剧中是有完满性的,正剧主人公的自觉意识不仅表现在为实现目的而付出的行动上,也表现在对自身的审视和反思上,因而往往经历着内在精神世界的斗争。

正剧有三大特征。其一,它更贴近普通人的日常生活。过去的悲剧通常只表现身份高贵的帝王将相,喜剧则表现卑贱者,正剧可以在更广泛的范围内撷取自己的表现对象。其二,正剧可以表现更为复杂丰富的性格与情感。它既可以包含悲剧的崇高和喜剧的滑稽,也可以表现更细致复杂的情感。其三,根据狄德罗的看法,正剧应该具有道德的目的,但是不能因此进行道德说教,而是以情动人,不能妨碍剧情和戏剧动作本身的正常发展。由此不难看出,狄德罗提出的严肃喜剧,我们今天归纳出的正剧,实际上和现实主义戏剧的要求是相一致的。

正剧有三种类型:

传奇剧:传奇剧也是正剧的起源。莎士比亚的《暴风雨》《一报还一报》等为此类。

社会问题剧:易卜生开创的社会问题剧,可以看作是正剧的一个重要类型。

英雄正剧:取材于政治斗争、民族斗争以表现英雄人物的崇高品质和坚强意志为主旨的正剧作品,可以称之为英雄正剧。

在中国古典戏曲中,众多的公案戏、家庭伦理戏、爱情戏以及表现下层人民与达官贵人、邪恶势力进行斗争的剧目,都可以归于正剧。在中国现代和当代话剧中,正剧是一种重要的体裁。

第三节　剧本台词的诵读方法

剧本的诵读主要是台词的诵读。台词有对白、有独白,对白中其中一个角色对另一个角色讲得较长的台词叫单白。要把握剧本台词与其他文学作品的区别,恰当运用节律技巧和声腔、气息技巧,生动形象地表现角色语言。诵读好台词要做到以下四点:

一、刻画好人物形象

根据角色的个性特征，变化音腔，塑造个性。诵读某一角色的台词要明确人物的年龄、身世、职业、爱好等信息，通过声音和语调造型，让台词塑造出角色的个性来。优秀的表演艺术家都具备为不同角色配音的能力，其声音的可塑性让人惊叹。比如中央电视台少儿频道的“金龟子”刘纯燕，就具备为不同年龄、身份的人物配音的素质。

人物形象个性化定位是台词诵读的起点和难点，先要了解人物语言个性化的五个形成原因：语言的性格特征、语言的职业特征、语言的生理特征、语言的时代特征、语言的地域特征，性格特征尤为重要。然后定位形象，细微把握，台词表达才能准确无误。

精准把握角色个性，诵读以下几段经典台词。

1. 莎士比亚《威尼斯商人》经典台词

慈悲不是出于勉强，它是像甘霖一样从天上降下尘世；它不但给幸福于受施的人，也同样给幸福于施与的人；它有超乎一切的无上威力，比皇冠更足以显出一个帝王的高贵：御杖不过象征着俗世的威权，使人民对于君上的尊严凛然生畏；慈悲的力量却高出于权力之上，它深藏在帝王的内心，是一种属于上帝的德性，执法的人倘能把慈悲调剂着公道，人间的权力就和上帝的神力没有差别。

2. 周星驰《大话西游》经典台词

曾经有一份真诚的爱情放在我面前，我没有珍惜，等我失去的时候我才后悔莫及，人世间最痛苦的事莫过于此。如果上天能够给我一个再来一次的机会，我会对那个女孩子说三个字：我爱你。如果非要在这份爱上加上一个期限，我希望是……一万年。

3. 夏洛蒂《简·爱》经典台词

你以为由于我穷、低微、矮小、不美，我就没有灵魂、没有心吗？你想错了！我的灵魂和你一样，我的心也和你完全一样。这是我的心灵在跟你的心灵说话，就好像我们两人已经穿越了坟墓，站在上帝的脚下，我们是平等的。因为我们是平等的！

二、营造出具体语境

诵读台词要进入角色，以角色的身份言行，以假当真、生活其中，营造出具体的语境。诵读者要通读剧本，理清剧情的来龙去脉，除了了解角色与对手的关系、引起事件的起因、所处的环境以及相关的时代背景以外，很重要的就是要以剧本为依据，通过丰富的想象，给角色的经历有个合情合理的解释，然后以假当真，全身心地生活其中，以巨大的热情诵读好每一句台词。比如郭沫若的历史剧《屈原》中，有一大段慷慨激昂的独白一直被奉为诵读经典，那就是剧中屈原的独白《雷电颂》。扮演屈原的金乃千介绍经验说：排练时要求“舞台上的屈原与雷电同化，与大自然同化，要把爱国诗人屈原升华了的思想境界袒露给观众，要我把屈原隐藏在心里的对黑暗的愤怒和对于光明的希求，通过语言和形体全部发泄出来，长达几十分钟的独白要一气呵成，如长江大河，汹涌澎湃，奔腾万里”。但这不是体力问题，也不是技巧问题,而是要展开想象,“唤起诵读者自身对于此时此刻自然风云和政治风云的感受”,“随着想象中的情景变化倾泻出人物感情的激流”。只有“同化”和“升华”,才能揭示情境,剧本诵读才能成功。

三、揭示出情感动作

个性化的戏剧语言应具有动作性。动作指人的形体动作和语言动作。语言的动作性主要指人物的内心动作,即人物内在感情的发生、发展、强弱起伏、交流碰撞,以此推动剧情的发展。当人内心产生某个愿望,希望用言语来影响或激发对方,这就是我们所讲的动作。譬如命令、说服、训斥,语言本身就是实现行动的主要手段,反映了人们的思想感情和性格特征。诵读剧本台词要和剧中演员说台词一样建立起相互的思想交流,力图让听众接受自己的思想影响,改变原先的意识。比如《雷电颂》整个独白随着角色言语目的的不断深化,言语动作也在不断发展:鼓动、唤醒——思念——号召——渴求——命令——颂扬——鼓动——斥骂——嘲讽与揭露——责骂——斥责——抚慰——申明——号召、鼓动。这些动作在“点燃怒火,烧毁黑暗势力”的深刻含义及言语目的的统领下组织成一条思想逻辑严密的主线而贯穿全文。

四、建立起双向交流

诵读剧本台词时要求诵读者必须根据具体语言设定好交流的对象,必须对对手的眼睛说话,对对手的心说话,只有这样才能产生交流。台词诵读一般来说可分为以下四种:与观众的直接交流,多为旁白;与想象中的人或物的交流,多为独白;与自己心灵的交流,多为独白,有时出现在旁白或对白中,但一般仅一两句;与同台的对手(包括假设对手或真实对手)的交流,只出现在对白中的单白之中。只有明确对象,与对象建立起合乎生活逻辑的关系,诵读语言才能生动。

请诵读郭沫若的历史剧《屈原》中屈原的独白台词《雷电颂》。配乐:小约翰·施特劳斯的《雷鸣电闪波尔卡》。

雷电颂

郭沫若

屈原(向风及雷电):风!你咆哮吧!咆哮吧!尽力地咆哮吧!在这暗无天日的时候,一切都睡着了,都沉在梦里,都死了的时候,正是应该你咆哮的时候了,应该你尽力咆哮的时候!

尽管你是怎样的咆哮,你也不能把他们从梦中叫醒,不能把死了的吹活转来,不能吹掉这比铁还沉重的眼前的黑暗,但你至少可以吹走一些灰尘,吹走一些沙石,至少可以吹动一些花草树木。你可以使那洞庭湖,使那长江,使那东海,为你翻波浪,和你一同地大声咆哮呵!

啊,我思念那洞庭湖,我思念那长江,我思念那东海,那浩浩荡荡的无边无际的波澜呀!那浩浩荡荡的无边无际的伟大的力呀!那是自由,是跳舞,是音乐,是诗!

啊,这宇宙中的伟大的诗!你们风,你们雷,你们电,你们在这黑暗中咆哮着的,闪耀着的一切的一切，你们都是诗，都是音乐，都是跳舞。你们宇宙中伟大的艺人们呀，尽量发挥你们的力量吧。发泄出无边无际的怒火把这黑暗的宇宙，阴惨的宇宙，爆炸了吧！爆炸了吧！

雷！你那轰隆隆的，是你车轮子滚动的声音？你把我载着拖到洞庭湖的边上去，拖到长江的边上去，拖到东海的边上去呀！我要看那滚滚的波涛，我要听那鞺鞺鞳鞳的咆哮，我要飘流到那没有阴谋、没有污秽、没有自私自利的没有人的小岛上去呀！我要和着你，和着你的声音，和着那茫茫的大海，一同跳进那没有边际的没有限制的自由里去！

啊，电！你这宇宙中最犀利的剑呀！我的长剑是被人拔去了，但是你，你能拔去我有形的长剑，你不能拔去我无形的长剑呀。电，你这宇宙中的剑，也正是，我心中的剑。你劈吧，劈吧，劈吧！把这比铁还坚固的黑暗，劈开，劈开，劈开！虽然你劈它如同劈水一样，你抽掉了，它又合拢了来，但至少你能使那光明得到暂时间的一瞬的显现，哦，那多么灿烂的、多么炫目的光明呀！

光明呀，我景仰你，我景仰你，我要向你拜手，我要向你稽首。我知道，你的本身就是火，你，你这宇宙中的最伟大者呀，火！你在天边，你在眼前，你在我的四面，我知道你就是宇宙的生命，你就是我的生命，你就是我呀！我这熊熊地燃烧着的生命，我这快要使我全身炸裂的怒火，难道就不能迸射出光明了吗？

炸裂呀，我的身体！炸裂呀，宇宙！让那赤条条的火滚动起来，像这风一样，像那海一样，滚动起来，把一切的有形，一切的污秽，烧毁了吧！烧毁了吧！把这包含着一切罪恶的黑暗烧毁了吧！

把你这东皇太一烧毁了吧！把你这云中君烧毁了吧！你们这些土偶木梗，你们高坐在神位上有什么德能？你们只是产生黑暗的父亲和母亲！

你，你东君，你是什么个东君？别人说你是太阳神，你，你坐在那马上丝毫也不能驰骋。你，你红着一个面孔，你也害羞吗？啊，你，你完全是一片假！你，你这土偶木梗，你这没心肝的，没灵魂的，我要把你烧毁，烧毁，烧毁你的一切，特别要烧毁你那匹马！你假如是有本领，就下来走走吧！什么个大司命，什么个少司命，你们的天大的本领就只有晓得播弄人！什么个湘君，什么个湘夫人，你们的天大的本领也就只晓得痛哭几声！哭，哭有什么用？眼泪，眼泪有什么用？顶多让你们哭出几笼湘妃竹吧！但那湘妃竹不是主人们用来打奴隶的刑具么？你们滚下船来，你们滚下云头来，我都要把你们烧毁！烧毁！烧毁！哼，还有你这河伯……哦，你河伯！你，你是我最初的一个安慰者！我是看得很清楚的呀！当我被人们押着，押上了一个高坡，卫士们要息脚，我也就站立在高坡上，回头望着龙门。我是看得很清楚，很清楚的呀！我看见婵娟被人虐待，我看见你挺身而出，指天画地有所争论。结果，你是被人押进了龙门，婵娟她也被人押进了龙门。

但是我，我没有眼泪。宇宙，宇宙也没有眼泪呀！眼泪有什么用呵？我们只有雷霆，只有闪电，只有风暴，我们没有拖泥带水的雨！这是我的意志，宇宙的意志。鼓动吧，风！咆哮吧，雷！闪耀吧，电！把一切沉睡在黑暗怀里的东西，毁灭，毁灭，毁灭呀！

第四节　剧本台词文本的诵读指导

1. 广播剧《法尼娜·法尼尼》选段

【诵读指导】《法尼娜·法尼尼》是19世纪法国杰出的批判现实主义作家司汤达以爱情为主题的短篇小说力作。本文是由小说改编的广播剧,通过描写年轻的烧炭党人米西芮里和郡主法尼娜·法尼尼的相爱与决裂,再现了不同人生观冲突的爱情悲剧中的震撼力,歌颂意大利烧炭党人献身祖国的精神。诵读时要把握人物独特个性:法尼娜·法尼尼的痴情、高傲,为了爱情不惜毁灭恋人事业以达到长相厮守的狂热目标,而米西芮里把对祖国的爱凌驾于爱情之上,留意表达出他未知真相前的懊悔和得知真相后的愤怒。

法:我的上帝,这是多么不寻常的经历啊,我爱米西芮里,可又把他们的组织告发了,要不是为了这个,他也不会自投监狱,他能够饶恕我吗?可也是我救下了他的性命呀!

他要能和我一起离开意大利有多好,我对米西芮里犯下了不可饶恕的罪孽,可是这一切,也是由于过分爱他的缘故呀!(音乐止,囚车接)(远处石道上传来两辆车的滚动声)

法:囚车来了,是的,是囚车,我的米西芮里来了。(紧张而激动)

(门声。手铐脚镣的声音)

是米西芮里,感谢上帝,他还活着。

(脚步声)

法:(小声地)米西芮里,米西芮里!

米:是你,法尼娜?!(意外)

法:是我。亲爱的,我在这里整整等了你一天,总算见到了你,你,你吃尽了苦啦!(哭泣)

米:法尼娜,原谅我——

法:不,亲爱的,是我要请求你的宽恕——

米:法尼娜,我珍惜你对我的感情,我有什么好处能够使你爱我!听我的话,让我们回到更符合基督精神的感情吧!我不能归你所有。

法:不,米西芮里,我所唯一需要的就是你的爱情。(热烈)

米:法尼娜,我是个有罪的人,我们的起义遭到了不幸,都因为我缺乏谨慎。哦,我恨我自己,为什么在那不幸的夜晚,我不和我的朋友一道被捕呢?为什么我一不在就产生了这样残忍的后果?原因就是在追求意大利自由之外,我另有了一种激情。

法:不,亲爱的米西芮里,你是让监狱的酷刑把你折磨成这样了,你放心吧,狱吏再三答应,他们会好好待你的,你要有信心,你的特赦很快就会实现。

米:不,我不奢求这些。法尼娜,我要是在人世爱什么东西的话,那就是你,法尼娜。(**法:**米西芮里。)不过,感谢上帝,如今,我只有一个目的,我不是死在监狱,就是想法子把自由给予意大利。(信仰坚定)

法:(停止哭泣,沮丧地)这么说,在祖国和爱情的选择之间,你还是选择了——

米:选择了祖国和自由。法尼娜,听我的劝告吧,你父亲要你嫁给有地位的人,你就听话出嫁吧!你的不愉快的事不必告诉他。另外,永远不要想法子再看我了。啊?!让我们从今以后彼此成为陌生人吧。

法：不，不……

米：你给祖国捐献了一大笔款子，有一天祖国要是得到解放的话，一定会用国家的财产偿还你的……

法：你?！别说了。米西芮里，为了我们的爱情，你把金刚钻和小锉刀留下，万一你得不到特赦，这对人是不可缺少的。

米：好！我接受，为了神圣的任务，我一定想法子逃走。

法：太好了！

米：不过，当着你刚送的东西，我发誓，永远不再见你了。啊?！永别了，法尼娜！答应我永远不给我写信，永远不想法子见我，把我完全留给祖国吧，我对你就算死了吧！

法：什么！米西芮里，难道我四处奔波就为了听你这样的回答吗？难道我在这小教堂里整整躲了一天，就为了和你永别吗？看来，我的一切努力都是白费，我，我真后悔……那好吧！我要你在没有断气之前清醒地听到，我法尼娜在爱你的心情之下，都干了些什么？——

米：你冷静些，法尼娜！

法：我不能冷静，你也不会冷静的，为了爱你，我无所不为，你那不幸的夜晚是谁告的密？

法：是我。法尼娜·法尼尼！

米：什么，你疯了？法尼娜！

法：我没有疯，是我让我的女仆向教皇告的密。

米：是你?！——

法：是我，这还不算，为了你，我不惜和苍蝇去谈情说爱，为你，我宁可在色鬼面前卖弄风情。（苦笑）现在，一切都过去了，你还是你，我法尼娜·法尼尼还是法尼娜·法尼尼。

米：你，你，真没想到，你比蝎子还毒，你比豺狼还狠！你是意大利的耻辱，你是祖国和自由的死敌。还给你，你的金刚钻和锉刀，（效果）我米西芮里什么也不欠你的，你给我滚！

（锁链扔过去）

法：再见吧。（教堂的钟声响起）

米：（混响）可诅咒的法尼娜·法尼尼！！！（教堂的钟声引出音乐）。

2. 要为自由而战斗

（英）卓别林

【诵读指导】《要为自由而战斗》是喜剧大师卓别林在他编导的电影《大独裁者》中插入的长达六分钟的一段演说，其主题思想代表了他民主和进步的思想认识。这是一篇观点鲜明，主旨深刻，措辞激昂，直抒胸臆的演讲词，也是一段台词独白。诵读时要慷慨激昂、激情澎湃；第三自然段对比的词语要重音，五六自然段排比句语速快、有力度，语势蓄势层递；末段呼告气息充沛，高亢嘹亮，充满希望和对未来的憧憬。

遗憾得很，我并不想当皇帝，那不是我干的行当。我既不想统治任何人，也不想征服任何人。如果可能的话，我倒想帮助任何人，不论是犹太人还是基督徒，是黑种人还是白种人。

我们都要互相帮助。做人就是应当如此。我们要把幸福建筑在别人的幸福上，而不是建筑在别人的痛苦上。我们不要互相仇恨,互相鄙视。这个世界上有足够的地方让人生活。大地是富饶的,是可以使每一个人都丰衣足食的。

生活的道路可以是自由的、美丽的,只可惜我们迷失了方向。贪婪毒化了人的灵魂,在全世界筑起仇恨的壁垒,强(qiǎng)迫我们踏着正步走向苦难,进行屠杀。我们发展了速度,但是我们隔离了自己;机器应当是创造财富的,但它们反而给我们带来了穷困;我们有了知识,反而看破了一切;我们学得聪明乖巧了,反而变得冷酷无情了。我们头脑用得太多了,感情用得太少了。我们更需要的不是机器,而是人性;我们更需要的不是聪明乖巧,而是仁慈、温情。缺少了这些东西,人生就会变得凶暴,一切也都完了。

飞机和无线电缩短了我们之间的距离。这些东西的性质,本身就是为了发挥人类的优良品质,要求全世界的人彼此相爱,要求我们大家互相团结。现在世界上就有千百万人听到我的声音——千百万失望的男人、女人、小孩——他们都是一个制度下的受害者,这个制度使人受尽折磨,把无辜者投进监狱。我要向那些听得见我谈话的人说:"不要绝望啊!"我们现在受到苦难,这只是因为那些害怕人类进步的人在即(jí)将消逝之前发泄他们的怨毒,满足他们的贪婪。这些人的仇恨会消失的,独裁者会死亡的,他们从人民那里夺去的权力会重新回到人民手中的。只要我们不怕死,自由是永远不会消失的。

战士们,你们别去为那些野兽们卖命啊——他们鄙视你们——奴役你们——统治你们——吩咐你们应当做什么,应当想什么,应当具有什么样的感情!他们强迫你们去操练——限定你们的伙食——把你们当牲口,用你们当炮灰。你们别去受这些丧失了理性的人摆布了——他们都是一伙机器人,长的是机器人的脑袋,有的是机器人的心肝!可是你们不是机器!你们是人!你们心里有着人的爱!不要仇恨哪!只有那些得不到爱的人才仇恨别人——只有那些丧失了理性的人才仇恨别人!

战士们!不要为奴役而战斗!要为自由而战斗!《路加福音》第十七章里写着:神的国就在人的心里(在你们的心里)——不是在一个人或一群人的心里,而是在所有人的心里!在你们的心里!你们人民有力量——有创造机器的力量,有创造幸福的力量!你们人民有力量建立起自由美好的生活——使生活更有意义。那么,为了民主,就让我们使出力量来吧,就让我们团结在一起吧!就让我们进行战斗,建设一个新的世界——一个美好的世界。它将使每一个人都有工作的机会,它将使青年人都有光明的前途!老年人都有安定的生活。

那些野兽也就是用这些诺言窃取了权力。但是他们是说谎!他们从来不去履行他们的诺言。他们永远不会履行他们的诺言!独裁者自己享有幸福;但是他们使人民沦为奴隶。现在就让我们进行斗争,为了解放全世界,为了消除国家的弊政,为了消除贪婪、仇恨、顽固。让我们进行斗争,为了建立一个理智的世界——在那个世界上,科学与进步将使我们所有的人获得幸福!战士们,为了民主,让我们团结在一起!

哈娜,你听见我在说什么吗?不管你在哪里,你抬起头来看哪!抬起头来看哪,哈娜,乌云正在消散,阳光照射进来!我们正在离开黑暗,进入光明!我们正在进入一个新的世界——一个更可爱的世界。那里的人将克服他们的贪婪、他们的仇恨、他们的残忍。抬起头来看哪,哈娜,人的灵魂已长了翅膀,他们终于要振翅飞翔了。他们飞到了霓虹里——飞到了希望的光影里。抬起头来看呀,哈娜!抬起头来看呀!

3. 电影《简·爱》选段

【诵读指导】 电影表现了主人公名门富豪罗切斯特和家庭教师简·爱的爱情故事。罗切斯特物质富有但婚姻生活失意，他压抑苦闷，向往自由的生活，追求纯真活泼的爱情。这些情感的变化致使他表达的语势时稳时变，语调上升高昂：见到简心情放松，问话语气轻柔——规劝时语势沉稳、语气坦诚温和——面对执拗的简他变得烦躁，语调高亢——简要离开时，他意识到自己的问题变得语调平静、语气恳求；简·爱的表达沉稳内敛、坦率正直，语势平稳，语调低沉，语气温和，与她的个性地位吻合。

罗：你，到底出来了。一个人关在屋子里苦着自己，一句责怪的话也没有？没有……让这个来惩罚我。我不是有意要这样伤你，你相信吗？我说什么也不会伤你，我只能这样。要全都告诉你，那我就会失去你，那我就不如死了。

简：你失去我了，爱德华。我也失去了你。

罗：不，为什么跟我说这个？加重对我的惩罚？简！我真尝够了！我生平第一次找到真正的爱，请你不要把它拿走！

简：我得离开你。

罗：你怎么不听我的话。

简：我不能住在这儿，做你情妇！

罗：你想来想去就是为了这个，想做爱德华·罗切斯特太太？

简：你真的认为我想这个？

罗：我当然认为。你说你爱我，你怎么能想到离开我。

简：爱德华，做你情妇我会成什么了？靠人施舍，一个没有地位的寄生者，我没有权力在这儿。所有的权力在你那儿，丝毫不在我这儿。

罗：权力，你说话像个律师。我所有的一切都是你的，你还要什么？

简：什么也不要，不要，只要你！

罗：（轻声）那你别走。简！

简：我要再来找你的话，我是作为同等的人，我不能少于这一点，即使为我所爱的。

罗：唉，你是想从此我们各走各的路了？

简：是的。

罗：（叫道）不能这样！我们做什么没有人在乎！

简：我在乎！你的妻子她还活着。

罗：活着？哼！

简：她还活着。不管上帝是怎么样的在安排她，她还活着，她也无能为力。我不愿在夜里，偷偷溜过她身边睡到你的床上来。

罗：把我扔回去吧！扔进过去的生活。

简：你和我都无法选择。人活着就是为了含辛茹苦。你会在我忘了你之前先忘了我。

罗：你简直把我说成个骗子了！（稍停）走吧，走吧！如果把我看成这样的人。简·爱，等等……等等！别急于决定。等一会儿，再等一会儿……

参考书目

1. 张颂. 朗诵学[M]. 湖南教育出版社,1990.
2. 赵兵,王群. 朗诵艺术创造[M]. 格致出版社,2008.
3. 陆澄. 诗歌朗诵艺术(第二版)[M]. 上海人民出版社,2009.
4. 毕一鸣. 朗诵艺术及水平等级考试纲要[M]. 江苏人民出版社,2011.
5. 谢伦浩. 文学作品朗诵艺术[M]. 中国广播电视出版社,2009.
6. 李珉. 普通话口语交际(第二版)[M]. 高等教育出版社,2004.
7. 张涵. 古诗词诵读[M]. 中国传媒大学出版社,2012.
8. 陈钟梁,张振华. 现代哲理散文精品(外国卷)[M]. 上海教育出版社,1993.
9. 邹绛. 外国名家诗选[M]. 重庆出版社,1986.
10. 先秦诗鉴赏辞典[M]. 上海辞书出版社,2003.
11. 新诗鉴赏辞典[M]. 上海辞书出版社,2003.
12. 汉魏六朝诗鉴赏辞典[M]. 上海辞书出版社,2003.

图书在版编目(CIP)数据

诵读艺术:技巧与训练/李秀然编著.--2 版.--北京:中国传媒大学出版社,2018.6(2024.1 重印)
(播音主持入门训练丛书)
ISBN 978-7-5657-2350-6

Ⅰ.①诵…　Ⅱ.①李…　Ⅲ.①朗诵－语言艺术　Ⅳ.①H019

中国版本图书馆 CIP 数据核字(2018)第 134708 号

诵读艺术:技巧与训练(第 2 版)
SONGDU YISHU:JIQIAO YU XUNLIAN(DI-ER BAN)

编　　著	李秀然		
责任编辑	黄松毅　李唯梁		
特约编辑	张　静		
责任印制	李志鹏		
封面设计	卡古鸟设计		
出版发行	中国传媒大学出版社		
社　　址	北京市朝阳区定福庄东街 1 号	**邮　　编**	100024
电　　话	86-10-65450528　65450532	**传　　真**	65779405
网　　址	http://cucp.cuc.edu.cn		
经　　销	全国新华书店		
印　　刷	唐山玺诚印务有限公司		
开　　本	787mm×1092mm　1/16		
印　　张	19.25		
字　　数	456 千字		
版　　次	2018 年 6 月第 2 版		
印　　次	2024 年 1 月第 7 次印刷		
书　　号	ISBN 978-7-5657-2350-6/H・2350	**定　　价**	49.00 元

本社法律顾问:北京嘉润律师事务所　郭建平